三字经 | 弟子规 | 百家姓 | 千字文

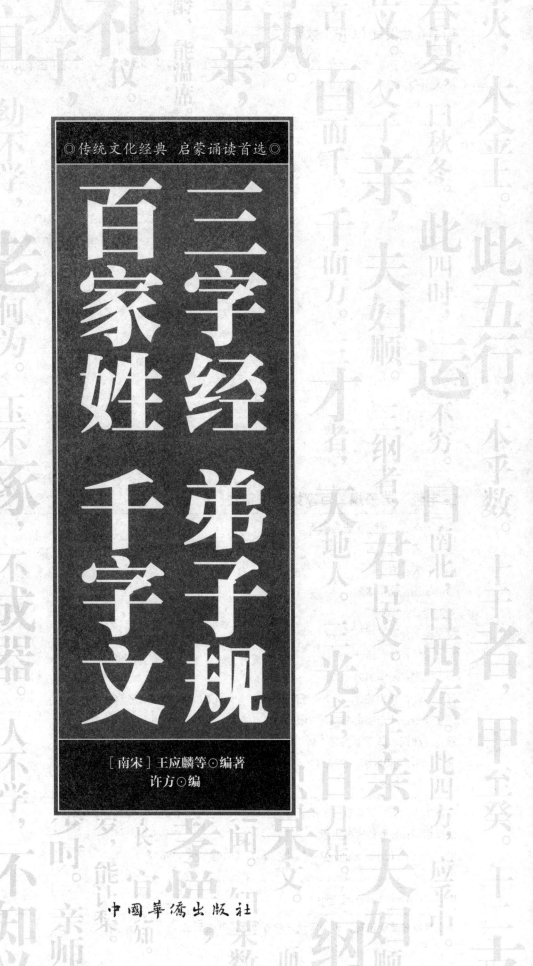

◎传统文化经典 启蒙诵读首选◎

三字经 弟子规
百家姓 千字文

［南宋］王应麟等⊙编著

许方⊙编

中国华侨出版社

图书在版编目（CIP）数据

三字经　弟子规　百家姓　千字文／（南宋）王应麟等编著；许方编 . 一北京：中国华侨出版社，2015.6
ISBN 978-7-5113-5465-5

Ⅰ . ①三… Ⅱ . ①王… ②许… Ⅲ . ①古汉语—启蒙读物 Ⅳ . ① H194.1

中国版本图书馆 CIP 数据核字（2015）第 132231 号

三字经　弟子规　百家姓　千字文

编　　著：（南宋）王应麟等
编　　者：许　方
出 版 人：方　鸣
责任编辑：茂　素
封面设计：中英智业
文字编辑：王　洋
美术编辑：玲　玲
经　　销：新华书店
开　　本：1020 毫米 ×1200 毫米　1/10　印张：36　字数：680 千字
印　　刷：北京德富泰印务有限公司
版　　次：2015 年 8 月第 1 版　2018 年 8 月第 3 次印刷
书　　号：ISBN 978-7-5113-5465-5
定　　价：59.80 元

中国华侨出版社　北京市朝阳区静安里 26 号通成达大厦三层　邮编：100028
法律顾问：陈鹰律师事务所
发 行 部：（010）88866079　传　真：（010）88877396
网　　址：www.oveaschin.com
E-mail：oveaschin@sina.com

如发现印装质量问题，影响阅读，请与印刷厂联系调换。

前 言
QIANYAN

　　《三字经》《弟子规》《百家姓》《千字文》是有史以来最具影响力的启蒙读物，是家喻户晓历代传承的优秀教育著作。其词句言简意赅，内容包罗万象，对于孩子人格的塑造和修养的生成有着潜移默化的影响与深刻的教育意义。

　　《三字经》是我国影响最大、最具代表性的古代童蒙读物之一，成书于南宋时期，相传为宋儒王应麟所作，在当时就被引作蒙学教材。《三字经》的版本很多，每一朝结束以后，后一朝都会把前朝的历史编写进去，加以完善。虽然全文只有不到两千字，但内容却涵盖了教育、历史、天文、地理、伦理道德以及民间传说等很多方面。

　　《弟子规》原名《训蒙文》，作者是清朝康熙年间的秀才李毓秀，后经清朝贾存仁修订改编，更现用名。李毓秀以《论语·学而》中"弟子入则孝，出则悌，谨而信，泛爱众，而亲仁。行有余力，则以学文"开篇，编纂成《训蒙文》这本以教导弟子孝悌仁爱为核心的启蒙读本，其影响之大、诵读之广仅次于《三字经》。改编后的《弟子规》虽然全文不过360句，共计1080字，但内容十分丰富，三字一句，两句一韵，朗朗上口。具体来讲，《弟子规》分五个部分加以阐述，列举了弟子（学生）在家、出外、待人、接物与学习上应该恪守的礼仪与规范，堪称是一套系统的"儿童行为守则"。

　　《百家姓》成书于北宋时期，著者不明，是我国流行时间最长、流传范围最广的一部蒙学教材，它的成书和普及都要早于《三字经》。全文最初收录姓氏411个，后来几经增补至504个，其中包括单姓444个和复姓60个。虽然它的内容没有文理，但是由于采用了四言体例，句句押韵，读起来顺口，易学好记，因而被作为我国古代蒙学中的固定教材，儿童在短时间内即可认识四五百字。从文化方面来说，《百家姓》将民族姓氏编制成短句并辑录成册，反映了中国人对宗脉与血缘的强烈认同感，体现了中华民族浓郁的"寻根意识"。因此直到今天，《百家姓》依然是人们认祖归宗、追根溯源的重要依据。

《千字文》成书于南朝梁武帝在位时期，编者是当时的散骑侍郎、给事中周兴嗣，因辑录东晋书法家王羲之书法中1000个不同的字而得名。它是"三（《三字经》）百（《百家姓》）千（《千字文》）"中成书最早、唯一确切知道作者的一部书。与《三字经》和《百家姓》相比，《千字文》流传至今基本上不存在被后人反复修改增补的问题，内容涵盖天文、地理、历史、伦理和道德等众多方面，堪称一部简约生动的小百科全书。

这几部经典读物涵盖了我国古代蒙学读物的精华要义，具有浓厚的传统文化韵味，精简易懂，行文抑扬顿挫，富有韵律，十分适合作为初学儿童的识字工具。本书力求在保证经典原汁原味的基础上，对不符合当今时代的内容作了淡化处理和评说提示，有意灌注新的文化血液，提升其时代意义。为了便于记诵，我们又根据句意将全文分成小段，句句翻译。在每段之后，还附上了与之相关的一两则历史故事，进一步加深了读者对原文的理解。

衷心希望这本蒙学经典集能够深入读者，成为现代人了解传统文化，树立优良价值观的好帮手、好伴侣。

编　者

目 录
MU LU

三字经

人之初 性本善

性相近 习相远

苟不教 性乃迁

教之道 贵以专

昔孟母 择邻处

······

三字经

人之初，性本善。
性相近，习相远。
苟不教，性乃迁。
教之道，贵以专。
昔孟母，择邻处。
子不学，断机杼。
窦燕山，有义方。
教五子，名俱扬。
养不教，父之过。
教不严，师之惰。
子不学，非所宜。
幼不学，老何为？
玉不琢，不成器。
人不学，不知义。
为人子，方少时。
亲师友，习礼仪。
香九龄，能温席。
孝于亲，所当执。
融四岁，能让梨。
弟于长，宜先知。
首孝悌，次见闻，
知某数，识某文。
一而十，十而百。
百而千，千而万。
三才者：天地人。
三光者：日月星。
三纲者：君臣义、
父子亲，夫妇顺。
曰春夏，曰秋冬，

此四时，运不穷。
曰南北，曰西东，
此四方，应乎中。
曰水火，木金土，
此五行，本乎数。
曰仁义，礼智信，
此五常，不容紊。
稻粱菽，麦黍稷，
此六谷，人所食。
马牛羊，鸡犬豕，
此六畜，人所饲。
曰喜怒，曰哀惧，
爱恶欲，七情具。
青赤黄，及黑白，
此五色，目所识。
酸苦甘，及辛咸，
此五味，口所含。
膻焦香，及腥朽，
此五臭，鼻所嗅。
宫商角，及徵羽，
此五音，耳所取。
匏土革，木石金，
丝与竹，乃八音。
曰平上，曰去入，
此四声，宜调协。
高曾祖，父而身，
身而子，子而孙。
自子孙，至玄曾，
乃九族，人之伦。

父子恩，夫妇从，
兄则友，弟则恭。
长幼序，友与朋，
君则敬，臣则忠。
有伯叔，有舅甥，
婿妇翁，三党名。
斩齐衰，大小功，
至缌麻，五服终。
凡训蒙，须讲究，
详训诂，明句读。
礼乐射，御书数，
古六艺，今不具。
惟书学，人共尊，
既识字，讲说文。
有古文，大小篆，
隶草继，不可乱。
若广学，惧其繁，
但略说，能知原。
为学者，必有初，
小学终，至四书。
论语者，二十篇，
群弟子，记善言。
孟子者，七篇止，
讲道德，说仁义。
作中庸，子思笔，
中不偏，庸不易。
作大学，乃曾子，
自修齐，至治平。
此二篇，在礼记，

今单行，本元晦。
孝经通，四书熟，
如六经，始可读。
六经者，统儒术，
文周作，孔子述。
诗书易，礼春秋，
号六经，当讲求。
有连山，有归藏，
有周易，三易详。
有典谟，有训诰，
有誓命，书之奥。
我周公，作周礼，
著六官，存治体。
大小戴，注礼记，
述圣言，礼乐备。
曰国风，曰雅颂，
号四诗，当讽咏。
诗既亡，春秋作，
寓褒贬，别善恶。
三传者，有公羊，
有左氏，有谷梁。
尔雅者，善辨言，
求经训，此莫先。
注疏备，十三经，
惟大戴，疏未成。
左传外，有国语，
合群经，数十五。
经既明，方读子，
撮其要，记其事。
古九流，多亡佚，
取五种，修文质。
五子者，有荀扬，
文中子，及老庄。
经子通，读诸史，
考世系，知终始。

自羲农，至黄帝，
号三皇，居上世。
唐有虞，号二帝，
相揖逊，称盛世。
夏有禹，商有汤，
周文武，称三王。
夏传子，家天下。
四百载，迁夏社。
汤伐夏，国号商，
六百载，至纣亡。
周武王，始诛纣。
八百载，最长久。
周共和，始纪年，
历宣幽，遂东迁。
周辙东，王纲坠。
逞干戈，尚游说。
始春秋，终战国。
五霸强，七雄出。
嬴秦氏，始兼并。
传二世，楚汉争。
高祖兴，汉业建。
至孝平，王莽篡。
光武兴，为东汉，
四百年，终于献。
魏蜀吴，争汉鼎，
号三国，迄两晋。
宋齐继，梁陈承，
为南朝，都金陵。
北元魏，分东西。
宇文周，与高齐。
迨至隋，一土宇。
不再传，失统绪。
唐高祖，起义师，
除隋乱，创国基。
二十传，三百载。

梁灭之，国乃改。
梁唐晋，及汉周。
称五代，皆有由。
炎宋兴，受周禅。
十八传，南北混。
辽与金，帝号纷。
迨灭辽，宋犹存。
至元兴，金绪歇。
有宋世，一同灭。
并中国，兼戎狄。
九十年，返沙碛。
明太祖，久亲师。
传建文，方四祀。
迁北京，永乐嗣。
迨崇祯，煤山逝。
权阉肆，流寇起。
自成入，神器毁。
清太祖，兴辽东。
金之后，受明封。
至世祖，乃大同，
十二世，清祚终。
凡正史，廿四部，
益以清，成廿五。
史虽繁，读有次：
史记一，汉书二。
后汉三，国志四。
此四史，最精致。
先四史，兼证经，
考通鉴，约而精。
历代事，全在兹，
载治乱，知兴衰。
读史书，考实录，
通古今，若亲目。
汉贾董，及许郑，
皆经师，能述圣。

三字经

宋周程，张朱陆，
明王氏，皆道学。
屈原赋，本风人。
逮邹枚，暨卿云。
韩与柳，并文雄。
李若杜，为诗宗。
凡学者，宜兼通，
翼圣教，振民风。
口而诵，心而惟。
朝于斯，夕于斯。
昔仲尼，师项橐。
古圣贤，尚勤学。
赵中令，读鲁论。
彼既仕，学且勤。
披蒲编，削竹简。
彼无书，且知勉。
头悬梁，锥刺股。
彼不教，自勤苦。

如囊萤，如映雪。
家虽贫，学不辍。
如负薪，如挂角。
身虽劳，犹苦卓。
苏老泉，二十七。
始发愤，读书籍。
彼既老，犹悔迟。
尔小生，宜早思。
若梁灏，八十二。
对大廷，魁多士。
彼既成，众称异。
尔小生，宜立志。
莹八岁，能咏诗。
泌七岁，能赋棋。
彼颖悟，人称奇。
尔幼学，当效之。
蔡文姬，能辨琴。
谢道韫，能咏吟。

彼女子，且聪敏。
尔男子，当自警。
唐刘晏，方七岁。
举神童，作正字。
彼虽幼，身已仕。
尔幼学，勉而致。
犬守夜，鸡司晨。
苟不学，曷为人。
蚕吐丝，蜂酿蜜。
人不学，不如物。
幼而学，壮而行。
上致君，下泽民。
扬名声，显父母。
光于前，裕于后。
人遗子，金满籝。
我教子，唯一经。
勤有功，戏无益。
戒之哉，宜勉力。

三字经

人之初，性本善。
性相近，习相远。

【注释】 初：初生，刚开始有生命。性：性格、天性。习：生活习惯。

【译文】 人刚出生的时候，本性都是善良的。人的性情也很相似，但由于各自生活环境的不同，每个人的生活习惯会产生很大差异。

煮豆燃萁

三国时期，魏武帝曹操有很多儿子，其中大儿子曹丕和三儿子曹植最得曹操欢心。曹丕和曹植都是卞皇后所生，但是两人的性格却完全不同。曹丕喜欢舞枪弄棒，非常擅长剑术，也很有文才，但是他野心很大，心机很深，而且吝啬贪财。每次曹操出征前，曹丕都会流眼泪，表现得十分挂念父亲的安危，曹操因此认为这个儿子"性情笃厚"。曹丕有个叔叔，名叫曹洪，是个一毛不拔的铁公鸡。曹丕见曹洪家富得流油，就费尽心思地找他"借"绢绸银两。曹洪不愿意，曹丕就一直怀恨在心。有一次，曹洪犯了法，曹丕逮住这个机会，把曹洪抓起来要杀头，后来多亏卞皇后出面劝阻，曹洪才捡回一条命。

相比之下，曹丕的弟弟曹植就忠厚得多了，他不热衷于权力之争，也不像曹丕那样擅长武艺，但是文才却远在曹丕之上。东晋有个大才子叫谢灵运，他曾经说，如果天下所有诗人的才华加起来有一石（古代计量单位，一石等于十斗）的话，曹植一个人就占了八斗。

曹操死后，曹丕继承了父位，他十分嫉妒曹植的才华，想要害死这个弟弟。有一次，曹丕叫来曹植，当着文武百官的面，对曹植说："听说你总是觉得自己怀才不遇，对我这个当哥哥的很不满意。今天我就给你一个机会证明一下自己的能力，限你在七步之内当众作一首诗，否则就被处死！"曹植听后，环视四周，在场的百官都低头不语，没有一个人敢出来替他鸣不平。他心里明白这是曹丕存心想要杀自己，悲愤之余也只好踱步思考对策。要说曹植的才华，果真是名不虚传，还没有走完七步，一首诗就已经做成了。他两眼直视着曹丕，一字一顿地念道：

煮豆燃豆萁，豆在釜中泣。

本是同根生，相煎何太急？

诗的大意是说：烧着豆秆煮豆子，豆子在锅里哭泣。原本生长在同一条根上，为什么反而要这样急迫地加害呢？

曹丕听了这首诗，明白曹植是在谴责自己不顾手足之情，顿时感到又惭愧又尴尬，一时间不忍心杀害曹植，便将他释放了。

苟不教，性乃迁。
教之道，贵以专。

【注释】苟：假如。 迁：转变、变化。 道：此处指方法。

【译文】如果不从小加以教导，本来善良的本性就会变坏。教导的方法最重要的就是专心致志，始终不懈。

弈秋授棋

在我国古代，有一位叫作弈秋的棋手，他的棋艺十分高超，盛名远播。许多人都想拜弈秋为师，向他学习下棋。

县城里有两兄弟，特别喜欢下棋，空闲的时候总喜欢找人切磋，尽管如此，他们的棋艺却不见有很大的长进。两兄弟商量了一番，决定拜弈秋为师，向他求教。这一天，两兄弟一同来到弈秋家里，诚心实意地请求他传授棋艺。虽然弈秋技艺高超，名声很大，但是他一点也不高傲，而且和蔼可亲，他见两兄弟诚心求学，就十分高兴地答应了他们的请求。授棋开始了，弈秋投入地讲着各种技巧，还不时地拿出棋盘，向他们演示实际操作的过程。哥哥聚精会神地听着，每时每刻都跟着老师的思路转，心里想的全是如何走好棋子；而弟弟则不然，他刚听没多久，就开小差了，表面上看起来在听老师讲课，其实心却早已经飞到了窗外。正巧，窗外有一群大雁飞过，弟弟心想："如果我有弓箭，一定射一只又肥又大的下来当晚餐。"想着想着，他的口水都流下来了。弈秋注意到了弟弟的表现，严厉地提醒他要专心听讲。可是，这个弟弟的思想就是不能集中，一会儿想东，一会儿想西。

转眼间，三个月过去了，弈秋的棋艺也教完了，两兄弟拜别老师回家。后来，哥哥理所当然地成为了当地新一代的下棋高手；而弟弟呢，棋艺平平，跟原来一样。

割席绝交

东汉的时候，有一对好朋友，一个叫管宁，另一个叫华歆。这两个人非常要好，形影不离，常常坐在一张席子上读书。但是，管宁读起书来十分专心，华歆却心浮气躁，三心二意的。

有一天，两个人都在埋头读书，这时从门外传来一阵车马喧闹的声音，原来是地方上来了一位新官，正带着仪仗队巡街，敲锣打鼓的，十分热闹。管宁好像什么也没听到似的，依然读书，不受干扰；而华歆早就按捺不住了，他一下子跳起来，跑到门外面看热闹。华歆回来后，兴奋地对管宁说："外面可热闹了，一位大官正在游街呢，你不去看看吗？"管宁听后，拔出随身携带的刀子，一下子把他们同坐的那张席子割开，对华歆说："我们两个不是一类人，你太好那些浮名虚节，外边有一位新官来，鼓吹热闹，这跟咱们有什么关系呢？咱们现在应该一心读书才对啊！我是不会和你这样的人做朋友的，咱们断交吧。"后来，他们果然分开了。

过了几年之后，管宁则成为了一个很有学问的人，他到辽东为官后，用仁义道德教化当地的百姓，得到百姓的爱戴和拥护，在历史上留下了不俗的名声。

【注释】昔：过去、往日。择：选择。机杼：机，织机；杼，织布机上的梭子。

【译文】战国时期，孟子的母亲为了能找到一个激励孩子学习的好环境，不辞辛苦地搬了三次家。孟子贪玩逃学，母亲为了教育他，把辛苦织好的布剪断了。

孟母教子

　　孟子是战国时期著名的思想家、教育家。他出生在一个十分贫寒的家庭，在他很小的时候，父亲就去世了，只剩下他和母亲住在墓地附近的一间小房子里。孟子经常和邻居的小孩一起玩耍。由于这个地方经常有人出殡，办丧事，时间一长，孟子他们就开始模仿大人们跪拜、哭嚎的样子，还学起了各种各样的丧葬仪式。孟母看到后，觉得这个地方不适合居住，于是就带着孟子搬迁到了市场附近。这一次，隔壁正好是一家肉铺，屠夫整天杀猪宰羊，孟子耳濡目染，时间长了，又学起了吆喝做生意和屠宰猪羊的事。孟母看在眼里急在心里，觉得这个地方也不适合居住，于是咬咬牙又搬走了。这一次，孟子一家搬到了一所书院旁边。书院里整天人来人往，儒生们诵经读诗，行礼跪拜，显得彬彬有礼。孟子受到了熏染，从此开始向这些儒生学习经文以及打躬作揖的礼节了。孟母这才满意地点着头说："这才是我儿子应该住的地方呀！"

　　孟子长大了，也进了学堂念书，但是他玩心很大，不爱学习。有一次，孟子逃学回到家中，刚好碰上孟母在家中织布。看见儿子回来了，孟母关切地问道："近来学习怎么样了？"孟子漫不经心地回答说："跟过去一样，不好不坏。"孟母一听，立刻用剪刀把刚刚织好的布剪断，并把线梭子重重地摔到地上，好几个夜晚的辛勤劳作就这样白费了。孟子见状，害怕极了，忙问母亲原因。孟母长长地叹了一口气，然后语重心长地说："学习不是一天两天的事情，就像我织布，必须从一根根线开始，最后才能织成一匹布，而布只有织成了匹才有用，才可以做衣服、做被单。你念书不能专心致志，持之以恒，而是半途而废，就和我剪断布匹是一个道理。要是不能很好地把每件事情做完，将来只会一事无成啊！"

　　听了母亲的话，孟子认识到自己错了，打那以后，他坚持苦读，做事有始有终，终于成了天下闻名的大儒。

窦燕山，有义方。教五子，名俱扬。

【注释】义方：指做人应该遵守的规矩法度。俱：都。扬：传扬。

【译文】五代时，有个叫作窦燕山的人，他教育儿子很有方法。在他的教育下，五个儿子都很有成就，声名远播。

五子登科

窦燕山是五代时期的一个富豪，田宅百亩，腰缠万贯。但是，年少时的窦燕山为人不好，经常欺压贫苦，有穷人向他借粮，他总是小斗出，大斗进，小秤出，大秤进。也许由于坏事做得太多，窦燕山直到三十岁还没有子女，为此他十分着急。

有一天，窦燕山做了个梦，他梦见死去的父亲对他说："你心术不好，品德不端正，如果不痛改前非的话，不仅一辈子没有儿女，还会短命。从今以后，你应该乐善好施，多做些好事。"醒过来以后，窦燕山领受了父亲的教诲，忽然之间像变了一个人一样。他出钱修桥铺路，为邻里出行提供方便，还在家中办起了私塾，请来教书先生，免费教上不起学的孩子读书。由于家庭富裕，窦燕山还经常帮助穷人，给他们送米送柴，或是借钱给他们做小买卖，靠他接济过活的人多得不可计数。有一次，窦家的一个仆人偷了钱被抓住了，他就立下字据把自己十二岁的女儿卖给窦家作抵押。窦燕山知道后，把这个小女孩收为养女，并将她抚养长大。

窦燕山成了名甲一方的大好人，受到了人们的尊敬。不久之后，他的妻子连续生下了五个儿子。

中年得子的窦燕山牢记自己的教训，为了把儿子培养成栋梁之才呕心沥血。他修建了四十间书房，买了数千卷书，并聘请许多德高望重的文人学者来担任儿子的授业老师。除此之外，窦燕山还十分注意培养儿子们的品德修养，他以身作则，治家非常严格。

有一天夜里，窦燕山又做了一个梦，梦中他的父亲对他说："如今你已经做了很多善良的事，上天不会再惩罚你了，你的五个儿子将来一定会登上高官之位的。"果然，在窦燕山的培养教育之下，他的五个儿子都成为了有用之才，先后登科及第：大儿子中了进士，授予翰林学士，出任礼部尚书；二儿子也中了进士，授予翰林学士，出任礼部侍郎；三儿子出任补阙；四儿子也中了进士，授予翰林学士，出任谏议大夫；五儿子出任起居郎。一家之中竟然出了这么多人才，人们都称赞窦燕山教子有方，"五子登科"的故事也被传为千古美谈。

养不教，父之过。
教不严，师之惰。

【注释】养：养育。过：过错、过失。

【译文】生养儿女却不给予他们良好的教育，这是做父母的过错；教育学生不能严格要求他们，这就是当老师的过错了。

仲永失才

北宋时期，江西金溪县出了一名神童，名叫方仲永。据说，他五岁时，突然有一天向父亲要纸和笔，父亲十分惊讶，连忙从邻居家里借来纸笔交给他，只见方仲永在白纸上写了一首诗，并题上了自己的名字。六岁时，方仲永就能背诵上百首唐诗了。有一次，父亲带着方仲永到一位朋友家中做客，朋友非常热情，大摆宴席招待他们。宴会上，这位朋友想考考方仲永，请他以相聚为题，当众作诗一首。只见，方仲永不慌不忙地站起来，脱口而出道："佳肴设年景，杯酒映亲朋。化成交心论，说与几代听。"话音刚落，四座皆惊，大家都对方仲永的才华赞叹不已，父亲听了也喜得合不拢嘴。

事情传开后，整个县城的人都知道了方仲永是个神童，于是都想方设法地请他们父子到家里来做客。有钱人还专门花钱请方仲永到家里来题诗，一方面是为了亲自见证一下神童的才华，另一方面也为了显示自己爱惜人才。每次方仲永告辞回家，有钱人总要送他一些银两，聊表心意。方仲永的父亲是一个贪图小利的人，他看到有利可图，就把方仲永当成了一棵摇钱树，天天带着他走东串西。当没有人邀请的时候，他就领着方仲永主动登门拜访。就这样，方仲永没有进学堂，也没有继续学习，学业逐渐被荒废了。到了方仲永十二三岁的时候，人们再叫他作诗，他连一个字也说不出来了。

李希颜教皇子

当年朱元璋夺取了元朝的天下，登基做了皇帝。由于朱元璋自己没有受过什么教育，所以当了皇帝以后，他很关心皇子们的教育，四处寻找名师。有人向朱元璋推荐了一位老师，名叫李希颜，这个人品行修养极高，博览群书，是当时著名的大儒。

李希颜奉召入宫，随身只带了两件东西：一件是呼尺，一件是戒尺。呼尺就是教书先生用的惊堂木，戒尺则是用来责罚不听话的学生的工具。一开始，李希颜向皇子们讲授尧、舜、禹、商汤等人行大仁、仗大义的道理与事迹，皇子们还专心听讲，循规蹈矩。可时间一长，对老师的敬畏心也淡了，皇子们顽皮的本性就暴露出来了。秦王朱樉、晋王朱桐、吴王朱棉还算听话，其他的皇子上课不是交头接耳，就是埋头酣睡。燕王朱棣的花样最多，胆子也最大，他竟然敢把老师的戒尺拿来当马鞭玩。李希颜见劝说无效，就用笔管敲他们的脑门，用戒尺打得他们嗷嗷叫。时间长了，打得多了，皇子们的脑门上都留下了痕迹。有一次，燕王朱棣的头上被打起了一个大包，他跑到朱元璋那里告状："这书没法念了，老师快打死我了！"朱元璋抚摸着朱棣脑门上的大包，十分心疼，怒气油然而生，立刻下令将李希颜关进大牢。马皇后知道后，连忙询问朱棣："先生为什么打你？"朱棣回答说："因为我不专心念书。"弄清楚情况后，马皇后便对朱元璋说："李先生这是以圣人之道，以一种非常严格的态度来教育皇子，也是为了大明的江山社稷考虑，我们应该感谢李先生，怎么能责怪他呢？"朱元璋觉得这话有道理，不仅没有治李希颜的罪，反而对他非常尊敬。李希颜归隐的时候，朱元璋还专门赏赐了他一件红袍和大量的钱财。

子不学，非所宜。
幼不学，老何为？

【注释】非：不是。宜：应当。何为：能干什么呢？

【译文】年轻的时候不好好学习，这是很不应该的。如果年轻时不刻苦读书学习的话，到了老的时候，能有什么作为呢？

铁杵磨针

李白自幼聪明过人，但是也十分顽皮，特别不爱读书。李白五岁时，他的父亲指导他诵读汉代著名文学家司马相如的辞赋，并教导他说："孩子，你要用功读书，为我们李家争气，将来也成为一个像司马相如那样有成就的人。"

有一次，李白在眉州象耳山读书。他趁家人不在，就连忙放下书本，一溜烟跑出去玩了。李白来到一条小溪边，看到一个老妇人正拿着一根铁棒，在石头上费力地磨着。李白非常奇怪，于是走过去问老妇人："老婆婆，您磨这么大的铁棒干什么呀？"老妇人头也不抬，回答他说："我准备将这根铁棒磨成一支绣花针。"李白一听，吓了一跳，问道："老婆婆，这么粗的铁棒怎么能磨成绣花针呢？即便是磨成了，那得花费多长时间啊！"老妇人笑着说："孩子，做什么事都需要有恒心。你不要看铁棒这么粗，我会一直磨下去，直到磨出一支绣花针来。"李白听了老妇人的话，很是惭愧，他心想："我读书要是有这种精神，将来肯定能超过司马相如。"

李白回到家以后，开始发奋苦读。十岁那年，他动笔学写辞赋，可是当他兴冲冲地将写好的辞赋给父亲看时，父亲却对他说："你这篇辞赋实在太差了，既无气势又无文采。不过，你不要灰心，继续努力。"李白听了父亲的话，点了点头。他回到书房，把刚才那篇辞赋投到火炉中烧了，然后重新构思，反复推敲，直到满意为止。

就这样，李白勤学苦练，成为了唐朝文坛的后起之秀。人们称颂他"读遍天下书，识遍天下字"，他最终成为我国名垂千古的诗仙。

玉不琢，不成器。
人不学，不知义。

【注释】琢：雕琢。器：器物。义：道理、道义。

【译文】刚采出来的玉石如果不经过玉工的打磨，就成不了精美的玉器。一个人如果不努力学习，就不会明白事理。

卞和献璧

战国时期，楚国有一个石匠叫卞和。有一天，他在荆山采石，意外地发现了一块大石头。虽然这块石头外表看起来很普通，但是凭着十几年的采石经验，他坚信石头里面一定是块稀世罕见的宝玉。

卞和决定把玉献给楚厉王，楚厉王于是派人前来检查。但是，派来的人检查过后，回去禀告楚厉王，说那只是一块普通的石头，里面根本不可能有玉。楚厉王一听，觉得自己被欺骗了，勃然大怒，命人砍去了卞和的左脚。楚厉王死后，他的儿子楚武王继位。卞和又去将宝玉献给楚武王，可楚武王派来的人也说那只是一块普通的石头。于是，卞和又因为欺君之罪，被砍去了右脚。楚武王去世后，他的儿子楚文王登基。卞和想再次去献宝玉，但是因为他失去了双脚，无法行走，于是只能怀抱着玉石坐在路边大哭。楚文王听说了这件事，派人问卞和说："天下被砍去双脚的人多得很，为什么你哭得这么伤心呢？"卞和回答说："我并不是为被砍去了双脚而伤心，我伤心的是宝玉被当成石头，好人被当作骗子。"文王听说后，命人把石头剖开，里面果然有一块宝玉。后来，这块宝玉经过琢磨，被雕成了历史上最为名贵的"和氏璧"。

怕痛的灵石

相传在很久以前，某个地方新建了一座佛寺。有一天，一名石匠找来了两块具有灵性的大石头，准备挑选出一块，把它雕刻成佛像，供奉在佛寺中。石匠仔细看了看，觉得第一块石头的材质比较好，于是决定先雕刻它。在雕刻过程中，这块石头一直感觉很痛，就对石匠说："疼死了，我撑不下去了，你别雕了！"石匠听后安慰它说："你再忍一忍，撑过两个星期就好了，到那个时候，你就会成为万人膜拜的佛像了。"这块石头于是又忍受着疼痛过了两天。到了第三天，它实在受不了了，发起脾气来："别雕了，别雕了！我不做什么佛像了！"由于这块石头不配合，石匠没有办法雕刻，只好把它先放在了一旁。

石匠又把目光转向了第二块石头，他问第二块石头："我现在准备雕刻你，会很痛，你能不能忍受？"第二块石头说："我绝对可以忍受，你就尽你的能力去雕刻好了。"石匠得到了这样的允诺，就放心大胆地工作起来。果然，在整个雕刻过程中，第二块石头连一声抱怨都没有发出过，最后它被雕刻成了一尊完美的佛像。佛像雕好后，人们纷纷来寺院里膜拜，由于人

太多了，踏得寺院里尘土飞扬。石匠看到这种情况，就把第一块没有完工的石头打碎，铺在地上。从那以后，这块因为怕痛而拒绝被雕刻的石头就变成了被万人践踏的铺地石。

为人子，方少时。
亲师友，习礼仪。

【注释】方：当。亲：亲近。礼仪：礼貌仪节。

【译文】做儿女的，在年轻时就应当亲近、尊敬老师和友人，学习人与人之间交往的礼节。

师文学琴

春秋时期，郑国有一个乐师叫作师文，他听说鲁国出了一位才华出众的音乐家，名叫师襄。于是，师文就远远地跑到鲁国去拜师襄为师。然而师襄眼界很高，待人严厉，不轻易收弟子，他一口回绝了师文的请求。但是师文一再坚持，苦苦哀求，终于感动了师襄，答应收他为徒。

师文很懂礼仪，对老师十分尊敬，弹琴也非常认真，老师的每个动作他都仔细地揣摩，每句话语他都认真地体会。但是，两三年过去了，师襄却发现师文弹琴很奇怪：他从来都只弹几个乐章或几个片断，而不演奏整篇的乐曲。师襄于是很失望地对师文说："你跟我这么亲近，学习了两三年，居然连首完整的曲子都不会弹，看样子你是没什么天分啊！你还是回去吧，不要在这里浪费时间了。"师文一听，连忙解释道："老师，我并不是不会弹完整的曲子，而是我知道，如果我一旦能够演奏完整的曲子，您就会认为我学成了，就会让我走，那样我就没有机会再亲近老师了。"说完，师文就马上弹奏了一首完整的曲子，琴声婉转，像一阵凉爽的秋风扑面而来，又像一缕和煦的阳光照亮心田，让人如痴如醉。师襄终于明白了师文的意图，并且被他求知好学、亲近师长的精神感动了，于是破例同意师文慢点出师，跟着自己继续学习。从此以后，师徒两人不分你我，相互学习，琴技都越来越高，成为齐名的音乐大师。

管鲍之交

管仲和鲍叔牙都是春秋时齐国的大臣，他们在入朝做官前就是好朋友。刚开始，两人合伙经商，由于管仲家境贫困，没有太多的本钱，但鲍叔牙不仅不嫌弃，还跟他对半分利。后来，他们又一起参军打仗。和敌人作战时，管仲一个劲儿往后躲，可是等到撤退时却跑在最前面，人人都说管仲是个贪生怕死的胆小鬼，唯独鲍叔牙说管仲是为了活着回去奉养母亲才这么做的。管仲十分感激鲍叔牙，觉得世上只有鲍叔牙最了解他。

后来，管仲和鲍叔牙都入朝做了官，管仲为国卿，鲍叔牙为大夫。没过多久，齐国发生了内乱，管、鲍二人分别跟随公子纠和公子小白去了鲁国和莒国避难。他们虽然身在他乡，却时刻注意着齐国的动向。当得知齐襄公被杀的消息后，他们立刻动身回国，因为公子纠为长子，所以齐国的大臣们想立他为国君，于是派人到鲁国去接公子纠回齐。但公子小白也不甘落后，他日夜兼程地往回赶，想抢先回到齐国做国君。

为了保险起见，管仲将公子纠托付给手下可靠之人送回齐国，自己却率领一帮人马去阻截公子小白。管仲追了很长一段路，终于追上了他们。公子小白见管仲来了，忍不住有些慌乱，这时一直在公子小白身边沉默不语的鲍叔牙开口说话了，他对管仲说："虽然我们是好朋友，但现在各为其主，你不要多管闲事！"管仲听了鲍叔牙的话，心里很不好受，但也没办法。他一咬牙，趁众人不注意，一箭射向坐在车里的公子小白，公子小白惨叫一声就倒下了。

可是管仲怎么也没想到，他那一箭并没有射伤公子小白，而是射中了公子小白腰带上的挂钩。后来公子小白提前赶回了齐国，做了国君，也就是齐桓公。齐桓公本来想处死管仲，但鲍叔牙知道管仲之贤，举荐管仲代替自己的职位，而自己则甘居管仲之下。

【注释】龄：岁。执：做到。

【译文】九岁的黄香就知道用自己的身体给父亲暖被窝。孝敬自己的双亲，这是每个做儿女的都应当遵守的。

黄香温席

黄香是东汉江夏安陆人，少年时代就博学多才，擅长写文章，京城文人学士称他为"天下无双，江夏黄香。"然而黄香最可贵之处还不是他的才气，而是他的孝心。

黄香出生于一个贫寒家庭，九岁时，他的母亲就去世了，剩下他与父亲相依为命。黄香对母亲十分怀念，安葬母亲后，他就在母亲的坟前盖起一间草庐，白天帮助父亲劳作，夜晚就在草庐里一边守墓，一边挑灯夜读，这一守就是三年。失去了母亲的黄香，更是把全部的孝心都倾注于父亲身上，一心一意地服侍父亲。三伏盛夏，酷热难当，每天吃过晚饭后，邻居们都搬出椅子，坐在屋外乘凉聊天，小孩子们要么缠着大人讲故事，要不就在夜幕下追逐玩耍。但是在这么多人中，却永远找不到黄香的影子。原来细心的黄香担心劳累了一天的父亲因为天气太热，睡不好觉，所以一早回到屋子里，拿着扇子在床边扇枕席。左手扇累了，换右手，右手酸了，再换左手。就这样，一直扇到枕席凉了，黄香才会去请父亲上床睡觉。一夜、两夜……整整一个夏天都这样。转眼到了隆冬时节，屋里冷得像冰窖一般。每天只要天一黑，黄香就会钻进父亲冰冷的被窝里，用自己的身体把被子焐得暖烘烘的，然后再请父亲去睡，唯恐父亲受凉。

人们常说，一个懂得孝敬父母的人，也一定懂得爱百姓，爱自己的国家。果然，黄香长大之后，凭着自己的刻苦勤奋和博学多才，做了地方官，他不负众望，为当地百姓做了不少好事。他孝敬父母的故事也被传为一段佳话，永久流传。

融四岁，能让梨。

弟于长，宜先知。

【注释】弟：同"悌"，指敬爱兄长。宜：应该。

【译文】孔融四岁时，就知道把大的梨让给哥哥吃。这种尊敬和友爱兄长的道理，是每个人从小就应该知道的。

孔融让梨

孔融是东汉鲁国人，孔子的第二十世孙。他自幼聪明好学，才思敏捷，大家都夸他是神童。四岁的时候，孔融就已经能背诵许多诗赋了，并且懂得礼节，父母非常喜爱他。孔融还有五个哥哥和一个小弟弟，兄弟七人相处得也很融洽。

一天，有位客人来孔融家中拜访，并带来了一筐梨。兄弟七人围着桌子，看着黄澄澄的梨，都很想吃。父亲看到后，让孔融和最小的弟弟先拿。孔融看了看筐中的梨，发现梨有大有小。他不挑好的，也不拣大的，而是拿了一只最小的梨子，津津有味地吃了起来。大家都觉得很奇怪，就问他："这么多的梨，让你先拿，你为什么不拿大的，只拿一只最小的呢？"孔融很从容地回答说："我年纪小，应该拿最小的，大的应该留给哥哥吃。"父亲听后，接着问他："弟弟不是比你还要小吗？照你这么说，他应该拿最小的一只才对呀？"孔融又回答说："我是哥哥，我比弟弟大，应该把大的留给弟弟吃。"父亲听孔融这么说，非常高兴，称赞他说："你真是一个好孩子，现在就懂得尊敬兄长的道理，以后一定会大有出息。"果然，孔融长大后，做了北海太守，成了受人敬仰的一名好官。

首孝悌，次见闻，

知某数，识某文。

一而十，十而百。

百而千，千而万。

【译文】一个人首先要孝敬父母，尊敬兄长；其次要见多识广，学会基本的算数，懂得文理。从一到十，十个十是一百，十个一百是一千，十个一千是一万……一直变化下去。

从三到万

古时候，汝州有个农家老翁，他们家几代人辛勤劳作，到了他这辈的时候，已经家有良田数百顷，院落数百间，衣食无忧了。但是，老翁还有个遗憾，那就是祖祖辈辈辛勤耕作，没有一个能识字的人，于是他下定决心，要为他们家培养出一个文化人来。

有一年，老翁听说楚地有位先生教书教得好，就花重金聘请他来教儿子识字。先生来了之后，先教老翁的儿子握笔描红识字：写一画，说是"一"字；写两画，说是"二"字；写三画，说是"三"字。起初，先生耐心地教，这孩子还认认真真地跟着学，但是当先生刚讲完"三"字的写法后，孩子就显得不耐烦了。他扔掉手中的笔，得意洋洋地跑到父亲面前，说："识字嘛，很简单，不用学了，我已经全部掌握了！你把先生辞退了吧，何必要花费那么多的银两呢？"看着儿子信心十足的样子，老翁也引以为豪，他以为儿子很聪明，这么短时间就认识了全部的字，于是辞掉了先生。

过了没多久，老翁要请一位姓万的朋友来家里喝酒。为了让儿子出出风头，他叫儿子早晨起来写封请帖。儿子也很听话，一大早就起来到书房里去写了。可是都快到中午了，还不见老翁的儿子出来，仆人说要去催催，老翁阻止了，他以为儿子一定要把字写得漂漂亮亮的，所以才慢慢地写。转眼间，太阳就要落山了，请帖还没有写好送出来，老翁也着急了，就跑到书房去看。这一看，可真是吓了他一大跳，原来他儿子正在埋头一画一画地划着。老翁疑惑地问："你的请帖写好了吗？你这是在做什么呢？"儿子抬起头，擦擦额头冒出的汗水，忿忿地说："天下的姓那么多，为什么偏偏要姓万呢？这可是真是累死我了，从早晨到现在，我才写了五百画啊！"

韩信点兵

韩信是西汉时期著名的大将军，他非常善于调兵遣将，曾经追随刘邦打了不少胜仗，为汉室江山的建立立下了汗马功劳。

秦朝末年，楚汉相争。有一次，韩信带领1500名将士与楚国大将李锋交战。经过一番苦战后，楚军不敌，败退回营，汉军取得了胜利，但是也代价惨重，死伤了四五百人。韩信整顿兵马，准备返回大本营。可是当军队行至一处山坡时，忽然有后军来报，说后面有楚军骑兵追来。韩信回头一看，果然后方尘土飞扬，杀声震天。当时汉军已经十分疲惫了，听说楚军追来了，顿时一阵慌乱。

韩信立刻策马来到坡顶，望见来敌不足五百骑，于是急速点兵迎敌。他命令士兵三人站成一排，结果多出2名；接着命令士兵五人站成一排，结果多出3名；他又命令士兵七人站成一排，结果又多出2名。经过这样三次列阵，韩信马上精确地算出了士兵的人数，于是信心满满地向将士们宣布："我军共有1073名勇士，敌人还不足五百。现在我们居高临下，以众击寡，一定能打败敌人。"汉军本来就很信服自己的统帅，这样一来，军队的士气大振。一时间，旌旗摇动，鼓声喧天，汉军步步进逼，楚军乱作一团。交战不久，楚军就大败而逃了。

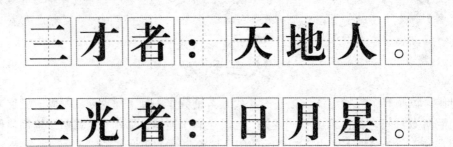

三才者：天地人。
三光者：日月星。

【注释】才：最基本的东西，指天、地、人。

【译文】还应该知道一些日常生活常识，"三才"指的是天、地、人三个方面；"三光"指的是太阳、月亮和星星。

盘古开天辟地

传说在很久很久以前，天地还没有分开，整个宇宙就像一个大鸡蛋，混沌一团。盘古就在这个"大鸡蛋"中一直酣睡了一万八千年。他醒来后，发现周围一团黑暗，想伸展一下筋骨，可是浑身被紧紧地包裹着，动弹不了；想呼吸一口新鲜空气，可是四周又黑又热，憋得人透不过气来。于是，盘古火冒三丈，他抡起手边的一把大斧头，用力向四面砍去。"嘭"的一声巨响之后，"大鸡蛋"骤然破裂，一股清新的气体散发开来，飘飘扬扬地升到了高处，变成了天空；另外一些浑浊的东西缓缓下沉，变成了大地。

从此，混沌不分的宇宙一分为二，不再是漆黑一片了。

盘古仍然不罢休，他害怕天地又重新合拢，就用头顶着天，用脚踏住地。他继续施展法术，每天增高一丈，天也升高一丈，地也增厚一丈。就这样，一直过了一万八千年，天终于高得不能再高了，地也厚得不能再厚了，可是这时的盘古已经耗尽了全身力气。他缓缓睁开双眼，满怀深情地望了望自己亲手开辟的天地，然后就慢慢地倒下，躺在地上死去了。临死前，他嘴里呼出的气变成了春风和云雾；声音变成了天空的雷霆；他的左眼变成了太阳，照耀大地；右眼变成了月亮，给夜晚带来光明；千万缕的头发变成了颗颗星星，点缀美丽的夜空；鲜血变成江河湖海，奔腾不息；肌肉变成千里沃野，供万物生存；骨骼变成树木花草，供人们欣赏；筋脉变成了道路；牙齿变成石头和金属；汗水变成雨露。盘古倒下时，他的头化作了东岳泰山；脚化作了西岳华山；左臂化作了南岳衡山；右臂化作了北岳恒山；腹部化作了中岳嵩山。

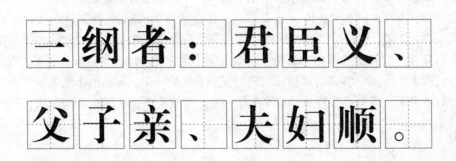

三纲者：君臣义、
父子亲、夫妇顺。

【译文】三纲是人与人之间相处应该遵守的三个行为准则，就是君王和臣子之间的言行要合乎义理；父母子女之间要相亲相爱；夫妻之间要和睦共处。

击鼓救父

南北朝的时候，有一个小孩叫作吉。吉从小就是一个很孝顺的孩子，十一岁的时候，母亲因病去世了，他就和几个弟弟一起，跟着父亲生活。吉的父亲担任了一个小官，可是后来遭人诬陷，被关进了监狱，不久还要被押送到京城去砍头。

为了救父亲，吉赶到了京城，他不顾生死，在皇宫门口击鼓鸣冤。当时的皇帝是梁武帝，他听到鼓声，就派人出来查看。原来是个十一岁的小孩子，请求代替父亲而死。

梁武帝心想：这么小的孩子怎么会自己请求代父而死呢，他一定是被人指使的，于是下令审判官仔细询问。审判官也觉得奇怪，就在公堂上摆满了刑具，让衙役把吉扑倒在地打了一顿，还吓唬他说："你这个孩子，年纪这么小。老老实实地说，是不是有人指使你到皇宫来鸣冤捣乱的？"吉回答说："我虽然是个小孩子，但是岁数再小，我也知道死是可怕的。然而，我小时候就没了母亲，下面还有好几个弟弟。如果我父亲被杀了，谁来养活我的弟弟们？我还小，没有这个能力。所以，我只能请求你们查明这个冤案。如果查不明，你们就把我杀了，我代我父亲去死。"审判官一听，当时就愣住了，之后他把这件事禀告了梁武帝，梁武帝知道后也非常感动。

后来经过彻查，吉的父亲的确是被冤枉的，梁武帝就下令释放了这对父子，并且对吉加以褒扬。

举案齐眉

东汉初年的隐士梁鸿博学多才，家里虽穷，可是崇尚气节。有一次，梁鸿因不小心，使得房子着火，延及周围的人家。梁鸿就一家家去查问每家所遭受的损失，并以自己养的猪来作为赔偿。有一家人嫌赔得太少。梁鸿说："我没有别的财物，愿意为你做一段时间的工来补偿。"那家主人答应了梁鸿的要求。梁鸿在这家干活时不懈朝夕，勤勤恳恳，毫无怨言。邻居们听说后，都很钦佩梁鸿的为人。

由于梁鸿的高尚品德，很多人都想把女儿嫁给他。但是梁鸿不慕权贵，谢绝了他们的好意。同县孟家有一个女儿，名叫孟光，生得皮肤黝黑，体态粗壮，但是喜爱劳动，没有小姐的习气。孟光三十岁了，还没有出嫁，家里非常着急，费尽周折为她选对象，但孟光却说："我瞧不起那些少爷的一副娇模样，我要嫁像梁鸿那样贤能的人。"孟光的父母一听，只得托人去向梁鸿说亲，梁鸿也听说过孟光的性格，便同意了。

孟光过门那天，打扮得漂漂亮亮的。不曾想，婚后一连七日，梁鸿一言不发。孟光问其缘由，梁鸿答道："我一直希望自己的妻子是位能穿麻葛衣，并能与我一起隐居到深山老林中的人。而现在你却穿着名贵衣服，涂脂抹粉，梳妆打扮，这哪里是我理想中的妻子啊？"

孟光听了，对梁鸿说："我这些日子的穿着打扮，只是想验证一下，夫君您是否真是我理想中的贤士。我早就准备了劳作的衣服。"说完，便将头发卷成髻，穿上粗布衣，架起织机，动手织布。梁鸿见状大喜，连忙走过去，对孟光说："好啊，这才是我梁鸿的妻子！"

后来他们一道去了霸陵（今陕西西安东北）山中，过起了隐居生活。他们以耕织为业，或咏诗书，或弹琴自娱。不久，梁鸿为避征召他入京的官吏，夫妻二人离开了齐鲁，到了吴地（今江苏境内）。梁鸿一家住在大族皋伯通家宅的廊下小屋中，靠给人舂米过活。每次梁鸿归家时，孟光都备好食物，举案齐眉，请他用餐。皋伯通见此情形，大吃一惊，心想：一个雇工能让他的妻子对他如此恭敬有加，那一定不凡。于是他立即把梁鸿全家迁入他的家宅中居住，并供给他们衣食。梁鸿因此有了机会著书立说。

日春夏，日秋冬，此四时，运不穷。

【注释】日：称为、叫作。运：运行、运动。穷：穷尽、完了。

【译文】春、夏、秋、冬叫作四季。这四时季节不断变化，春去夏来，秋去冬来，如此循环往复，永不停止。

卧冰求鲤

古时候有个叫作王祥的人，他心地很善良，年少的时候母亲就过世了，父亲再娶。此后，他便和继母一起生活。继母对王祥非常不好，时常挑拨他跟父亲的关系，经常在他父亲面前说王祥的坏话，说王祥整天贪玩，不读书，从来不做家务。慢慢地，父亲对王祥也冷淡了起来。年幼的王祥受尽了委屈，可他从不埋怨，还是好好地对待继母。

有一天，继母生病了，想吃鲤鱼，就叫王祥去抓鲤鱼。可是，当时正值深冬季节，雪花漫天飞舞，江河都结冰了，哪里还抓得到鲤鱼呢？对于继母如此难为的要求，王祥一点儿怨言都没有，他一心只祈求能抓到鲤鱼，带回去给继母吃，满足继母的愿望。

王祥冒着严寒来到河边，想砸开冰块抓鲤鱼。可是冰块实在太厚，怎么砸也砸不破，这可怎么办呢？王祥想了想，就脱掉衣服，趴到冰面上，希望能用身体的温度将冰融化。过了好久，冰面突然裂开一条缝儿，竟然有两条鲤鱼跃了出来，蹦到了王祥的身边，这时候的王祥已经冻得浑身发抖了。

回到家里，王祥把鲤鱼炖成汤，伺候继母吃下。继母喝着暖暖的鱼汤，终于被王祥的孝心所感动。从此以后，她对待王祥就像对自己的亲生儿子一样。

这件事情传开后，有人写了一首诗来赞美王祥：

继母人间有，王祥天下无。

至今河水上，留得卧冰模。

雪中送炭

宋太祖赵匡胤死后，他的弟弟赵光义继承了皇位，也就是宋太宗。宋太宗出生于一个贫苦的军人世家，幼年时曾跟随父亲四处逃避战乱，饱尝了生活的艰辛，成年之后又追随哥哥东征西讨，十分清楚创业的艰难，因此即使在当上了皇帝之后，他的生活依然过得十分简朴。

某一年的冬天，天气异常寒冷，北风夹着鹅毛般的大雪，下个没完没了。宋太宗在皇宫中穿着皮袍，燃起火盆，还觉得瑟瑟发抖。他看着窗外的大雪，突然想到：天气这么冷，那些穷苦的人家哪有皮袍和炭火来御寒啊！于是，他马上召大臣进宫，对他们说："如今天寒地冻，我们有吃有穿有炭火的人都冻得发抖，那些缺衣少食又烧不起炭火的穷人怎么能够受得了呢？

你们马上带着衣食和木炭，去城中走一走，看一看，把东西分给那些穷苦人家和孤寡老人，让他们不致受冻挨饿。"大臣们领命后，立即率领衙役，准备好衣服、粮食和木炭，挨家挨户地去问候，凡遇到穷苦人家和孤寡老人都留下足够的衣食和木炭，使他们有米做饭，有木炭取暖。

受到援助的百姓都十分感激，在历史上留下了宋太宗"雪中送炭"的一段佳话。

【注释】四方：东、南、西、北四个方位。应：相应、适应。中：中央。

【译文】东、南、西、北，这叫作"四方"。这四个方位，必须有一个中央位置对应，才能把各个方位定出来。

南辕北辙

战国后期，一度称雄天下的魏国国力已经渐渐衰弱，可是魏国国君安釐王仍想出兵攻打赵国。魏国的大臣季梁听到这个消息，连忙赶来求见安釐王。

安釐王看见季梁行色匆匆，衣冠不整，就奇怪地问他："你有什么急事吗？"季梁回答说："是啊，今天我在路上遇见一个人，他正坐着车子朝北而行。那人告诉我说：'我想要去楚国。'我就问他：'楚国在南方，你为什么要朝北走呢？'那人得意洋洋地回答我说：'不要紧，我的马跑得很快。'我提醒他：'马快也不顶用，朝北不是到楚国该走的方向啊！'那人又说：'这也没关系，我的路费多着呢。'我又跟他说：'路费多也没有用，这样还是到不了楚国的。'可那人还是说：'不要紧，我的马夫很会赶车。'"听到这里，安釐王忍不住叫了起来："天下竟有这样糊涂的人！"季梁接过安釐王的话，说："大王说得对，他的方向一开始就弄错了，即使马跑得再快、路费带得再多、马夫再会赶车，也到不了楚国，相反，只会离楚国越来越远。"说到这里，季梁话锋一转，继续说："如今大王想要成就霸业，那就应该尽力去争取各国国君的信任才对。然而，大王却想依仗魏国的强大，军队的精良，去攻打赵国。这样的行动越多，就离您建立王业的愿望越远，这不正像那个南辕北辙的人一样吗？"安釐王听了季梁的一席话，终于放弃了攻打赵国的计划。

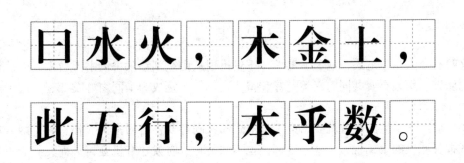

【注释】五行：我国古代思想家认为，水、火、木、金、土这五种物质是构成万物不可缺少的元素。本：根据、起源。数：术数的简称，也叫数理、命理。

【译文】说到"五行"，那就是金、木、水、火、土。这五种常见的元素，是一切物质的来源。

伏羲制八卦

传说在很久很久以前，人们对大自然还一无所知。每当刮风下雨、电闪雷鸣，人们就会提心吊胆，不知道是怎么回事。当时，有一个部落首领叫作伏羲，他是天神的儿子，十分聪明，每当人们遇到无法解答的问题时，都会到宛丘来向他请教。可是对于大自然这些奇奇怪怪的现象，伏羲也解答不了。因此，他经常环顾四方，举目六合，揣摩猜想日月经天、斗转星移、大地寒暑、花开花落的变化规律。

有一天，伏羲在河里捕鱼，捉到了一只白龟，他赶快挖了一个大水池，把白龟养了起来。过了几天，伏羲正要去给白龟喂食，忽然有人慌慌张张地跑来，说水池里有个大怪物。伏羲过去一看，果然有个怪物，长得说龙不像龙，说马不像马，在水面上走来走去。那怪物看到伏羲，竟然来到他面前，老老实实地站那儿一动不动。伏羲仔细审视，发现怪物的背上长有花纹：一六居下，二七居上，三八居左，四九居右，五十居中。伏羲一时也不明白这花纹是什么意思，便照着样子把它们画在了一片大树叶上。他刚画完，那个怪物就大叫一声，腾空而起，转眼不见了。

从此以后，伏羲整天拿着那片树叶，琢磨上面的花纹。这一天，他正坐在白龟池边思考，忽然听见池水哗哗作响，定睛一看，原来是白龟从水底游了上来，两眼亮晶晶地望着伏羲，向他点了三下头，接着将脑袋往肚里一缩，卧在水边不动了。伏羲聚精会神地观察起白龟来，他发现白龟龟盖上的花纹中间五块，周围八块，外圈十二块，最外圈二十四块，顿时悟出了天地万物变化的规律——唯有一阴一阳而已，于是画出了八卦图。

【注释】礼：人际交往的规则。智：才智、才能。信：诚实信用。

【译文】仁、义、礼、智、信这五条准则，必须遵守，不容紊乱。

范式赴约

东汉时有个人叫作范式，他为了求学，千里迢迢从山东到洛阳去读书。后来，他结识了来自河南的张劭，两人有着共同的兴趣爱好和奋斗目标，于是成为了同窗好友，建立起了深厚的友谊。

几年以后，求学生涯眼看就要结束了，范式和张劭都要各自回家了。临别时，两人难舍难分，范式握住张劭的手，说："这一分别，也不知道什么时候才有机会再见面，我们不如约定一个时间吧，两年后我来洛阳，一定到你家去拜访你和你的家人，与你畅谈几天。"张勋激动地说："到时候我会到路口去迎接你的。"

时间过得很快，转眼间两年就过去了。张勋从来都没有忘记他与范式的两年之约。这一天就要来临的时候，他把这件事告诉了母亲。母亲听后，不以为然地说："事情已经过去两年了，说不定当时只是随便说说。范式的家远在千里之外，你还真相信他会来赴约吗？"张勋很有信心地回答说："范式绝对是个信守诺言的人，我相信他一定会如约而来的，到时候我也一定会到路口去等他。"

约定的日子到了，张勋一大早就到路口等候，可是已经到中午了，范式还没有来。张勋的家人劝他回家，可他依然坚持要等。过了不久，远处隐约有一辆马车向这边驶来，张勋十分兴奋，他想：一定是范式来了。于是，他便快步迎了上去，走近一看，果然是范式。分别了两年，今天再次见面，两个人都很激动，紧紧地握住对方的手，抑制不住这重逢的喜悦。张勋的母亲也因为儿子有这样一位守信用的朋友而高兴。

情同朱张

东汉的时候，河南南阳有两个人，一个叫朱晖，一个叫张堪。这两个人原来并不认识，后来因为一起在太学中学习，渐渐有了一些来往。有一天，两个人学业有成，要分手各自回家的时候，张堪突然找到朱晖，对他说："我知道你是个很讲信义的人，今天我们各自回家，我有一事相托。"朱晖当时有点儿摸不着头脑，想到自己与张堪平时来往也并不密切，于是就愣愣地看着张堪，问："你有什么事情要托我呢？"张堪说："我身体不好，假如有一天我因病去世了，请你到时务必照顾我的妻儿。"朱晖听完，想到张堪年纪还轻，身体也好，就没有把这件事放在心上，也没有做出什么承诺。

然而就在他们分手后不久，张堪就得病去世了，留下了妻子和儿子，孤儿寡母生活得非常艰难。这个消息传到了朱晖耳中，他想起当初张堪的嘱托，就出钱出力地资助张家，数十年如一日。朱晖的儿子非常不理解父亲的做法，就问："你过去和张堪也没有什么交往啊，为什么对他的家人如此关心呢？"朱晖回答说："是的，过去我和张堪来往并不密切，也不是什么深交。但是，张堪生前曾经将他的妻儿托付给我。他为什么要专门托付给我，而不托付给别人呢？因为他信得过我，我怎么能够辜负他这份信任呢？"在并没有明确许诺的情况下，朱晖对张堪的嘱托自觉地去履行了，这可以说是朋友之间守信用的一种更高的境界。所以，多少年来，"情同朱张"一直被人们视为朋友间感情执着、讲究信用的代称。

【注释】粱：高粱。菽：豆的总称。黍：黍米。

【译文】稻、粱、菽、麦、黍、稷这六种谷物，是人类的主要粮食。

农师后稷

传说在很久很久以前，有一个叫作姜的女子，她很想有个孩子。这一天，姜来到郊外，向上天祷告，祈求上天赐给她一个儿子。在回家的途中，姜忽然看见路上有一个巨大的脚印，就好奇地把自己的脚踩进大脚印中，想去比量一下大小，谁知这一踩，就怀孕了。姜十分高兴，不久就生下了一个儿子。这件事情传开后，大家都议论纷纷，有些人认为这是一件怪事，很不吉利。他们就偷偷将孩子抱走，丢在山坡上。说来也奇怪，一群群牛羊经过山坡的时候，都小心地躲开了，不去践踏这个孩子。于是他们又把孩子抱回来，扔在一条结冰的河上。这时，忽然飞来一只大鸟，用毛茸茸的翅膀盖在孩子身上，供他取暖。后来，姜循着孩子的哭声找到了河边，把他带回来抚养。由于这个孩子曾经被抛弃过，所以人们就给他取了个名字，叫作"弃"。

弃渐渐长大，他十分爱劳动，从小就学着种芝麻呀、豆呀、谷子呀，于是姜就给儿子换了个名字，叫作"后稷"。（在古代，"稷"指谷子一类的农作物。）春天，后稷把种子撒在松软的泥土里，结果到了秋天，就从地里收获了许多瓜果蔬菜。人们知道后，都纷纷学着他的样子种庄稼。

部落首领尧知道了，非常尊敬后稷，推举他为"农师"。从此以后，后稷辛勤地教导人们耕田、种地，发展农业，家家户户都有了丰盛的收获，人们的日子也越过越好了。

拔苗助长

有一个宋国人靠种庄稼为生，每天都得到地里去劳动。太阳当空的时候，没个遮拦，宋国人头上豆大的汗珠直往下掉，浑身的衣衫被汗浸得透湿，但他却不得不顶着烈日躬着身子插秧。下大雨的时候，也没有地方可躲避，宋国人只好冒着雨在田间犁地，雨打得他抬不起头来，和着汗一起往下淌。

就这样日复一日，每当劳动了一天，他回到家以后，便累得一动也不想动，连话也懒得说一句。他觉得真是辛苦极了。更令他心烦的是，他天天扛着锄头去田里累死累活，但是不解人意的庄稼，似乎一点也没有长高，真让人着急。

忽然有一天，他想出了一个好主意：把自家的禾苗向上拔一拔，不就比别人田里的高了吗？农夫为自己能想出这样的"好主意"感到万分得意，他兴冲冲地跑到田里，挽起袖子，小心翼翼地把禾苗一棵一棵拔高。好不容易拔完了，农夫站起身，看看太阳都快落山了。他伸了伸又酸又疼的腰，又看看田里的禾苗，心里十分高兴——自家的禾苗比别人的高出了好大一截呢！于是，他拖着疲惫不堪的身子回家了。

刚一进门，农夫就大声对家人说道："今天可把我累坏了！不过，我帮禾苗长高了好多呢，累点也值得了！"他儿子一听，赶忙到地里去看，却发现自家的禾苗都枯萎了。

【注释】犬：狗。豕：猪。饲：喂养。

【译文】马、牛、羊、鸡、狗、猪这六种禽畜动物，都是人类所饲养的。

老马识途

春秋时期，北方有一支游牧的民族，叫作"戎"。戎族生性好战，经常骚扰邻近的燕国，使得燕国北部边疆非常不安定，很多边防要塞都因此荒废掉了。燕国的国君看到戎族气焰如此嚣张，就决定亲自带兵消灭他们。齐国的齐桓公应燕国国君的请求，也带兵前来援助燕国。

战争进行得很顺利，齐国军队很快就打败了戎族，齐桓公本想尽快班师回朝，可没想到，戎族的残余势力又请来了救兵——孤竹国。孤竹国的答里呵国王是一个工于心计的人，他知道自己不是齐国的对手，又不甘心就此认输，于是就想出一条计谋来陷害齐桓公。答里呵叫自己的元帅黄花向齐桓公假装投降，并以带路为名，将齐国的军队引到一个叫"迷谷"的地方。迷谷其实是一片大沙漠，荒无人烟，气候干燥，而且终年风沙不断，环境十分恶劣，白天气温很高，晚上又寒气逼人，进去的人很少能活着出来。

齐桓公跟着黄花进入迷谷后不久，黄花就不见了。齐桓公立刻明白自己上了黄花的当，但为时已晚，他只好率领军队赶快寻找出去的路。然而，大队人马折腾了一夜，也没有找到出路，很多士兵已经累得筋疲力尽了，再加上没有带足够的水，不少士兵口干舌燥，眼看就快渴死了。看到这种情形，相国管仲忽然想到一个办法，他对齐桓公说："我知道马是一种方向感很强的动物，不管离开原来的地方多么遥远，它们都能够按照原路返回去。"齐桓公一听，马上命令手下找来了几匹老马，让它们自由地在前面行走，并命令军队在后面跟着。

大概经过了一天的时间，老马终于将齐国的军队带出了迷谷，齐桓公和他的军队也因此逃过了一劫。

鸡鸣狗盗

战国时候，齐国有个公子叫作孟尝君，他喜欢招纳宾客，对于前来投靠他的人也是来者不拒，有才能的让他们各尽其能，没有才能的也为他们提供食宿。

有一次，孟尝君率领众宾客出使秦国。秦昭王将他留下，想让他当相国，孟尝君不敢得罪秦昭王，只好留下来。不久，秦国有大臣对秦昭王说："留下孟尝君对秦国很不利，他是齐国的公子，怎么会真心为秦国办事呢？"秦昭王觉得有理，便改变了主意，把孟尝君和他的宾客软禁起来，只等找个借口杀掉。

秦昭王有个妃子十分得宠，只要妃子说一，秦昭王绝不说二。孟尝君知道后，赶紧派人去向妃子求救。妃子答应了，但是要以齐那一件天下无双的狐白裘作为报酬。这可叫孟尝君为难了，因为他刚到秦国时，就把这件狐白裘献给秦昭王当礼物了。就在这时候，有一个宾客站出来说："我能把狐白裘找来！"原来这个宾客最擅长钻狗洞，偷东西。于是他趁着天黑，在秦昭王放狐白裘的房间挖了个洞，把它给偷了出来。妃子见到狐白裘高兴极了，想方设法说服秦昭王放弃了杀孟尝君的念头。秦昭王准备过两天为孟尝君饯行，送他回齐国。可孟尝君不敢再等，他立即率领宾客连夜起程。到达函谷关时，正是半夜，守卫不放行，因为按秦国法规，函谷关每天鸡叫才开门。大家正在犯愁时，只听见几声"喔！喔！喔！"的雄鸡啼鸣，接着，城关外的雄鸡都打鸣了。原来，孟尝君的另一个宾客会学鸡叫，而鸡是只要听到第一声啼叫就立刻会跟着叫起来的。就这样，孟尝君靠着鸡鸣狗盗之士，逃回了齐国。

曰喜怒，曰哀惧，爱恶欲，七情具。

【注释】恶：厌恶。欲：欲望，一种占有的念头。具：具备、具有。

【译文】高兴、生气、忧伤、害怕、喜欢、厌恶、欲望，这七种感情是人类生来就具备的。

叶公好龙

春秋时期，有个楚国人名叫沈诸梁，他在叶地（今河南叶县）担任县尹，因此自称"叶公"。这个叶公有一大癖好：喜欢龙。在他家大门前的石柱子上，雕刻有一对大龙，龙身盘绕着柱子，龙头高高抬起，瞪着眼，张着嘴，舞动着爪子，样子非常威风；屋顶上也雕着一对大龙，面对面，正在抢一颗龙珠；花园里面呢，也到处是龙，石头上、墙壁上、台阶上都用龙来装饰；还有屋子里的家具，吃饭的餐具，睡觉的床，没有一样不是和龙有关的。叶公好龙，不但住的地方随处可以看到龙，他的生活起居也离不开龙。他每天一有时间就画画、写字，画的是龙，写的也是龙。他连给孩子取名都带"龙"字，老大叫"大龙"，老二叫"二龙"，老三叫"三龙"，女儿也取名"龙女"。

渐渐地，叶公好龙的事情远近闻名，就连天上的真龙都知道了，它想：既然叶公这么喜欢我，我一定要去看看他，和他交个朋友。于是，真龙就来到了叶公家。当时，叶公正在家中午睡，一时间风雨大作，电闪雷鸣，叶公被惊醒了，急忙起来关窗户。可是他万万没想到，一条真龙竟然从窗户外探进头来，吓得叶公魂飞魄散。他急忙转身逃进堂屋，又看见一条硕大无比的龙尾横在面前。叶公无处可逃，吓得面如土色，顿时瘫软，不省人事。真龙看到叶公这种模样，只得叹了口气，扫兴地飞回天界去了。

范仲淹心忧天下

范仲淹是北宋著名的政治家、文学家。他虽然出身于贫苦家庭，但是从小就聪明好学，很有抱负。有一次，有人问起范仲淹的志向，他回答说："我的志向，要么是当个好医生，要么是当个好宰相。好医生为人治病，好宰相治理国家。"为了实现自己的理想，范仲淹昼夜不停地刻苦学习，十几年如一日。有一次，宋真宗率领百官到亳州去朝拜，浩浩荡荡的车马路过南京（今河南商丘），十分威风，整个城市都轰动了，人们争先恐后地去看皇帝，唯独范仲淹闭门不出。有个要好的同学特地跑来劝他："快去看啊，这是个千载难逢的机会，千万不要错过！"但是范仲淹却连头也不抬，只是淡淡地说了一句："将来再见也不晚。"果然，第二年，范仲淹就中了进士，见到了皇帝。

宋仁宗庆历年间，范仲淹官至宰相，他对朝廷的种种弊端极为痛心，于是上书请求革新变法，历史上称为"庆历新政"。范仲淹主张改革官僚机构，结果得罪了很多达官显贵。在这些人的顽固阻挠下，革新变法最终失败，范仲淹也因此被贬往地方。但是这并没有让范仲淹灰心丧气，他挥笔写下了"不以物喜，不以己悲。……先天下之忧而忧，后天下之乐而乐"的诗句，以表达自己把国家、人民的利益摆在首位，不计较个人得失的广阔胸襟。

【注释】青：蓝色。赤：红色。识：看到、辨别。
【译文】蓝色、红色、黄色、黑色和白色，是人的眼睛可以辨认的五种颜色。

青出于蓝胜于蓝

南北朝时，有个文学博士叫作孔璠，他是孔子的后人，学识很渊博。孔璠有个学生叫李谧，李谧不仅聪明，而且十分好学，他刻苦用功，不过几年，学问就突飞猛进，差不多赶上了自己的老师。孔璠见到李谧如此好学，心里也十分高兴，当他自己遇到什么拿不准的问题时，也反过来虚心地向李谧请教。但是，在李谧眼中，孔璠毕竟是自己的老师，因此每当孔璠向他提问时，他总是显得很不自然。孔璠看出了李谧的心思，就开导他说："我向你请教时，如果你知道答案，就不要不好意思回答。凡是在某些方面有成就、有见解的人，都可以作自己的老师，你不必介意。"李谧听完老师的一席话，感动不已，他深深敬佩孔璠开阔的胸怀和不耻下问的精神。于是，以后再遇到这种情况时，李谧便不再吞吞吐吐，而是放开胸怀，和老师一起讨论学问了。

孔璠虚心向学生求教的事情传开后，人们编了首歌谣来记录这件事，其中两句就是："青成蓝，蓝谢青；师何常，在明经。"意思是说，青色的颜料是从蓝草中提炼出来的，但却比蓝草的颜色更深，用以比喻学生超过了老师，后人超过了前人。

近朱者赤，近墨者黑

欧阳修是北宋时期著名的文学家、政治家。他在文学上有极高的成就，有大量优秀的散文和诗词流传于世。

相传，欧阳修在颍州府做官的时候，有位名叫吕公著的年轻人在他手下当职，负责帮助欧阳修管理一些日常事务。有一次，欧阳修的好朋友范仲淹出门办事，刚好路过颍州，就顺道到欧阳修家拜访。欧阳修热情地招待了他，并叫吕公著作陪叙话。谈话间，范仲淹对吕公著说："你能够在欧阳修身边做事，真是你的福气啊！欧阳修为人和善，对待下属就像对自己的家人一样。而且，他博学多才，写得一手好字。你在他身边，不仅可以学到处世之法，还能够向他请教作文写诗的方法。我看用不了多久，你肯定也会变成一个很有出息的人。正所谓'近朱者赤，近墨者黑。'"吕公著点头说："是的，我没有来到这里时，每次写文章都不知道怎么下笔才好，总要花很长的时间琢磨，后来欧阳修教会了我写作的方法，现在写起东西来就不觉得困难了。"欧阳修则在一旁谦虚地说："你们都过奖了。""近朱者赤，近墨者黑"这句话，后来被人们用来比喻接近好人可以使人变好，接近坏人可以使人变坏。

酸苦甘，及辛咸，
此五味，口所含。

【注释】甘：甜。辛：辣。含：包括。

【译文】酸、苦、甜、辣、咸这五种味道，人的舌头可以分辨。

望梅止渴

　　三国时期的曹操是一位很有谋略的政治家、军事家。有一年夏天，曹操率领部队去讨伐张绣。当时的天气热得出奇，烈日当空，天上连一丝云彩都没有。曹操的部队在弯弯曲曲的山道上行走，到了中午时分，士兵们的衣服都湿透了，半日滴水未进，许多人都渴得走不动了，有几个体弱的还晕倒在了路边。曹操看到行军的速度越来越慢，担心贻误了战机，心里很是着急。可是，眼下几万人马连水都喝不上，又怎么能加快速度呢？他立刻叫来向导，悄悄问他："这附近哪里有水源？"向导摇摇头说："泉水在山谷的另一边，要绕道过去还有很远的路程。"曹操一听，沉默不语，他抬头看了看前边的树林，眉头一皱，忽然有了一个主意，于是勒马跃上一个小土丘，高声对士兵们喊道："有水啦！有水啦！"士兵们一听有水了，顿时都来了精神，只见曹操挥动马鞭，往前方一指："前面就是一大片梅林，现在正是梅子成熟的季节，我们快点赶路，绕过这个山丘就可以大吃一顿了！"一听说有梅子吃，士兵们马上联想起梅子酸溜溜、甜滋滋的味道，想得口水都流出来了，顿时也不觉得有那么渴了。于是整个部队精神大振，很快就走出了荒野，来到了有水源的地方。

卧薪尝胆

　　春秋末期，长江中下游地区的吴、越两国经常兵戎相见。有一次，吴王阖闾贸然攻打越国，结果兵败身亡。阖闾死后，他的儿子夫差继承了王位，夫差励精图治，潜心备战，发誓一定要为父亲报仇。三年之后，吴王夫差率大军再度攻打越国，结果越国大败，越王勾践也被俘虏了。夫差大获全胜后，不禁洋洋得意起来，他没有杀掉勾践，而是将勾践夫妇掳往吴国，让他们为自己放马、看守阖闾的坟墓三年。

　　在吴国，勾践受尽了各种嘲笑和羞辱。他住在一间石屋里，整天干着扫马粪的脏活。每次夫差坐车出行的时候，勾践都要给他牵马，吴国的百姓则跟在后面对勾践指指点点，讥笑他："瞧啊，这就是咱们大王的新马夫！"为了复国，勾践忍辱负重，他对各种嘲笑都装作没听见，对夫差则表现得毕恭毕敬。

　　三年刑期满后，勾践被释放回国。他暗自下定决心，一定要一雪国耻。勾践唯恐宫廷的舒适生活消磨了自己的斗志，于是下令将自己床上软绵绵的褥子撤去，换成一堆硬柴草。他还在桌案前悬挂了一只苦胆，每顿饭前必先尝尝苦胆，提醒自己时时不忘在吴国的苦难和耻辱经历。除此之外，勾践还采取了很多措施。一方面他礼贤下士，虚心听取大臣意见，亲自耕田，与百姓同甘共苦，鼓励农业生产；另一方面，他大肆贿赂吴王，麻痹对方，散布谣言，离间吴国军臣，施用美人计，消磨夫差的精力。

就这样苦熬了十年，越国的实力越来越强大，逐渐超过了吴国。于是勾践亲自率兵攻打吴国，吴国不敌，夫差被逼自杀，吴国灭亡。后来，勾践励精图治、洗雪国耻的事迹被代代相传，激励后人刻苦自励，发奋图强。清代小说家蒲松龄还曾经以这个故事为原型，写下了一副百世流芳的自勉联：

有志者，事竟成，破釜沉舟，百二秦关终属楚。

苦心人，天不负，卧薪尝胆，三千越甲可吞吴。

膻焦香，及腥朽，
此五臭，鼻所嗅。

【注释】膻：羊身上发出的一种气味。朽：物质腐烂后发出的气味。臭：通"嗅"，指气味。

【译文】膻、焦、香、腥、腐这五种气味，我们都可以通过鼻子闻到。

臭豆腐的来历

相传在清朝康熙年间，有个从安徽来京城赶考的书生，名叫王致和。这个王致和没有考中，只得每日闲居在会馆中，想要返回家乡，可是交通不便，而身上的银两也花得差不多了，于是他打算留在京城继续攻读，为下次考试做准备。可是距离下次考试还有一段时间，这期间他靠什么维持生计呢？好在王致和的父亲是做豆腐的，在家乡开了间豆腐坊，王致和幼年时也曾学过做豆腐，于是他便在会馆附近租了间房，买了一些简单的用具，每天磨上几升豆子做成豆腐，沿街叫卖。当时正是盛夏，有时卖剩下的豆腐很快就发霉，无法食用，但王致和又不甘心就这样浪费掉，于是他苦思对策，将这些豆腐切成小块，稍加晾晒，然后找来一口小缸，用盐腌了起来。

就这样，靠着卖豆腐的钱，王致和勉强挨过了一段时期，眼见考试的日期又近了，于是他停业读书，渐渐地把这件事忘了。直到秋天，王致和又没有考中，他只得重操旧业，再做豆腐来卖。他突然想起那缸腌制的豆腐，赶忙打开缸盖，一股臭气扑鼻而来，取出一看，豆腐已呈青灰色，用口尝试，觉得臭味之余却蕴藏着一股浓郁的香气，虽然不是什么美味佳肴，但是送给邻里们品尝，他们个个都称赞不已。王致和想到自己总也考不中，干脆弃学经商，加工起臭豆腐来。由于臭豆腐价格低廉，可以佐餐下饭，所以渐渐打开了销路，生意也兴隆起来，"王致和臭豆腐"就这样流传了下来。

宫商角，及徵羽，
此五音，耳所取。

【注释】取：获得，这里指的是听到。

【译文】宫、商、角、徵、羽是我国古代五声音阶的五个音，人的耳朵可以听到。

高山流水遇知音

春秋时期，有个叫作伯牙的人，他精通音律，琴艺高超，是当时著名的琴师。伯牙年轻的时候聪颖好学，音乐天赋极高，拜了当时的一位高人为老师。学习了三年后，伯牙的琴艺已经很高超了，但他还时常为自己在艺术上达不到更高的境界而苦恼。老师知道了他的心思后，便带着他乘船来到东海的一座蓬莱岛上，让他欣赏大自然的景色，倾听大海的波涛声。伯牙举目眺望，只见波浪汹涌，浪花激溅，海鸟翻飞，鸣声入耳，好像进入了仙境一样，一种奇妙的感觉油然而生，他情不自禁地取琴弹奏，把大自然的美妙融进了琴声。从此，他的琴艺便达到了一种出神入化的境界。

伯牙成了一代杰出的琴师，但能真正听懂他曲子的人却不多。有一次，伯牙乘船沿江游览，船行到一座高山旁时，突然下起了大雨，只得停在山边避雨。伯牙耳听淅沥的雨声，眼望雨打江面的生动景象，琴兴大发，于是抚琴弹奏起来，悠扬的琴声一直传到山上。忽然，山上传出有人叫好的声音，伯牙一看，原来是一个砍柴的樵夫，名叫钟子期。伯牙没想到一个樵夫竟然能听懂自己的琴声，心中十分高兴，于是邀请钟子期上船，兴致勃勃地为他演奏。伯牙弹起赞美高山的曲调，钟子期说："真好！好像高耸入云的泰山一样！"伯牙又弹起表现波涛澎湃的曲调，钟子期说："真好！好像滚滚无边的大海一样！"伯牙听后，激动地说："你真是我的知音啊！"于是两人约定，明年中秋还在这里相会。

第二年，伯牙如期赴会，但却久久等不到钟子期。于是，他又弹起琴来，召唤这位知音，可是又过了好久，还是不见人来。第二天，伯牙向附近的一位老人打听钟子期的下落。原来，钟子期不幸染病，已经在半个月前去世了。钟子期临终前还留下遗言，说要把自己的坟墓修在江边，到了八月十五相会时，好听伯牙的琴声。伯牙听到这个消息后，悲痛欲绝。他来到钟子期的坟前，凄楚地弹了一曲《高山流水》。琴声刚落，伯牙就挑断琴弦，长叹了一声，把心爱的瑶琴摔在青石上。他悲伤地说："我唯一的知音已经不在人世了，这琴还能弹给谁听呢？"从此以后，伯牙终生不再弹琴。

匏土革，木石金，
丝与竹，乃八音。

【注释】匏：匏瓜，古代用作乐器。革：皮革，这里指鼓一类的革制乐器。丝：琴、瑟、琵琶等丝弦乐器。

【译文】用匏瓜、陶土、皮革、木材、玉石、金属、丝弦、竹管等八种材料做成的乐器，称为八音。

三月不知肉味

孔子是我国历史上伟大的思想家、教育家，他的学识十分渊博，上知天文，下知地理，识气象，通历法，还擅长音乐。相传有一次，孔子到周国造访，特意拜会了周国的大夫苌弘。这个苌弘也是个酷爱音乐的人，精通音律，于是孔子向他请教武乐和韶乐的区别。苌弘回答说："武乐和韶乐虽然都是高雅的音乐，但是武乐是周武王伐纣，一统天下的音乐，音韵壮阔豪放；而韶乐是虞舜太平时期的和谐音乐，曲调优雅宏盛。武乐侧重于大乱大治，述功正名；而韶乐侧重于安泰祥和，礼仪教化。"孔子听完后，恍然大悟道："如此看来，武乐是尽美而不尽善，韶乐则是尽善尽美啊！"

第二年，孔子出使齐国，齐国正是武乐和韶乐的正统流传地。当时正赶上齐王举行盛大的宗庙祭祀，孔子参加了大典，痛快淋漓地聆听了三天武乐和韶乐的演奏，进一步印证了苌弘的见解。相比武乐，孔子对韶乐更加钟情。听完韶乐后，一连三个月，他终日弹琴演唱，如痴如醉，常常忘形得手舞足蹈，在睡梦中反复吟唱，甚至吃饭时也在揣摩韶乐的音韵，入迷之深以至于连肉的味道都品尝不出来了。

余音绕梁

战国时期，韩国有一位善歌的女子，名叫韩娥。有一次，韩娥要到位于东方的齐国去，但是走到临淄的时候，她身上的银两就花完了。不得已，韩娥便来到城门下卖唱筹资。由于她的歌声清脆嘹亮，婉转悠扬，立刻吸引了很多人前来听歌。唱完以后，听众们还聚在城门下，徘徊留恋，不肯散去。大家见韩娥的歌唱得好，纷纷慷慨解囊。

就这样，韩娥靠着这些钱，在一家旅馆住下了。然而，旅店老板是个势利小人，他见韩娥穷困潦倒，便当众羞辱她。韩娥伤心至极，禁不住拖着长音痛哭不已。她那凄楚哭声传开去，竟使得方圆一里之内的人们，无论男女老幼，都为之落泪，难过得三天吃不下饭。后来，韩娥离开了旅店，人们知道之后，都急急忙忙分头去追赶她，将她请回来再为大家纵情高歌一曲。韩娥拗不过大家的请求，便又回到旅店中为大家唱歌。她那热情欢乐的歌声将人们愁苦的情绪一扫而光，老人和小孩个个欢呼雀跃，鼓掌助兴，大家都忘情地沉浸在欢乐之中。韩娥离开旅店后，她那美妙绝伦的歌声仿佛还在梁柱之间缭绕回环，竟至于三日不绝于耳。凡是聆听过韩娥歌唱的人，都还沉浸在她所营造的艺术氛围之中，好像她并没有离开一样。

曰平上，曰去入，此四声，宜调协。

【注释】平、上、去、入：发音的四种声调。调：声音和谐。

【译文】平、上、去、入是古代的四种声调。这四声的运用必须和谐，听起来才能使人舒畅。

曲高和寡

战国时期，楚国有个人名叫宋玉，他才华出众，是继屈原之后又一位著名的辞赋家。楚顷襄王很赏识宋玉的才华，对宋玉也很器重，但是他总是听到一些人在背后说宋玉的坏话。

这一天，楚顷襄王叫来宋玉，对他说："你最近是不是做了什么错事，有很多人在私底下说你的坏话呢！"宋玉听后，不慌不忙地说："我知道有很多人在背后议论我，请大王允许我先讲一个故事。有个外地的歌手来到了郢都（楚国的国都）。有一天，他在闹市里唱起歌来，开始唱的是楚国民间的歌曲《下里》、《巴人》，由于曲调通俗，会唱的人很多，因此，跟着他一起唱的有好几千人；不久，他又唱起了格调稍为高雅的歌曲《阳阿》、《薤露》，会唱的人就不多了，跟着他一起唱的只剩下几百人了；后来，他引吭高歌，唱起了更为高雅的《阳春》、《白雪》，这下难度就更大了，所以跟着他唱的也只有几十个人了；最后，他将五音的特色发挥到了极致，结果就只剩下几个人能跟着他哼哼了。由此可见，曲调越高雅，能够跟着唱的人就越少。这就如同鸟类中有凤凰，鱼类中有鲲鱼。凤凰展翅上飞九千里，穿越云彩，背负着苍天，翱翔在极高远的天上。那跳跃在篱笆之间的鹌鹑，难道能和凤凰一样了解天地的高大吗？鲲鱼早上从昆仑山脚下出发，中午在渤海边的碣石山上晒脊背，夜晚在孟诸过夜。那一尺来深水塘里的小鲵鱼，难道能和鲲鱼一样测知江海的广阔吗？同样，不光是鸟类中有凤凰，鱼类中有鲲鱼，士人之中也有杰出人才。他们具有卓越的思想和美好的操行，超出常人。因此，常人也很难理解他们的行为。这样看来，有人对我说三道四、指指点点也就不足为奇了。"

楚顷襄王听完宋玉的辩解后，觉得很有道理，于是也就不再追究了。

对牛弹琴

战国时代，有一个名叫公明仪的音乐家，他的琴弹得非常好，很多人都喜欢听他弹琴。每当公明仪坐在自家窗口弹琴时，邻居们都纷纷从窗户中探出头来侧耳聆听，路过的行人也放慢脚步，驻足欣赏。当他弹到欢快的地方，大家都面带笑容；弹到悲伤的地方，大家都跟着落泪。

公明仪不但在家里弹琴，遇上好天气，他还喜欢到郊外去弹奏。有一天，公明仪来到郊外，春风徐徐地吹着，垂柳轻轻地摆着，蓝天白云之下，一头黄牛正在草地上悠闲地吃着青草。看到此情此景，公明仪一下子来了兴致，他摆上琴，拨动琴弦，开始弹奏起来。弹着弹着，他觉得没意思了，因为没有人欣赏。正在这时，不远处的黄牛突然抬起头来，朝着他"哞哞"叫了两声。公明仪心中一亮：黄牛不正是我的听众吗？想到这里，他抱着琴，坐到了黄牛旁边，轻舒十指，缓缓地弹起了高雅的乐曲《清角之操》来。可是，公明仪弹了好一会儿，黄牛却在那里无动于衷，仍然一个劲地低头吃草。公明仪心想："可能是这支曲子太高雅了，我还是换个曲调，弹首小曲吧。"于是，公明仪又弹起了一首欢快的小曲，可是黄牛仍然毫无反应，只顾吃它的草。公明仪不甘心，他拿出自己的全部本领，换了一首又一首，一直弹到手指发麻，黄牛也没抬起过头来。最后，公明仪用琴声模仿牛犊的叫声、牛蝇的嗡嗡声、牛鞭甩过的哗哗声。谁知，黄牛一听到这些声音就停了下来，不时甩甩尾巴，回应两声。公明仪看到后，很是失望，只好叹了口气，抱琴回去了。

高曾祖，父而身，
身而子，子而孙。
自子孙，至玄曾，
乃九族，人之伦。

【注释】九族：由自己往上推四代，是父亲、祖父、曾祖父、高祖父，由自己往下推四代，是儿子、孙子、曾孙、玄孙，连自己共为九代。

【译文】由高祖父生曾祖父，曾祖父生祖父，祖父生父亲，父亲生自己，再由自己生儿子，儿子再生孙子。由自己的儿子、孙子再接下去，就是玄孙和曾孙。从高祖父到曾孙，称为"九族"。这九族代表着人的长幼尊卑秩序和家族血统的承续关系。

愚公移山

从前有一位老人，名叫愚公，快九十岁了。他家的门口有两座大山，一座叫太行山，一座叫王屋山。一天，愚公召集全家人说："这两座大山挡在了咱们家门前，害得咱们出门要走许多冤枉路。咱们不如全家出力，移走这两座大山，大家看怎么样？"愚公的儿子、孙子们一听，都纷纷表示赞成，可是愚公的妻子却提出了反对意见：

"既然咱们已经这样生活了许多年，为什么不继续下去呢？况且，这么大的两座山，即使可以一点点移走，哪里又放得下这么多石头和泥土呢？"她的话立刻引起了大家的议论。最后经过商量，愚公和儿孙们一致决定：把山上的石头和泥土运送到海里去。

第二天，愚公就带着一家人开始搬山了。愚公的邻居是一位寡妇，她有一个儿子，才七八岁，听说要搬山，也高高兴兴地过来帮忙。由于工具简陋，而且两座大山与海之间也相距很远，一个人一天往返不了两趟。这样一个月干下来，大山看起来还跟原来一样。有一个叫智叟的老头，为人很精明。他看见愚公一家搬山，觉得十分可笑。有一天，智叟对愚公说："你这么大岁数了，腿脚又不灵活，怎么能搬完两座大山呢？"愚公回答道："人家都说你聪明，我却觉得你连个七八岁的小孩都比不上。我虽然年纪很大了，但是我还有儿子；我的儿子死了，还有孙子。这样子子孙孙，一直传下去，无穷无尽。山上的石头却是搬走一点儿就少一点儿，再也不会长出一块泥、一块石头的。我们这样天天搬，月月搬，年年搬，为什么搬不走山呢？"就这样，愚公不顾别人的讥笑，带领一家人，不论酷暑严冬，每天都起早贪黑地挖山不止。他的行为终于感动了天帝，天帝派遣两位神仙，把大山都搬走了。

父子恩，夫妇从，兄则友，弟则恭。

【注释】恩：有情义。从：夫对妇顺，妇对夫从。友：友爱。

【译文】父子之间要有真挚的感情，夫妇之间要和睦，哥哥要爱护弟弟，弟弟要尊敬哥哥。

刻木事亲

汉朝的时期，有一个人叫丁兰。当他父母还健在的时后，他不知道尽孝道，等到父母去世了，才痛悔不已。由于十分思念父母，丁兰就用木头雕刻出了父母的样子，供在家中堂上敬奉起来。

有一天，一位名叫张叔的人，到丁兰家借东西。刚好丁兰不在，丁兰的妻子不知道是不是应该借，只好来到父母的木像前询问。只见丁妻洗净双手，整理好自己的仪容，点燃香烛，在木像前躬身礼拜后，虔诚地向木像问卜，结果得到的答案是不借。于是，丁妻只好对张叔如实相告。张叔知道后，十分愤怒，就对着木像大骂了起来，还动手打了木像几下。

丁兰回来后，和以前一样，对着父母的木像请安问好。丁妻过来告诉他说，张叔来借过东西，还辱骂了木像一番。丁兰自从父母过世后，就把木像当作生身父母一样对待，如今他听说张叔竟然对木像如此不敬，愤怒至极，就去找张叔理论。谁知，张叔根本无法理解丁兰的感受，反而说："不过是两段破木头而已，骂了就骂了，打了就打了，有什么了不起的！"丁兰一听，更是火冒三丈，忍不住出手打了张叔一顿。事后，张叔心里感到十分不平，就向衙门告了状。县官看到张叔确实被打伤，就派衙役去抓拿丁兰。丁兰走前，流着眼泪对木像说："儿子不孝，让您二老受了委屈，现在又出手打了人，要受到官府的惩罚。不仅使您二老蒙受羞辱，还让您二老为我担忧，实在不应该！"就在丁兰向父母忏悔时，两尊木像突然显出非常痛苦的神情，眼里还缓缓流出了泪水，在场的人都感到非常惊奇。

县官得知后，钦佩丁兰的孝心，就向皇帝奏明了情况，免除了对丁兰的处罚，还举荐他为"孝廉"。后来，皇帝又传下诏令，表彰丁兰的孝行，号召大家向他学习。

文本乞恩

唐朝时，有个大臣名叫岑文本，官居右丞相。岑文本聪慧敏捷，博通经史，善于文词，侍奉老母以孝顺闻名，扶养弟侄们情深义重，深得唐太宗赏识。岑文本有个弟弟，叫岑文昭，是朝廷的校书郎，掌管校勘书籍，订正讹误。但是岑文昭性情放荡，他结交的朋友之中，多是一些轻薄之人，所以经常闯祸。唐太宗非常看重臣子们的德行，他看到岑文昭屡屡出错，心里非常不高兴。

有一天，唐太宗把岑文本召进宫中，对他说："你弟弟经常惹事，到现在都还没有改过之心，我决定要给他一点教训，想把他调到边远的地方去，让他到那里去感受一下苦累的生活，学学怎样踏实地做人。"

岑文本一听，一下子跪在唐太宗面前，说："恳请皇上先不要这样做。您有所不知，只因我弟弟从小就没了父亲，母亲十分宠爱他，也怪我平时对他太溺爱，才使他养成了这些不好的习惯。他现在闯祸，我也是脱不了干系的。现在皇上要是把他调到边远的地方，这对我年老体弱的母亲来说，是一个难以承受的打击，母亲肯定会忧思成疾的。没了我这弟弟，就等于是没了我的母亲。所以恳请您让我辞官回家去，专心教导弟弟，服侍母亲吧。"

岑文本诚心诚意地说完这番话，禁不住泪流满面。唐太宗听完，被岑文本的孝悌之心感动了，他沉默许久，终于决定不再发配岑文昭了。岑文昭得知这件事后，也不敢再肆意妄为了，从此安分守己。

长幼序，友与朋，
君则敬，臣则忠。

【注释】序：遵守尊卑秩序。敬：尊重、敬重。忠：忠心、忠诚。

【译文】年龄大小要有次序，朋友之间要友好相处，皇帝对臣子要敬重，臣子对皇帝要忠诚。

桃园结义

东汉末年，朝政腐败，再加上连年灾荒，人民生活非常困苦，各地都相继发生了叛乱。

涿郡（今河北涿州）有一个叫刘备的人，他祖上本来是汉室宗亲，但家境早已衰落，落得以编织草鞋为生。尽管如此，刘备还是胸怀大志，想要拯救百姓于水火之中。这一天，郡上贴出了一张招募起义军的榜文，很多人围着观看，刘备也挤了进去。看到榜文，想到自己空有一番抱负却没法实现，刘备不禁仰天长叹。

这时，人群中突然有一个人高声喝道："大丈夫不为国家出力，还叹个什么气！"刘备回头一看，原来是郡中一个卖酒杀猪的壮士，名叫张飞。这张飞身高八尺，豹子头，圆眼睛，满腮的胡须像钢丝一样竖着，声如洪钟，样子十分威武。刘备听说张飞生性豪爽，喜欢结交英雄豪杰，于是邀请他到一家酒店中坐了下来，慢慢向他讲述了自己报国无门的苦恼，两人谈起话来十分投机。

就在这时，只见从门外又进来一位身形魁梧的大汉，他刚进门就大声叫酒保："快拿酒来，我赶着进城投军去。"刘备一看，这个人有九尺高，胸前长须飘飘，脸色好像红枣一样，长着一双丹凤眼，两条卧蚕眉。刘备连忙走过去邀这个人同坐，得知他叫关羽。经过一番倾心交谈，这三个人意气相投，志同道合，都想干一番大事业，于是商定结为异姓兄弟。

当时正值桃花盛开的时节，刘备、关羽、张飞三人便来到桃园之中，焚香祭告天地，不求同年同月同日生，只愿同年同月同日死。按照年岁大小，刘备做了大哥，关羽排第二，张飞最小。从此，他们三人互相扶持，共同进退，最终建立起了与魏、吴鼎足而立的蜀国。

人镜魏徵

魏徵是唐太宗贞观年间的名相，他生性耿直，且很有胆识。对于唐太宗的过失，魏徵敢于当面指出，而且常常不留情面。唐太宗虽然有时也对他十分恼火，但还是非常重用和赏识他。

相传在唐太宗和魏徵之间，曾经发生过这样一件趣事。有一回，外藩进贡给唐太宗一只珍贵稀有的雀鹰。这只雀鹰非常惹人喜爱，唐太宗天天将它携带在身边，随时戏弄逗乐，就连和大臣们谈论国家大事，也不肯轻易放下。魏徵知道这件事后，就借故进宫面见皇上。当时唐太宗玩鸟的兴致正高，见魏徵来了，担心他见自己玩鸟，又要进谏，急忙把雀鹰藏在袖里。魏徵装作什么都没见到的样子，径直走到唐太宗面前，行过礼后就开始谈论国家大事。唐太宗本来以为魏徵说一会儿就没事了，没想到他一件接一件地说个没完没了。这可把唐太宗急坏了，他一会儿坐下，一会儿站起来，坐立不安。魏徵看在眼里，但仍不动声色地询问道："皇上今天身体不舒服吗？"唐太宗真是哑巴吃黄连——有苦说不出啊！一晃两个时辰过去了，魏徵终于汇报完了国家大事，起身告辞了。唐太宗赶忙从袖中取出雀鹰，却发现鸟儿早已经憋死在袖中了。唐太宗看着憋死的雀鹰，十分恼火，觉得魏徵是在存心戏弄自己，可是回头仔细一想，觉得魏徵刚才的一席谈话，又让自己学到了不少治国之道，权衡之下，唐太宗还是原谅了魏徵。

贞观十七年，魏徵不幸病故。唐太宗感到非常伤心，他十分惋惜地对大臣们说："以铜为镜，可以正衣冠；以古为镜，可以知兴替；以人为镜，可以明得失。我常常通过这三面'镜子'来谨防自己犯错。如今魏徵死了，我从此失去了一面'镜子'啊！"

【注释】三党：父族、母族、妻族，合称为"三党"。

【译文】父亲这一族有伯伯和叔叔，母亲这一族有舅舅和外甥，妻子这一族有岳父，合起来叫作"三党"。

皇甫谧浪子回头

皇甫谧是我国晋代著名的医学家。他出生于河南新安县一个官吏家庭，从小娇生惯养，不事稼穑。但是天有不测风云，人有旦夕祸福，皇甫谧的父母在一场战乱中双亡，皇甫谧一瞬间落得家破人亡，后来叔母收养了他。经过这一场突然变故，皇甫谧原本应该变得懂事起来的，可实际情况却事与愿违。在叔叔家中，皇甫谧娇生惯养的日子并未改变，因为叔母看他从小父母双亡，十分可怜，因而对于他的过错从来不忍心斥责，反而更加放纵和溺爱，所以皇甫谧仍然过着衣来伸手、饭来张口的生活，养成了好逸恶劳的习惯。皇甫谧十分贪玩，像一匹脱缰的野马，整天东游西荡，根本无心学习，到了十七岁，长得人高马大，却对学问一窍不通，被人家笑话是傻子。看到皇甫谧这个样子，叔母十分忧心，感到自己无颜去见九泉之下皇甫家的列祖列宗。有一天，皇甫谧又和一群游手好闲的花花公子们出去寻花问柳，叔母知道后非常气愤，把皇甫谧赶出了家门。可是皇甫谧却从街上买来了香瓜、甜果之类，洋洋自得地献给叔母，以为如此"孝顺"一番，便可以平息叔母的盛怒。叔母见到皇甫谧一点悔恨之心都没有，更加气愤。她接过瓜果，狠狠地摔在地上，流着眼泪说："你快二十岁了，还是'志不存教，心不入道'，你要是真心孝顺我，孝顺你父母，就应该修身养性，认真学习啊！"叔母的话深深地刺激了皇甫谧，他回想起不幸早故的双亲，以及叔母天高地厚的养育之恩，再想想自己的所作所为，真是无地自容。于是，皇甫谧痛改前非，决心用实际行动来弥补自己的过失，做一个有用的人。从此，他发愤图强，白天耕作劳动，夜里勤学苦读，终于成了一个学问渊博的人。

进入中年后，皇甫谧不幸得了重病，以致下肢瘫痪，但他并没为此而消沉。为了战胜病魔，使自己重新站起来，他潜心研究医学，几年之内通读了大量医书，并在自己身上进行了上万次的针灸实验。经过千辛万苦的不懈努力，他终于写出了我国第一部针灸专著《针灸甲乙经》，为人类的医学事业做出了巨大的贡献。

斩齐衰，大小功，

至缌麻，五服终。

【注释】斩齐衰：斩衰与齐衰。斩衰，最重的五服，以不缝边的粗麻布为衣，斩断处外露，是三年丧，实为两年。齐衰，用粗麻布制成的丧服，以其缉边缝齐，故称"齐衰"。大小功：大功与小功。大功，用细麻布制成的丧服，白色，次于齐衰，期限为九个月。小功，用更细的麻布制成的丧服，次于大功，期限为五个月。缌麻：用更加精细的麻布制成的丧服，是五服中最轻的一种，期限为三个月。

【译文】斩衰、齐衰、大功、小功和缌麻，这是中国古代亲族中不同的人死去时穿的五种孝服。

李密侍奉祖母

李密是三国魏晋时的人，他擅长辞令，很有才学，年纪轻轻就在蜀国担任尚书郎。蜀国灭亡后，李密一直赋闲在家，奉养祖母。李密很小的时候父亲就去世了，母亲改嫁后，祖母刘氏含辛茹苦地将他抚养成人，祖孙二人相依为命。祖母年老后，李密对祖母侍奉得十分周到，以孝而名传千里。

晋武帝司马炎十分欣赏李密的才学，曾多次派人请他到朝中任职。可是李密不愿意扔下年迈的祖母一人在家中，无人照顾，于是给晋武帝写了一封《陈情表》。在信中，李密详细陈述了自己不能应诏的原因："现在我只是一个卑贱的亡国之臣，承蒙皇上的厚爱，我本不该再有犹豫。但是我的祖母年老体衰、生命垂危，就像西下的夕阳一样，朝不保夕。如果没有我的祖母，就不会有今天的李密；如果没有我在身边，祖母也无法安度晚年。我们二人一直相依为命，就是因为要对她老人家尽点孝心，我才不敢轻易地离开啊。"后来，李密一直守在祖母的身边，直到她去世之后，李密才到洛阳去任职。

董永卖身葬父

汉朝时，有一个很出名的孝子，叫作董永。他很小的时候就没有了母亲，跟着他的父亲一块儿长大。父子两人勤恳地种地，生活也算比较和美。

有一年，董永的父亲患了重病，许多天过去了，也不见有什么好转。董永拿着平时省下来的钱，到处为父亲寻医问药。可是，父亲的病情终究没有得到好转，反而继续恶化，离开董永去世了。这时，董永所有的积蓄都已经花光，家里已经是一贫如洗了。没有钱办丧事，董永只好以身作价，向地主借钱，埋葬父亲。当地有一个地主见董永是个孝顺的人，就答应先借钱给董永，等董永守孝之后再到他家里干活还钱。

董永行完了三年守丧之礼后，便去地主家做工还钱。在途中，他遇到了一个非常漂亮的女子。这位女子拦住董永，说感念董永的一片孝心，愿意和董永一起做活，替他还债。董永不想连累这位女子，就谢绝了她的好意。可女子左劝右劝，说她不并看重钱，只是觉得他人品好，硬是要跟着一起去。董永也没有办法，只好带着她来到地主家中。地主告诉他们，只要织三百匹细绢，就可以还清债务了。

这位女子心灵手巧，织布速度特别快。她昼夜不停地干活，只用了短短一个月的时间，就织完了三百匹的细绢，还清了地主的债务。在他们回家的途中，经过一棵槐树时，女子向董永辞别了。相传这位女子就是天上的七仙女。因为董永心地善良，做人诚实，七仙女被他的孝心所感动，就来到了凡间帮助他。

董永卖身葬父的事情传开后，有人写了一首诗赞颂他：

葬父贷孔兄，仙姬陌上逢。

织线偿债主，孝感动苍穹。

凡训蒙，须讲究，

详训诂，明句读。

【注释】训：教导。蒙：蒙昧无知，训蒙是指儿童的启蒙教育。训诂：解释古代文字的意义。句：句号，完整句子的标点。读：逗点，为使太长的句子便于诵读，而稍停顿的标点。

【译文】教导儿童必须给他们讲解义理，考究事实，详细讲解字句的含义，说明应该在哪里断句。

标点符号的故事

传说在很久以前，有一个书生进京参加考试，可是不巧碰上了大雨，一连好几天，路上泥泞难行，便只好暂时借宿在朋友家。可是三天、五天过去了，雨还是下个不停。主人有些不耐烦了，但又不好意思赶他走。这一天，主人突然想到了一个好办法，他趁书生吃饭的时候，把一张写好的纸条放到他房里，希望书生看到后能知趣地离开。当书生回到房间后，看到桌子上有一张纸条，写着："下雨天留客天留我不留！"他立刻明白了主人的意思，但是他发现了这句话中的破绽，于是决定和主人开一个玩笑。书生拿起笔，在"留客天"后面加上了个逗号，又在"不"字后面加上了一个问号。结果，纸条上的字就变成了——"下雨天留客天，留我不？留！"第二天，主人看到了这张纸条，只能无可奈何地摇摇头，心里想：看来他留在我家里是老天爷的安排了。就这样，书生在朋友家一直住到天放晴后才走。

礼乐射，御书数，
古六艺，今不具。

【注释】礼：礼节。乐：音乐。射：射箭技术。御：驾驭马车的技术。书：书法。数：算术。具：具备。

【译文】古代的读书人要学习礼节、音乐、射箭、驾车、书法和算术。现在的读书人很多都不具备这些知识。

薛谭学歌

从前，有个叫薛谭的年轻人，他想学习唱歌，便找到了当时最有名的秦国歌唱家秦青，拜他为师。秦青看他热情奔放，而且很有天赋，打心眼里喜欢这个学生，想将自己全部的唱歌本领都教给他。谁知，薛谭却是个没有丝毫耐心的人，才刚刚学了一首简单的乐曲，就非常满足了。他认为自己已经学得八九不离十了，便要告别老师，请求回家。

秦青对他非常失望，也深深为他感到可惜，可是不论怎样留也留不住这个学生，无奈，只好到城外的大道边为他送行。当时，正值春暖花开的季节，春江刚刚水暖，鸭子在水面上自在地嬉戏着；春花烂漫，空气中弥漫着浓郁的花香；树木郁郁葱葱，展示着旺盛的生命力。秦青被深深地陶醉了，他情不自禁地打着节拍，引吭高歌起来。那歌声时而婉转动听，和林间小鸟的歌声混成一片；时而又悠扬高亢，飘进云霄，仿佛天籁之音回旋耳畔。这美丽的歌声振动了林间的树木，连天空中飘动的云彩似乎也停住不动了。薛谭从来没有听过老师的歌声，他也不知不觉地被这美妙的声音吸引了，痴痴的都要醉了。一曲终了，过了好久，薛谭才反应过来。他深深地意识到自己和老师的差距，马上请求秦青原谅，要求回去继续学习。秦青十分高兴，于是，师徒二人欣然回到家中。从此，薛谭再也没有放弃，他孜孜不倦地学歌，终于成为了一位有名的歌唱家。

百步穿杨

春秋战国时，楚国有两个著名的射箭手，一个名叫潘虎，一个名叫养由基。这两个人的箭术都十分高明，难分高下，于是约定进行一场比赛。

这一天，场地上围满了人，靶子设在五十步以外，撑起一块木板，板上有一个红心。潘虎先射，只见他拉开强弓，一连三箭都正中红心，博得围观的人一片喝彩声。轮到养由基了，他环视了一下四周，说："射五十步外的红心，目标太近、太大了，我还是射百步外的柳叶吧！"说完，他指着百步外的一棵杨柳树，叫人在树上任意选一片叶子，涂上红色作为靶子。接着，他拉开弓，"嗖"的一声射去，结果箭正好贯穿这片杨柳叶的中心。在场的人都惊呆了，潘虎自知没有这样高明的本领，但又不相信养由基箭箭都能射穿杨柳叶，于是走到那棵杨柳树下，又选了三片杨柳叶，在上面用颜色编上号，请养由基按编号次序再射一次。养由基看清了编号，然后退到百步之外，拉开弓，"嗖"、"嗖"、"嗖"三箭，分别射中了三片编着号的杨柳叶。这一次，喝彩声雷动，潘虎也口服心服。

然而就在一片喝彩声中，突然冒出了一句冷冷的话："有了百步穿杨的本领，才值得我教导了！"养由基一听这个人的口气这么大，不禁转过身去生气地问道："你准备怎样教我射箭？"那人平静地说："我并不是要教你怎样弯弓射箭，而是来提醒你该怎样保持射箭名声的。你是否想过，一旦力气用尽，只要一箭不中，你那百发百中的名声就会受到影响。一个真正善于射箭的人，应当注意保持名声！"养由基听了这番话，觉得很有道理，于是再三向他道谢。

【注释】书学：研究文字的学问。说文：东汉许慎所著的《说文解字》。

【译文】研究文字的学问是人人都应该掌握的。学习文字，最好参照《说文解字》这本书。

仓颉造字

相传，黄帝手下有一个叫作仓颉的史官，专门负责管理记录圈里牲口的数目、屯里食物的多少。仓颉人很聪明，做事也尽力尽心，但是随着牲口和食物的增加，光凭脑袋记不住了，当时又没有纸和笔，更没有文字，该怎么办呢？仓颉犯难了。

仓颉整日整夜地想办法，先是在绳子上打结，用各种不同颜色的绳子表示各种不同的牲口、食物，用绳子上打的结的多少代表各个种类的数目。这种方法一开始很奏效，但是时间一长就不行了：增加的数目在绳子上打个结很便当，但减少数目时，在绳子上解开结就麻烦了。于是，仓颉又想到在绳子上打圈圈，在圈圈里挂上各式各样的贝壳，来代表不同种类的东西，增加一个就添一个贝壳，减少一个就去掉一个贝壳。这个方法一连用了好几年。但随着要记录的东西愈来愈多，光凭着添绳子和挂贝壳已不管用了，仓颉开始琢磨新的方法。

这一天，仓颉参加了集体狩猎，走到一个三岔路口时，队伍里的几个老人为往哪条路走争辩起来。一个老人坚持要往东，说有羚羊；一个老人则要往北，说前面不远可以追到鹿群；另外一个老人却要往西，说有前面有两只老虎。仓颉一问，原来他们都是看着地上野兽的脚印认定的。仓颉心中猛然一亮：既然一个脚印能代表一种野兽，为什么不能用一种特定的符号来表示特定的东西呢？

从此，仓颉专心致志地造起字来。仓颉想：万事万物都有自己的特征，如果能抓住事物的特征，画出图像，大家都能认识，这不就是字吗？从此，他开始注意仔细观察各种事物的特征，譬如日、月、星、云、山、河、湖、海，以及各种飞禽走兽、应用器物，并按照其特征，画出图形，造出许多象形字。这样日积月累，仓颉造出的字也越来越多了。他把这些字献给黄帝，黄帝看后非常高兴，立即召集各部首领，让仓颉把造出的字传授给他们。很快，这些象形字就开始应用起来了。

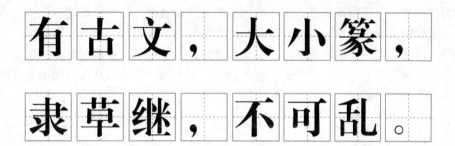

【注释】大小篆：大篆和小篆，都是中国文字的一种形体。乱：搞混淆。

【译文】先有上古文字，后有大篆、小篆，再有隶书和草书，这个顺序不能混乱。

颜真卿拜师

颜真卿是中唐时期杰出的书法家，与赵孟頫、柳公权、欧阳询并称为"楷书四大家"。

颜真卿早年曾经拜在张旭门下。张旭是当时首屈一指的大书法家，精通各种字体，尤其擅长草书。颜真卿本来希望在这位名师的指点下，能够很快学到写字的窍门，但是拜师以后，张旭却没有透露半点书法的秘诀，只是向颜真卿介绍了一些名家字帖，简单地指点一下各家字体的特点，然后让颜真卿自己临摹。有时候，张旭还带着颜真卿去爬山游水，赶集看戏。转眼间几个月过去了，颜真卿没有得到老师的书法秘诀，心里很着急，他决定直接向老师提出要求。

一天，颜真卿壮着胆子，红着脸说："学生请求老师传授书法秘诀。"张旭一听，不紧不慢地回答说："学习书法，一要'工学'，即勤学苦练；二要'领悟'，即从自然万象中接受启发。这些我不是告诉过你很多次了吗？"颜真卿听了，以为老师不愿意传授秘诀，就又向前一步，施礼恳求道："老师说的'工学'、'领悟'，这些道理我都知道了，我现在最需要的是老师行笔落墨的绝技秘方，请老师指教。"张旭还是耐着性子开导颜真卿："我见了公主与担夫争路而察笔法之意，见了公孙大娘舞剑而得落笔神韵。除了苦练就是观察自然，没什么别的诀窍。"接着，张旭又给颜真卿讲了晋代书圣王羲之教儿子王献之练字的故事，最后，他严肃地对颜真卿说："学习书法要说有什么秘诀的话，那就是勤学苦练。要记住，不下苦功的人，不会有任何成就。"老师的一番教诲使颜真卿大受启发，他真正明白了为学之道。从此，他扎扎实实勤学苦练，潜心钻研，从生活中领悟运笔神韵，进步很快，终于成为了四大书法家之首。

米芾学字

米芾是北宋时著名的大才子，他能诗文，擅书画，尤其是一手字，写得雄奇稳健，飘逸清新。米芾小时候，家境并不富裕，他在一家私塾中学习写字，可是练了三年也没有什么长进。一次，米芾听说有位路过村里的赶考秀才写得一手好字，就前去请教。秀才翻看了米芾临摹的字帖后，对他说："想要跟我学字可以，但有个条件，得买我的纸练字。但是我的纸很贵，五两银子一张。"由于学字心切，米芾咬一咬牙，借来银子交给了秀才。秀才递给他一张纸，说："回去好好写，三天后拿给我看。"回到家，米芾捧着这张用五两银子买来的纸，左看右看也不敢轻易下笔，为了不浪费纸，他先对照着字帖，用没有蘸墨水的笔在书案上划来划去，反反复复地琢磨。三天后，秀才来了，看见米芾正坐在书案前，手握着笔，望着字帖出神，纸上却滴墨未沾。秀才故作惊讶地问："怎么还没写？"米芾这才如梦初醒，想到三天期限已到，喃喃地说："我怕浪费了纸。"秀才哈哈大笑，用扇子指着纸说："好了，琢磨三天了，写个字给我看看吧！"米芾抬笔写了个"永"字。秀才一看，这个字写得遒劲潇洒，便故意问道："你为什么学字三年都不长进，三天之内却能突飞猛进呢？"米芾想了想说："因为这张纸太贵，不敢像以前那样随便写，而是先用心把字琢磨透了再写。""对！"秀才说，"学字不光是动笔，还要动心，不但要观其形，更要悟其神，心领神会，才能写好。"说完，秀才挥笔在"永"字后面添了七个字："（永）志不忘，纹银五两。"之后从怀里掏出那五两银子还给米芾，头也不回地走了。

若广学，惧其繁，

但略说，能知原。

【注释】若：假如。繁：繁杂。略说：大体掌握。

【译文】如果想要广泛地学习知识，实在不是件容易的事情，也无从下手。但是如果能做大体的研究，还是能了解到许多基本道理的。

诸葛亮"观其大略"

诸葛亮是三国时期蜀国的丞相，他鞠躬尽瘁地辅佐刘备争夺天下，为蜀国的建立立下了汗马功劳。诸葛亮神机妙算，谋略过人，这一点几乎无人不知，无人不晓。他之所以能成就这样一番大事业，除了天资聪颖之外，也与其少年时讲求方法，刻苦读书有着莫大的关系。

诸葛亮生逢东汉末年兵荒马乱、民不聊生的乱世，幼年时曾跟随叔父四处漂泊，躲避战乱。背井离乡的生活使得诸葛亮从小就立下了统一天下的宏愿。到了求学的年龄，诸葛亮进了襄阳城南的一所学堂念书。这里依山傍水，环境幽雅，是个十分适宜读书的好地方，诸葛亮于是暗下决心，要成为学堂里出类拔萃的学生。寒窗苦读的生活开始了，诸葛亮每天清晨一听到雄鸡报晓，就起床到附近的岘山上读书。这件事很快就被老师黄承彦知道了，他觉得这是个温故而知新的好办法，就号召大家向诸葛亮学习，并把晨读作为学堂的一项制度规定了下来。从此，学堂的学风为之一新，人们每天清晨都能听到从岘山上传来的朗朗读书声。

不久，黄承彦又发现了诸葛亮是个天资很高的学生，他读书的方法很特殊，不像一般学生那样死记硬背，而是观其大略，记其精粹，有过目不忘的能力。每次吟诗作赋，往往命题一出，诸葛亮就能即席而起，信口而出，并且言简意赅，高雅隽永。

由于天资聪颖，勤学不辍，再加上方法得当，诸葛亮很快就学有大成了。他虽然隐居在隆中，但是名声却传得很远。后来，刘备等人慕名而来，邀请诸葛亮出山，便有了后世"三顾茅庐"的一段故事。

陶渊明"不求甚解"

陶渊明是东晋时期著名的大诗人。他写了一篇文章，名为《五柳先生传》。文章的开头是这样的：先生不知道是哪里的人，也不清楚他的姓名，只因为他家旁边有五棵柳树，所以就把"五柳"作为自己的号了。五柳先生喜爱闲静，不多说话，也不羡慕荣华利禄，只是酷爱读书。但是五柳先生读书的方法颇有特色，他把读书看作是一种很高的精神享受，不执着于字句表面的解释，只要能对书中的意义有所体会，就高兴得手舞足蹈，于是落下了个"好读书而不求甚解"的名头。

其实，这个五柳先生是陶渊明以自己为原型塑造的一个人物。说五柳先生"不求甚解"，实际上是陶渊明说自己"不求甚解"。陶渊明喜欢读经史典籍，读传注。早在汉代时，就有很多经学家对典籍作了大量的注释工作，其中很多都是有价值的，但也有一些经学家所作的注释连篇累牍，离题万里。好比有个叫秦恭的经学家，解释"尧典"这两个字就写了十多万字。这种牵强附会的解释就是陶渊明所说的"甚解"。"不求甚解"不是说读书囫囵吞枣、粗枝大叶，而是反对某些空虚繁琐的解释。

陶渊明不去钻研这些没有价值的传注，而把注意力放在领会书中的主要内容和基本思想上，这种读书方法对我们今天读书而言，也具有很好的借鉴意义。

【注释】小学：古代文人编写的儿童读本，研究字音、字形和意义。四书：《论语》《孟子》《大学》和《中庸》四部书的合称。

【译文】上学的人必须先从文字、音韵着手，然后再学习《论语》《孟子》《大学》和《中庸》。

纪昌学射

古时候，有个射箭能手名叫飞卫。他射箭的本领十分高超，能够百发百中，是远近闻名的神箭手。

当时，有个叫作纪昌的青年，他很想学习射箭的本领，就来到飞卫家拜他为师。飞卫说：

"练射箭不能怕困难，首先要练好眼力，能够盯着一个目标后，眼睛一眨也不眨才行。你回去练吧，练好了再来见我。"

纪昌回到家里，认真地练起了眼力。他躺在妻子的织布机下面，用眼睛盯着穿来穿去的梭子，一练就是一天。就这样，日复一日地练了两年，就是有人用针扎向纪昌的眼睛，他也能一眨不眨了。

纪昌高高兴兴地去见飞卫，告诉他自己的眼力已经练得差不多了，可以学习射箭的技术了。飞卫却说："这还不够，你还要继续练眼力，直到能把小的东西看大了，再来见我。"

纪昌又回到家里，用一根头发拴住一只蚂蚁，把它挂在窗口，每天站在窗前，紧紧地盯着那只蚂蚁看。日复一日地看了三年，那只蚂蚁在纪昌的眼里，简直就像车轮那么大了。

纪昌又去找飞卫。这一次，飞卫点点头说："现在可以教你射箭的本领了。"从此，飞卫开始教纪昌怎样拉弓，怎样放箭。纪昌又苦苦地练了好几年，终于成了一位百发百中的好射手。

王献之练字

王献之是东晋大书法家王羲之的儿子，他和父亲一样，也是一名出色的书法家。王献之自小在父母的熏陶下，对书法产生了浓厚的兴趣，一直梦想着能写出一手漂亮的字。

为了实现自己的书法之梦，王献之从小就刻苦练习书法。先是练最基本的笔画，他临摹父亲的字体，练着简单的横、竖、点，一练就是两年。等到自己觉得有点父亲的特色了，王献之就拿着写的笔画给王羲之看，王羲之看了看，什么也没有说。于是，他又拿去给母亲看，母亲说："还行，有点成就了！"接着王献之又练起了弯、钩之类的比较复杂的笔画。这样又练了两年，他又把自己的字拿给王羲之看，王羲之看后仍旧没有说什么，他又给母亲看，母亲说道："有进步，不过还需要继续努力！"

从那以后，王献之正式开始练习写字了。这样足足写了两年，王献之将自己写的字拿去给父母看。王羲之看了没有说话，只是拿起笔，在王献之写的一个"一"字上加上了一竖，成为一个"十"字。王献之又把字拿去给母亲看，母亲一张一张地仔细翻看，然后指着"十"字上的那一竖，叹道："你练字练了这么多年，终于有这一竖像你父亲写的。"

王献之听到这话呆住了，这才明白，自己和父亲相比还相差很远。从此，他变得更加谦虚认真了。在他的勤奋努力下，他的书法也终于有了成就，后来与王羲之齐名，被人们称为书法"二王"。

论语者，二十篇。
群弟子，记善言。

【注释】论语：书名，共二十篇，孔子的弟子和再传弟子所著。善言：孔子及其弟子的高论。

【译文】《论语》这本书共有二十篇，是孔子的弟子和再传弟子辑录的有关孔子及其弟子言行的一部书。

因材施教

孔子是春秋时期的大教育家，他一生诲人不倦，门下有三千学生，其中成就突出的就有七十二人。孔子教学生很讲究方法，总是根据学生的不同性格，采取不同的方法。

有一次，孔子的学生子路请教他："对于一件事情，如果我认为好的话，是不是应该说干就干呢？"孔子回答说："这样做是不对的，你的父母双亲都在，怎么可以不先和父母商量商量就做呢？"子路听了，点点头。以后遇到事情时，子路总是自己先认真思考一下，然后再和父母商量，最后才着手去做。

事隔不久，另一个学生冉有也跑来问孔子相同的问题。孔子却回答他说："既然是决定要做的事情，就应该毫不犹豫地大胆去做才对。"

这时，一直跟随在孔子身边的学生公西华看到孔子在回答同一个问题时，有两种不同的答案，对此很不理解。他问孔子："老师，学生有一事不明白，他们两个人提的问题是相同的，为什么您的回答却不同呢？"孔子和蔼地说："冉有平时的胆子很小，做起事来思前想后，顾虑重重，拿不定主意，所以我给他壮壮胆，让他做事不要犹豫，大胆地去做。但是子路不同，他的胆子很大，做事鲁莽，从来不考虑前因后果，而且好胜心很强，容易与他人发生争执，因此我教他处事冷静一点，稳重一点，多听长辈的意见，三思而后行。"公西华听后恍然大悟，对孔子这种"因材施教"的做法佩服不已。

【注释】孟子：这里是书名，孟轲所著。仁义：孟子认为的人所具有的天性，包括恻隐、羞耻、憎恶等。

【译文】《孟子》这本书是孟轲写的，一共七篇，是专门讲述儒家仁义道德的一本著作。

五十步笑百步

战国时期，梁国的梁惠王十分好战。有一次，他对孟子说："我治理国家，可以算是尽心尽力了。黄河北岸闹灾荒，粮食收成不好，我就把那里的百姓迁移到黄河以东去，并把黄河以东的粮食运到北岸来。黄河以东闹灾荒，我也会这样做。邻国的国君没有一个像我这样诚心诚意的。但是邻国的百姓没有减少，我国的百姓也没有增多，这是什么原因呢？"

孟子回答说："您喜欢打仗，我就拿打仗作个比喻吧！战场上，双方的军队相遇，经过一场交锋厮杀后，一方的士兵扔掉衣甲，拖着兵器逃跑。有的跑了一百步停下来，有的跑了五十步停下来。那个跑了五十步的士兵回过头来嘲笑跑了一百步的贪生怕死。您觉得他这样对吗？"梁惠王立即说："当然不对了！他只不过没有跑到一百步而已，但同样也是逃跑。"孟子接着说："您既然知道这一点，就不要希望您国家的百姓比邻国多了。尽管您施舍了一点小恩小惠，但是您好战，使百姓遭了殃，这与'五十步笑百步'是同样的道理。只要不违背农时，粮食就吃不完；不用密网到池塘中捕鱼，鱼鳖水产就吃不完；砍伐林木有定时，木材就用不尽。粮食、鱼类吃不完，木材用不尽，这便使得百姓养生丧死没有遗憾了，这才是王道的开端。"

作中庸，子思笔，
中不偏，庸不易。
作大学，乃曾子，
自修齐，至治平。
此二篇，在礼记，
今单行，本元晦。

【注释】中庸：这里是书名。子思：孔子的孙子孔伋，子思是他的字。易：改变。大学：这里指是书名，孔子的学生曾参著。修齐：修身、齐家。平治：治国平天下。单行：单本流行书。元晦：朱熹，字元晦。

【译文】《中庸》这本书的作者是子思，书中讲的是公平合理、不偏不倚、永不改变的道理。《大学》这本书是曾参写的，从修身、齐家，一直说到治国平天下。这两本书原本都是《礼记》中的文章，是南宋的朱熹把它抽出来，单独成书的。

过犹不及

颜回是春秋时期的鲁国人，他天资聪颖，好学不倦，曾经拜在孔子门下，是孔子最得意的门生。

有一次，鲁定公饶有兴致地问颜回："您听说过东野毕很擅长驾马吗？"颜回回答说："擅长是很擅长，不过他的马将来必定会跑掉的。"鲁定公听了很不高兴，他心想：东野毕擅长驾马是众所周知的事情，可颜回却说他驾的马必定会跑掉，不知道是什么用心。鲁定公于是对身边的人说："原来君子也会诬陷人啊！"颜回知道后，也没有辩白什么。

三天之后，掌管畜牧的官员突然跑来报告鲁定公说："东野毕驾的马不听使唤，挣脱缰绳

跑掉了。"鲁定公一听，大惊，急忙叫人把颜回召来。颜回来了以后，鲁定公便向他请教："先生曾经说过，东野毕擅长驾车，但是他的马必定会跑掉。不知您是如何预先知道的呢？"

颜回回答说："我是根据以往的政事推测出来的。很久以前，舜帝善于使用民力，造父擅长使用马力。舜帝不穷尽民力，造父不穷尽马力，因此在那个时代，舜帝手下没有避世隐居或逃走的人，而造父手下也没有不听使唤逃走的马。但现在东野毕驾马，虽然马的进退奔走、缓急快慢看起来都很合适，但是他却仍然对马责求不止，毫无体谅之心。我听说，当鸟被逼急时就要啄人，兽逼急了就用爪子乱抓，而人被逼得没办法时便要欺诈、叛乱。同样的道理，马被逼过头了，自然就会奔逃。从古到今，没有能使其手下处于极点，而自己没有危险的啊！"

鲁定公听了颜回这番"物极必反，过犹不及"的言论，觉得受益匪浅，就把这件事告诉了孔子，孔子听后，微笑着说："这就是颜回之所以为颜回的原因了。"

孝经通，四书熟，
如六经，始可读。
六经者，统儒术，
文周作，孔子述。
诗书易，礼春秋，
号六经，当讲求。

【注释】通：融会贯通。六经：指儒家的六部经典《诗经》《尚书》《周礼》《易经》《乐经》和《春秋》。始：才。统：统括、囊括。作：写作、撰写。述：记述。

【译文】读熟孝经，通晓四书，才可以去读六经这样深奥的书。六经是集儒家思想之大成的书，据说是周公所写，后来由孔子把它记述成书。《诗经》《尚书》《周礼》《易经》《乐经》和《春秋》就是六经，都应该学习。

关公夜读《春秋》

关羽是东汉末年蜀国著名的将领，他早年与刘备结为异姓兄弟，追随刘备东征西讨，为蜀国的建立立下了赫赫战功。

建安五年（200年），曹操率领大批人马东征，攻打刘备。经过徐州一战，曹操一举告捷，并俘获了关羽。曹操心中暗自盘算：关羽武艺高强，胆色过人，是个难得的人才。如果能劝服关羽归降，自己便会如虎添翼。同时，关羽就好比是刘备的一只手臂，刘备若没了关羽，势力一定会大大削弱。这样一来，统一天下就指日可待了。为了笼络关羽，曹操大摆宴席，对关羽盛情款待，还拜他为偏将军，赐宅地，为他建造楼阁，可是关羽丝毫不为所动，仍然是身在曹营心在汉。曹操没有办法，只得将关羽暂时软禁起来。

一天晚上，关羽辗转难眠，他想起当年与刘备一起举杯咏怀，征战沙场的日子，如今大事未成，自己却被曹操所擒，心中不禁一阵伤感。想着想着，他索性披衣起床，拿起一本《春秋》来到室外，秉烛夜读了起来。他朗声念道："士不可以不弘毅，任重道远，仁以为己任，不亦重乎？死而后已，不亦远乎？"曹操被读书声惊醒，连忙爬起来隔墙侧听。听了一阵，他不禁轻声叹到："关羽是一位真英雄啊！"他听出了关羽这是在借《春秋》明志，想劝他投降是不可能的了。

又过了几日，曹操见劝降无望，又不忍心将关羽杀死，只好将他放回。临别时，关羽把自己所画的一幅诗竹赠予曹操，疏密相交的竹叶组成了四句诗：

不谢东君意，丹青独立名。

莫嫌孤叶淡，终久不凋零。

这首诗表达关羽效忠汉室的坚定信念，他夜读《春秋》的高尚情操也一直在激励着后人。

有连山，有归藏，

有周易，三易详。

有典谟，有训诰，

有誓命，书之奥。

【注释】连山：书名，伏羲氏作。归藏：书名，黄帝作。典：凡是皇帝的政绩可作常法的记载，叫作典。谟：大臣向皇帝陈述良谋善策的言辞。训：劝诫帝王的言辞。诰：晓谕帝王的言辞。誓：出师告诫将士的言辞。命：君王下达命令的言辞。

【译文】《连山易》《归藏易》《周易》是我国古代的三部书，这三部书合称"三易"，"三易"是用"卦"的形式来说明宇宙间万事万物循环变化的道理的书籍。《书经》的内容分六个部分：一典，是立国的基本原则；二谟，是治国的计划；三训，是大臣的态度；四诰，是君王的通告；五誓，是起兵的文告；六命，是君王的命令。

韦编三绝

春秋时期，纸还没有发明，书都是用竹简做成，然后用牛皮绳穿起来。简是以竹子为材料制造的，先将竹子破成一根根竹签，打磨平整，然后再用火烘干在上面写字。竹简多用片竹制成，每片都有一定的长度和宽度，竹片上只能写一行字，多则几十个，少则八九个。这样一部书要用许多竹简，写成的竹简就用绳子或者牛皮条串起来，以免文章次序混乱，便于阅读，编连起来的竹简被称作"简牍"，除了简牍之外，还有一种用木片制成的，叫作"木牍"，多用来书写短篇文章。像《诗经》《尚书》《礼记》《周易》这样的书，都是由许许多多竹简编连起来的，书很重，携带也不方便。

孔子特别喜欢读《周易》，他读这本书花了很长时间。在孔子年轻的时候，他就把《周易》全部读了一遍，对书中的内容有了基本的了解，可是他觉得这样好的书只读一遍是不够的。没过多久他又读了第二遍，对书中的要旨有了初步的把握。但是他感觉还是有很多不明白的地方，又读了第三遍，终于对书中的精神实质有了透彻的理解。在这以后，为了更深入地研究这部书，他又不知翻阅了多少遍，因为每天翻阅苦读，把串连竹简的牛皮带子也给磨断了好几次。每次磨断，孔子都会认真地整理一次，害怕竹简有遗漏而导致书残缺了，总是换上新的再使用，一直使书保存得完好无损。

孔子在教育他的弟子时说："我们读书就一定要爱惜书，当发现书中有遗漏或残缺时，一定要及时地补上，这样才能使我们每次阅读的内容都是完整的。"

【注释】周公：周代的爵位，得爵者辅佐国王治理天下，此处指周公旦。

【译文】西周时期的周公写了《周礼》这本书，他把当时的官职分为六种，为后世设立政治体制竖立了榜样。

周公吐哺

周公旦，姓姬名旦，是周文王的第四个儿子，周武王的弟弟。因为他的封地在周地，因此，人们又称他为周公。

当父亲周文王在位时，周公就十分孝顺。周文王死后，周武王继承了王位，周公便尽心尽力地辅佐哥哥讨伐商纣，建立制度。周武王去世后，周成王幼年继位，不能理政，所以将国事都交由周公处理。朝中有些人很不服气，他们四处扬言，说周公会对周成王不利。周公听说后，就召集元老大臣，向他们表白自己的心意："我之所以不加避讳地管理国政，是怕周成王年纪还小，天下人背叛他。这样，我就没法向先王交待了。为了周朝的大业，我才这样做。"

周公辅政以来，勤勤恳恳，他很注意招贤纳士，只要有人拜访他，他总是放下手头的事情，认真接待。有一次，他正在洗头发，头发刚刚浸湿，忽然外面来人有急事禀告，周公连忙握着湿漉漉的头发出去接待，办完事回来再接着洗。这样一连出去了好几次，才把头发洗完。还有一次，周公正在吃饭，刚夹起一块肉放进嘴里，外面就来了一位客人。周公马上把肉吐出来，起身迎接。结果一顿饭的工夫，来了三次客人，周公就连着吐了三次饭菜。

除了管理国政，周公还无微不至地关怀年幼的周成王。有一次，周成王病得很严重，周公很焦急，就剪了自己的指甲沉到大河里，对河神祈祷说："周成王现在还小，还不懂事，有什么过错都是我的。如果要死，就让我死吧。"后来，周成王的病果然好了。

周公代替周成王管理了七年国政，周成王长大后，周公就将政权交给了周成王，自己退回到大臣的位子上。后来，有人在周成王面前进谗言，中伤周公，周成王一时听信了。周公知道后很害怕，就逃到了楚地躲避。不久，周成王在翻阅库府中收藏的文书时，发现了自己生病时周公的祷辞，被周公忠心为国的品质感动得流下了眼泪。周成王立即派人将周公迎了回来。周公回来以后，仍旧忠心地为国家操劳，呕心沥血，废寝忘食。这期间，朝廷中出现了很多贤德之士，国家被治理得井井有条。后来，管叔和蔡叔发动了叛乱，周公出兵平定了叛乱，为周朝的巩固作出了重大的贡献。

周公临终时，要求把自己葬在成周，以表明不离开周成王的意思。周成王心怀感激，把他葬在了毕邑周文王墓的旁边，以表示对周公的无比敬重。

大小戴，注礼记。
述圣言，礼乐备。

【注释】 大小戴：指西汉经学家戴德和他的侄子戴圣。戴德选取古代各种有关礼仪的论著，编成了《大戴礼记》八十五篇。后来戴圣加以删减，编成了《小戴礼记》四十九篇，即《礼记》。备：齐全。

【译文】 戴德和戴圣整理并且注释《礼记》，传述和发扬了圣贤的著作，这使后代人知道了前代的典章制度和有关礼乐的情形。

文质彬彬

孔子非常注重修身之道，待人处世都严格按照礼节，散发出一种高雅的君子气息。他不仅严以律己，对儿子的要求也丝毫不放松。

有一天，孔子与儿子孔鲤在家中闲谈，谈论到个人的修养问题。孔子感叹地说："君子从来都不会放弃学业，不会停止学习，时刻都在增长自己的学识；和别人见面时也一定会修饰好自己的仪容，以表示对别人的一种尊敬。要是一个人不修饰仪容，就会显得不整洁；仪容不整洁，就会显得非常的随意，那就是一种不尊重别人的表现；对别人不尊重，就失去了礼节；失去了礼节，就不能很好地立足于世。那些站在远处就显得很整洁的人，必定是注重修饰自己仪容的人，你与他们接近之后心中一定会感觉舒坦。他们还拥有渊博的学识，能解答你的疑难。"孔鲤听完后，问孔子说："父亲的意思是说，作为君子就一定要修饰自己了。可是您以前不是经常教导我说，君子只要保持朴素的本质就可以了，不需要讲究文采吗？"孔子回答道："孩子，你还没有真正理解我的意思。文采与本质同等重要，只有文质彬彬才能成为一个君子。如果一个人过于质朴，他就会显得粗野、俗气，但是也不能过于讲究文采。如果一个人太注重文采，文采掩盖了质朴，他就会流于虚伪、浮夸。假装和善、巧言利口的人是很少有仁德的。只有质朴和文采配合得当，才能称得上是一个真正的君子。"

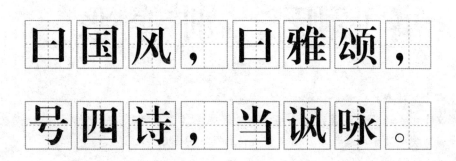

【注释】四诗：《诗经》分为《风》《雅》《颂》三大类，《雅》又分为《大雅》和《小雅》，所以合称为"四诗"。

【译文】《风》《大雅》《小雅》《颂》，合称为"四诗"，它是一种内容丰富、感情深切的诗歌，很值得我们去吟诵。

苏东坡对对联

苏轼，自号"东坡居士"，是北宋时期著名的大诗人，"唐宋八大家"之一。他才高八斗，出口成章，令时人叹为观止。

宋神宗年间，辽国经常侵犯边境。两国修好以后，辽国派来了一位使者访宋。这位使者来者不善，他自恃才高，不把中原文人放在眼里。当时身为翰林学士的苏东坡也在场。辽使认出了苏东坡，想故意让他出丑，借以羞辱宋国，于是假惺惺地对苏东坡说："我久仰苏学士的大名，钦佩不已。如今我有一句上联，敢请学士赐教下联。"说完，还不等苏东坡开口，辽使就得意洋洋，摇头晃脑地念出了上联："三光日月星。"辽使的话音刚落，在场的人都为苏轼捏了一把汗：这副对联实在难对，总共才短短的五个字，第一个字"三"是个数字，对句也必须找一个相应的数字；且"日月星"是三种发光的自然界物体，与"三"直接联系。

辽使看着其他官员苦思冥想的样子，心中暗暗得意。他自信这是个绝对，苏东坡即使才华再高，在这么短的时间内也不可能对出来。谁知，苏东坡略加沉思，就不慌不忙地对道："四诗风雅颂。"这一对句，将在场的人都镇住了——实在是对得太工整，太贴切了。"四诗"指的《诗经》，它由《风》《雅》《颂》组成，《雅》又分《大雅》和《小雅》，合起来正好是"四"。

辽使羞愧地低下了头，灰溜溜地说："我还以为是绝对呢，想不到让你这么轻易就对上了。"苏东坡笑道："这算什么绝对，我还可以补上三联呢。其一，一阵风雷雨；其二，两朝兄弟邦；其三，四德元亨利。"辽使惊奇道："《周易》中乾卦里的'四德'应该是元、亨、利、贞啊，怎么漏了一个字呢？"苏东坡答道："最后一个字是先皇的圣讳，为臣的不能随口念出。"原来，先皇宋仁宗名叫赵祯，"祯"与"贞"同音，属于圣讳。这一下，辽使终于叹服了。

诗既亡，春秋作，
寓褒贬，别善恶。

【注释】寓：寄托。褒贬：批评好坏。别：辨别。

【译文】由于周朝的衰落，《诗经》也跟着被冷落了，所以孔子就作了《春秋》，在这本书中隐含着对现实政治的褒贬以及对各国善恶行为的分辨。

孔子评季氏

春秋时期，鲁国的政治动荡不安。鲁桓公的后代季孙、孟孙、叔孙三大家族逐渐强大，这三大家族共同把持着鲁国的朝政，其中，季孙氏的势力最大。

有一年，季孙氏想要起兵讨伐附庸国颛臾。孔子的弟子冉有和季路知道后，就来问孔子对这件事的看法。孔子说："这件事就要责备你们了。那颛臾，从前先王把它当作祭祀东蒙山的地方，而且它就在鲁国境内，是鲁国的臣属，为什么要讨伐它呢？"冉有回答说："是季孙氏要这么干，我们两个做臣下的都不愿意。"孔子说："周任曾经说过，能施展才能的就担任官职，不能这样做的就不必当官了。看到盲人遇到危险而不去扶持，看到有人将要跌倒却不去搀扶，那又何必要那个辅佐的人呢？况且你的话错了，老虎和犀牛从笼子里跑出来伤人，玉器放在匣子里被毁坏，这不是看守者的错，又是谁的错呢？"

冉有又说："如今颛臾的城墙很坚固，而且靠近费城，如果现在不夺取，后世一定会成为子孙们的忧虑。"孔子说："君子厌恶那些贪图别人东西而又不肯承认，偏要找个借口向别人抢夺的人。我听说，拥有邦国的诸侯和拥有封邑的大夫们，不怕国内的人口少，而怕财产分配不均匀；不怕国家贫困，而怕社会不安定。只要财物分配公平，就没有贫穷；只要上下和睦，就不必担心人少；社会安定，国家就没有倾覆的危险。依照这个道理，如果远方的人不归服，就发扬文治教化来使他归服；他来了之后，就要使他安定下来。如今你们两人辅佐季孙氏，远方的人不归服，不能使他们前来，国家四分五裂，不能保持稳定统一，反而预谋在境内动用武力。我担心，季孙氏的忧患不在颛臾，而在鲁国宫廷的内部。"

三传者，有公羊，

有左氏，有谷梁。

尔雅者，善辨言，

求经训，此莫先。

注疏备，十三经，

惟大戴，疏未成。

【注释】传：解说经书的注释文字。公羊：公羊高，作春秋传一册，称为《公羊传》。左氏：左丘明，作春秋传一册，称为《左传》。谷梁：谷梁赤，作春秋传一册，称为《谷梁传》。

【译文】三传是公羊高所著的《公羊传》、左丘明所著的《左传》和谷梁赤所著的《谷梁传》。这三部都是解释《春秋》的书。《尔雅》这本书是辨解词义的。要探讨经典文献的解释，没有比《尔雅》更早的了。在所有注释完备的书中，共有十三部儒家经典，只有《大戴礼记》没有注疏。

左丘明盲而著书

左丘明是春秋时期鲁国一位杰出的史官。相传，他是炎帝的后裔，博览天文、地理、文学、历史等大量古籍，学识十分渊博，很受人们的尊崇。

左丘明在任期间，掌握了鲁国以及其他诸侯国的大量史料，为《左传》的编写奠定了翔实的基础。为了编修史书，左丘明日夜操劳，以至于晚年时双眼都失明了。即使这样，也没有动摇他著书的决心。直到春秋末年，一部历时30余年，纵贯200余年、18万余字的《左传》终于完成了。

《左传》是我国第一部叙事详细、体系完整的编年史。它以《春秋》为蓝本，通过记述春秋时期的具体史实，来说明《春秋》的纲目。该书记事起于鲁隐公元年（公元前722年），止于鲁哀公二十七年（公元前468年），是儒家的重要经典之一。左丘明在叙述历史事实的时

三字经

候，对于历史事件鲜明地表现了自己肯定或批判的观点。他肯定"君义、臣行、父慈、子孝、兄爱、弟敬"的伦理道德，也从这些伦理道德中生发出"利民"、"为社稷"等进步的思想。这既体现了这部书的局限性，也体现了它的进步性。全书比较客观地反映了各诸侯国之间、各诸侯国内部统治集团之间的争权斗争以及劳动人民与统治者之间的斗争，是研究春秋社会重要的历史文献。

【注释】国语：书名，左丘明著。群经：指十三经。方：才、当。 子：指子书，我国古代图书按经、史、子、集分为四类，凡能自成一家的著作叫子书。

【译文】左丘明的著作除了《左传》外，还有《国语》。这两部书加上十三经，共有十五部经典。学完了经书之后，才可以读诸子百家的著作。摘取其中的要点，记住它的内容。

曾子行避席之礼

孔子有个弟子叫作曾子，他性情沉静，举止稳重，对待师长文明礼貌，为人注重道义，孔子很喜欢他。

有一次，曾子在孔子身边侍坐，孔子问他："以前贤明的君主有至高无上的德行和治国安邦的精妙理论，他们用这些来治理天下，教导自己的子民，人民就能安居乐业，和睦相处。人们无论是尊贵还是卑贱，上上下下都没有怨恨不满，君臣关系处理得也非常的融洽，你能告诉我这其中的原因吗？"曾子听到这个问题，并没有坐在原地回答孔子，而是马上从席子上站起来，缓步走到孔子面前，恭恭敬敬地说："我现在所学的东西还不够，还想不清楚其中的道理，还得请老师您给我说说。"孔子看到曾子这么尊敬自己，满意地点点头，耐心地给他讲述了其中深刻的道理。孔子说："这是因为孝。孝是一切德行的根本，也是教化产生的根源。人的毛发皮肤、身体四肢，都是父母给我们的，不敢予以损毁伤残，这是孝的开始。人在世上遵循仁义道德，有所建树，留得美名传于后世，从而使父母显赫荣耀，这是孝的终极目标。所谓孝，最初是从侍奉父母开始，然后效力于国家，最终建功立业，功成名就。"

孔子的一席话让曾子茅塞顿开，曾子尊师重教的举动也受到人们的称赞，成为后人学习的榜样。

孟子拒金又受金

战国时期，有一次孟子来到了齐国，向齐王提出许多建议，但没有被齐王采纳。孟子离开齐国时，齐王赠送给孟子一百金，他没有接受。到了宋国，宋王赠送给孟子七十金，他却接受了。后来孟子又到了薛国，薛王赠送给孟子五十金，他也接受了。

孟子的学生陈臻对此不能理解，便问孟子："如果说您不接受齐王的赠金是对的，那么同为君王，接受宋王、薛王的赠金就不对了；如果说接受宋王、薛王的赠金是对的，那么不接受齐王的赠金就不对了。一个人前后的行为应当一致，您只能在这二者中选择一种，怎么能前后矛盾呢？"

孟子向陈臻解释说："你说的是有道理的，但你不了解其中真正的原因。在宋国时，我将去很远的地方，路上需要钱，所以接受了赠金。来到薛国，看见全国戒备森严，我住的地方有士兵站岗。薛王给我五十金，我自然得接受。我不是自己用，而是要把它分给士兵。至于齐国，齐王给我的赠金，我没有用处，没有用处而又要别人的赠金，就和向别人借钱一样。天下哪有君子向别人借钱的道理呢？"

陈臻听后，才明白了老师拒金又受金的原因。

古九流，多亡佚，
取五种，修文质。
五子者，有荀扬，
文中子，及老庄。

【注释】荀：指荀子荀况，著有《荀子》。扬：指扬子扬雄，著有《太玄经》。文中子：指文中子王通，著有《元经》。老：指老子李耳，著有《道德经》。庄：指庄子周庄，著有《庄子》。

【译文】古时，九种流派的著作，大多数都已经散失了，不过，我们可以取其中的五种来提高我们的文学修养。五子指的是荀子、扬子、文中子、老子和庄子。

老子点化阳子居

老子是我国春秋时期著名的思想家，他学识渊博，名声远播，门下有不少弟子追随。

相传有一天，老子骑牛经过梁地（今河南开封），正在闭目养神之际，忽然听见有人大喊一声"老师"。老子回头一看，原来是昔日的弟子阳子居。这个阳子居本来是魏国人，曾经到周国来拜老子为师。阳子居看见老师回头，连忙从高头大马上翻身下来，向老子行礼。

老子扶起阳子居，问他道："你近来在忙什么事呢？"阳子居回答说："我来这里寻访祖居，购置些房产，修饰居所，招纳仆役，整治家规。"老子摇头道："有栖身的场所，有吃饭的地方就够了，为什么要如此张扬呢？"阳子居回答说："要修身养性，需要坐得寂静，行得松弛，吃得素淡，睡得安宁。如果不是深宅独户，怎么能做到这样呢？如果是深宅独户，不招纳仆役，不置备用具，怎么能支撑家业呢？如果招纳仆役，置备用具，却不立家规，又怎么能够治好家呢？"老子笑道："大道本来就是自然的，何须强迫自己静下来呢。行走无所求自然就会放松，饮食无奢侈自然就会清淡，睡觉的时候心无杂念自然就会安宁。修身养性又何必住在深宅独户呢？肚子饿了就吃饭，身体倦了就睡觉，太阳升起来就起床，太阳落下了就安寝，又哪里需要仆役呢？顺着自然而为，就会精神安宁，身体康健；背着自然而为，则会精神紊乱，身体劳损。"阳子居听完，惭愧地低下了头。

庄子知鱼之乐

有一天，庄子和惠子一块结伴出游，来到濠水边。庄子看见河里有许多鱼轻快地游来游去，便感叹道："你看，这些鱼在水里游得多么快乐啊！"惠子一向喜欢挑剔，他一听，马上反问庄子道："你不是鱼，怎么知道鱼快乐呢？"这一问，确实有些来头不善，一般的人说不定就给他问住了，可庄子学问精深，在诸子百家的争鸣中尤其锻炼了他能言善辩的本领。庄子略一沉思，立即按照惠子反驳自己的逻辑，回敬他说："你不是我，你怎么知道我不知道鱼快乐呢？"这一驳，让惠子也吃了一惊。然而，惠子毕竟是辩论的名家，他常常拿出一些常识性的问题，反着劲说，把王公大臣们个个说得哑口无言。

庄子的话刚一落音，惠子就觉察到了他是在回避问题，于是继续反问说："我不是你，当然不知道你；但你也不是鱼，所以也不知道鱼——我的逻辑无懈可击了吧！"庄子仍然不甘心认输，立即扭转了话锋，郑重地说："我们回到开头的话题上。开始你问我怎么知道鱼快乐，说明你已经肯定我知道鱼快乐了，只是问我怎么知道的。既然你不是我，能知道我知不知，那么我不是鱼，我也就可以知道鱼乐不乐了。人不必非变成某种东西，才能认识它。现在我告诉你我是怎么知道的，我是站在河边看到以后知道的。"这一番辩论之后，两个人相视大笑。这就是历史上有名的鱼乐之辩。杭州云泉有对联云：

鱼乐人亦乐，未若此间乐。

泉清心共清，安知我非鱼。

经子通，读诸史，
考世系，知终始。
自羲农，至黄帝，
号三皇，居上世。

【注释】经子：经书和子书。史：史书。世系：一姓相承的脉系叫作世系。

【译文】经书和子书读熟以后，再读史书。读史书的时候，必须要考究各朝各代的世系，明白他们盛衰的原因。从伏羲、神农到黄帝，他们都是生活在远古时代的明君，被称为"三皇"。

神农氏遍尝百草

太古的时候，人们没有粮食吃，只能靠挖草籽、采野果和打鸟兽来维持生活。有时候，人吃了有毒的植物，重的被毒死，轻的则得病。由于没有草药医治，只能硬挺，身体好的或许还能挺过去，身体差的就病死了。神农氏为这事很犯愁，他决心尝百草，定药性，为大家消灾祛病。

尝百草是一件很辛苦的事情，神农氏每天都要爬山涉水，到处寻找草木。好在神农氏一生下来就有一个"水晶肚"，不仅五脏六腑全都能看得见，就连吃进去的东西也能看得清清楚楚。就这样，神农氏一口一口地品尝所见的每一种植物，把它们酸甜苦辣的各种味道详细记录下来，然后仔细观察自己"水晶肚"中内脏的颜色变化，把能食用的植物放进身体左边的袋子里，介绍给别人吃，用作药用，把不能食用的植物就放在身体右边的袋子里，提醒人们以后不得食用。尽管"水晶肚"可以帮助神农氏辨别药性，但是却不能使他免除中毒的痛苦。为了尝百草，神农氏有时候一天中毒七十多次，痛得死去活来，但他终于还是凭着强健的体魄和惊人的意志挺了过来。

由于大地上的草木品种多得数也数不清，为了加快速度，神农氏又发明了一种工具，叫作"神鞭"。据说，只要用神鞭来鞭打草木，这些草木有毒无毒、或苦或甜、或寒或热的各种药性都会显露出来。借助神鞭，神农氏发现了不少疗效显著的草药，如甘草可以治疗咳嗽，大黄可以治疗便秘，黄连可以消肿，等等。

后来，神农氏来到了太行山，他在北面的山崖上发现了一种开着小黄花的藤状植物。神农氏刚把花和茎吃到肚子里，就感到一阵钻心的痛，只见肠子寸寸断开了，神农氏也因此而亡。这种植物后来被人们称为"断肠草"，神农氏造福人类的精神也代代流传了下来。

三字经

三字经

黄帝大战蚩尤

相传五千年前左右，在我国黄河下游的冀州平原上，发生了一场规模空前的大战。作战的一方是中原地区的部落首领黄帝，另一方则是东夷部落的首领蚩尤。蚩尤拥有天生神力，他出生时，一声哭啼便惊起深潭中休眠的三条孽龙，族人因此预言他日后必成大器。

战争一开始，黄帝联合了炎帝，指挥着一支以虎、豹、熊、鸟作先锋的部队进攻；蚩尤则带领他的八十一兄弟，拿着先进的长矛、铁戟应战。黄帝本来准备截断江河，用大水淹没蚩尤的部落，但是蚩尤却请来了风伯、雨师，刮起大风，下起大雨，阻止黄帝进军。就在这时，天帝派来旱魃和玄女前来为黄帝助战。旱魃大喊一声，大雨立刻停止，阳光普照。玄女敲响牛皮鼓，声震五百里，蚩尤被震得神魂颠倒。但是蚩尤不甘心失败，他又施法作起了大雾，霎时间天昏地暗，飞沙走石。黄帝的部队迷失了方向，分不清敌我，自相攻打，蚩尤就趁机逃跑了。后来，黄帝按照北斗星指示方向的原理制造了指南车，再次作战的时候，蚩尤又洋洋得意地作起雾来，然而黄帝的部队却在指南车的指示下，直捣对方大本营，出其不意地捉住了蚩尤。

唐有虞，号二帝，相揖逊，称盛世。

【注释】唐：唐尧。有虞：虞舜。揖逊：禅让，即不让自己的后裔，而让其他人来继承帝位。

【译文】黄帝之后，有唐尧和虞舜两位帝王。尧把帝位传给了舜，在这两位帝王的治理下，天下太平，人人称颂。

孝子虞舜

舜是瞽叟的儿子，瞽叟是个盲人，他的音乐天赋很高，为人忠实厚道，靠种地为生。舜从小对父母很孝顺，可是在他十几岁的时候，母亲就去世了。后来，瞽叟另娶，并生下了一个儿子，名叫象。

舜的继母性情粗鲁暴躁、为人凶狠，她经常因为家境贫困，对瞽叟出言谩骂、横加指责。象长大后，也和他母亲一样，性格凶残、蛮横无理。这两母子常常串通起来欺负舜，让舜一个人包揽下家里全部的活，然而舜却始终毫无怨言，对待父母恭恭敬敬，对待弟弟也关怀备至，还常常教导弟弟改过自新。

舜的孝顺没有让继母和弟弟受到感动，相反，这对母子为了霸占舜的财物，时时想着合谋将舜杀死。有一次，继母让舜修补仓房的屋顶。等舜爬上去后，他们就在下面纵火焚烧仓房，想把舜烧死。舜靠两只斗笠作翼，从房上跳下，逃过了这一劫。后来，他们又让舜掘井，当井挖得很深的时候，继母和象就从上面填土，要把井堵上，将舜活埋在里面。幸亏舜事先早就已经察觉了，曾在井壁旁边挖了一条通道。舜从通道里爬了出来，在外面躲了一段时间。继母和象以为他们的阴谋得逞了，正在家中商量着怎么瓜分舜的财产，舜突然回来了。象吓了一大跳，连忙跪下向舜求饶，可是舜就像什么事情都没发生过，还同以前一样，孝顺父母，待弟友好，而且比以前更加诚恳谨慎。

经过这些事情后，舜的孝心传遍了天下，大家都称赞舜是个大孝子。

唐尧禅位

尧是我国原始社会父系氏族末期部落联盟的著名领袖。他晚年时，自知儿子丹朱不成器，难以接替帝王之位，就决定从民间选出一位有能力的人来继位。很多部落首领都推荐了孝子舜。

尧听说了舜的事情以后，决定亲自来考察他。这一天，舜正在外面耕地，犁前驾着一头黑牛和一头黄牛。奇怪的是，他从来不用鞭子鞭打牛，而是在犁辕上挂一个簸箕，隔一会儿，敲一下簸箕，吆喝一声。尧看见了，就上前询问原因。舜回答说："牛为人耕田，出力流汗很辛苦，再用鞭子打，实在于心不忍。我敲打簸箕，黑牛以为我在打黄牛，黄牛以为我在打黑牛，就都卖力拉犁了。"尧听后，觉得舜有智慧，又有善心，对牛尚能如此，对百姓就更有仁爱之心了。

为了验证自己的看法，尧决定再试一试舜。尧有两个女儿，一个叫娥皇，一个叫女英。尧故意将这两个女儿嫁给舜，以此来观察舜的德行。娥皇和女英过门之后，他们住在沩水河边，依礼而行事。舜让两个妻子在家中，尽心侍奉公婆，恪守孝道。

不久之后，尧又派舜接待四方朝见的部族酋长和使者，舜的态度严肃和睦，处事得当，受到了使者的敬佩。

经过多次考验，尧终于放心地将王位交给了舜。

【注释】禹：大禹。汤：商汤。周文武：周文王和周武王。

【译文】治水的大禹、商朝的开国者商汤，再加上周文王、周武王父子，合称为"三王"。

大禹治水

尧在位的时候，有一段时期，黄河流域洪水泛滥，百姓愁苦不堪。尧命禹的父亲鲧治理水患，鲧在岸边修建河堤，结果水越淹越高，经过九年也没能平息洪灾。鲧因此被尧问罪处死。舜即位后，命令禹继续负责治水。禹在治水之前，深刻检讨了父亲治水失败的原因，并亲自视察河道。最后，他决定放弃父亲"堵"的治水方法，改以疏导的方法。他依据地势的高低，组织人员挖渠筑堤，疏导高地的川流积水，使洪水或流入大海，或注入湖泊，这样低处肥沃的土地就露了出来。

禹在治水期间，身先士卒，亲自拿着测量工具，翻山越岭，从西向东，测度地形，树立标杆，规划水道。他与百姓一起同甘共苦，带领百姓走遍各地，逢山开山，遇洼筑堤，从来不偷懒休息。有一次，大禹路过家门口，听见母亲的骂声和儿子的哭声，他本想进去劝解，又怕惹恼了母亲，唠叨起来没完，耽搁了治水，于是就悄悄走开了。又一天中午，大禹第二次路过家门口，看见烟囱里冒出袅袅炊烟，又听见母亲与儿子的笑声，就放心地离开了，赶紧奔向工地。又过了三四年，一天傍晚，突然下起了滂沱大雨，大禹来到自家的屋檐下避雨，听见母亲在屋里对儿子说："你爹爹治平了洪水就回家。"大禹听得非常感动，更坚定了治水的决心，立刻又转身上路了。经过大禹的不懈努力，十三年后，洪水终于被制服了，大禹也因为"三过家门而不入"受到大家的尊崇，后来被推举为部落首领。

姜子牙钓文王

姜子牙是西周时期一位杰出的韬略家、军事家和政治家。他出身贫民，年轻的时候当过宰牛卖肉的屠夫，也开过酒店卖过酒，以维持生活。虽然如此，姜子牙始终人穷志不穷，无论宰牛、卖酒，都不忘学习，希望有一天能施展抱负。后来，姜子牙在商朝当了一个小官，但当时商纣王昏庸，奸臣当道，民不聊生，姜子牙愤而辞官，离开了朝歌，隐居在蟠溪峡。

当时，姜子牙已经八十岁了，但他仍然不忘黎民百姓，很想实现自己的政治抱负，成就一番大事业。后来，姜子牙听说周文王是一位贤君，为了引起周文王的注意，他于是常常坐在渭水边上钓鱼等待。姜子牙钓鱼的方法很奇怪：他的鱼杆很长，但线却很短，鱼钩也是直的，垂在水面三尺以上的地方，鱼钩上还不装鱼饵。他一边高高地举着鱼竿，一边还自言自语地说："不想活的鱼儿啊，你自己上钩来吧！"当时的人们都嘲笑姜子牙，说他这样的方法根本就钓不到鱼，但姜子牙并不理会，仍旧天天来钓。

有一天，周文王到渭水北岸打猎。他看见了姜子牙不同寻常的钓鱼方法，觉得很奇怪，就派了一名士兵前去询问。但是，姜子牙根本不理会周文王派来的人，只是自言自语道："钓啊，钓啊，鱼儿不上钩，虾儿来胡闹！"士兵不理解姜子牙的话，只得回去如实禀告。周文王于是又派了一名官员前去，可姜子牙依旧只顾自己钓鱼，并自言自语道："钓啊，钓啊，大鱼不上钩，小鱼别胡闹！"周文王这才恍然大悟，原来姜子牙要等的人是自己啊！

这一次，周文王亲自去拜见姜子牙。两个人谈得很投机，周文王被姜子牙的才学所折服，于是请姜子牙当丞相。姜子牙果然没有辜负周文王的期望。在周文王去世后的第四年，他辅佐周文王的儿子周武王，推翻了商朝，建立了周朝。

【注释】家天下：把王位传给自己的儿子。载：年。社：社稷。

【译文】到了夏朝，帝王开始把王位传给自己的儿子，从此天下被一家统治。夏朝经历了四百年，才灭亡了。

夏启夺位

禹年老后，按照传统的禅让制，推举了在部落中很有威望的皋陶为首领，但是皋陶的年龄比禹还要大，还没有等到继位，皋陶就先死了。禹又推举了皋陶的儿子伯益为继承人。禹死后，本该由伯益继位，但是禹的儿子启联合了一部分贵族奴隶主作乱，要求废除禅让制，实行父传子的王位继承方式。这个举动遭到了伯益的坚决反对，他率领东夷联盟讨伐启。但是由于禹在位期间，将很多实权都交给了自己的儿子启，导致伯益得不到锻炼，没能在部落中树立起威信。

经过一场激烈的大战，伯益的军队被彻底打败，伯益也被杀死了。为了庆祝这次胜利，启在钧台（今河南禹州）举办了大规模的宴会，邀请各部落首领，希望他们对自己的地位予以确认，但是遭到了一些部落首领的反对，尤其是有扈氏，对启的做法十分不满。于是，启决定起兵讨伐有扈氏。大战开始前，启向众将士发布了誓师词——《甘誓》。启说："我要告诉大家，这个有扈氏不敬天帝，不遵王命，是上天借我的手来消灭他的！因此你们要服从我的命令，奋力出击，不可懈怠！"经过一场激烈的厮杀，有扈氏被打败。经过这两次的胜利，启顺利继承了王位，并建立起我国第一个奴隶制王朝——夏朝。

夏桀亡国

夏桀是夏朝的最后一个王，也是历史上臭名昭著的暴君。夏桀力大无穷，能空手直拉铁钩。他仗着这股蛮力，经常无端伤害百姓。他为政残暴，破坏农业生产，对外滥施征伐，勒索小邦。在他统治时期，夏朝的经济已经严重衰退，百姓生活十分艰辛。但是夏桀不顾百姓的死活，他嫌宫殿太过简陋，就下令在洛阳建造一座新的宫殿。这座新宫殿建了七年才完工，动用了成千上万的人力，花费了大量的钱财，使得百姓怨声载道。

夏桀还迷恋女色，四处搜罗美女填充自己的后宫。他在征伐有施氏时，得到了一个美女妹喜。夏桀十分宠爱妹喜，妹喜听腻了音乐，想听撕裂锦缎的声音，夏桀就向全国征集大量锦缎，专门命人撕裂，以博得妹喜的欢心。为了尽情地玩乐，夏桀在宫中挖了一个巨大的酒池，池中灌满美酒，并在酒池边堆起一座"肉林"。他带着妹喜和一群人终日在这里玩乐，渴了就伏在池边喝酒，饿了就抬头吃肉，还有乐师和歌女在酒池中的渡船上给大家弹琴伴奏。很多人喝醉后不省人事，结果掉入酒池中淹死，夏桀和妹喜看见后哈哈大笑。

有个大臣叫关龙逢，看到夏桀这样胡作非为，痛心疾首，闯入宫中晋见夏桀，言词恳切，声泪俱下，恳请夏桀以黎民苍生为己任，振兴朝纲。然而夏桀不但听不进去，还将关龙逢处死。这以后，再也没有人敢进忠言了，围在夏桀身边的都是一些奸臣，夏朝也很快灭亡了。

汤伐夏，国号商。

六百载，至纣亡。

【注释】伐：讨伐。纣：商纣。

【译文】商汤讨伐夏桀，建立了商朝。商朝存在了六百年，到了商纣王的时候就灭亡了。

商汤网开三面

商汤是一位很有修养的商族首领。他礼贤下士，任用贤能，对人才非常敬重。对待百姓，商汤也很仁慈，因此深得百姓的拥护。

有一天，商汤外出游猎，看见郊野到处张着罗网，张网的人祝祷说："愿天上飞的、地下走的、水里游的，都进入我的罗网！"商汤听了，心里很不是滋味，就问他："你这样做，不是太贪婪、太残酷了吗？"于是，商汤就命人把四面张开的罗网撤去三面，并说："想往左边走的就往左边走，想向右边逃的就向右边逃。不知趣的，就进罗网吧。"张网的人听后，很敬佩商汤的仁德。

商部落的日益强大引起了夏桀的顾忌。夏桀怀疑商汤对他存有二心，想把商汤杀掉，但苦于找不到理由。然而就在此时，忠臣关龙逢因进谏被夏桀杀害，其他的大臣都畏惧夏桀的残暴，没有一个敢为关龙逢行祭的。商汤得知后，不顾夏桀的淫威，立即派人带着祭礼，到夏都去哭祭关龙逢。夏桀乘着这个机会，将商汤关进了天牢。为了救商汤，大臣伊尹献给了夏桀许多美女和珠宝，并说这些都是商汤在被抓之前就安排好的，只是没来得及进献就被抓了。夏桀听后，自认为商汤还是甘愿臣服于自己的，就将他释放了。

死里逃生的商汤因为这件事情，更加清楚地认识到了夏桀的腐败。几年之后，商汤起兵攻打夏桀，夏桀大败，被商汤追至南巢。夏桀临死之前还执迷不悟，他咬牙切齿地说道："悔不该当初放掉商汤，我今天才会落得如此下场啊！"

商纣自焚

商纣王是我国历史上第二个有名的暴君。他年轻时曾经攻打东夷，把疆土一直开拓到东南一带，为中原文化的传播做出过贡献。然而安逸富足的生活渐渐消磨了他的意志，使他变得不思进取，荒淫残暴起来。

传说商纣王十分宠爱一个叫作妲己的美女。这个妲己心肠十分狠毒。有一次，商纣王正和妲己在高台上饮酒，远远望见一老一少正在过河，当时正值寒冬腊月，河上结了厚厚一层冰，老的已经过河了，小的却落在后面。商纣王说：老人骨头硬，不怕冷；小孩骨头软，怕冷。妲己不信，就让商纣王派士兵把两人抓来，用斧子砸开他们的腿骨看。还有一次，妲己跟商纣王说自己有辨认腹中胎儿是男是女的本领，商纣王就抓来一百个孕妇，命人当场剖腹检验。妲己喜欢看人受酷刑的样子，听人惨叫的声音，商纣王就发明了一种炮烙酷刑，就是在铜柱表面涂上油脂，放在炭火之上，等到铜柱烧得通红，再令人光脚在上面行走，很多人痛得惨叫不已，最后从铜柱上掉下来，落入火中被活活烧死。

商纣王的叔父比干看到这种情景，就向商纣王进言，揭露妲己的恶毒。妲己知道后，假装生病，骗商纣王说，只有吃了比干的心才能痊愈。最后，比干被处以剖心的酷刑。

商纣王的残暴统治激起了百姓的不满，西边逐渐强大起来的周国乘机讨伐商纣王，商纣王最后自焚而死，商朝由此灭亡。

周武王，始诛纣。
八百载，最长久。

【注释】诛：诛伐、杀死。八百载：八百年，这里是一个约数。周朝分为西周和东周。西周传了11代，历12位帝王，共276年；东周传了25位帝王，共514年。西周、东周共约790年。

【译文】周武王发兵，消灭了商纣王。他建立起的周朝持续了约八百年，是历代王朝中持续时间最长的。

周武王伐纣

周原本是商朝的一个属国。周文王继位后，克勤克俭，励精图治，并且得到了姜子牙的辅佐，使周的势力逐渐强大。周文王死后，周武王继位，他眼见商纣昏庸残暴，丧失民心，于是决定讨伐商朝。

公元前1048年，周武王用车子载着周文王的灵牌率师东进，在孟津举行了一次大阅兵，很多小国的诸侯和部落的首领不请自来，一致表示希望由周武王率领大家攻灭商朝。周武王做事谨慎，他看见还有几个小国没来会盟，认为伐纣的时机还不成熟，就没有马上出兵。

又过了两年，商朝已经彻底的众叛亲离，周武王于是果断出兵，出动了三百辆兵车，三千名勇士，四万五千名士兵，会合各部落和小国的支援部队，浩浩荡荡地从孟津向商朝的国都朝歌进发。一路上，部队几乎没有遇到什么抵抗，一直行至离朝歌只有七八十里的牧野（今河南卫辉北）才停下来。在牧野，周武王竖起伐纣的大旗，当众誓师。他历数商纣王的种种恶行，激励大家努力作战。

然而就在这个时候，商纣王正带着宠妃妲己在鹿台上欣赏歌舞，喝酒吃肉。直到有人来报告周军进攻的消息，商纣王这才散了酒席，召集大臣们商量如何应战。由于商朝的军队当时正在东南地区对付东夷族，一时抽不回来，商纣王只好下令把大批的奴隶和俘虏编入军队，开赴牧野前线，著名的牧野之战爆发了。

商朝的军队兵将虽多，但大部分都是奴隶和俘虏，他们平时恨透了商纣王，没有人肯替他卖命。因此，两军刚一接触，商朝的士兵就纷纷掉转戈矛，和周军一起杀向商纣王。商纣王一看大势不妙，赶快逃回朝歌城里。商纣王知道自己的末日到了，就穿上他的宝玉衣，在鹿台上大吃了一顿，然后叫人在鹿台下放一把火，把自己烧死了。

周厉王止谤

西周后期的周厉王暴虐无道，贪财好利，以至于国都里的百姓怨声载道。召公知道这一情况后，对周厉王说："百姓都不能忍受您的命令了，他们在指责您的过失呢！"周厉王听后大怒，找来一个卫国的巫师，派他监视百姓的言行，凡是私下里议论周厉王是非的，都被巫师抓起来，杀掉了。一时间，国都里一片死寂，人们都不敢说话了，即使是在路上碰见，也只是用眼睛互相望一望而已。

这一下，周厉王高兴了，他对召公说："你看，我能制止毁谤了，大家现在都不敢说我的坏话了。"召公摇头道："您这是在堵住他们的口啊！要堵住百姓的口，比堵住河水更厉害。河水堵塞而冲破堤坝，伤害的人一定很多。百姓也像这河水一样。所以治理河水的人，要疏通它，使它畅通；治理百姓的人，要放任他们，让他们讲话。因此，君王治理政事，命令三公九卿以至各级官吏进献讽喻诗，乐官献曲，史官献书，少师献箴言，盲者朗诵诗歌，朦者背诵典籍，各类工匠在工作中规谏，百姓请人传话，近臣尽心规劝，亲戚弥补监察，太师、太史进行教诲，元老大臣整理阐明，然后君王才能考虑实行，只有这样，政事才能得到推行而不违背事理。百姓有口，好像土地上有山水，社会的物资财富全靠它出产；又像高原和低地都有平坦肥沃的良田一样，百姓的衣食就从这里产生。百姓之口用来发表言论，政事的好坏就建立在这上面。实行好的政策而防止坏的，这是丰富财富衣食的基础。百姓心里考虑的，口里就公开讲出来，君王要成全他们，将他们的意见付诸实行，怎么能堵住呢？如果堵住百姓的口，国家还能维持多久呢？"

周厉王不听召公的规劝，依然我行我素，百姓再也不敢公开发表言论指责他。三年之后，国都发生平民暴动，百姓集结起来，手持棍棒、农具，围攻王宫，要杀掉周厉王。周厉王仓惶逃出国都，来到彘地（今山西霍县东北），不久便死在了那里。

【注释】逞：显示、夸耀。干戈：军事力量。游说：政客以口才向掌权人提供计划、策略。

【译文】从周朝共和之年开始有正式纪年。周宣王和周幽王后，国都东迁，称为东周。自周平王东迁国都后，周朝的法制逐渐衰败。诸侯国之间时常发生战争，游说之士也开始大行其道。

烽火戏诸侯

自从周武王讨伐商纣，建立周朝以来，周朝兴旺了很长一段时间，然而到了周幽王时，国力已经衰微了。周幽王是西周最后一位天子，也是个昏庸无能的暴君。他在位初期，周朝的心脏地区发生了大地震，山崩河枯，给百姓的生命财产带来了巨大损失，社会动荡不安。在这个危机存亡的关键时刻，周幽王不仅不抚恤灾民，反而加重百姓的负担，以满足他的贪欲，国人因此怨声载道。

　　周幽王有个宠妃名叫褒姒，长得十分漂亮，但就是不喜欢笑。一次，周幽王带着褒姒登临骊山烽火台。这烽火台是用来传递战报的，每隔不远就有一座。当敌人来犯时，烽火台上的守卫就会立刻点燃烽火，向邻近的烽火台报警，这样一路传下去，消息很快就能传到各地的诸侯，诸侯见到烽火便会马上派兵前往国都救援。为了博得褒姒一笑，周幽王竟然命令守卫点燃烽火，各路诸侯见烽火燃起，以为有外敌侵入，都带领兵马风风火火地前来相救，然而当各路人马汇集镐京时，却未看到半个敌人。褒姒见到诸侯们个个行色匆匆，不知所措，忍不住微微一笑。周幽王见褒姒笑了，十分开心，遂命诸侯退下，诸侯这才知道被戏弄了。公元前772年，犬戎举兵攻打西周，周幽王慌忙点燃烽火召集诸侯，然而诸侯们再也不相信周幽王了，没有一人前来救援。周朝国都很快被攻破，周幽王被杀，西周也随之灭亡了。

东周礼崩乐坏

　　周平王迁都以后，国力越来越衰弱，而诸侯的势力却逐渐强大，他们凭借兵强马壮，渐渐不听周天子的号令了。

　　周平王死后，大臣郑庄公和周公黑肩将扣留在郑国做人质的太子姬狐迎回朝中继位。但姬狐由于一路上哀伤过度，回朝不久就病死了。后来，周平王的孙子姬林继承了王位，即周桓王。

　　在周朝之初，按照礼法的规定：诸侯王死后，其儿子继位必须接受周天子的册封，以求得合法的地位。然而，公元前712年，鲁国的鲁桓公谋杀了自己的兄长，自立为国君，却不向周桓王请求册封。从此，天子册封的制度就被破坏了。

　　公元前706年，楚国以武力相逼迫，要求周桓王提高楚国的等级。周桓王不允，楚国国君熊通大骂了周桓王一通，然后自己提高等级，称为楚武王。周桓王知道后，又气又羞，但也奈何不了他。

　　当初周桓王继位，郑庄公因拥立有功，被封为卿士。后来，郑庄公想独掌大权，而周桓王不甘心受控制，就将郑庄公撵回了封国。郑庄公回国后，不断制造事端，扰乱周境的安宁。时隔不久，郑庄公又假借周天子之命，出兵攻打宋国。周桓王大怒，下令免去了郑庄公卿士的头衔。郑庄公也不示弱，一连五年不去洛邑（今河南洛阳）朝见，表示根本不把周桓王放在眼里。周桓王忍无可忍，于是不顾臣下劝阻，亲自统领军队去讨伐郑庄公，郑庄公闻讯也起兵迎战。

　　两军在长葛（今河南长葛市东北）相遇。周桓王求胜心切，派人去叫骂挑战，但郑庄公却摆好阵势，按兵不动。周军一直叫骂到下午，还不见郑军出战，都面露倦意，松懈起来。这时，郑庄公乘机挥动大旗，擂鼓冲锋。周军猝不及防，被杀得大败，周桓王也左肩中箭，仓惶逃走了。

　　长葛之战使周桓王威风扫地，打掉了周天子"受命于天、辅有四方"的牌子。从此，诸侯越来越不将周天子放在眼里。

始春秋，终战国。

五霸强，七雄出。

【注释】春秋：公元前770年到公元前476年这一段时期。战国：公元前475年到公元前221年这一段时期。五霸：齐桓公、宋襄公、晋文公、秦穆公和楚庄王。七雄：齐国、楚国、燕国、韩国、赵国、魏国和秦国。

【译文】东周分为春秋和战国两个时期。春秋时期有五个诸侯争霸，战国时期有七个国家称雄。

齐桓公庭燎求贤

齐桓公是春秋时期的第一位霸主。他十分注重人才，甚至还重用曾经射伤过自己的管仲，任命他为宰相，把齐国治理得井井有条。齐桓公深知人才的重要性，他觉得光有一个管仲还不够，还需要更多的各方面的人才才行，于是决心广纳贤才。齐桓公命人在宫廷外面燃起火炬，准备日夜接待各地前来晋见的人才，但是火炬燃了整整一年，却始终没有人进宫求见。大臣们面面相觑，都不知这是什么原因。

有一天，宫门外突然来了一个乡下人，说要求见齐桓公。门卫问他："你有什么才能，要求见大王？"乡下人回答说："我能熟练地背诵算术口诀。"门卫如实通报了齐桓公，齐桓公一听，觉得十分好笑，背诵算术口诀算什么才能，于是就让门卫回复乡下人说："你的才能太浅陋了，我需要的是能安邦定国的人才，你还是回去吧。"乡下人听后，不卑不亢地说："我听人们说，这里的火炬燃了整整一年，却一直没有人前来求见。我想，这是因为大王的雄才大略名扬天下，各地的贤才都敬重大王，希望为大王出力，可是又担心自己的才能远不及大王而不被接见，因此不敢来求见。今天我以背诵算术口诀的才能来求见大王，我这点本事的确算不了什么，可是如果大王能对我以礼相待，天下人知道了大王真心求才、礼贤下士的一片诚意，那些有真才实学的人自然就会前来了。泰山就是因为不排斥一石一土，才有了它的高大；江海也是因为不拒绝涓涓细流，才有了它的深邃啊！"齐桓公听了乡下人的这一番话，认为很有道理，就马上以隆重的礼节接见了他。这件事传开后，不到一个月时间，各地的贤才果然都纷纷前来，络绎不绝。

晋文公退避三舍

春秋时期，晋献公十分宠幸美女骊姬。受到骊姬的怂恿，晋献公想立骊姬的儿子为太子，于是就杀了太子申生，又派人捉拿申生的弟弟重耳。重耳闻讯，逃出了晋国，在外流亡了十几年。

后来，重耳逃到了楚国。楚成王认为重耳日后必有大作为，就用对待国君的礼仪对待他。一天，楚成王设宴招待重耳，两人饮酒叙话，气氛十分融洽。忽然，楚成王问重耳："若有一天你回晋国当上了国君，该怎么报答我呢？"重耳思索了一会儿，说："珠宝金银您多得是，异兽珍禽更是楚地所盛产的，晋国哪有什么珍奇物品献给您呢。要是托您的福，我真的能回晋国当政的话，晋国一定与楚国和睦相处。假如有一天，晋、楚两国发生了战争，我一定命令晋军退后九十里（古时行军计程以三十里为一舍），来答谢您的恩情。"楚成王听他这样说，才满意地点点头。

四年之后，重耳回到了晋国，当上了晋国国君，即历史上有名的晋文公。在晋文公的治理下，晋国日益强大起来。有一年，楚国和晋国真的开战了。晋文公遵守当年的承诺，命令军队后退九十里。晋国的将士们可不愿意了，认为这样会显得晋国怯懦。晋文公耐心地向他们解释道："当初楚成王曾经帮助过我，我在他面前答应过：要是两国交战，晋国情愿退避三舍。今天后撤，就是为了履行这个诺言啊！要是我对楚国失了信，那么我就理亏了。相反，我们退了兵，如果他们还不罢休，步步进逼，那就是他们输了理，我们再跟他们交手也不迟。"这样，晋军便向后退了九十里。楚军见晋军后退，以为他们害怕了，马上追击。晋军利用楚军骄傲轻敌的弱点，集中兵力，大破楚军，结果大获全胜。

【注释】嬴秦氏：秦国国君姓嬴，所以秦也称为嬴秦，这里指的是秦始皇嬴政。二世：秦二世胡亥。楚汉：楚霸王项羽和汉高祖刘邦。

【译文】秦军横扫六国，建立了秦朝。到秦二世胡亥的时候，秦朝就灭亡了。项羽和刘邦开始争夺天下。

焚书坑儒

秦始皇嬴政兼并了六国，建立起我国第一个统一的封建王朝——秦朝。然而秦朝统一后不久，社会上就出现了一批儒生，他们常常聚集在一起，背地里议论秦始皇的是非。秦始皇知道后十分生气，丞相李斯上书秦始皇说："这些儒生成天钻研古代的学问，用古代的学问来批评当今的社会，对现在的统治很不利。"秦始皇听取了李斯的意见，下达了焚书令，将秦朝之前的诗书统统烧掉，只准留下医药、种植之类的书籍。

在焚书后的第二年，都城咸阳有两个术士畏罪逃亡，结果引发一场"坑儒"大祸。原来，秦始皇一心想求取长生不老药，这两个术士于是投其所好，对秦始皇说自己能求得灵丹妙药，在皇宫中骗吃骗喝。时间一长，他们的谎言被戳穿，两人便畏罪逃亡。在逃亡之前，他们还说秦始皇残暴无道，因而求不到仙药。秦始皇知道后大怒，下令将咸阳城内所有的术士统统抓起来，共有四百六十多人被关进了监牢。秦始皇余怒未消，下令将这些人全部扔进一个大坑中活埋。这就是历史上有名的"焚书坑儒"事件。"焚书坑儒"使我国古代的文化遭受了一次空前的浩劫。秦始皇想采用这种严厉的手段巩固统治，控制百姓，却最终激起了民众的强烈反抗。

楚霸王设鸿门宴

秦朝末年，农民起义风起云涌。在江东，项羽指挥军队所向披靡，号称"楚霸王"；而刘邦则率众在沛县起事，与项羽争夺天下。

有一天，项羽身边的谋士范增劝谏项羽杀掉刘邦，以铲除后患。范增的话正好被项羽的叔父项伯听见了，这个项伯与刘邦军中的张良是好友，他担心张良受到连累，于是趁夜出营把消息告诉了张良，叫他逃走。谁知张良不愿逃走，反而将消息告诉给刘邦。刘邦知道后大惊失色，他自知不是项羽的对手，权衡之下，只好决定亲自向项羽请罪。

第二天，刘邦带着张良、樊哙等人来到鸿门，项羽便在军中设下宴席，留他们喝酒。酒过三巡之后，在一旁陪坐的范增多次示意项羽杀掉刘邦，可是项羽见刘邦的态度十分谦卑，一时心软，下不了手。范增十分着急，中途借故离开席位，找来项羽的堂兄弟项庄，让他进军营假装舞剑，乘机杀了刘邦。项庄听从了范增的话，在军营中拔剑起舞，将剑锋直逼刘邦。这时，项伯也连忙拔剑与项庄对舞，用身体护住刘邦。张良见势不妙，跑到帐外对樊哙说："如今项庄拔剑起舞，其实是想杀掉沛公（刘邦）啊！"樊哙听后，怒气冲冲地闯入营帐，对项羽说："秦王有虎狼之心，因此天下人都背叛了他。将士们曾经约定先破秦入咸阳者称王。如今沛公先进了关，却没有称王，而是等着您来。他这样劳苦功高，您反而想杀害他，这不是在走秦王的老路吗？"项羽一时无言以对。不久，刘邦起身如厕，留下一些礼物交给张良，要张良向项羽告别，自己则带着樊哙从小道逃跑了。

【注释】 王莽：汉朝大司马，杀害汉平帝，自立为皇帝。篡：篡权。

【译文】 汉高祖刘邦打败了项羽，建立了西汉王朝。到了汉平帝的时候，王莽曾一度篡权。

韩信被诛

公元前202年，刘邦当上了皇帝，建立起汉朝。刘邦本来是平民出身，之所以能登上天子宝座，全靠身边的一批谋臣武将。即位后不久，刘邦就在洛阳南宫举行了盛大的庆功宴，对部下论功行赏。宴会上，曾经立下汗马功劳的韩信被封为楚王，其他大将也都获得了封赏。当大家还沉浸在加官进爵的喜悦之中时，一场灭顶之灾已经临近了。原来，刘邦这个人老谋深算，他担心手下这些臣子日后造反，于是暗自盘算把他们一个一个消灭掉。由于韩信的兵力最多，权力最大，刘邦决定首先拿他开刀。有一次，有人告韩信谋反，刘邦立刻令武士把韩信捆绑起来，押回洛阳。后来由于没有确凿的证据，韩信被释放，但是却被贬为了淮阴侯。

从这以后，韩信开始记恨刘邦。有一年，巨鹿郡有个叫陈稀的将领谋反，刘邦亲自率军讨伐。刘邦走后，韩信心想刘邦日后一定会找理由杀了自己，于是准备先下手为强。他先假传圣旨，释放了所有官府中的奴隶和罪犯，想利用这帮人发动暴乱，闯入皇宫将皇后吕后及皇子全部杀掉。这样一来，前线的刘邦知道后，一定会分心，陈稀便可以乘机将刘邦歼灭。韩信派人悄悄送信到陈稀的部队，与他商量计划。但就在这时，韩信府中有一个仆人犯了错，马上要被砍头。这个仆人为了自保，就将韩信谋反的消息告诉了吕后。吕后忙找来丞相萧何商量。后来，萧何只身来到韩信府上，骗韩信说刘邦已经胜利凯旋，请韩信一同进宫道贺。韩信只好随萧何进了宫，可是刚踏进宫门，就被武士团团围住。吕后砍下韩信的脑袋，并诛灭了他的三族。

王莽篡汉

西汉末年的汉成帝是个昏庸无能的人，他即位以后，朝廷的大权逐渐落到了外戚（太后或者皇后的亲族）手中。太后有个侄儿叫王莽，他很小的时候父亲就死了，因此没能够封侯，生活过得很艰苦。王莽极力自我克制，努力读书，小心做事，因而得到了太后的保荐，当上了大司马。

汉成帝死后，汉哀帝继位。有一年，中原发生了旱灾和蝗灾，百姓没法过活，所以群情激愤。为了缓和矛盾，王莽带头捐出了一百万钱，三十顷地，当作救济灾民的费用。太后知道后，对王莽大加赞赏，准备好好赏赐王莽，却被王莽推辞了。后来，汉哀帝病故，九岁的汉平帝即位，王莽被封为安汉公，国家大事都交由他作主。之后，王莽还将女儿许配给汉平帝，自己也顺理成章地做起了国丈。权力的增长使王莽的野心愈发膨胀，然而这时渐渐长大的汉平帝则开始对王莽一手遮天的局面感到不满，王莽知道后，便萌生了杀害汉平帝的念头。

一天，众大臣给汉平帝祝寿，王莽特地献上一杯酒。结果第二天，宫里就传出消息来，说汉平帝得了重病，没几天就死了。由于汉平帝没有儿子，王莽便提议从刘家宗室里找了一个两岁的小孩子立为皇太子，朝中有些佞臣乘机怂恿王莽干脆篡位称帝。这时，一直以谦让出名的王莽就不再推让了。公元8年，王莽正式登基称帝，改国号为"新"。

光武兴，为东汉，
四百年，终于献。

【注释】光武：光武帝刘秀。终：终结、完结。献：汉献帝。
【译文】汉族皇帝刘秀起兵消灭了王莽，中兴汉室，被称为"东汉"。四百年后，到汉献帝时，东汉灭亡。

光武称帝

王莽统治后期，民间有绿林、赤眉两支起义军相继起事，反对王莽。南阳郡的豪强刘缤、刘秀两兄弟也顺势加入了绿林军。由于作战勇猛，刘缤、刘秀很快就在军中树立起了威望。但是绿林军的首领刘玄担心他们的势力超过了自己，就找了个借口，说刘缤违抗命令，把他杀死了。

刘秀听说哥哥被杀后，知道自己也性命难保，但是以他当时的力量还不足以对抗刘玄。于是，刘秀先行赶回宛城（今河南南阳），向刘玄赔罪，他不谈私事，不居功请赏，也不为哥哥披麻戴孝，照常吃饭喝酒，一点也没流露出忧伤之情。刘秀的忍辱负重终于麻痹了刘玄，使刘玄愧疚起来。为了补偿杀害刘缤的过失，刘玄任命刘秀为破虏大将军，并封他做武信侯，还分给他少数兵马，让他去河北招抚各郡县。

来到河北以后，刘秀打出了"复兴汉室"的旗帜，取得了当地一部分怀念西汉的仁人志士的拥护。刘秀一面消灭当地的割据势力，一面镇压河北各路的起义军。经过一段时间的发展，几乎整个黄河以北地区都被刘秀控制了。与此同时，刘玄逐渐荒淫腐化，整天沉醉于声色犬马之中，引起了很多朝臣的不满。后来，与绿林军结盟的赤眉军首领樊崇也领军与刘玄对抗，结果刘玄政权被推翻。公元25年，刘秀在鄗（今河北柏乡县）自立为王，建立起东汉王朝，刘秀就是光武帝。

硬脖子的洛阳令

光武帝刘秀的姐姐湖阳公主豢养了许多家奴，这些家奴往往仗着公主的威名，在地方上横行霸道，官府都不敢缉拿搜捕。有一次，洛阳令董宣接到一张状子，上面说：湖阳公主的一个管家在光天化日之下行凶杀人，事发后躲进了公主府就不再出来了。这董宣是一个硬汉子，他认为即使是皇亲国戚犯了法，也应该同样治罪。由于不能进公主府搜查，董宣就布置手下的人在公主府附近监视。一天，湖阳公主坐着车马外出，跟随她的正是那个管家。董宣得到消息后，亲自带领衙役拦住湖阳公主的车驾，然后不顾公主阻挠，吩咐衙役把那个管家拖下车，当着公主的面处死了他。湖阳公主差点儿气昏过去，她立即调转车头去向光武帝告状。光武帝听了姐姐的哭诉，勃然大怒，下令召董宣入宫。

董宣自处置了湖阳公主的管家，就做好了被杀头的准备。他进宫时镇定自若，还未等光武帝开口，就磕头说道："皇上仁德，除暴安良才复兴了汉朝，可如今您亲自袒护公主，纵容恶奴残杀良民，长此以往，律法就失去了作用。我既然做了官，就只知道依法办事，早就将生死置之度外了！"说完，董宣站起身来，一头撞向柱子，光武帝赶忙命人上前抱住他。最后，光武帝不但没有治董宣的罪，还奖励他执法严明。从此以后，洛阳的皇亲国戚们再也不敢目无法纪了。

魏蜀吴，争汉鼎，号三国，迄两晋。

【注释】魏：曹操的国号。蜀：刘备的国号。吴：孙权的国号。鼎：传国的实物，象征王位。迄：到。

【译文】东汉灭亡后，魏、蜀、吴三个国家争夺政权，历史上称为"三国"。后来，三国被晋朝统一，晋朝又分裂成西晋和东晋。

挟天子以令诸侯

东汉末年，轰轰烈烈的黄巾起义使得朝廷政权名存实亡。在镇压黄巾起义的过程中，各地州郡官吏、地主豪强纷纷形成了大大小小的割据势力。其中，以河北的袁绍、兖豫的曹操、江东的孙策、荆州的刘表为主。

曹操出生于显赫的官宦之家，自小聪敏，有谋略。黄巾起义时，曹操镇压了兖州的黄巾军，并从黄巾军的降兵中挑选出一部分精锐力量，组成"青州兵"，建立起第一个据点，逐渐发展壮大。有一年，长安城内诸侯发生了火拼，汉献帝带着一批大臣逃回了故都洛阳。当年，洛阳宫殿被付之一炬，只剩下破砖碎瓦，荆棘野草。汉献帝和一干文武大臣们没有地方住，只得搭草棚避风雨。没有食物，汉献帝就派人到处奔走，向各地官吏要粮，但是这时候的地方官吏根本不把皇帝放在眼里，没人肯送粮食来。大臣们也没有办法，只好自己挖野菜充饥。

当时，袁绍大军基本平定了冀州。袁绍的谋臣沮授得知汉献帝的处境后，建议袁绍把汉献帝接到邺城，挟天子以令诸侯。但是袁绍怕自己的举动会受到限制，拒绝了这一建议。曹操得知这一消息后，认为千载难逢的时机到了，他立刻派人把汉献帝接到许城（今河南许昌）。之后，曹操不断利用这一政治优势，以汉献帝的名义向各州发号施令，此时的袁绍后悔不已，但是为时已晚。

火烧赤壁

三国鼎立的局面形成后，曹操的势力最大，他于208年7月率领大军南下，企图一举消灭刘备和孙权，统一全国。就在这紧要的关头，刘备派诸葛亮出使吴国，劝说孙权共同抵御曹操，吴、蜀结成联盟。

曹操号称有八十万兵马，骄傲轻敌。他不听谋臣贾诩的劝告，迫不及待地率大军顺着长江水陆并进。吴国的大将周瑜率领吴、蜀联军驻守在赤壁附近。由于曹操的军队中，士兵多是北方人，不擅长水战，因此战斗力大大削弱。为了抵抗风浪颠簸，曹操下令将战船用铁索连结在一起。了解到这个情况后，周瑜的部将黄盖建议采用火攻，得到了周瑜的赞许。随后，黄盖派人给曹操送了一封信，假意称自己愿意带着手下的兵士投降。之后，黄盖带上十艘大船，插上与曹操约定好的旗号，驶往曹营。戒备松懈的曹军闻讯都争相来观看黄盖投降。谁知，黄盖带来的不是投降的兵士，而是满满十船浸油的干柴草。快到对岸时，黄盖下令点燃柴草，自己换乘小艇退走，十艘火船乘风闯入曹军船阵，横冲直撞，顿时燃起一片火海。周瑜大军乘势攻击，曹军伤亡惨重。赤壁一战后，曹操退回北方，再无力南下。

宋齐继，梁陈承，
为南朝，都金陵。

【注释】继：相继。南朝：宋、齐、梁、陈在历史上统称为南朝。都：建都、定都。

【译文】晋朝王室南迁之后，不久就衰亡了，继之而起的是南北朝时期。南朝包括宋、齐、梁、陈，国都都建在金陵。

淝水之战

东晋时期，前秦的皇帝符坚统一了北方后，急欲进攻东晋，一统全国。383年，符坚率兵南下，他自以为人马众多，兵力强大，于是狂妄地宣称："我有近百万大军，光是把马鞭投进长江，就能截断江流，要灭东晋，简直易如反掌。"

东晋王朝在生死存亡的危急关头，丞相谢安主张奋起抵御。经过谢安的举荐，他的侄儿谢玄被任命为先锋，率领八万训练有素的"北府兵"迎战。谢玄临危不乱，率精兵打退了秦军的部队，秦军士气大挫，慌忙撤退到淝水西岸。

这天晚上，符坚站在城头视察军情，竟将八公山上影影绰绰的草木错看成满山遍野的晋军，十分惊恐。后来，符坚派出原东晋大将朱序前去劝降，谁知朱序一到晋营，不但没有劝降，反而将秦军的情况告诉给晋军。晋军根据朱序的情报，准备转守为攻，派出使者与符坚相约，说晋军愿到淝水西岸决战，建议秦军从西岸"小退"。

符坚企图乘晋军渡河的时候偷袭，全歼晋军于淝水之中，于是下令士卒稍退。可这一退，士卒便以为前方被击败，慌作一团，再加上秦军内部民族成分复杂，士卒十有八九都是汉民，心是向着南方的，这些人乘势在军中高呼："秦兵大败了！秦兵大败了！"士卒一听，更是奔逃溃散，晋军乘机猛攻，结果符坚身中一箭，率领残兵向北逃窜。一路上，符坚听到风的响动、鹤的叫声，以为是晋兵追来了，恐惧万分，于是一个劲地狂奔，片刻也不敢停留。

淝水一战，晋军以少胜多，使得南方暂时免于战祸，而北方开始分裂，南北进入对峙状态。

刘裕大摆却月阵

宋武帝刘裕是南北朝时期刘宋王朝的开国皇帝，是一位杰出的政治家。他出身于官宦世家，但由于父亲刘翘很早就去世了，因此家道中落，幼年生活十分艰苦，沦落到靠卖草鞋为生。但是刘裕少年时就胸怀大志，一心想做一番惊天动地的大事。后来，他从了军，因为在战场上表现十分出众，被提拔为一名下级军官。等到晋安帝复位时，刘裕已经成为了把持东晋政权的大将。这时，北方的鲜卑族建立起了北魏，他们的势力逐渐强大了起来，已经达到了黄河北岸，并在岸边集结了十万大军，威胁东晋。为了提高自己的威望，刘裕决定发动北伐。

一开始，刘裕率领水军顺着黄河前进，有时风大浪急，晋军的船只被冲到岸上，受到魏军的攻击。晋军上岸去攻打魏军，魏军就逃走，等到晋军回到船上，他们又开始在岸上骚扰，弄得晋军来回奔跑，没法顺利进军。这一天，刘裕命令军队上岸，沿岸摆出一个半圆形的阵势，两翼紧紧靠着河岸，中间鼓出，当中的一辆兵车上竖着一根白羽毛。魏军远远地看着晋军布阵，不懂是什么意思。一会儿，只见晋军当中的兵车上有人突然举起白羽毛，两侧涌出二千兵士来，带着一百张大弓。魏军见状，觉得没什么了不起，就派出三万骑兵发动进攻。谁知，在晋军后面还布置了一千多支长矛，这种长矛有三四尺长，十分锋利，被装在大弓上。晋军用大铁锤敲动大弓，那长矛就铺天盖地向魏军扑来，吓得魏军抱头乱串，结果晋军大获全胜。

北元魏，分东西。
宇文周，与高齐。

【注释】北元魏：北魏是鲜卑族拓跋氏建立的，拓跋氏后来改姓元，因此称为北元魏。宇文周：北周孝闵帝宇文觉。高齐：北齐文宣帝高洋。

【译文】北朝指的是元魏，元魏后来也分裂成了东魏和西魏。西魏被宇文觉篡了位，建立了北周；东魏被高洋篡了位，建立了北齐。

孝文帝迁都

鲜卑族的首领拓跋珪建立了北魏。拓跋珪死后，他年仅五岁的儿子拓跋宏继承了王位，即孝文帝。孝文帝是一位胸怀宽广、见识卓越的君主，他认为要巩固统治，就一定要吸收先进的中原文化，于是积极地倡导汉化运动，改革一些落后的风俗。

493年，孝文帝决定把都城迁往洛阳（今河南洛阳）。原来，北魏自拓跋珪建国起，就一直定都在平城（今山西大同），但平城位置偏北，很难控制整个北方，并且常年发生自然灾害。但是，孝文帝的这个决定遭到了一些王公大臣的反对，这些大臣大多数是鲜卑贵族，思想保守，安土重迁。于是，孝文帝便想到了一个办法。过一段时间，他宣称要进攻南齐，大臣们不敢再反对。在南征至洛阳的途中，军队正好碰上连月的大雨，道路泥泞，行军困难。有大臣建议取消南征，孝文帝乘机说："如此兴师动众，如果半途而废，一定会被人笑话的。如果大家不想南征，那就把国都迁到这里吧！"在南征与迁都之间，大臣们只得选择了迁都。就这样，在494年，北魏正式将都城从平城迁到了洛阳。迁都洛阳之后，北方草原游牧民族文化与南方中原汉族文化的融合进一步加快。在这个过程中，孝文帝作为一位杰出的少数民族政治家和改革家，功不可没。

测字皇帝高洋

北齐文宣帝高洋是历史上名副其实的测字皇帝，他测字的技巧出神入化，简直让人难以置信。

550年，高洋废掉东魏后，想给自己创建的王朝起个大吉大利的新年号，于是召集了大臣一起讨论。有人提议叫天保，让老天爷保佑北齐万万年。众人齐声叫好，可高洋却说："好是好，可这'天保'两字拆开来不就是'一大人只十'吗，你们是笑我在位只有十年啊？"大臣们一听，一个个吓得面如土色，跪地求饶。可高洋却哈哈大笑地说："这是天意啊，不怪你们，我能做十年皇帝就不错了。"

时隔不久，高洋又带着皇后及一干大臣上泰山，在岱庙的天贶殿向老道问卦。高洋问："您看我可以做多少年皇帝？"老道不假思索地说："三十。"高洋转过身来对皇后说："你看，老道也说我只有十年的时间了。这'三十'指的是'十年十月十日'，三个'十'加起来不就是三十吗？"

有一次，太子高殷要入学了，高洋特地请来了国子监的博士邢子才替太子起个字号。邢子才思索再三，得意地说："字'正道'，'人间正道是沧桑'嘛！"谁知，高洋一听，大叫一声："糟了，'正'字是'一止'，我儿子恐怕很难继承大统了。"邢子才顿时吓得魂不附体，慌忙恳求重新起字号。高洋喟然长叹，说："不用了，这是天意啊，就是改了也枉然。"

高洋有一个弟弟叫作高演，被封为常山王。有一天，高洋突然对高演说："我要是现在杀了你，师出无名，反而落个千古骂名。只求你日后手下留情，要篡位就篡位，可不要滥杀无辜啊！"高演一听，跪在地上磕头不止，连说："不敢，不敢。"后来果然如高洋所料：高洋死后，高演位至太师，他矫诏杀死了自己的侄子高殷和尚书令杨愔，篡夺皇位。

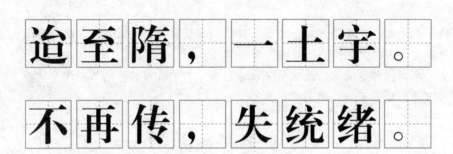

【注释】迨：及、等到。一土宇：南北结合，天下一统。失统绪：失去了帝业。

【译文】杨坚重新统一了中国，建立了隋朝，历史上称为隋文帝。他的儿子隋炀帝杨广继位后，荒淫无道，隋朝很快就灭亡了。

杨坚治国

581年二月甲子日，北周的静帝以杨坚众望有归下诏宣布禅让。隋文帝杨坚登基以来，总觉得自己得到天下太容易，担心有人心不服，所以一直保持着高度的戒备。为了能够长治久安，他总结出了两条经验：第一条是节俭，第二条是严惩贪官污吏。

在历代皇帝中，隋文帝是特别重视节俭的一个。他称帝后，下令臣民不得进献名驹和华服。有些官吏为了讨好，进献了一些用布袋装着的干姜和香料，结果被隋文帝狠狠斥责了一番。有一次，隋文帝患了痢疾，御医为他配制了止痢药，药方中有胡粉一两，可是竟然找遍了宫中都找不到。还有一次，隋文帝想要一条织成的衣领，宫中也没有。隋文帝曾经教导太子杨勇说："自古以来的帝王，如果奢侈，就一定不能长久，你一定要厉行节俭。"

为了整顿吏治，隋文帝建立起了对官吏的考核制度，对清廉的官吏赐帛赠田，晋级加官，布告天下，实行奖励；对贪官污吏则严加惩处，派左右亲信严密侦查百官的行为，有时甚至还暗暗派人向一些官吏行贿，这些官吏一旦接受贿赂，就立即被处死。

有一次，隋文帝发现儿子杨浚生活奢侈，修建了很多宫室，于是大怒，下令将杨浚抓起来。大臣杨素劝谏说，对杨浚的处罚太重了。隋文帝却说："皇子与百姓只有一个法律，如果不这样，岂不是要再立一个皇子律了吗？"朝廷上下看到隋文帝如此行事，贪污行为大大减少，社会风气也为之一新。

隋炀帝灭国

隋文帝杨坚死后，把皇位传给了儿子杨广，杨广成为隋朝的第二位君主，即隋炀帝。隋炀帝在位期间，对全国民众施以残酷的统治。为了享乐，他苦役上百万民众，耗费大量财力，在京城洛阳郊区开辟了规模浩大、专供游猎的"西苑"，苑内修建有许多恢宏的宫殿楼阁，还有方圆十余里的人工湖。

隋炀帝还特别喜欢外出巡游，一来是为了游玩享乐，二来也可以向百姓炫耀自己的威风。于是，他下令开挖大运河，将钱塘江、长江、淮河、黄河、海河都连接起来，这样一来，他就可以一直乘船南下，游览江都胜景了。在巡游江都的途中，隋炀帝携带了妃侍、王公、百官、卫骑等一二十万人，乘坐大小船舶几千艘，组成的船阵长达二百多里，仅拉船的纤夫就多达八万人。另外，在洛阳至江都之间的运河两岸，还修筑了众多雄伟的行宫离苑。船队所过之处，五百里内的百姓都要给他们准备吃的喝的。州县的官吏只好大肆搜刮，逼着百姓置办酒席，有的州县送上的酒席多达上百桌，没吃完的饭菜，就在岸边挖个坑埋掉。结果官吏们个个都升官发财，可是百姓们却变得倾家荡产。隋炀帝的穷奢极欲把前代苦心经营几十年所留下的大量财富都挥霍一空，他横征暴敛，给百姓带来了巨大的灾难，将隋朝推向了灭亡的边缘。618年，隋炀帝被杀，隋朝也随之灭亡。

【注释】义师：声张正义的军队。创：开创。

【译文】唐高祖李渊起兵反隋，隋朝灭亡了。他战胜了各路的反隋义军，取得了天下，建立了唐朝。

李渊起兵

李渊本来是隋朝的贵族，靠继承祖上的爵位，当了唐国公。李渊有四个儿子，其中二儿子李世民才华过人，并且很有胆识。李世民平时喜欢结交有才能的人，大家也觉得他慷慨义气，喜欢跟他打交道。晋阳（今山西太原）有个县令叫刘文静，他的亲戚李密参加了瓦岗军起义，隋炀帝下令捉拿李密，刘文静也因此受到牵连，被关进了监牢。刘文静与李世民是知心好友，李世民听说后，便去狱中探望他。刘文静对李世民说："皇上现在还在江都游玩，李密已经率领军队逼近了东都，到处都有人造反，现在正是打天下的好时机。我可以设法召集十万人马，再加上你父亲的几万人，联合起兵打进长安，不出半年，一定可以夺取天下。"李世民本来就看准了隋朝的统治长不了，心里早就有了自己的打算，听了刘文静的一番话，觉得很有道理，于是就回家说服父亲李渊起兵反隋。李渊先把刘文静从监牢中放了出来，帮助自己招兵买马，又派人把正在河东打仗的另外两个儿子李建成和李元吉也召了回来。刘文静还为李渊出谋划策，派人送了一份厚礼给突厥可汗，约他一起反隋，突厥可汗很高兴地答应了。一切准备就绪后，李渊自封为大将军，率领招募到的二十多万大军攻打长安，留守长安的隋军根本抵抗不了。占领长安后，为了收买人心，李渊将隋朝苛刻的法律全部废除，得到了人民的拥护。不久后，隋炀帝被杀，李渊于是登基称帝，即唐高祖。

武则天驯马

武则天又名武媚娘，她出生在一个官宦之家，父亲武士彟是唐高祖李渊的开国功臣，被封为应国公。贞观十一年（637年），十四岁的武则天受召入宫。临别时，母亲杨氏伤心恸哭，武则天却安慰母亲说："我进宫见天子是一件好事，您有什么可伤心的呢？"武则天入宫后，被册封为才人，但是十多年过去了，她一直找不到机会展示自己的才华和抱负。

终于有一天，西域使臣向唐太宗进献了一匹名叫"狮子骢"的宝马，唐太宗知道后十分高兴，便带着妃嫔、大臣们前去驯马场观赏。果然，这狮子骢个头高大，肌肉矫健，毛色油光闪亮，是一匹难得的宝马。唐太宗当即命令宫廷里的驯马官骑上去跑几圈试试。哪知，驯马官上马后，还没坐稳，狮子骢就前腿腾空，一声长嘶，把他给甩到了地上。面对性子如此暴烈的马，众人一时也没了法子，只得扫兴地把马送到马厩，改日再想办法。

第二天，唐太宗召集文武官员，宣布只要有人能驯服狮子骢，就赏白银一千两。重赏之下，七八位征战沙场多年的武将站了出来，但结果都被狮子骢摔了下来。狮子骢的气势越发旺盛，再没有人敢试马了。就在这个时候，武则天自告奋勇地站了出来，对唐太宗说："我能驯服这匹马，但是需要三件东西：铁鞭、铁锤和匕首。不管是宝马还是寻常的马，都是人骑的。假如这马不听话，我先用铁鞭抽它；再不听，我就用铁锤砸它；还不听，我干脆用匕首杀了它。这样顽劣不驯的马，留着也没用！"唐太宗听后，夸奖武则天胆略非凡。

唐太宗死后，武则天被继位的太子李治封为皇后，并逐渐掌握了朝中大权。她大肆排除异己，任用酷吏，行事作风就像当年驯马一样果断狠辣。

【注释】二十传：唐朝共传了二十位皇帝。梁：后梁，国号。

【译文】唐朝的统治近三百年，总共传了二十位皇帝（不含武则天）。到唐哀帝时被朱温篡位，建立了梁朝，唐朝灭亡。为和南北朝时期的梁朝相区别，历史上称之为后梁。

杨贵妃专宠

唐朝从高祖李渊建国以来，几代君王励精图治，使国家达到了空前的繁盛。女皇帝武则天去世后，她的孙子李隆基继承了皇位，也就是唐玄宗。唐玄宗统治前期，勤政爱民，社会出现了"开元盛世"的兴盛局面。

河南府士曹参军杨玄璬的养女杨玉环天生丽质，性格婉顺，并且精通音律，擅长歌舞，原为唐玄宗之子寿王李瑁的王妃。唐玄宗见其有倾国倾城之色，违背常伦，占为己有，封为了贵妃，地位仅次于皇后。唐玄宗对杨贵妃十分宠爱，杨贵妃喜欢吃荔枝，唐玄宗就不惜人力物力，命人从千里之外的岭南快马加鞭地送来，并且要保证即使在盛夏酷暑，送到长安后也色味不变。杨贵妃的哥哥杨国忠无才无德，但是却依靠杨贵妃的关系，当上了宰相。杨国忠重用亲党，拉帮结派，使得杨家的权势越来越大，政治也越来越黑暗。

755年，唐朝节度使安禄山和史思明发动叛乱，唐玄宗震怒，当即任命封常清和高仙芝负责防务。封、高两人根据形势采取守势，坚守潼关不出。可是唐玄宗却听信了奸臣的诬告，以为他们怕死不敢出战，就下令将两人处死，然后任命哥舒翰为将。这时，杨国忠担心如果哥舒翰打了胜仗，自己的相位不保，于是不顾国家安危，唆使唐玄宗害死了哥舒翰，导致潼关失守。

潼关一破，唐玄宗连忙带着杨贵妃、杨国忠和一批皇子皇孙仓惶出逃。当车马行至马嵬坡（今陕西兴平市西北）时，随行的将士都十分困乏，心里痛恨祸国殃民的杨氏兄妹。于是，将军陈玄礼带头将杨国忠乱刀砍死，又请求唐玄宗处死杨贵妃，否则军队不再行进。唐玄宗心中很舍不得杨贵妃，但是没有办法，只好含泪命令宦官高力士将杨贵妃缢死。杨贵妃死后，军队这才分成两路，一直护送唐玄宗到达了蜀地。

朋党之争

唐朝后期，统治集团内部出现不同派别的争权斗争，史称"朋党之争"。宪宗元和三年（808年），制科考试时，牛僧孺、李宗闵在策论中批评时政，抨击宰相李吉甫，遭李吉甫排斥，久不叙用。到唐穆宗时，牛僧孺曾一度为相，李吉甫之子李德裕等，指斥李宗闵主持科考舞弊，李宗闵等人被贬官，斗争更趋复杂。朝廷大臣分化组合，形成以牛僧孺、李宗闵为首的"牛党"，和以李德裕为首的"李党"，两派相互倾轧四十余年。

李党领袖李德裕和郑覃皆出身士族高第，皆以门荫入仕，主张"朝廷显贵，须是公卿子弟"。其理由是自幼漂染，"不教而自成"。而牛党领袖牛僧孺、李宗闵等，多由进士登第，反对公卿子弟垄断仕途；在对待藩镇的态度上，两派各执一词。李党世代公卿，支持唐廷抑制强藩，因为节度使强大，影响他们的利益；牛党大多来自地方州郡，与藩镇有千丝万缕的联系，利害相关，主张姑息处之，希望朝廷承认割据事实。在对待周边少数民族政权的问题上，双方态度也相去甚远……

两党争持日久，最后变为意气相攻，除去不同利害，已无明显的政见不同。两党交替执政，相互攻伐，使腐败的朝廷更加混乱。唐武宗时，李德裕高居相位，将李宗闵贬斥流放封州；宣宗时，牛党得势，李党皆被罢斥，李德裕被贬死崖州。宣宗时牛僧孺病死，牛李党争才告结束。唐文宗为此感慨："去河北贼易，去朝廷朋党难。"

梁唐晋，及汉周。
称五代，皆有由。

【注释】五代：唐朝以前有宋、齐、梁、陈、隋五个朝代，称为前五代；唐朝以后有梁、唐、晋、汉、周五个朝代，称为后五代。

【译文】后梁、后唐、后晋、后汉和后周这五个朝代，历史上称为后五代。这五个朝代更替都是有一定原因的。

李存勖报仇

唐朝末年，朱温杀死了唐哀帝，自己当了皇帝，建立起了梁朝。在梁朝建立之前，北方还有两个较大的割据势力，一个是河东晋王李克用，另一个是幽州的刘仁恭。当年，李克用为了对付朱温，就跟契丹族的首领耶律阿保机暗中来往，两人还结为兄弟，约定一起攻打梁朝。可是后来，阿保机看到朱温势力强大，就反悔了，另外派使者跟朱温结成了同盟。此时，李克用本来已经得了重病，听到这个消息后，更是气得半死。他知道自己活不久了，就把儿子李存勖叫到床边，叮嘱他说："朱温是我们的死对头；刘仁恭本来是我提拔上去的，后来竟然投靠了朱温；阿保机原本和我结为兄弟，最后也背信弃义。这三口气没出，我死也闭不上眼睛。"说完，他又叫人拿来三支箭，亲手交给儿子，说："这三支箭留给你，你一定要记住这些仇恨，将来为我报仇。"李存勖跪在床边，含泪接过了箭，表示一定会牢记父亲的话，李克用这才断了气。

李克用死后，李存勖十分郑重地把三支箭供奉起来，以表示自己报仇的决心。他每次出征前，都要先派个官员把箭取来，放进一个精致的套子里，带上战场，等得胜归来，再送回家中。为了报仇，李存勖亲自操练兵士，大力整顿军纪。在他的带领下，军队终于打败了朱温，攻破了幽州，大破了契丹。后来，李存勖灭掉了梁朝，建立起后唐，即唐庄宗。

"儿皇帝"石敬瑭

唐庄宗之后，唐明宗继位。唐明宗手下有两员大将，一个是他的儿子李从珂，一个是他的女婿石敬瑭。两个人都骁勇善战，但又互不服气。李从珂做了后唐皇帝（即唐末帝）以后，两人终于闹到了决裂的地步。

这一年，李从珂派了几万人马攻打石敬瑭所在的晋阳城。石敬瑭抵挡不了，晋阳十分危急。有个谋士桑维翰给石敬瑭出了个主意，要他向契丹讨救兵。那时候，契丹国主是耶律德光，桑维翰于是帮石敬瑭起草了一封求救信，信中表示愿意拜契丹国主做父亲，并且答应在打退了唐军之后，把雁门关以北的燕云十六州（指幽州、云州等十六个州，都在今河北、山西两省北部）割让给契丹。

石敬瑭的投降活动遭到了部将刘知远的反对。刘知远说："您向契丹求救、称臣还说得过去，拜他做父亲未免过分了；再说，答应给契丹一些金银财宝还不要紧，不该割让土地啊。"但是石敬瑭一心想保住自己的利益，哪里听得进刘知远的劝阻，急急忙忙派人带了信去见耶律德光。耶律德光原本就想向南扩张土地，听到石敬瑭提出这样优厚的条件，真是喜出望外，立刻派出五万精锐骑兵去救晋阳，结果把唐军打得大败。

战后，耶律德光来到晋阳，石敬瑭亲自出城迎接，他卑躬屈膝地把比他小十岁的耶律德光称作父亲，让耶律德光满心欢喜。耶律德光经过一番观察，觉得石敬瑭的确是死心塌地投靠他，就对石敬瑭说："我奔波三千里来救你们，总算有个收获。我看你的外貌和气度，够得上做个中原的主人，我就封你做皇帝吧！"石敬瑭一听，十分高兴地接受了。不久，在契丹国主耶律德光的帮助下，石敬瑭安心地坐上了"儿皇帝"的宝座。

炎宋兴，受周禅。
十八传，南北混。

【注释】炎宋：宋太祖赵匡胤。南北：指南宋和北宋。

【译文】赵匡胤逼迫后周让位，建立了宋朝。宋朝共传了十八个皇帝。期间又分北宋和南宋，后分别被金、元所灭。

杯酒释兵权

宋太祖赵匡胤当了皇帝以后，很多当年跟随他打仗的将领也都封了大官。为了巩固自己的统治，宋太祖决定削夺这些大将的兵权。一天晚上，宋太祖邀请了一批大臣来宫中参加酒宴，其中包括禁军高级将领石守信、高怀德等人。酒过三巡之后，宋太祖突然吩咐左右的侍从退下，并用慨叹的口吻对大臣们说："要不是你们当年卖命地为我打江山，我今天也当不了皇帝。可是你们不知道，做皇帝太苦了，还不如做节度使快乐，我每天夜晚都睡不好觉啊！"大臣们连忙吃惊地问原因，宋太祖答道："我的皇位不知有多少人盯着呢！"大臣们一听，都吓得跪下，说："皇上登基是上天的旨意，谁还敢有异心呢？"宋太祖答道："你虽然没有异心，但是你们的部下呢？他们要是想得到更大的富贵，有一天也把黄袍加在你们的身上，你们到时还能作主吗？"

一席话说得大臣们更加惊恐不安，大家心里都明白了宋太祖已经对他们产生了猜疑。宋太祖这时也不再掩饰，要求将领们主动交出手中兵权，各自回到地方上去安享晚年。第二天，一批大臣都上表称病，请求宋太祖解除他们的兵权，允许他们告老还乡。宋太祖欣然同意，罢去了他们的职务，调到地方上担任节度使。这样一来，宋太祖就通过和平的方式，解除了自己的后顾之忧。

靖康之变

北宋后期，朝廷腐败，国势衰微。而同一时期，北方的女真族逐渐崛起，建立起强大的金国，对北宋虎视眈眈。

1125年，金国大军分两路南下进攻北宋，北宋朝廷上下顿时慌作一团。宋徽宗赵佶贪生怕死，连忙将皇位推给了太子赵桓，赵桓在哭哭啼啼中登上了皇位，即宋钦宗。1126年正月，金国将领完颜宗翰率军攻至汴京城下，以五百万两黄金、五千万两白银，并割让中山、河间、太原三镇为条件，逼北宋议和。为求自保，宋徽宗接受了这一屈辱的条件，金国退兵。然而同年八月，金军再次发起进攻。昏庸的宋钦宗竟然采取了一个为后世留下千古笑柄的举措。宋钦宗迷信道术，有一个叫郭京的道士跑来告诉宰相，说只要能够找到7717名符合条件的壮丁，经过他施加法术以后，就可以变成天下无敌的"六甲神兵"。宋钦宗听信了宰相的话，命人找齐了满足条件的壮丁，供郭京施法。接着，在郭京的带领下，几千名由市井无赖组成的"六甲神兵"慷慨激昂地打开了城门，列队准备迎击金军。正愁攻不破城门的金军大喜过望，立即对

"六甲神兵"给予迎头痛击，迅速占领了开封城，并俘虏了宋徽宗和宋钦宗。随后，金国将领押着皇帝、皇后、妃嫔、王孙大臣等一行人，分两路回到金国。当时一同被掳走的还有数千教坊乐工、技艺工匠等。历史上称这一事件为"靖康之变"，也叫"靖康之耻"。

宋徽宗和宋钦宗来到金国后，被囚禁于五国城（今黑龙江依兰），开始了屈辱的牢狱生活。他们最终都没能活着离开金国，宋徽宗于绍兴五年（1135年）病死于五国城，而宋钦宗则于绍兴二十六年（1156年）在燕京（今北京）病逝。

【注释】辽：胡人的国号，最初叫作契丹，后来改为辽。金：女真族的国号。元：蒙古人在中原建立的元朝。

【译文】宋朝的北面，有少数民族建立的国家——辽国和金国。等到辽国灭亡后，南宋还依然存在着。

耶律阿保机拜相

北宋后期，北方的契丹族建立起了辽国。契丹是我国东北地区的一个古老民族，他们由八个部落组成，每一个部落都有自己的首领。按照规矩，契丹每三年进行一次大选，推选出有才干的人担任"八部可汗"，统领八部。

这一年，迭剌部的首领耶律阿保机被推选为了"八部可汗"。时隔不久，唐朝派出使者韩延徽来到契丹，韩延徽见了耶律阿保机，只是向他拱拱手，算是行礼。耶律阿保机很不满，问韩延徽为什么不下跪，韩延徽回答说："我们中原使者没有下跪的规矩。"耶律阿保机听后十分生气，将韩延徽关进了监狱。

耶律阿保机的妻子是一个很有见识的女人，她听说这件事后，就劝说耶律阿保机放了韩延徽，并将他收为己用。耶律阿保机觉得妻子的话很有道理，于是将韩延徽放了出来。这次，耶律阿保机的态度和以前大不一样，他亲自出门迎接，还主动和韩延徽握手，并向他道歉。韩延徽被耶律阿保机诚恳的态度打动了，答应为他出谋划策。

韩延徽在契丹住了几个月之后，十分想念中原的母亲，就背着耶律阿保机偷偷地回家了。等韩延徽在家里料理好一切后，又打算回契丹。这时，一个朋友劝阻他说："你当初没有向耶律阿保机打招呼，就偷偷地跑了回来。现在回去不等于是自投罗网吗？"韩延徽说："我就像是耶律阿保机的眼睛，我离开契丹，他就如同是瞎子。现在我回去，等于他又重见光明了，高兴还来不及呢，怎么会怪罪我呢？"后来，果然如韩延徽所料，耶律阿保机听说韩延徽又回来了，专门为他举行了一个盛大的欢迎仪式，并任命他为宰相。

头鱼宴上的阿骨打

辽国凭借兵强马壮，控制了北方的广大地区，在东北一带生活的女真族由于力量弱小，不得不向辽国称臣，并且每年都要向辽国上缴大量的金银珠宝。一年春天，辽国的天祚帝到东北春州（今吉林省）巡游，兴致勃勃地在混同江（今松花江）捕鱼，并且设下头鱼宴，命当地的女真各部酋长都来朝见。宴会上，天祚帝叫女真酋长们给他跳舞，酋长们虽然不愿意，但是都不敢违抗命令，只好挨个跳起民族舞蹈。接下来轮到一个青年人，他神情冷漠，两眼直瞪瞪地望着天祚帝，一动也不动，这个青年就是女真族完颜部酋长乌雅束的弟弟，名叫阿骨打。天祚帝见阿骨打居然敢当着大家的面违抗他，很不高兴。一些酋长也怕得罪了天祚帝，一个劲儿地劝阿骨打，可是阿骨打硬是不跳，让天祚帝下不了台，结果这场头鱼宴最后不欢而散。散席之后，天祚帝跟大臣萧奉先商量，想要杀了阿骨打，但萧奉先担心这样做会引起女真族的不满，就劝说天祚帝不要和他一般见识，天祚帝也就把这件事搁在一边了。

阿骨打当然不是不会跳舞，他是个性格刚强的人，多年来对辽国欺压女真早就不满，现在，他眼看辽国越来越腐败，就决心自立门户。阿骨打首先统一了女真各部，然后率军讨伐辽国，辽国连连兵败，导致朝廷内部发生了分裂，结果阿骨打借机占领了东京（今吉林珲春）和沈州（今辽宁沈阳），不久登基称帝，建立了金国。

至元兴，金绪歇。

有宋世，一同灭。

并中国，兼戎狄。

九十年，返沙碛。

【注释】兴：兴起、兴盛。绪：统绪，皇帝的传承。戎狄：泛指少数民族。

【译文】蒙古族兴起，灭了金国，建立了元朝。在金以后灭亡的，还有南宋。元朝在中国建立，还向北、向西占领了不少地方。元朝统治了九十年，后来返回了沙漠。

一代天骄成吉思汗

铁木真出生在蒙古部落的一个贵族世家，他的父亲是部落的首领，一家人生活得很快乐。可是在铁木真九岁那年，他的父亲被塔塔尔部的人下药毒死，从此，他的生活发生了巨大变化。族人抢走了他们家的粮食和牲畜，母亲只好带着他和两个弟弟，靠摘野梨、挖野葱、捉地鼠、钓鱼来填饱肚子。等到十几岁时，铁木真已经长得很强壮了，塔塔尔部的人害怕铁木真将来报仇，就派人来杀害他。铁木真得到消息后，连忙躲进森林里，整整九天九夜，没有吃的也没有喝的，饥渴难忍，最后不得不出来。结果，铁木真刚出森林就被抓住了，但是他并没有垂头丧气，而是装出一副惊慌害怕的样子，任由别人摆布，心里却时刻在寻找机会逃跑。一次，铁木真趁塔塔尔部在河边举行宴会，用铐在手上的木枷把看守砸昏，逃到了深山之中。

为了躲避追捕，铁木真在深山之中生活了数年。成年之后，他投奔幼年时的结拜兄弟札木合，向他借兵报仇。在铁木真的带领下，军队东征西讨，神勇无比，不仅打败了塔塔尔部，还逐步统一了蒙古草原。后来，铁木真在斡难河（今鄂嫩河）源头忽里台召开大会，建立了蒙古汗国。在大会上，铁木真被一致推举为"成吉思汗"，即"向大海一样伟大的皇帝"。

文天祥拒降

1271年，元世祖忽必烈率领军队，向南宋发动进攻。就在这危急时刻，南宋派出右丞相文天祥到元营谈判。没想到，谈判没有结果，文天祥却被元军扣留了起来，押往大都。途经镇江时，文天祥趁元军士兵疏忽，连夜逃脱了。他从通州（今江苏南通）乘船，由海路南下到福建，但在五坡岭（今广东海丰）又被元军张弘范重新抓住。张弘范企图借文天祥的影响力，说服南宋投降，但被文天祥一口拒绝。元军只得押着文天祥，从零丁洋上前往大都（今北京）。文天祥望着汹涌澎湃的河面，心情久久不能平静，他想起当年自己变卖全部家产充当抗敌费用，全力以赴抗击元军，而今儿子战死沙场，母亲、妻子也做了俘虏，南宋却眼看就要亡国……他心中充满了悲愤之情，挥笔写下了《过零丁洋》一诗。

到了大都后，忽必烈很欣赏文天祥的才气和赤子之心，亲自出面劝降，但是遭到了文天祥的严词拒绝。忽必烈很生气，将文天祥关进一间又黑暗又潮湿的小牢房中，想用艰苦的生活来摧残文天祥的意志。这一关就是三年，可是文天祥就是不肯屈服。无可奈何之下，忽必烈下令处死文天祥。临刑前，文天祥向着南方跪下，拜了几拜，就慷慨就义了。

明太祖，久亲师。
传建文，方四祀。

【注释】明太祖：朱元璋。建文：建文帝朱允炆。祀：祭祀。

【译文】明太祖朱元璋多年率兵征战，建立了明朝。到了建文年间，明惠帝才祭祀了四次祖先，当了四年皇帝。

朱元璋建国

朱元璋出身很苦，从小就替地主放牛。父母、兄弟死后，迫于生活，他只好到庙里去当小和尚。当时正是元朝末年，社会大动乱已经开始。朱元璋在庙里耐不住寂寞，一心想有一番作为，于是就参加了造反的军队。在作战中，朱元璋表现得十分勇敢，而且有胆识，深得军队将领的喜爱。不久，他就成为一支军队的首领。朱元璋带领这支军队四处征战，立了很多战功。

有一次，朱元璋率军队来到江南。江南地区号称"鱼米之乡"，盛产稻米。由于战争期间军中一直都缺少粮食，所以将士们看见了粮食都高兴得不得了，一个个上蹿下跳地抢粮食。整个军营一片混乱，根本不像是一个军队，倒像是一群到农民家里抢粮食的土匪。朱元璋一看这么混乱，就果断地拔出大刀，砍断了全部船缆，所有的船只都漂到了江中，顺流漂去了。将士们当时就惊呆了，有的还大喊："天哪！粮食漂走了，这不是要我们的命吗？"朱元璋不慌不忙地走到一块高地上，对大家说："粮食漂走了，没关系，我们不会饿死。你们看，前面就是一座大城市，只要我们打进去，里面的粮食就都是我们的，冲啊！"说完就率领士兵向前冲。将士们只想着城里有更多的粮食，所以非常勇敢，很快就攻下了那座城市，那就是后来朱元璋建立的明朝的都城——南京。

建文帝失踪

明太祖朱元璋六十五岁时，太子朱标去世了，朱标的儿子——十六岁的朱允炆继承了皇位，改年号为建文。

建文帝即位后，那些分封于边疆及内地的藩王叔父们，根本不把这个年轻的侄皇帝放在眼里，他们个个拥兵自重。建文帝时时感受到藩王们的威胁，不得不与亲信大臣齐泰、黄子澄、方孝孺等商量削夺藩王的权力。燕王朱棣早有异心，但是也不敢轻举妄动。最初，他装作重病在身，以避免建文帝的猜忌，后来，建文帝接连废去了几个藩王的王位，将他们降为百姓。看到自己的兄弟被废，朱棣知道自己的地位也朝不保夕，于是暗自发展势力，准备对抗建文帝。

1399年，朱棣以声讨齐泰、黄子澄为名，将矛头直指建文帝，发动了历史上著名的"靖难之役"。经过四年的征战，朱棣大获全胜，然而当军队打进皇宫时，皇宫中早已是一片火海。有人报告说，燕兵进城之前，建文帝下令放火烧毁皇宫，建文帝和皇后都自焚身亡了。朱棣不信，命人在废墟中仔细寻找建文帝的遗骸，但毫无结果。之后，朱棣登基当了皇帝，他为建文帝举行了葬礼，然后改年号为永乐，并下令销毁建文时期所有的官府档案，禁止关于这一事件的一切记叙。

迁北京，永乐嗣。
迨崇祯，煤山逝。

【注释】永乐：明成祖朱棣的年号。迨：一直到。煤山：今景山。

【译文】明成祖将年号改为永乐，并将都城迁往北京。一直到明崇祯皇帝，他在煤山自缢而亡。

明成祖迁都

当年，朱元璋在应天府（今江苏南京）建立了明朝，但在定都问题上，一直没有拿定主意。他曾经打算采取"两京制"，即以开封为北京，以应天府为南京，这样南北兼顾，确保安全。朱元璋晚年曾经有意往北方迁都，他派太子朱标到北方去考察，但是朱标考察完了没过多久就去世了，迁都的事情也被搁置了。建文帝即位以后，又发生了靖难之役，迁都无从谈起。一直到明成祖朱棣登基，迁都的问题才再次被提了出来。

朱棣自十一岁起就被封为燕王，在北京生活了三十多年，对北京深有感情，况且北京处于北方农业区与牧区接壤处，交通便利，形势险要，是汉蒙各族贸易的中心以及北方政治与军事要地，在这里定都不仅可抗击自北入侵的蒙古人，而且可以进一步控制东北地区，有利于维护全国统一。1421年，朱棣正式下诏迁都北京。

然而，就在朱棣坐在紫禁城的龙椅上，踌躇满志地俯瞰着这个刚刚建成的崭新国都，感受着这个王朝的宏大和雄伟的时候，一件意想不到的事情发生了。皇宫发生了一次特大火灾，大火烧了几天，三大殿全部被烧毁。很多大臣私下里议论，说是迁都违背了天意，所以上天才会降下灾祸，有的人甚至提议要将都城再迁回南京。朱棣知道后，狠狠地斥责这些人见识短浅，并且力排众议，坚持在北京定了下来。从此以后，一直到明朝灭亡，北京都是明朝的都城，再没变过。

崇祯自缢

崇祯皇帝是我国历史上一位颇具争议的人物。他十六岁登基，在位十七年，明朝的百年基业最终断送在他的手上。然而与其他的亡国之君不同，崇祯皇帝并非昏庸无能，相反，他兢兢业业，勤政自律，二十多岁头发就白了。因此，他又被人们称为"不是亡国之君的亡国之君"。

尽管崇祯皇帝一心想要复兴明室，但可惜这时的明朝已经处于内乱外患的穷途末路了。朝廷之内文官掌权，纷争不断；朝廷之外满清崛起，虎视眈眈；民间李自成、张献忠等领导的农民起义也愈演愈烈。1629年，皇太极率领十万清兵进攻北京城。主持辽东军事的袁崇焕连忙带兵两日急行三百里，最终在北京城外大败清军。

为了除掉袁崇焕，皇太极想出了一条计谋。他抓来两名明朝的太监，故意让他们听到事先安排好的清军将领之间的谈话，说袁崇焕与满人有密约，要协助满人攻破北京。之后，皇太极故意放走一名太监，让他回去告诉崇祯皇帝。崇祯皇帝生性多疑，随即将袁崇焕严刑处死，一代名将就这样惨死在刽子手的刀下。后来，李自成也率军进逼北京，有大臣上奏崇祯皇帝发放军饷，以保卫京师，可崇祯皇帝到这个时候还一毛不拔，他不愿意交出内帑（皇室内府的库金），而是要求大臣们主动募捐。不久，李自成攻占了北京，从崇祯皇帝的内宫中搜出白银三千七百多万两，崇祯皇帝被迫在煤山（今景山）上吊自杀而死。

权阉肆，流寇起。
自成入，神器毁。

【注释】阉：太监。肆：任意、放肆。自成：李自成。神器：比喻帝位。

【译文】掌握大权的宦官们肆意横行，农民起义遍及全国。李自成攻入北京，明朝灭亡了。

魏忠贤专权

明朝中后期，皇帝越来越腐化堕落，他们不顾百姓死活，或沉溺酒色，或醉心仙术，不理朝政，明熹宗朱由校就是其中一个。他贵为天子，不以政事为重，却十分喜欢干木匠和油漆匠的活，每天只知道抢斧拉锯，用木头盖房子。宦官魏忠贤摸清了明熹宗的脾气以后，就专门挑他干活的时候上奏，明熹宗很不耐烦，对魏忠贤说："你看着办吧，我已经知道了。"时间一久，朝政就被魏忠贤把持了。

魏忠贤原本是一个市井无赖，没读过什么书，只知道吃喝嫖赌。把家产败尽后，走投无路的他一狠心，入宫作了太监。进宫后，魏忠贤极力讨得明熹宗的欢心，最后坐上了东厂提督的位置，掌握着大臣百姓的生杀大权。为了巩固自己的地位，魏忠贤大肆培植自己的势力，勾结官员，很多贪生怕死的无耻之徒都先后依附于他，有的认他作义父、干爷爷，有的甚至耗费民财数千万，为他修建生祠。魏忠贤自称为"九千岁"，即表明自己的地位仅次于"万岁"。他手下有"五虎"、"五彪"、"十狗"、"十孩儿"、"四十孙"等鹰犬爪牙，专门替他出谋划策，行凶杀人。谁要是敢对魏忠贤稍有不满，立即惨遭杀害，甚至被剥皮割舌，结果弄得全国上下人心惶惶。

多行不义必自毙。明熹宗死后，十六岁的崇祯皇帝登基继位。为了巩固自己的地位，安定人心，崇祯皇帝果断下令将魏忠贤逮捕法办。魏忠贤自知恶贯满盈，在劫难逃，畏罪自杀了。

吴三桂降清

明朝末年，各地农民起义此起彼伏，其中影响最大的是李自成领导的军队。李自成年少时就喜欢武刀弄枪，后来当了驿站的一名驿卒，负责传递公文。有一次，李自成因为弄丢了公文被免了职，在家靠借债过日子。后来，他跟随舅舅高迎祥参加了起义军。不久，高迎祥战死，李自成继续领导起义军起义，一直打到了都城北京。由于李自成颁布了一些改善民生的政令，受到了百姓的热烈拥戴。起义军攻破北京这一天，北京城就像过节一样，家家户户的门上都贴着黄纸，上面写着"新皇帝万万岁"等字样。

进入北京后，李自成听说明朝大将吴三桂当时正率兵镇守关外，防止清兵乘乱入侵。由于吴三桂手上还握有重兵，李自成于是就胁迫吴三桂的父亲吴襄，让他写信劝吴三桂投降。吴三桂接到书信后，认为明朝大势已去，正准备投降。这时，家僮又赶来报信，说吴家在京城的家产都被抄没了，他的爱妾陈圆圆也被李自成抢走了。这下，吴三桂被激怒了，他指天大骂，当即决定非要和李自成拼个你死我活。由于复仇心切，吴三桂顾不上什么敌人不敌人，立即亲自来到关外，向清军统帅多尔衮借兵，商议共同讨伐李自成。多尔衮早就垂涎关内，听完吴三桂的请求后，心中暗自欢喜，但是为了讨价还价，他还假装推搪拒绝。经过吴三桂再三哀求，多尔衮才假惺惺地说："既然将军有此请求，我国也只可勉为其难，出兵相助了。"吴三桂闻言大喜，立即回来收拾自己的兵马。最后在清兵的协助下，吴三桂大败李自成，清兵也顺势占据了北京，从此便开始了两百多年的清朝统治。

清太祖，兴辽东。
金之后，受明封。

【注释】清太祖：努尔哈赤。兴：使兴旺、使兴盛。辽东：辽宁省辽河以东地区。

【译文】清太祖努尔哈赤统一辽东各部落，在我国东北地区兴起。他本是金人的后代，受

83

明朝的册封。

努尔哈赤建立后金

努尔哈赤是女真族杰出的首领，他出生在建州一个显贵的家庭。当时，女真族主要分为建州部、长白山部、扈伦部和东海部这几个大的部落。有一年，扈伦部联合了明朝军队，准备进攻建州部，结果努尔哈赤的祖父和父亲在战乱中被杀。努尔哈赤知道后，带着自己的一百多个部下和父亲留下的十三副铠甲，发誓要为祖父和父亲报仇。当时，努尔哈赤还没有能力与明朝为敌，他于是先将目标对准了扈伦部，联合其他的部落打败了扈伦部，并在呼兰哈达山下修了一座城，作为建州部的大本营。

建州部的日益强大引起了其他部落的警觉，他们暗中商量联合起来，攻打努尔哈赤。努尔哈赤知道后并不慌乱，而是让将士们放心休息。将士们都不知道努尔哈赤有什么对策，就商定半夜悄悄地到他屋外去探听些消息，却没想到只听见努尔哈赤平稳的鼾声。第二天，有些将士实在忍不住，就去问努尔哈赤为什么面对大兵压境还能睡得这么香？努尔哈赤笑道："我早料到有这么一仗，只是过去不知道什么时候打，所以还时刻提防着，现在既然他们来了，我还有什么可操心的呢？"将士们还是不放心，问努尔哈赤有多大的胜算把握，努尔哈赤胸有成竹地说："敌人虽多，但他们各有各的打算。我们只要杀了少数几个跟我们有深仇大恨的部落首领，其他部落就会不战自败了。"

果然不出努尔哈赤所料，交战那天，几个部落的军队在山下吵了起来，真正进攻的敌人并不多。努尔哈赤让骑兵埋伏在山上，只派出一支小分队去迎敌，才杀了几个人，部落联军就纷纷撤退了。叶赫部的首领与努尔哈赤仇恨最深，他提着大刀冲到了最前面，可没想到马失前蹄，将他摔了下来。努尔哈赤见状，挥动长刀去砍他的脑袋，另一个叶赫部的贵族看到了，吓得昏过去。叶赫部的士兵看见自己的首领被杀，立刻撤退逃命，其他部落的人也跟着争先恐后地四散开来。努尔哈赤乘机发动总攻，把部落联军打了个落花流水。

经过这一战，努尔哈赤的威名更大了，他先后征服了周边的部落，把整个东北地区统一了起来。1599年，努尔哈赤对女真部进行了一次大的改革，首先是文字。当时，汉人有汉文，蒙古人有蒙古文，但是女真族却没有自己的文字，努尔哈赤于是想出一个办法，他让大臣把蒙古文和女真语言中发音相同的字挑出来，然后按照女真的语言连成句子，经过推广后，逐渐形成了女真族的文字——满文。

后来，努尔哈赤正式称汗，当上了皇帝，把国号定为金，历史上称为后金。

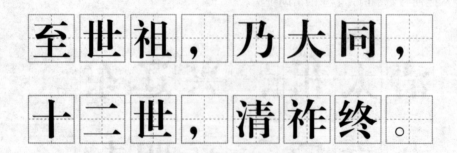

至世祖，乃大同，
十二世，清祚终。

【注释】世祖：清世祖顺治帝福临，清朝的第一代皇帝。祚：福气、命运。

【译文】到了清世祖的时候，天下就统一了。清朝传了十二代皇帝，就被推翻了。

雍正继位

清世宗雍正是清朝入关后的第三位皇帝，康熙的第四个儿子，正名叫作爱新觉罗·胤禛。康熙一共有三十五个儿子，二十四个活到了成年。康熙晚年，由于各种原因，太子废了又立，立了又废，一直没定下来，这导致了他的儿子们勾心斗角，争夺皇位。其中十四皇子胤禵聪明过人，才能出众，深得康熙的喜爱，成为了太子的最佳人选；而四皇子胤禛也积极参加争夺，他采取"外弛内张"的策略，表面不动声色，天天花天酒地，不问政务，暗中却加紧活动。他组成了一个小集团，成员中有步军统领、理藩院尚书隆科多、川陕总督年羹尧等人，并得到了十三皇子的拥护。胤禵和胤禛本来都是德妃乌雅氏所生，但是由于乌雅氏偏爱幼子胤禵，胤禛从小由佟贵妃抚养长大，因此兄弟两人感情并不深厚，甚至为了皇位明争暗斗，互不相让。

为了避免皇子们手足相残，康熙想到了一个办法：将继位皇子的名字封起来，藏在密匣中，然后把匣子放在乾清宫中"正大光明"的匾额后面，等到自己死后再打开匣子。康熙死后，按照这种方法，四皇子胤禛继承了皇位，也就是后来的雍正。但是，历史上还有一种说法，当年密匣中本来写的是"传位十四皇子"，结果被隆科多等人在"十"字上加了两笔，篡改为"传位于四皇子"，雍正登基的事也成了历史上的一件悬案。但是大部分史学家判断，康熙的遗诏有满文、汉文、蒙古文几种语言。按照民间所说其修改了汉文，但是满文、蒙古文是不能修改的。不过，雍正做了皇帝后，整顿吏治，改革赋税，也确实为国为民做出了不小的贡献。

乾隆功过

乾隆是清代"康乾盛世"的最后一位君主，他二十五岁登基，八十八岁驾崩，实际执政六十三年。乾隆在位期间，做过很多事情，也犯过不少错误，后人对他的评价基本上是"功过参半，功大于过"。

乾隆天资聪颖，从小受到过优良而全面的教育，因此在"文治"与"武功"方面都很有建树。在"文治"方面，乾隆执政前期，政治上实行"宽严相济"的政策，整顿吏治；经济上奖励垦荒，兴修水利，使国家呈现出一派繁荣昌盛的景象。1772年，乾隆下令在全国范围内征集图书，编纂了规模宏大的《四库全书》和《古今图书集成》。乾隆本人还是一位风流才子，他一生著文吟诗，诗作达到四万二千多首，几乎与《全唐诗》相当。在"武功"方面，乾隆自诩为"十全老人"，自我总结出功勋十件："平准噶尔为二（两次平定准噶尔之役，解决了北疆的边患）；定回部为一（镇压大小和卓之乱，重新统一南疆）；扫金川为二（两次用兵金川，维护西藏主权）；靖台湾为一（镇压台湾林爽文起义）；降缅甸（平定缅甸之役）、安南（平定安南之役）各一；即今二次受廓尔喀降（两次抗击廓尔喀侵犯，驻军安定西藏），合为十。"

然而，与乾隆"文治"相悖的是他大兴文字狱，其捕风捉影之荒唐，株连之广泛，处理之严酷，都超过了前朝。在乾隆统治后期，他还倚重于敏中，宠信贪官和珅，致使吏治败坏，弊政丛出，贪污盛行，使自己辉煌的一生罩上了阴影。即使是他引以为豪的"十全武功"，其中虽然有维护正义、反击侵略的意义，但也有穷兵黩武、炫耀军威的意味。因此，乾隆将这些都看成是自己的莫大功勋，未免有些言过其实。

凡正史，廿四部，
益以清，成廿五。
史虽繁，读有次：
史记一，汉书二。
后汉三，国志四。
此四史，最精致。

【注释】益：增加。

【译文】我国历朝历代经官方编写的史书共有二十四部，再加上《清史稿》，共有二十五部。这些史书虽然繁多，但阅读起来应该有次序：先读《史记》，再读《汉书》，第三读《后汉书》，第四读《三国志》。这四本书写得最好。

班固续史

班固是东汉著名的史学家。他出生于世代仕宦之家，父亲班彪是当时著名的学者。班彪鉴于司马迁的《史记》只记录到汉武帝时期，而后人续写的部分又大多鄙俗失真，于是发愤续史，著有《史记后传》六十五篇。

班固自幼聪慧，九岁就能属文赋诗，十六岁时进入洛阳太学学习。班固读书的方法不拘一格，他不纠缠于遣词造句，而注重明白其中的大意。成年后，班固更是博览群书，对诸子百家之言都很有研究，并开始在父亲的影响下钻研史学。54年，班彪去世，班固返回为父亲守丧。在这期间，他着手整理父亲未完成的《史记后传》，并萌发了补完全书的想法，于是开始自己动手，撰写《汉书》。

62年，有人诬告班固私改国史，班固因此被捕入狱，家中的书籍也被查抄。他的弟弟班超知道后，上书向汉明帝辩解。班固被释放出来后，汉明帝很欣赏他的才能，于是任命他为兰台令史。至82年，《汉书》终于完成，这本书整齐了纪传体史书的形式，并开创了"包举一代"的断代史体例，成为后世"正史"的楷模。

范晔与《后汉书》

范晔是南朝刘宋时期著名的史学家。他出生在一个显赫的士族家庭，家学渊源，曾祖父范汪、祖父范宁、父亲范泰都曾编纂过很多著作。受家庭的影响，范晔从小好学，再加上天资聪慧，因此尚未成年，便以博涉经史，善写文章而享有盛名。

420年，刘裕登基称帝，改国号为宋。这一年，二十三岁的范晔应召到刘裕的儿子彭城王刘义恭的府下担任参军。有一年，刘义康的母亲王太妃去世了，刘义康把部下都召集到府内，帮助料理丧事。范晔也到场了，但是王太妃死了，范晔实在悲伤不起来。在临葬前的一天夜晚，轮到范晔的弟弟范广渊值班，他们兄弟俩邀请了一位朋友躲在屋里喝起酒来。醉意朦胧之际，范晔忘记了利害，竟推开窗子，听挽歌助酒。这件事情传到了刘义康的耳中，他非常恼怒，上书把范晔贬到宣城当太守去了。

这次贬官对范晔产生了很大的刺激，他郁郁不得志，只得靠编纂汉史来排解心中的痛苦。对史事的研究，打开了范晔的眼界，他凭着个人对历史问题的理解，开始编纂著名的《后汉书》。445年，刘义康与哥哥刘义隆争夺权势，范晔不幸受到牵连，结果被以谋反罪处死。而当时，《后汉书》只完成了十纪，八十列传，原计划编纂的十志，还没来得及完成。今天我们看到的《后汉书》，是南朝学者刘昭从司马彪所撰的《续汉书》中抽出八志三十卷合编而成的。

《后汉书》结构严谨，编排有序，包含有抨击时政，揭露鱼肉百姓的权贵以及表彰刚强正直、不畏强暴的中下层人士等内容，在历史上具有进步性。

陈寿公允定诸葛

陈寿是晋朝杰出的史学家，他撰写的《三国志》在我国文学史上占有重要的地位。

为了把历史写得真实准确，陈寿在开始著书之前，做了大量的调查研究工作。他翻阅了三国时期留下的各种文献记录，搜集了大量的私人笔记，还亲自到许多重大事件的发生地做现场勘察。可是写作开始没多久，陈寿忽然停笔了。有人看见他总在书房里来回踱步，一副沉思不决的样子。

原来，不久前，陈寿家里来了一个亲戚，他发现陈寿当时正在写《诸葛亮传》这一章，就问陈寿打算如何写诸葛亮这个人。陈寿说，诸葛亮是一位功不可没的历史人物，自己会如实记叙。亲戚听完后很生气，责备陈寿忘记了家仇。

三国时期，陈寿一家是蜀国人，他的父亲曾是诸葛亮手下的一员大将。有一次，将军马谡骄傲轻敌，不听劝告，结果导致了街亭失守。诸葛亮知道后，忍痛处死了马谡，陈寿的父亲也因此受到了牵连，被诸葛亮施以军法处置。受罚之后，陈寿的父亲愧悔交加，从此再也没有振作起来，最后郁郁而终。在这以后，陈家又受到了宦官的迫害，处境十分凄凉。因此，陈寿的亲戚认为，他们家之所以会落到这步田地，都是诸葛亮一手造成的，心中十分怨恨诸葛亮。

听亲戚这么一说，陈寿也不禁彷徨起来。他想：诸葛亮一生励精图治，公而忘私，而且南征北战，神机妙算，的确是位了不起的人物。按理说，本应该实事求是地把这些写出来，可是，一想到自己家的遭遇，又使他在感情上对诸葛亮难以接受。"到底该怎样写呢？"陈寿心里很乱，于是他干脆停下笔来，想把自己的思绪理清楚。

有一天，一位朋友来看望陈寿，陈寿就把心里的苦恼告诉了朋友。朋友听后，对他说："人们都称赞司马迁的《史记》，说它正直公允，准确无误，不假意赞美，不隐瞒丑恶。你这部《三国志》是否也能如此呢？"听了朋友的话，陈寿一下子醒悟过来：作为一个史学家，首先要做到的就是诚实无私。当年，司马迁宁肯得罪皇上，也要尊重事实，秉笔直书。现在，自己怎么能够因为私人的恩怨而歪曲历史呢？

想通之后，陈寿又飞快地写了起来，很快《诸葛亮传》就写完了。陈寿还特地把这篇文章拿去给朋友看，请他提修改意见，生怕自己有写得不公正的地方。《诸葛亮传》成了《三国志》中写得最为精彩的一部分。

先四史，兼证经，
考通鉴，约而精。

【注释】通鉴：《资治通鉴》，北宋司马光所著。

【译文】研究历史要先读四史，在这基础上再查证经书，参考《资治通鉴》，这本书全面而精到。

史学大家司马光

司马光是北宋时期著名的史学家、文学家，很多关于他的故事都世代流传。

司马光出生在一个官宦世家，当时，他的父亲司马池正在光州光山担任县令，于是给他起名叫"光"。司马光小时候就很聪明，遇事沉着冷静，一副小大人的模样。有一次，他跟小伙伴们在后院里玩捉迷藏。院子中间有一口盛满水的大水缸，一个孩子爬到缸沿上，一不小心，掉进了缸里，由于缸大水深，这个孩子很快就没顶了。其他孩子一见出了事，有的吓得大声哭闹，有的跑到外面去向大人求救。只有司马光十分镇定，他站在原地，盯着水缸想了一会儿，就从地上捡起一块大石头，使劲地向水缸砸去。只听见"砰"的一声，水缸被砸出了个大窟窿，缸里的水立刻哗啦哗啦地流了出来，被淹在水里的小孩也得救了。

除了天生聪明之外，司马光还十分勤奋，读起书来也很刻苦。他总是觉得自己的记忆力不够好，于是在学习课文时，总是比别人花的时间多，别人背两遍三遍，他就背五遍六遍。每天离开学堂后，司马光还挤出时间来读书，甚至到了晚上，他也毫不放松，一直读书到很晚，第二天还要早早地起床，晨读一段时间。可是由于晚上睡得太少，司马光总是睡过头，耽误了晨读。"用什么办法可以避免这个问题呢？"他在心里暗暗地问自己。他想让母亲每天早上喊醒自己，但是母亲心疼他，不想让他读书读得这么辛苦，就没有按时地叫醒他。

有一天，司马光在后院看见一段圆木头，他灵机一动，心想："我有办法了！"司马光把圆木头抱回自己的房间，擦干净了，放在床上当枕头。他枕着圆木头睡，身子翻动的时候，圆木头就会滚动，把他惊醒。这样，司马光就不会再睡过头了。后来，他的母亲在床头发现了这根圆木头，正想把它扔掉，司马光急忙拦住说："母亲，千万不要扔，这是我的警枕。"母亲听了他的解释，心疼地说："孩子，用功读书当然好，但是还是应该休息好啊！"司马光回答说："母亲放心，我会注意休息的，不会累坏身体。"

凭着这股勤奋刻苦的韧劲，司马光在十五岁左右，学问就已经很高了。长大后，他当上了宋朝大臣，主编了著名的编年史书《资治通鉴》。《资治通鉴》是我国第一部编年体通史，在史书中占有极其重要的地位。

历代事，全在兹，载治乱，知兴衰。读史书，考实录，通古今，若亲目。

【注释】兹：此，这里。载：记载。考：考证、考察。通：通晓。

【译文】历朝历代所有的大事全部记载在这些史书中。它们记叙了以往朝代的治乱和兴衰。读史书的人，还应当参考历代的实录。这样，历代发生的事就会像亲眼看到那样。

贾谊撰《过秦论》

贾谊是西汉初年著名的政论家、文学家。他出身于书香门第，从小就刻苦学习，博览群书，先秦诸子百家的书籍无所不读。贾谊少年时，跟着博士张苍学习《左传》，十八岁时因为能背诵《诗经》、《尚书》和撰著文章而闻名于河南郡。

河南郡太守吴公听说贾谊是个出类拔萃的人才，就将他招入门下，对他十分赏识。汉文帝继位后，吴公因为政绩出众，被征召为廷尉。吴公面见汉文帝时，向汉文帝举荐了贾谊，汉文帝于是将贾谊召为博士。当时贾谊才二十一岁，是群臣中最年轻的。由于年轻气盛，贾谊极力想显示自己的才华，他也确实学识过人。每当汉文帝提出问题，让博士们议论时，许多老博士一时讲不出什么来，只有贾谊敢想敢说，滔滔不绝，并且有理有据。这让朝中的很多元老都感到自惭形秽。

汉文帝越来越倚重贾谊，一年之中就把他破格提拔为太中大夫。贾谊受到重用，干劲越来越大，他向汉文帝提出了一系列建议，主张进行改革。贾谊认为，汉朝的很多制度都是沿袭秦朝的，而秦朝的制度中有不少都是败俗，应该加以改变。作为论据，他还向汉文帝奉上了一篇在历史上极负盛名的《过秦论》。在文章中，贾谊首先陈述了自秦孝公迄秦始皇，秦国逐渐强大直至统一的史实，然后详细分析了秦朝灭亡的原因，最后总结出一条根本的教训——"仁义不施，而攻守之势异也。"以告诫汉文帝要以秦亡为鉴，避免重蹈覆辙。整篇文章极尽夸张和渲染，气势恢宏，极富感染力，并且见解深刻，鞭辟入里。汉文帝看后，心情激动不已，于是采纳了他的一些建议。

就在这个时期，贾谊的人生几乎达到了颠峰。他一心一意地为实现自己的政治抱负而努力，没有注意到巨大的灾难正慢慢临近。由于贾谊的表现过于出众，对一批元老造成了威胁，并且他所主张的一些改革，还触犯了很大一部分诸侯的利益，这些人于是联合起来，在汉文帝面前进谗言，弹劾贾谊。汉文帝听多了贾谊的坏话，也就渐渐疏远了他。后来，贾谊被贬谪出了朝廷。从此，他郁郁不得志，终于忧郁成疾而死，年仅三十三岁。

汉贾董，及许郑，

皆经师，能述圣。

【注释】贾：贾逵，东汉人，著《国语解诂》等。董：董仲舒，汉朝人，著名学者。许：许慎，东汉人，著《说文解字》。郑：郑玄，东汉人，著《六艺论》。经师：古代教经书的学者。述：记述。

【译文】汉朝的贾逵、董仲舒以及许慎、郑玄，他们都是解释儒家经典学说的大师。

贾逵以舌代耕

东汉时期，有一位著名的经学家，名叫贾逵。他的父亲早逝，母亲既要操持家务，又要为别人缝补浆洗来维持一家人的生活，因此没有时间照料他。幸运的是，贾逵有一个贤惠的姐姐，她经常给贾逵讲古人勤奋好学的故事。那时，贾逵才四岁，他总是安安静静、津津有味地听姐姐讲故事，听完一个，又缠着姐姐再讲一个。可是，姐姐哪有那么多的故事给他讲呢？

有一天，姐姐正带着贾逵玩耍，忽然听到对面学堂里的老先生正在给学生们讲故事。姐姐灵机一动，就带着贾逵悄悄来到学堂旁边，听老先生讲故事。学堂外边有一道篱笆墙，贾逵个子小，姐姐就抱着他，站在篱笆墙外面听。慢慢地，贾逵长大了，姐姐抱不动他了，他就自己拿来板凳，站在上面听，不管刮风下雨，从不间断。夏天，烈日炎炎，贾逵顶着酷暑听讲，热得汗水直流；冬天，大雪纷飞，他又冒着严寒学习，冻得手脚麻木。

贾逵十岁的时候，已经能背诵《六经》了。姐姐问他："我们家穷，从没有请过教书先生，你怎么能把这些古书背诵得一句不漏呢？"贾逵说："我剥下院中桑树的皮，用它当纸来写字，或者把字写在门扇上、屏风上，这样一边念一边记，一年的工夫，经书的文字就全部通晓了。"

贾逵勤学的事情传开后，许多学生前来向他求教，有的甚至跋山涉水，不远万里。贾逵于是一一亲口教授他们经书，学生们给贾逵一些粮食作为学费，这些粮食积累起来都装满了粮仓。有人说："贾逵的粮食不是靠自己种地得到的，而是靠讲经书讲得唇焦口燥得到的。这就是世人说的以舌代耕啊。"

董仲舒三年不窥园

儒学大师董仲舒自幼天资聪颖，少年时酷爱学习，读起书来常常忘记吃饭和睡觉。他的父亲董太公担心儿子累坏了身体，于是决定在宅后修筑一个花园，让他在读书之余能到花园中散散心，歇歇脑子。董太公先是派人到南方学习，看人家的花园是怎样建的，同时准备砖瓦木料。头一年动工，花园里阳光明媚，绿草如茵，鸟语花香。董仲舒的姐姐多次邀董仲舒一起到园中玩耍，但是他手捧竹简，只是摇头，继续背先生布置的《诗经》，读孔子的《春秋》。第二年，花园中又建起了假山。邻居、亲戚的孩子都跑来董仲舒家玩，在假山上爬上爬下。他们叫董仲舒一起玩，可董仲舒头也不抬，继续在竹简上刻写诗文。第三年，花园终于建成了，亲朋好友都携儿带女地前来观看，夸赞董家的花园建得精致。父母叫董仲舒有空去花园逛逛，他只是点点头，然后仍旧埋头学习。中秋节晚上，董仲舒全家都在花园中边吃月饼，边赏月，可就是不见董仲舒的踪影。原来他在家人赏月的时候，又去找先生研讨诗文了。随着年龄的增长，董仲舒的求知欲也越来越强，他遍读了儒家、道家、阴阳家、法家等各家书籍，终于成为了一位令人敬仰的儒学大师。

郑玄求学

郑玄是东汉末年的经学大师，他遍注儒家经典，以毕生精力整理古代文化遗产，使经学进入了一个"小统一时代"。

郑玄的家世本来是比较显赫的，他的远祖郑国是孔子的弟子；八世祖郑崇在西汉哀帝时担任过尚书仆射。然而到郑玄出生时，郑氏家族已经败落了，他的祖父郑明、父亲郑谨都没有做官，只在乡间务农，家中生活也比较贫寒。郑玄自幼天资聪颖，又很喜欢读书。他从小学习算术，到八九岁时已精通加减乘除，不但一般的大人比不过他，即便是读书人，不专门学习算术的也赶不上他。到了十二三岁，郑玄已能诵读和讲述《诗经》、《尚书》、《周易》、《春秋》等儒家经典了，他立志于钻研经学，整天沉湎于书卷中，孜孜以求。有一次，郑玄随母亲到别人家做客。当时客人很多，并且个个衣着华美，夸夸其谈，显得很有地位。唯独郑玄一个人默默地坐在一旁，似乎身份和才学都赶不上人家。他的母亲看见了，感到面上无光，便暗地督促他显露点才华，表现些神气。郑玄听后却不以为然，说这些庸俗的场面并不是自己所看重和追求的。

郑玄三十三岁的时候，已经博览群书，具有了深厚的经学功底，但他自己却毫不满足，反而越学越觉得知识不够用。于是，他通过友人卢植的关系，离开故土，千里迢迢地来到关中，拜扶风（今陕西兴平）的马融为师，以求进一步深造。马融是当时全国最著名的经学大师，学问十分渊博。他的学生有上千人，长年追随在身边的就有四百多人，其中才学优秀的有五十多人。但是马融为人比较矜贵，虽然学生众多，但他只亲自面授少数几位得意门生，其余学生则由这些得意门生转相教授。郑玄投学马融门下后，三年不被马融看重，甚至一直没能当面见到他，只能听他的得意门生讲授。但是郑玄并没有因此而放松学习，仍旧日夜诵习，毫无倦怠。

有一次，马融和他的得意门生们在一起演算浑天（古代一种天文学）问题，遇到了疑难，不能解答。这时候，有人说郑玄精于数学，于是就把他召去相见。郑玄当场就圆满地解决了问题，使马融和在场的人都惊服不已。马融对卢植说："我和你都不如他呀！"自此以后，马融对郑玄十分看重，郑玄便把平时学习中发现的疑难问题一一向马融求教，学问终于更进了一步。

宋周程，张朱陆，
明王氏，皆道学。

【注释】周：周敦颐，北宋人，著有《太极图说》。程：程颢，北宋人，与其弟程颐合称二程。张：张载，北宋人，和二程研究道学，深得要领。朱：朱熹，南宋人，将理学推到顶

峰。陆：陆九渊，南宋人。王：王守仁，明代人，南宋人。道学：就是理学。

【译文】宋代的周敦颐、程颢和程颐兄弟，以及张载、朱熹、陆九渊与明代的王守仁，都是儒家哲学思想大师。

周敦颐爱莲

周敦颐是北宋著名的理学家，他酷爱雅丽端庄、清幽玉洁的莲花。

相传，宋仁宗嘉祐元年（1056年），二十五岁的周敦颐在合州（今重庆合川）做通判。有一次，他奉舅父郑向之命，前去南部拜谒学士蒲宗孟。周敦颐乘舟而上，来到了相如县舟口。相如县的好学之士打听到周敦颐要经过舟口，数十人都集中在岸上等候。大家兴高采烈地将周敦颐接上岸，并请他到下河街的荷花池内休息。这荷花池紧靠在江边，呈椭圆形，周围环建廊榭，栽植垂柳，塘中种植有莲藕。池中有一座小亭，名叫"陶然亭"。周敦颐看到亭上的匾额后，说道："这亭子的名字取得妙极了，想必是取自白居易的'更待菊黄家酿熟，与君一醉乐陶然'吧。"大家听后，会心一笑，前呼后拥地将周敦颐引入池塘水榭中饮茶。

交谈中，周敦颐对大家说："人的爱好不尽一致，比如世上的花有很多种，晋朝的陶渊明偏爱菊花，李唐以来的世人又多爱牡丹。我朝的诗人林逋以梅为妻，终身不仕不娶。而我最爱莲花。你看它处于淤泥之中而不被污染，经过清水洗涤而不显得妖媚。中间通达，外部秀直，没有枝蔓，亭亭玉立，香气清幽，可以远观，而不可随意把玩。这些花就好比人，菊花是隐逸之人，牡丹是富贵之人，梅花是高雅纯洁之人，而莲花则是人中君子。然而，菊花虽好，却幽居独处，孤芳自赏；牡丹虽艳，似富贵荣华，却显得世俗；梅花孤芳高洁，只在岁寒时与松竹为友。唯独莲花，端庄正直，清高不凡，具有君子风范，生活在世俗而不为世俗所污。

周敦颐在舟口以荷花为伴，过得很是开心，逗留了三天才离开。后人为了纪念他，在舟口下河街的荷花池旁，新修了一座濂溪祠（周敦颐以"濂溪"为号），并把这里叫作"周子讲学处"，后来又被改为"周子镇"。

程门立雪

程颐是宋代有名的博学之士，他与哥哥程颢一起创立了"洛学"，为理学的创立奠定了基础。

当时有个人名叫杨时，他从小就聪明伶俐，四岁时就入学堂读书，七八岁时能够写诗作赋，很快就在乡里闻名，被当地人称作是神童。后来，杨时考上了进士，但他仍觉得自己的学识不够，便辞去官职，拜了程颢为师。在程颢的教导下，杨时的学问有了很大长进。但是后来，程颢去世了，杨时十分悲痛，他觉得自己从师的时间太短，还没有学到家，于是就和好友游酢商量，去洛阳拜程颢的弟弟程颐为师。当时，杨时已经四十岁了。

初入师门不久后的一天，杨时和游酢对某个问题的看法发生了分歧，两人反复争论也没能分辨清楚。于是，为了求得一个正确答案，他俩决定一起去向老师程颐请教。当时正是深冬季节，大雪纷飞，天寒地冻。他们行至半途，朔风凛凛，冷飕飕的寒风灌进他们的领口，他们也顾不上去理会，只是将衣服裹得紧紧的，依旧匆匆赶路。当他们到达程颐家时，恰好程颐正在休息，已经睡着了。杨时和游酢不忍心打扰老师，就恭恭敬敬地站在门外，等候老师醒来。谁知雪越下越大，不一会儿工夫，房屋就披上了洁白的素装。杨时二人的脚都冻僵了，冷得发抖，但依然恭敬地站在门外。

过了很久，程颐一觉醒来，从窗口望去，惊奇地发现自己家门口多了两根柱子。等他走出去仔细一看，才知道是站在风雪中的杨时和游酢，那时他们全身都被大雪覆盖，脚下的积雪已有一尺多厚了。程颐见此情形，赶忙把他们迎进屋。程颐得知他们是专程前来请教后，不禁被他们求学的诚意深深打动了。

朱熹写"桃"

相传，在福建省尤溪县城，有一个叫"半亩方塘"的地方，这里桃红柳绿，景色宜人。桃柳丛中有一座小楼，一代理学大儒朱熹的童年就是在这里度过的。朱熹小时候很调皮，有一年春天，正值桃花盛开，朱熹的父亲要求他抄写唐诗："桃花潭水深千尺，不及汪伦送我情。"朱熹则有点儿心不在焉了，他想：外面的桃花开得多好啊，我坐在这里写桃花，还不如出去看桃花呢。于是他草草地抄完诗，交给父亲检查，想着早点出去玩。但是，由于他抄得太快，一不留神，把"桃花"的"桃"字写成了"挑"字。父亲发现后，并没有责罚朱熹，而是很严肃地对他说："你的心态端正了，写的字自然就正了；如果心不正，写的字就是歪的。"朱熹听后非常羞愧，便自己把这个"桃"字重新抄写了一千遍。此时，窗外突然雷声大作，风雨交加，把满院子的桃花都打落了，而朱熹专心致志地写字，丝毫没有察觉到外面的大风大雨。等到朱熹写完了一千遍"桃"字，送给父亲看时，窗外已经阳光明媚了，原先花瓣落了一地的桃树又重新盛开出许多桃花来。

从此以后，朱熹认真学习，心无旁骛，终于成为了一代理学大师。

王阳明劝禅

王守仁是明代的一位大儒，自号阳明子，世称阳明先生，因此又称王阳明。他出生于书香门第，远祖是东晋著名的大书法家王羲之，父亲王华曾经科考夺魁，官至南京吏部尚书。

王阳明从小就很聪明，也很有志向。十一二岁的时候，他在京师念书。有一次，他问老师："什么是天下第一等的事？"老师回答说："读书获取科举名第是天下第一等的事。"王阳明听后，却摇头说："第一等事恐怕不是读书登第，应该是读书学做圣贤。"

成年以后，王阳明潜心学习，对儒家、道家、佛家思想都很有研究。有一次，王阳明巡游到了杭州，听人说这里的一所寺庙中有一位禅师长期参佛，修行高深，而且已经悟透生死，看破红尘。于是王阳明特意去拜会了这位禅师，希望能得到点化。然而结果却让他很失望：经过一番交谈，他发现这位禅师并没有什么特别，只是与他谈论一些他早已熟知的佛经禅理。王阳明慢慢地失去了兴趣，而禅师也渐渐无言，双方陷入了沉默。经过了一段漫长的沉默，王阳明突然有了一个念头，他开口发问，打破了沉寂："有家吗？"禅师睁开了眼睛，答："有。""家中尚有何人？""母亲尚在。""想她吗？"这个问题并没有立刻得到回应，空荡荡的庙堂又恢复了寂静。良久之后，一声感叹响起："怎能不想啊！"然后，禅师缓缓地低下了头。在他看来，自己的这个回答并不符合出家人的身份。王阳明于是站了起来，严肃地说道："想念自己的母亲，没有什么好羞愧的，这是人的本性啊！"禅师听了这句话，没有回应，却默默地流下了眼泪。他庄重地向王阳明行礼，告辞而去。第二天，这位禅师就收拾了行装，舍弃了出家人的身份，还俗回家去探望自己的母亲了。

寺庙的主持怎么也没有想到，这个上门求佛的人竟然把庙里的禅师劝回了家，于是连忙把王阳明请出了庙门。王阳明并没有生气，反而因为这件事，领悟了一条真理：无论何时何地，人性都不会泯灭。朱熹所讲的"存天理，灭人欲"恐怕是不对的。后来，王阳明从这一点出发，继续研究，提出了"天理即是人欲"的思想，也就是与程朱理学相抗衡的著名的"心学"。

屈原赋，本风人。逮邹枚，暨卿云。

【注释】风人：即诗人，作诗要察民风。逮：及，以及。邹：邹阳，西汉文学家。 枚：枚乘，西汉辞赋家。 卿：司马相如，西汉辞赋家。 云：扬雄，西汉辞赋家、语言学家。

【译文】春秋时期，楚国的屈原是辞赋作家。到汉代，则有邹阳、枚乘、司马相如和扬雄等大作家。

沉江汨罗

战国末期，秦国国力强盛，对楚国虎视眈眈。楚怀王任用屈原为三闾大夫，选贤举能，推进政治改革，使楚国的国力日益增强。然而，屈原生性耿直，不愿意和朝庭的贪官同流合污，因而受到他们的排挤。屈原劝谏楚怀王与齐国联盟，共同抵抗秦国。但是一大批奸臣却向楚怀王进谗言，诋毁屈原。结果楚怀王听信了谗言，疏远屈原，并放弃了联齐抗秦的政策，与秦国订立黄棘之盟。屈原知道后极力反对，结果遭到了流放。在流放生涯中，屈原始终牵挂着楚国的百姓，常常一边走，一边吟唱着楚国的诗歌，以表达自己的一颗爱国之心。

时过不久，秦国背信弃义，撕毁了盟约。楚怀王大怒，与秦国开战，但都以失败告终。秦国占领了楚国大片土地。楚怀王这才醒悟，再次启用屈原，派他出使齐国，与齐国结盟。秦国得知后，立即派出使者张仪出使楚国，昏庸的楚怀王又一次被张仪的花言巧语所迷惑，不计前嫌地与秦国修好。楚怀王死后，楚顷襄王继位。公元前293年，秦国起兵讨伐楚国，楚顷襄王十分害怕，与秦国讲和。屈原痛心疾首地写下诗歌，谴责君主近奸而远忠，才使楚国落得如此下场，结果被楚顷襄王再次流放。

一天，屈原来到湘江边。一个渔夫见到他，惊讶地问："你不就是屈大夫吗，怎么会出现在这里呢？"屈原叹息着说："如今的朝廷就像这泛滥的江水一样浑浊，而我依然像山泉一样清澈见底，已经没有我的容身之处了。"渔夫明白了屈原的意思，故意说："江水浑浊，你为什么不搅动一下泥沙，让山泉之水也浑浊了呢？何苦洁身自好，落得如此下场啊！"屈原说："我听说，一个人洗头后戴帽子，总是先要弹去帽上的灰尘；洗澡后穿衣服，先要把衣服抖直。我本来是洁净的身躯，怎么可以拿脏物来污染呢。"渔夫听了这番话，对屈原这种正直而又高尚的品格十分敬佩，只得划着船离开了。

不久，楚国国都郢被秦军攻破，楚顷襄王被逼迁都到陈。屈原痛感国家沦亡，于是来到汨罗江边，抱着一块大石投江自尽了。

邹阳狱中上书

西汉时，有一个以文辩知名的人，名叫邹阳。汉景帝时，邹阳与枚乘等人依附于吴王刘濞。后来，吴王想要起兵反叛中央政权，邹阳多次上书劝阻，但是吴王就是不听。邹阳没有办法，只得离开吴王，投奔了梁孝王刘武。结果在梁孝王那里，邹阳又遭一些人的谗言陷害，被捕入狱。

在狱中，邹阳写了一封《狱中上梁王书》，申诉自己的冤屈。书信中说："自古以来，因忠诚而被怀疑、因贤能而受诽谤的人很多。荆轲为燕太子丹报仇，去刺秦王。出发时，出现了白虹贯日的现象；秦将白起攻破赵国的长平之后，派卫先生见秦昭王，请求增兵，打算一举灭赵时，出现了太白食昴的天象。这是因为荆轲和卫先生的忠心感动了天地，使天象发生了变化。可他们的忠心却不被太子丹和秦昭王所了解，反而对他们起了疑心。卞和得到了一块宝玉，两次献给楚王，楚王都误认为是石头，竟将卞和的双脚给砍断了。秦始皇任用李斯为相，统一了天下，但到了秦二世胡亥时，李斯却遭受酷刑而死。殷纣王的叔父胥余，因进谏被囚，只好假装发疯；春秋楚国时的接舆怕遭毒手，被迫隐居避世……古谚语说得好，不相知的人，虽然相处到头发白了，仍然好像是陌生人；相知的人，即使是只相处一小段时间，也和老朋友一样。这是为什么呢？关键在于对人了解还是不了解。……历史上不少成就大事的，就是臣忠于君，君信任臣，君臣之间肝胆相照。希望大王能够明察。"

梁孝王接到邹阳的奏书以后，很受感动，于是将他释放，并待为上客。后来，人们就用"白头如新"这个词语来形容两个互不了解的人，即使相处了很久，也仍然和刚刚相识时一样。

千古"凤求凰"

西汉时期的司马相如，年少时即精通骑射剑术，尤其文思敏捷，做得一手好辞赋，被称为是文武全才。后来，司马相如被汉景帝封为了"武骑常侍"，但是由于汉景帝不好辞赋，司马相如感到英雄无用武之地，于是不久便告病辞官，投奔了临邛县的县令王吉。

临邛县有一个叫作卓王孙的大商人，十分富有，他膝下只有一个女儿，叫作卓文君。这卓文君容貌秀丽，并且精通琴棋书画、诗词歌赋，是一位远近闻名的才女。有一次，卓王孙在家中摆宴席，款待县令王吉，司马相如也被一同请去。司马相如早就听说卓王孙的女儿美貌非凡，而且很有文采，今日一见，果然名不虚传，于是顿生爱慕之心。席间，司马相如故意弹琴唱道："凤兮凤兮归故乡，游遨四海求其凰。有艳淑女在闺房，室迩人遐毒我肠。何缘交颈为鸳鸯，胡颉颃兮共翱翔！"（后人将其取名为《凤求凰》。）司马相如的魅力令满座宾客都暗暗为之倾倒。这卓文君也久仰司马相如的大名，听过这曲《凤求凰》后，心中明白了曲中的深意，不禁脸颊绯红。宴会之后，司马相如贿赂卓文君的侍女，两人在亭后相会，一见倾心，于是约定终生。卓文君在兴奋之余，马上想到父亲也许不会同意这门亲事，于是偷偷收拾行装，与司马相如私奔到了成都。

司马相如和卓文君来到成都后，过了一段窘迫的日子。原本锦衣玉食的千金小姐为了生计，每日在街市上卖酒。这消息传到了卓王孙耳中，卓王孙十分顾忌脸面，只好将新婿和爱女接回，两人终成眷属。

韩与柳，并文雄。

李若杜，为诗宗。

【注释】文雄：出类拔萃的文学家。

【译文】唐朝时的韩愈和柳宗元，都是当时文坛上的雄才。李白和杜甫，则是诗坛上的宗师。

韩愈不罪贾岛

韩愈出身于书香门第，他的父亲博学多才，可惜在韩愈三岁的时候就去世了。从此，韩愈由长兄韩会抚养。韩愈十岁那年，韩会被贬官到广东韶关一带做刺史，韩愈也随着一同南迁。从京城长安到广东韶关，遥遥三千里。韩会领着韩愈跋山涉水，风餐露宿，沿途还给他讲了许多古人勤奋学习、忠心报国的故事，希望他早日长大成才，重振家业。早年的不幸遭遇磨炼了韩愈的意志，他刻苦学习，每天三更就起床读书，无论吃饭、睡觉，手里都不离开书本。他先后读了《论语》、《孟子》、《尚书》、《诗经》等书，并且还熟读了诸子百家的文章。十九岁时，韩愈来到了长安，并得到了当时著名的散文家梁肃的指点。在梁肃的教导下，韩愈的古文水平很快得到了提高。二十四岁时，韩愈考中了进士，走上了仕途。

传说有一天，长安来了一个赶考的书生，名叫贾岛。他是个出了名的"苦吟派"，常常为了一句诗或是诗中的一个词，费尽心血，等到诗成之后，自己都激动得热泪横流。有一回，贾岛骑着毛驴在街上走，心中忽然想到一句诗"鸟宿池中树，僧推月下门。"可是又一想：后一句中是用"推"好呢，还是用"敲"好呢？他拿不定主意了，一会用手做推的姿势，一会用手做敲的姿势，就这么不知不觉迎头闯进了韩愈的仪仗中。韩愈的卫士大喝一声，将贾岛拖下毛驴，带到韩愈马前。韩愈问他为什么不回避，贾岛回答说："我忽然想到了一句诗，斟酌不定，因此忘记了回避。"韩愈一听，说道："你说来我听听。"贾岛念道："'鸟宿池中树，僧推月下门。'不知道究竟是'推'好，还是'敲'好。"韩愈沉思了片刻，说："还是'敲'字好。'敲'字发出了声音，诗句就有了动感。"

说完，韩愈就请贾岛暂留在自己府中，和他共同探讨关于诗歌的学问。两个人最终成为好朋友，"推敲"的故事也成为了流传千古的佳话。

柳宗元代书

柳宗元是唐代著名的文学家、哲学家。他与韩愈一起倡导的古文运动对当时和后代散文发展产生了深远的影响。

柳宗元所取得的巨大成就是他从小在良好的家庭教育下刻苦学习的结果。柳宗元的父亲柳镇为官清廉，学识渊博，母亲卢氏知书达礼。天资聪颖的柳宗元在四五岁时，每天吃过早饭就跟着母亲读古诗赋、认字、写字、抄写诗文，到了七八岁时，就已经能背出不少诗文名篇，还能写出很不错的短小诗文了。柳宗元十二三岁时，随父亲调任迁至湖北、广西一带，沿途游览了夏口（今湖北汉口）、长沙等历史名城，广泛地接触社会，目睹了社会时弊以及战乱给百姓带来的深重灾难，他因此立下了革除弊政、振兴国家的鸿鹄大志，决心要像古代杰出人物那样建功立业。

为了实现理想，柳宗元更加刻苦地博览群书，特别是对秦汉时期的经史著作，反复研读，批判地吸收，不断丰富自己的思想。有一天，一位姓崔的御史中丞亲自前来拜见柳宗元，周围的人大为惊奇。原来这位崔御史也是无事不登三宝殿，他是想请柳宗元代他写上奏皇帝的奏章的。事情还得从头说起：这一年的八月，阴谋叛变的李怀光被官军讨平了，崔御史想上表向皇帝祝贺，他听说柳宗元是一位少年才子，所以特地来请他代写。柳宗元听说后，略作沉吟，便提笔疾书，一气呵成地写出了《为崔中丞贺平李怀光表》。这篇文章观点鲜明，文笔流畅，而且气势磅礴，鞭辟入理。后来它的手抄本被文人学士们争相传抄，少年才俊柳宗元的名字一下子轰动了朝野，传遍了京城长安。

李白戏国舅

诗仙李白进入了翰林院后，原以为可以施展自己的才干，为国出力了，但不久他就发现自己只是得了个闲职，根本没有用武之地，因此心中颇为不满。

有一天，皇宫中举行宴会，唐玄宗召集了李白等一批翰林学士前去吟诗助兴，其他人都喜笑颜开地抢着吟颂，唯独李白缄默无语。杨贵妃的哥哥杨国忠见李白一脸傲气，便当着众人不怀好意地说："昔日曹植七步成诗，当今李翰林号称'诗仙'，如果也能在七步之内作出诗来，我杨国忠佩服得五体投地。"李白一听，便明白了杨国忠的用意，他哈哈一笑，说："当年曹植七步成诗，那是他哥哥曹丕所逼。我李白没有丝毫争权夺利的想法，如果让我像曹植那样七步成诗，岂不是对皇上不敬吗？"杨国忠听罢，无言以对。唐玄宗则在一旁打起了圆场："李爱卿，国舅这是在和你开玩笑，你不必过虑。"李白说："国舅要我七步作诗也不难，不过，诗不能白作，我要和他赌上千金！"杨国忠一心想让李白当众出丑，他恃宠而骄，满不在乎地说："只要李翰林能在七步之内将我的题目作成诗，我就输半帑金银给他，天子面前无戏言！""那好，就请国舅出题吧！"李白不慌不忙地说。杨国忠随口说："就以'天子面前无戏言'为起句，请吧！"杨国忠话音刚落，李白就起步吟道：

天子面前无戏言，半帑金银重如山。

国舅不会点金术，何来家私万万千？

一首七言诗吟完，李白才迈出三步半，在场的人齐声喝彩。紧接着，李白又向前迈步，吟咏道：

李白出身最微寒，家徒四壁少吃穿。

赢得国舅不赊欠，天子面前无戏言！

这首诗吟完，李白恰好迈出七步。李白七步成两诗，令杨国忠始料不及，而且这两首诗一首揭自己的老底，一首竟是向自己讨赌账的，弄得杨国忠窘迫不已。众人见不可一世的杨国忠被李白戏弄，无不暗自称快。

杜甫写"诗史"

杜甫出生在官宦世家，他的祖父在朝廷做官，父亲曾任司马。杜甫从小就志向远大，最崇拜的是远祖杜预，他是晋代的名将，多才善战，还曾经注解过《左传》。杜甫的母亲很早就去世了，他从小被寄养在姑母家，姑母不仅照顾他生活，还教他读书识字。杜甫七岁时开始作诗，成年以后，他游历了许多名山大川，写了不少优秀的诗篇。三十几岁的时候，杜甫在洛阳遇见了李白。杜甫比李白小十一岁，两人的性格也不一样，但是共同的志趣和爱好使他们成为了亲密好友。不久之后，杜甫进京赶考，可是正赶上权奸李林甫掌权，李林甫最忌恨读书人，他怕这些来自下层的读书人将来当了官，对他的地位不利，于是勾结考官，打压人才。杜甫在长安过着贫穷愁苦的生活，亲眼看到权贵的豪华奢侈和穷人受冻挨饿的凄惨情景，按捺不住心中的愤慨，写下了"朱门酒肉臭，路有冻死骨"的不朽诗句。

杜甫在长安逗留了十年，朝廷刚封了他一个官职，安史之乱就爆发了。长安一带的百姓纷纷逃难，杜甫也挤在难民的行列中，吃尽了苦头。后来，杜甫打听到唐肃宗已经到了凤翔（今陕西凤翔），就赶到凤翔去见唐肃宗。那个时候，杜甫已经穷得连一身像样的衣服都没有了，他身披一件露出手肘的破大褂，脚上穿一双旧麻鞋。唐肃宗见杜甫长途跋涉来投奔朝廷，就封了他一个左拾遗的官职，可是却没有重用他的意思。唐军收复长安以后，杜甫被派往华州（今陕西华县）任职。那时候，长安虽然被收复了，但是叛军的余部还在为祸，朝廷于是到处抓壮丁补充兵力。有一天，杜甫经过石壕村（今河南陕县），见天色已晚，便借宿在一户穷苦人家，接待他的是一位老婆婆。半夜里，他忽然听到一阵急促的敲门声，原来是官府派来抓壮丁的差役，他们厉声吆喝着，问老婆婆说："家里的男人哪里去了？"老婆婆带着哭腔说："我三个孩子都打仗去了，两个已经死在战场上了。家里只剩下一个儿媳和吃奶的孙儿。"差役任凭老婆婆讲了许多哀求的话也不肯罢休，最后老婆婆没有办法，只好自己跟差役走，到军营去做苦役。

杜甫亲身经历了这种凄惨的情景，心里久久不能平静，后来他把这件事写成了诗歌，名为《石壕吏》。由于杜甫的诗歌大多是描写安史之乱中百姓的苦难的，反映了唐王朝从兴盛到衰落的过程，所以人们又把他的诗篇称作"诗史"。

凡学者，宜兼通，翼圣教，振民风。

【注释】翼：辅助。圣教：圣贤的教诲，这里指的是儒家思想。振：振兴。
【译文】凡是读书的人，经、史、子、集都应该学习，用儒家的思想来振兴民风。

夜不闭户，道不拾遗

战国时期，卫国有一位贵族公子叫作公孙鞅（即商鞅），他很有才干，一心想有一番作为，但是却一直得不到卫国国君的重用。后来，他听说秦国的秦孝公即位，并下了一道招纳人才的诏令："不论是秦国人还是外来的客人，只要能使秦国富强起来，就封他做大官。"于是，商鞅就来到了秦国。在秦国，商鞅很快就得到了秦孝公的赏识，开始实行变法改革。

然而，变法开展得很不顺利，很多百姓对新的法令都抱着怀疑的态度。于是商鞅想到了一个办法。他叫人在都城的南门竖了一根三丈高的木头，并下令说："谁把这根木头扛到北门去，就赏十金。"不一会儿，南门口就聚集了一大堆人，大家议论纷纷，都以为商鞅是在成心开玩笑，因而没有一个人前来应征。商鞅见百姓不相信他，就把赏金提到了五十金。尽管赏金越来越高，看热闹的人也越来越多，但就是没有人去扛木头。后来，人群中终于有一个人站了出来，把木头扛到了北门，商鞅立刻赏给这人五十金。事情一传开，立刻引起了轰动，百姓们开始相信商鞅的新法令了。

不久以后，商鞅在南门贴出了规定：废除封建贵族的特权，法律面前人人平等；奖励耕织，减免徭役，等等。通过这次变法，秦国百姓的生产积极性极大地提高了，农业生产有了很大发展，社会安定和谐，百姓们也安居乐业，民风变得十分淳朴，即使晚上睡觉不关门，也不会受到强盗、盗贼的侵扰；即使将财物遗失在大道上，也不用担心有人捡走。

文韬武略话曹操

曹操是东汉末年杰出的政治家、诗人，他一生战功赫赫，诗文无数，可以称得上是一位文武全才。

曹操出生于一个显赫的官宦之家，他年轻时就显露出聪明机警，能够随机应变的过人之处，但是行为放荡不羁，任性好侠，所以很多人都不认为他将来会有什么大的作为。只有梁国的陈玄和南阳的何颙认为曹操与众不同，有治世之才。

东汉末年，爆发了黄巾起义。曹操乘董卓作乱的时机，变卖了家产，招兵买马，发展自身势力。他将躲在洛阳避难的汉献帝接到许城（今河南许昌），挟天子以令诸侯，逐渐成为了一股强大的割据势力。200年，曹操率兵与袁绍沿黄河下游，形成了南北对峙的局面。当时，袁绍号称精兵十万，战马万匹，力量远远胜过曹操。曹操的许多部下都认为袁军不可敌，但是曹操却根据他对袁绍的了解，认为袁绍志大才疏，并且刚愎自用，兵多而指挥不明，将骄而政令不一，于是决定采取集中兵力、扼守要隘、重点设防、后发制人的战略布局，结果在官渡大败袁军，在我国历史上留下了一个以弱胜强的生动战例。

除了武功卓绝之外，曹操在文学、书法、音乐等方面都有深湛的修养。他酷爱读书，即使在行军打仗的间隙，也手不释卷。曹操的诗歌和散文以感情深挚、气韵沉雄取胜，情调慷慨悲凉，因而也被后人列为"建安七子"之一。

【注释】诵：大声朗读。惟：思维、想。斯：这、这些。

【译文】要想把书学好，就必须做到口中吟诵，心中思考，从早到晚都要一门心思放在学习上。

黄庭坚挑灯背《春秋》

黄庭坚是北宋著名的诗人、词人、书法家。他自幼聪慧，五岁的时候已经能熟背五经。有一天，黄庭坚问老师："别人都说六经，为什么我只读到五经？"老师摸着他的头说："你还小，《春秋》太难懂了，就算了吧。"黄庭坚不以为然地说："既然是经典，那我就要读。"于是他自己找来一本《春秋》，大声诵读起来。

天渐渐黑了，黄庭坚点起灯来高声诵读，直到夜深人静，还不肯去歇息。家里人担心他的身体，硬是熄掉了灯，要他上床睡觉。可黄庭坚心里总是想着《春秋》，怎么也睡不着。他趁家人睡熟后，又爬下床来，悄悄用被单把窗子蒙上，点起灯小声诵读起来。有一次，黄庭坚的母亲恰巧从窗前经过，发现被单后面透出微弱的亮光，仔细一听又听见了隐隐约约的读书声，她知道黄庭坚还在挑灯夜读。母亲很担心儿子的身体，于是推门进去，催他上床睡觉，临走的时候把灯也拿走了，走出门口的时候，还特意在门后呆了一阵，直到听见黄庭坚的鼾声才轻步离开。其实黄庭坚并没有真睡着，母亲走后，他又悄悄爬下床，摸到书桌下，拿出事先藏好的另一盏灯。这回他吸取了教训，把灯放在书桌底下，人也钻到桌子底下，然后点灯，摇头晃脑地轻声读到了天亮。

就这样，十天后，黄庭坚把《春秋》背给老师听，竟然一字不漏。老师大为吃惊，连声夸道："神童！神童！"从此格外专心地教导黄庭坚。

顾炎武自督读书

顾炎武是明末清初有名的大学问家。他原本出身于江南大族，但是由于家庭变故，从小就被寄养在了叔叔家。叔叔、婶婶对顾炎武很好，但不幸的是，叔叔不久就去世了，顾炎武由婶婶抚养成人。婶婶出身书香门第，喜欢读书，很有学问。为了教育顾炎武，她经常给顾炎武讲历史故事，教他读书识字。聪明的顾炎武在婶婶的悉心教育下，学到了不少知识，因而受到了邻居的夸奖，这让他不禁有些骄傲起来了。婶婶知道后，就让顾炎武背诵宋朝刘基写的《卖柑者言》。顾炎武背完后，婶婶问他："你知道这篇文章写的是什么意思吗？"顾炎武回答说："文章揭露了某些人'金玉其外，败絮其中'，华而不实。"婶婶听后，意味深长地说："如果一个人刚刚有了一点进步就骄傲自满，满足于一知半解，这和'金玉其外，败絮其中'又有什么区别呢？"顾炎武惭愧地低下了头，从此，他变得谦虚谨慎，勤勤恳恳起来。

顾炎武读书十分用功，读的书也特别多，不仅涉及历史、文学、天文、地理，还涉及农田水利、矿产、交通等许多方面。顾炎武读书有一套自己的方法——"自督读书"，即给自己规定每天必须读完的卷数，并限定自己每天读完后把所读的书抄写一遍。除此之外，他还要求自己每读一本书都要做笔记，写下心得体会。最后，在每年的春秋两季，顾炎武还要温习前半年读过的书籍，边默诵，边请人朗读，发现差异，立刻查对。就这样日积月累，顾炎武的学问越来越渊博，终于成为了一代大师。他与王夫之、黄宗羲被后人并称为"清初三先生"。

昔仲尼，师项橐。
古圣贤，尚勤学。

【注释】仲尼：孔子。师：动词，拜师。项橐：春秋时鲁国人，七岁成为孔子的老师，十一岁死亡，人称"小儿神"。

【译文】春秋时期的孔子，曾经拜七岁的项橐为师。古代的圣人都如此好学，我们更应该努力。

项橐三难孔子

项橐是春秋时期的神童。相传，有一次孔子与弟子们东游，当车马行至齐地的时候，大道上有几个孩子正在用石子垒城玩耍，挡住了去路。孔子的徒弟子路于是停下车，大声喝道："闪开！闪开！"其他的孩子都跑开了，只有项橐若无其事，照玩不误。孔子走下车问道："你这小孩子怎么不让路？"项橐抬头便说："前方是城，是城躲马呢，还是马躲城呢？"孔子的弟子们都哑口无言。孔子笑道："好聪明的孩子！请问你叫什么名字，几岁了？"项橐答道："我叫项橐，七岁。请教您是哪一位？"孔子回答："我是鲁国孔丘。"项橐大惊："原来您就是鼎鼎大名的孔子！那么我请教您三个问题，答出来，我就让路；答不出来，就请绕城而过。"孔子觉得这个孩子很有意思，就答应了他。

项橐问："请问，天上有多少星辰，地上有多少五谷，人有多少根眉毛？"孔子想了一会，摇头说："我不知道。"项橐得意地说："我来告诉你，天上有一夜星辰，地上有一茬五谷，人有黑白两根眉毛。"项橐再问："请问，什么水没有鱼，什么火没有烟，什么树没有叶，什么花没有枝？"孔子又摇了摇头，项橐晃着脑袋说："井水没鱼，萤火没烟，枯树没叶，雪花没枝。"项橐又问："什么山上无石，什么车子无轮，什么牛无犊，什么马无驹，什么男人没有妻子，什么女人没有丈夫？"孔子还是摇了摇头，项橐笑着说："土山无石，轿车无轮，泥牛无犊，木马无驹，神仙无妻，仙女无夫。"孔子心中实在敬佩项橐，于是向项橐行礼，拜他为师。

孔子求教

公元前521年，孔子的学生南宫敬叔奉鲁国国君之命，要去周朝国都洛阳朝拜天子。孔子觉得这是个向周朝守藏史老子请教学识的好机会，于是，就去向鲁昭公申请，希望能够与南宫敬叔一同前去，获得了鲁国国君的批准。

在到达洛阳后的第二天，孔子一路步行，前往守藏史府去拜望老子。当时老子正在写《道德经》，听说闻名天下的孔子到他府上请教，赶紧放下手中的笔，整理好自己的衣服出去迎接。当孔子到达门口时，看见老子早已经在那里等候。孔子赶紧走上前去，恭恭敬敬地向老子行弟子礼。老子将孔子带进府中，进入大厅后，孔子再拜后才坐下来。老子问孔子到他家里有什么事，孔子离开座位，鞠躬回答道："我现在学问还很肤浅，对古代的'礼制'一无所知，今天是专程过来向老师您请教的。"老子见孔子这样诚恳，就详细地告知了自己的见解。

孔子回鲁国后，他的学生们请他讲解老子的学问。孔子说："老子博古通今，知道礼乐的起源，明白做人的道理，真的是一位好老师。"他还打比方赞美老子，说："我知道鸟儿能飞，鱼儿会游，野兽善跑。我可以用箭矢射下鸟儿，用丝条缚在鱼钩上钓到鱼儿，结网逮住野兽。至于龙，我就不知道它是如何乘风云而飞上天的。而老子，他就像一条飞龙。"孔子在当时已经非常受人敬仰了，然而在老子这位老师前，他却依然表现得十分谦恭。

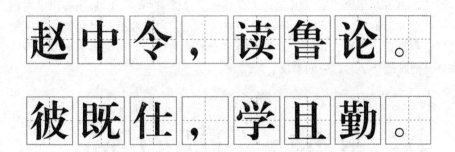

赵中令，读鲁论。
彼既仕，学且勤。

【注释】赵中令：赵普。鲁论：书名，即《论语》。仕：做官。

【译文】北宋初期的赵普，最喜欢读《鲁论》这本书。他虽然当上了中书令，可还是依然勤奋学习。

半部《论语》治天下

赵普是北宋时著名的政治家，他足智多谋，早年曾经是赵匡胤军中的幕僚，任掌书记。959年，身为后周禁军统帅的赵匡胤带领部队来到了汴京东北四十里的陈桥驿。当时军中有人议论："继位的周恭帝才七岁，朝中政局不稳，我们为周恭帝拼命不值得，不如拥立其他人为天子。"赵普知道后，审时度势，果断地带领军官拥入赵匡胤的军帐，将黄袍披在赵匡胤身上，拥立赵匡胤为皇帝，这就是历史上著名的"陈桥兵变"。

赵匡胤登基后，赵普因拥立有功，被任命为枢密使、中书令，后来又升为宰相。然而，赵普虽然政治才能很突出，但是他本人的学问却十分有限，做了宰相后，连皇帝也常常劝他多读些书。为了更好地辅佐皇帝，赵普开始潜心研究学问，他白天在朝中处理政事，晚上回家就关上门，打开书箱拿出书，整夜整夜地读。随着学问的增长，赵普感到处理起政事来也越来越得心应手了。赵匡胤与其弟曾于雪夜访赵普，赵普燃炭烧肉置酒加以款待。赵匡胤称赵普的妻子为嫂子。君臣商讨用兵问题，气氛十分融洽。

到了晚年，赵普最爱读的就是《鲁论》（即《论语》）了。有一次，皇帝问他为什么特别偏爱《鲁论》，他回答说："齐家、治国、平天下的道理都在《鲁论》中，我的平生所学都没有跳出这个范围。从前我靠着一半《鲁论》，辅佐皇上夺得了天下；如今，我想凭它的另一半辅佐皇上治理天下。"

赵普死后，家里人将他生前珍藏的一口大木箱打开，里面原来只有一本《鲁论》而已。

刮目相看

吕蒙是三国时期吴国的一员大将。然而，吕蒙虽然武功卓绝，但却目不识丁。有一次，孙权在召见他时说："从前你作为一个兵士，不读书倒没什么，可是现在你作为一个将军，就不能不读书了。"吕蒙回答道："军务繁忙，我抽不出时间读书。"孙权说："难道你比我还忙吗？你要学会挤时间读书学习。汉光武帝刘秀在行军打仗之际经常手不释卷，向古人学习，他的许多治国方略，就是从那里取得的。我不要求你将来成为一个才高八斗的学问家，只是希望你能从书中了解一些军事知识和行军布阵的基本方略，这些基本要求对你来说是非常重要的呀！"吕蒙听后非常惭愧，认识到自身的不足。从此，他发愤读书，除《孙子》、《六韬》等军事著作外，还读了《左传》等。

出身江左豪门的吴国名将鲁肃一直不把吕蒙放在眼里，认为他不过是一介武夫。有一次，鲁肃巡视军务，正好经过吕蒙管辖的防区，就顺便去看望他。鲁肃从吕蒙的言谈举止中发现他变得有学问了，由古今历史谈到三国鼎立，有板有眼，侃侃而谈，而且还提出了富国强兵的创造性建议。鲁肃大为吃惊，赞叹地拍着吕蒙的肩膀道："你已经不是当年的吴下阿蒙了！"吕蒙笑答："士别三日，当刮目相看，你我已经多年不曾见过面，不能再以老眼光看我啦！"鲁肃点头称是，彻底改变了对吕蒙的看法。

【注释】披：披开。蒲：蒲草。且：尚且、还，表示转折。

【译文】西汉时期的路温舒将蒲草编成本子，在上面抄书学习。同时代的公孙弘用削成片的竹子当作简。他们虽然都没有书，但是却知道勤奋学习。

路温舒编蒲草

西汉时的路温舒自幼聪明好学，但他出身贫农，家里穷得连饭都吃不饱，更没有钱供他上学读书。路温舒小小年纪就要放牛割草，帮助大人干农活。每天，他看着有钱人家的孩子到学堂去读书，心里非常羡慕。

这天，路温舒去割草，不知不觉地来到了学堂边。他看到学堂没有院墙，心中大喜，便悄悄躲在窗外偷听老师讲课。他用心地听，半天下来，竟学会了十几个字，这使他欣喜若狂。从此以后，路温舒每天都躲在窗外偷听。有一天，老师发现了路温舒，仔细询问之后才知道他因为家贫上不起学。老师被路温舒好学的精神感动了，允许他随时过来听课。

几年以后，路温舒的学业大有长进，他把老师的教材都读完了，又到邻村去借书看。每借一卷，路温舒都高兴得手舞足蹈，还书时又恋恋不舍。他想：要是能把这些书抄下来该多好！可是家里穷，买不起抄书的竹简，这该怎么办呢？一天，路温舒来河边放牛，他注意到池塘边上长的蒲草很茂盛，突然眼前一亮：把蒲草晒干，不就可以在上面写字了吗？路温舒当即割了许多蒲草，就地晾晒，然后把它们截成与竹简一样的尺寸，并编联在一起，最后将文字工工整整地抄到上面。有了蒲编书，路温舒就可以一边放羊，一边读书了。

几年以后，路温舒抄完了四书、五经、五典、九丘……，抄写的蒲草装满了一屋子，他也成了一个满腹经纶的年青学子。后来，路温舒被任命为临淮太守，成为了西汉著名的司法官。

公孙弘削竹简

公孙弘是汉武帝时期著名的大学问家。他少年时家里非常贫寒，只能靠给别人放猪来维持生活。成年后，公孙弘曾经担任过家乡薛县的一个小小狱吏，但是由于读书不多，经常犯错，因而被免了职。从此，公孙弘便暗暗立下了志向，在一个叫作麓台的地方隐居下来，开始埋头苦读。由于买不起做好的竹简，公孙弘便自己动手，削竹子做成简册，用于抄写诗书典籍。他这样坚持不懈地读书，数十年如一日，一直读到了四十岁。

公元前140年，汉武帝继位，下诏在全国范围内访求贤良文学之士。当时的公孙弘已经六十岁了，他以贤良的名义应征，结果被任命为博士。公孙弘善于言辞，在朝廷议事时，他常常只是陈明情况，提出要点，供皇帝自己取舍，从不固执己见和违逆圣意。汉武帝非常喜欢他这种驯良守礼的品德，因此升任他为左内史。除此之外，公孙弘还通晓文书、法律，并能用儒家的学说对法律进行阐述，汉武帝对他更加倚重。后来，公孙弘一直做到了丞相，以八十高龄卒于相位。

头悬梁，锥刺股。
彼不教，自勤苦。

【注释】梁：架于房屋上端的屋梁。锥：钻孔用的锐器。股：大腿。

【译文】西汉时期的孙敬读书时，把自己的头发栓在房梁上，以防打瞌睡。战国时期的苏秦每当读书感到疲倦时，就用锥子刺大腿。他们不用别人督促就能自觉勤奋地苦读。

孙敬悬梁

西汉时期，有个人名叫孙敬，年少好学，视书如命。他常年闭门谢客，足不出户地攻读诗书，因此被人们戏称为"闭户先生"。孙敬读起书来，常常都是通宵达旦。由于时间太长，到了后半夜，他往往疲倦得打瞌睡，一觉醒来，又懊悔不已。

有什么办法能让自己不打瞌睡呢？有一天，孙敬抬头苦思的时候，偶然将目光停在了房顶的横梁上，他顿时眼睛一亮，立即找来一根绳子，把绳子的一头拴在横梁上，另一头则拴住自己的辫子。（古时候的男子留有长长的辫子）。这样一来，每当他犯困打瞌睡时，只要头一低，绳子就会拽一下辫子，扯痛头皮，头皮一疼，他就会惊醒而赶走睡意了。从这以后，孙敬每天晚上读书时，都采用这个办法，再也没有打过瞌睡。

正是凭着这股苦读的精神，孙敬终于成为了一名博学多才、通晓古今的大学问家。

苏秦刺股

苏秦是战国时期的人，他年轻的时候，曾和张仪一起，拜鬼谷子为师，学习纵横术。学成之后，苏秦想凭借自己的才能弄个一官半职。可是由于学艺不精，他先去见了周显王，周显王不重用他；他又去了秦国，秦惠王对他也很冷淡。接连碰了几个钉子，苏秦还是不死心。他到处漂泊，眼看随身带的银两就要花光，自己还没有着落，只好失望地回到了家乡。家里人看到苏秦如此憔悴狼狈，都奚落嘲笑他，嫂嫂不给他做饭，连父母也不愿认他这个儿子。

苏秦伤心极了，他暗自思忖："难道我这辈子就这样没有出头的日子吗？秦国不用我，我不是还可以去找其他六国的君主吗？如果我能够把秦国与六国之间的利害关系讲清楚，六国君主就一定会重用我的。"

为了实现自己的理想抱负，苏秦开始发奋读书。他常常读书到深夜，有时困得一个劲儿打盹，直想睡觉。于是他想出了一个办法：准备一把锥子，一打瞌睡，就用锥子往自己的大腿上猛刺一下，痛得他马上清醒起来，振作精神继续读书。苏秦就这样刻苦用功了一年多，读熟了姜太公的兵法，记熟了各国的地形、政治和军事情况，并且研究透了各诸侯的性格、心理。经过这一番准备，公元前334年，苏秦开始游说六国，终于得到了国君的重用。

【注释】囊：这里用作动词，指装在袋子里。辍：停顿、终止。

【译文】晋朝人车胤把萤火虫放进袋子里照明读书，孙康则利用积雪的反光来读书。他们两人的家境都很贫寒，却能在艰苦条件下继续求学。

车胤囊萤

晋代的车胤出身于名门望族，他的曾祖车浚在三国时期担任过东吴的会稽太守，后来因灾荒请求朝廷赈济百姓，结果被昏庸的吴主孙皓处死。从此，车家家道中落，变得一贫如洗。家庭的重大变故给车胤的生活带来了极大的困难，但却丝毫没有动摇他学习的决心，他一如既往地刻苦读书，废寝忘食。

有一次，车胤父亲的一位朋友上门拜访，见车胤正坐在窗前专心读书。这位朋友想考验一下车胤是否真的注意力集中，就喊了一声车胤的名字，但是车胤仍然坐在那里一丝不动，根本就没有听见喊声。

有一年夏天，天渐渐黑了，屋里也慢慢暗了下来。车胤家里穷，买不起油灯，所以一吃完晚饭，车胤就搬个板凳来到门外，一边乘凉，一边借着落日的余晖读书。突然，一只萤火虫闪着亮光从车胤眼前飞过，他并没有在意，还是继续读着书。过了一会，又有一只萤火虫飞了过来，尾巴一闪一闪的。车胤看着看着，心里忽然蹦出一个想法：要是把这些萤火虫聚到一起，借着它们发出的光，不就可以读书了吗？他兴奋地跑回家中，找来一个透明的袋子，然后一口气跑到屋后的半山腰捉萤火虫。一只、两只、三只……不一会袋子就装满了，亮闪闪的。车胤回到家中，把袋子吊在案前，夜以继日地学习。

成年以后，车胤被大司马桓温征召为从事。桓温对他十分器重，相继提升他为别驾、征西长史。孝武帝宁康初年，车胤被提升为中书侍郎、关内侯，后来又当上了国子监博士。

孙康映雪

晋朝有一个叫孙康的人，他从小聪明灵敏，记忆力超群，对于看过的书卷能够过目不忘，和人交谈也是文采飞扬。

孙康特别喜欢学习，经常手不离书。他把书当成了好朋友，每次拿起了就舍不得放下。尽管孙康白天废寝忘食地读书，他还是感到时间不够用，想把晚上的时间也利用起来。可是孙康家中十分贫穷，没有钱买灯油，所以一到天黑，他便只能躺在床上，在心中默默背诵白天读过的书。他觉得让时间这样白白浪费，非常可惜。特别是到了冬天，长夜漫漫，他有时一整夜都辗转难眠。

一天半夜，孙康从睡梦中醒来，把头侧向窗户，突然发现从窗外透进几丝白光，开门一看，原来下了一场大雪。屋顶、树上、地上全白了，整个大地好像披上了一层银装，闪闪发光。他连忙跑到院子里，欣赏雪后的美景，忽然心中一动：映着雪光，能不能读书呢？他转身回到屋里拿出本书来，对着雪地的反光一看，果然字迹清楚，比一盏昏黄的小油灯要亮堂得多呢！孙康顿时不觉得困了，立即穿好衣服，取出书，坐在雪地上看起来。由于天气寒冷，手脚一会就冻僵了，他就搓搓手指，起身跑跑，然后继续读书。就这样，整个冬天，孙康都是这么度过的，即使外面北风呼号，滴水成冰，他也从来没中断过学习。功夫不负有心人，孙康刻苦上进，学有所成，终于成为一位很有名望的学者。

三字经

三字经

如负薪，如挂角。
身虽劳，犹苦卓。

【注释】负：背。角：牛角。

【译文】汉朝的朱买臣以砍柴为生，他每天边挑柴边读书。隋朝的李密出门访友时，把书挂在牛角上，有时间就读。他们在艰苦的环境中仍然坚持读书。

朱买臣负薪

汉朝有个叫作朱买臣的读书人，他为人老实厚道，爱好读书，每天手不释卷，但是由于不会治理产业，结果日子越过越穷。

朱买臣娶了妻子崔氏。一开始，崔氏指望丈夫将来能出人头地，就很支持他读书，主动担负起全部家务。可是谁想到，朱买臣的运气实在不佳，科举考试屡屡受挫，读书读到四十多岁还是一个穷书生。崔氏看到家里已经揭不开锅了，她断定丈夫这辈子都不会有出息，于是对他说："你读书也读够了，还是趁早丢了书卷，去山上砍柴吧！"说完，就拿出一把柴刀，扔给朱买臣。从此以后，一家人就靠卖柴的钱过日子。

朱买臣每次上山，总要带着书卷，一边砍柴，一边读书。有时候，他挑着柴火走路，嘴里还念念有词，引得路人直发笑。崔氏觉得他这样呆头呆脑的，实在丢人，就哭哭啼啼地闹着要离他而去。朱买臣对她说："我已经四十多岁了，五十岁时一定会富贵的，你辛苦的日子就要到头了，等我富贵之后再报答你。"崔氏一听，讥笑他道："像你这种人，终究是要饿死在沟壑中的，怎么会富贵呢？"说完就离他而去。

妻子走后，朱买臣并没有灰心丧气，仍然数十年如一日地读书。他凭着这股坚忍不拔的好学精神，学业大进，五十岁时被汉武帝拜为中大夫，不久还当上了会稽太守。

李密挂角

李密年轻时曾经在隋炀帝的皇宫中担任侍卫，他生性活泼，有一次在站岗的时候左顾右盼，正好被隋炀帝看见了，隋炀帝觉得他这个人不老实，就将他赶回了家中。李密十分伤心，有人劝他说："大丈夫应该靠学问才能安生立命，怎么能甘心只做一个侍卫呢？"李密听了，觉得很有道理，回到家里后，就开始认真读起书来。

有一次，李密骑着一头牛去拜访朋友。为了不浪费时间，他把正在读的《汉书》挂在牛角上，这样一边行路，一边看书。正在李密全神贯注地看书时，尚书令杨素恰巧骑马路过，他看到李密学习的样子，十分好奇，便下马走上前去问："你是哪家的书生，这样刻苦用功啊？"李密抬头一看，认出是尚书令，慌忙跳下牛背，向杨素作了一个揖，报上了自己的名字。杨素问他："你在看什么？"李密回答说："我在读项羽的传记。"杨素听后，连声赞扬。

通过和李密的一番交谈，杨素觉得李密是个不可多得的人才，他的前途不可限量。回到家中，杨素对自己的儿子杨玄感说："李密的学识和才能不是你能比的，以后你有什么难事可以去找他。"从那以后，杨玄感就和李密交上了朋友。

【注释】苏老泉：北宋著名散文家苏洵。始：开始。尔：你、你们。

【译文】北宋的苏洵到了二十七岁的时候，才开始下决心努力学习。他年纪大了，后悔自己学得太迟。你们年纪轻轻，应该早早想一想用功读书。

苏洵焚稿

苏洵，字明允，号老泉，是北宋著名的散文家。然而，苏洵在年轻的时候，一点儿也不愿意念书，他成天东游西逛，无所事事，稀里糊涂地一直到了二十七岁，才安下心来，开始学习。苏洵有点小聪明，自认为文章写得很不错，可是参加了几次科举考试，结果连个秀才都没有考上。这使他认识到，学习并不容易，光靠小聪明是不行的，要学出成绩非得下苦功不可。

一天，苏洵回到家中，把自己以前写的一摞摞文稿统统翻了出来，全部扔进火炉中烧毁，以表示自己从头开始的决心。从此以后，苏洵谢绝宾客，闭门苦读，夜以继日，手不释卷。这样坚持了五年，他的学问终于有了很大长进。有人称赞他"下笔如有神，顷刻数千言"。

藏书教子

苏洵有两个儿子苏轼和苏辙。这两个儿子小时候都非常顽皮，不爱读书。为了不让他们走自己当年的老路，苏洵经常教育他们，动之以情，晓之以理，然而，这种和风细雨式的说服教育收效甚微。突然有一天，苏洵想出了一个好办法：每当孩子们玩耍打闹的时候，苏洵就故意躲在书堆里读书，聚精会神，神采飞扬。当孩子们围过来想瞧个究竟的时候，他又把书当宝贝一样地赶紧"藏"起来。孩子们发现了这个怪现象，以为父亲瞒着他们看什么好东西呢，就趁着父亲不在家时，将书"偷"出来看，渐渐地，他们也喜欢上了读书，并且从书中发现了阅读的乐趣。

这一年，苏洵带着两个儿一起进京赶考，结果两个儿子都考中了，他自己的文章也轰动了整座京城，士大夫们都争相传阅，学者们都竞相效法。后来，苏洵被封为秘书省校书郎，修纂礼书一百多卷，还著有《嘉祐集》十五卷。苏洵和苏轼、苏辙都因为才华出众，被列为"唐宋八大家"。在这八大家之中，像这样苏家这样独占三席的，确实堪称文坛奇观。难怪有后人称赞说："一门父子三词客，千古文章四大家。"

若梁灏，八十二，对大廷，魁多士。

彼既成，众称异，尔小生，宜立志。

【注释】若：比如。魁：为首的。

【译文】比如梁灏这个人，一直到八十二岁才考上状元。他从众多的进士当中脱颖而出，在朝堂上取得了第一名。他的学问大进以后，众人都纷纷称赞他。你们这些后生晚辈，更应该树立远大的志向。

梁灏夺魁

北宋人梁灏出身于一个官宦之家，他的曾祖父、祖父、父亲都是当官的。但是在梁灏年幼的时候，父亲就去世了，他由叔父抚养长大。梁灏从小好学，拜了当时著名的文人王禹偁为师。一开始，梁灏每次提的问题都太简单了，老师拒绝作答，这反而激发了梁灏发愤学习的决心，他读书更加用功了。不到一个月，当梁灏再求老师答疑时，受到了老师的大力赞赏。

梁灏一心一意地读书，一直到了四十岁。他觉得书读得不少了，于是参加了当年的科举考试，可惜名落孙山。但是梁灏毫不气馁，他相信自己终有一天能高中状元。从此，他抓紧学习，每一次的科举考试都参加，但是一直没有考中。岁月不等人，当初满头的黑发，现在全部都花白了。许多一同应考的人、每届的监考官都已经认识梁灏了，他们有的讥笑，有的摇头感叹，有的则敬佩他的恒心和毅力。然而，梁灏对这些都视而不见，只顾埋头苦读。终于，在宋太宗时，梁灏考中了头名状元，这时他已经八十二岁了。梁灏好学不倦、坚韧不拔的精神一直得到后人的传诵。

宗悫立志

宗悫是南北朝时刘宋王朝一位鼎鼎大名的人物，曾被宋文帝刘义隆封为振武将军。

宗悫在少年时就很有抱负。他有个叔父，叫作宗炳，宗炳的学问很高，却不肯做官。宗悫从小就跟着叔父读书。有一天，叔父问他："你长大了想干什么？"宗悫昂起头，毫不犹豫地回答说："愿乘长风破万里浪！"叔父一下子被宗悫的气势震住了，他笑着抚摸着宗悫的头，说："好孩子，回答得好，就应该做一个志向远大的人！就算你将来不能大富大贵，也必然会光宗耀祖的。"

为了实现自己的理想，宗悫每天都挥舞着大刀或双剑，勤学苦练，终于练就了一身好武艺。宗悫十四岁那年，他的哥哥宗泌娶妻成婚。新娘子家境比较富裕，嫁妆很多，亲戚朋友也送了许多礼品，却没想到被一伙强盗盯上了。

当天晚上，当客人们相继散去，大家正准备睡觉的时候，十几个强盗拿着火把和刀枪火棍，闯入宗家抢劫。还沉浸在喜庆气氛中的家人一下子乱了手脚，只有年少的宗悫临危不惧，他挺身而出，抄起平时练武用的大刀，一个箭步冲了过去。强盗见他还是个孩子，没把他放在眼里，将他围起来厮打。宗悫一脚踢倒一个，又举起大刀，劈倒了一个强盗。邻居们闻声赶来，将这伙强盗一网打尽。

少年宗悫勇斗强盗的事情很快就传开了，人们都竖起大拇指称赞他说："真是初生牛犊不怕虎呀！"后来，江夏王刘义恭听说了，很欣赏宗悫的勇气，就派人把宗悫请到了自己府中，让他做了一名军官。宗悫在战场上英勇无比，立了很多战功，不到二十岁就当上了将军，实现了自己"乘风破浪"的理想。

莹八岁，能咏诗。
泌七岁，能赋棋。
彼颖悟，人称奇。
尔幼学，当效之。

【注释】莹：祖莹。咏：吟咏。泌：李泌。

【译文】北齐的祖莹八岁就能吟诗。唐朝的李泌七岁就能作关于棋的赋。他们从小就很聪明伶俐，被大家称为"神童"。你们这些年幼的学童，应该向他们学习。

祖莹背《尚书》

祖莹是北齐时有名的神童，他八岁时就能背诵《诗经》和《尚书》，十二岁时成为了中书的学生。祖莹十分好学，读起书来废寝忘食，夜以继日。父母担心他累坏了身体，于是禁止他夜晚学习，但是怎么禁止也没用。祖莹经常在炉灰之中藏下暗火，等父母睡觉之后，便把僮仆支使出去，重新燃起炉火，用衣被遮住窗户的光线，一个人偷偷地读书。

祖莹尤其擅长写作，中书监的高允经常感叹说："这个人的才能，不是其他学生所能比的，将来一定会成大器。"有一次，中书博士张天龙请祖莹为学舍主讲，为大家讲解《尚书》。这天一大早，学生们都集中在了一起，祖莹却因夜晚读书读得太晚，差点儿迟到。他匆匆忙忙错拿了同屋李孝怡的《曲礼》，坐上了讲席。由于博士张天龙的要求非常严格，祖莹不敢再返回去取《尚书》，于是他就将《曲礼》放在面前，凭着自己的记忆讲诵了《尚书》三篇，竟然没有遗漏一个字。讲完以后，李孝怡感到很奇怪，就向博士说明了情况。祖莹背《尚书》的事情传开后，整个学舍都为之震惊。

皇帝听说这件事情后，很想见一见这个神童，于是召祖莹入宫，让他当面背诵五经中的文章和句子，并且还要讲解其中的含义。祖莹从容不迫，背诵如流，讲解入理。皇帝对祖莹非常赞赏。祖莹走后，皇帝开玩笑地对身边的大臣说："昔日的流放之地怎么会忽然间冒出祖莹这么聪明的孩子？"大臣回答说："他应当是为我们这个盛世而生的。"

李泌赋棋

李泌是中唐时期的人，他出身于一个官宦世家，先祖李弼担任过唐朝的太师，李泌的父亲李承休是唐朝吴房县的县令。李泌天生聪慧，有过目不忘的本领，七岁的时候就能出口成章，下笔成文。

李泌还有个表哥，大他两岁，也是个非常聪明的孩子。唐朝开元年间，唐玄宗想要遍观天下贤士，于是在一座高楼上大摆宴席，召集许多儒、佛、道三教的高士前来论辩学问。李泌九岁的表哥偷偷穿上大人的衣服，混进了宴会中。席间，他辩论精微，令演讲的人都理屈词穷。唐玄宗大为震惊，马上召见了他，称赞他是神童，但李泌的表哥却说表弟李泌比自己还要聪明。

唐玄宗一听，就命人背着李泌的父母，把李泌偷偷带进宫中。李泌随使者来到宫中，正巧唐玄宗和宰相张说正在下棋，唐玄宗见李泌唇红齿白，遇事不惊，心中十分喜欢，当下以"方圆动静"为题，要李泌赋诗。在一旁的张说见李泌年纪太小，担心他不懂意思，就先作了一首诗示范："方如棋盘，圆如棋子。动如棋生，静如棋子。"并且还特意告诉李泌说："只能按意思虚作，不能再实说出'棋'字来。"李泌听完后，歪着脑袋，不慌不忙地也作了一首诗道："方如行义，圆如用智。动若骋才，静若得意。"唐玄宗听完，笑着说："这孩子的聪明才智远远大于他的实际年龄啊。"说完，就赏赐了李泌很多衣物和几十匹彩丝织品。

由于李泌的年龄太小，唐玄宗没有给李泌封官，而让他作了太子的游伴。之后，唐玄宗又派人将李泌送回家，并叮嘱他的父母好生抚养。李泌成年之后，学问更加精进，果然成为了唐朝的一代名相。

蔡文姬，能辨琴。
谢道韫，能咏吟。
彼女子，且聪敏。
尔男子，当自警。

【注释】辨：分辨。自警：应当自己有所警觉。

【译文】东汉时的蔡文姬，精通音律；东晋时的谢道韫，能吟诗作对。像她们这样的女孩子天资如此聪明，身为一个男子汉，更要时时警醒，充实自己才对。

乱世才女

蔡文姬又叫蔡琰，是东汉鼎鼎大名的文学家蔡邕的独生女儿。受家庭的影响，蔡文姬从小就博览群书，聪慧过人，能吟诗作画，尤其精通音律。她九岁那年，有一次蔡邕独自在一旁弹琴，忽然断了一根弦。蔡文姬立刻问道："父亲，刚才断的是第二根弦吧？"蔡邕听后很吃惊，心想这次或许是她碰巧说对的，于是又故意弄断了一根弦。蔡文姬一听，马上又问："父亲，你怎么把第四根弦也弄断了？"蔡邕听后大为高兴，认为女儿的确具有音乐天赋。

当时，东汉的统治日益腐败，朝廷发生内乱，蔡邕不幸受到牵连，被判了死罪。蔡文姬也被流放到匈奴，被迫嫁给了虎背熊腰的左贤王，饱尝了背井离乡的痛苦。她常常思念故国，哀叹自己曲折的命运，只能以弹琴来诉说心中的悲伤。在悲愤交加中，蔡文姬创作出了一首动人心魄的《胡笳十八拍》，这首曲子哀怨深沉，感人至深，很快就在匈奴地区流传开来，后来还传入了中原。这时，曹操已经统一了北方，天下相对稳定。在一次宴会上，曹操听到了乐工演奏的《胡笳十八拍》，他感念起恩师蔡邕当年对自己的教诲，很同情蔡文姬的坎坷经历，于是就派人用重金把蔡文姬从匈奴赎回来。

蔡文姬归汉后，为中原文化的传播做出了巨大贡献。有一次，蔡文姬与曹操闲谈，曹操偶尔说起自己很羡慕蔡文姬家中的藏书，蔡文姬如实告诉曹操，原来家中所藏的四千卷书，几经战乱，已经全部遗失了，曹操非常的失望。后来，蔡文姬凭着自己的记忆，将原来看过的四百多篇文章一一默写了出来，竟然没有一点遗误，可见她才情之高。

咏絮之才

谢道韫生于东晋时的世家大族，她的叔父就是在淝水之战中以少胜多的著名将领谢安。在谢氏诸子弟中，谢安特别欣赏谢道韫的聪颖与才情。有一次，谢安问谢道韫道："《诗经》中的句子，你觉得哪一句最佳？"谢道温答道："《诗经》三百篇，莫若《大雅·嵩高》。吉甫作诵，穆如清风。仲山甫永怀，以慰其心。"吉甫指的是周朝的贤臣尹吉甫，他所写的赞美卿士仲山甫帮助周宣王成就中兴之治的"丞民之诗"，辞清句丽，如清风拂面，传诵不衰。谢安也有同感，于是称赞谢道韫颇有雅人深致。

有一年冬天，谢安召集子侄们围坐在火炉旁边，给他们讲论文章的道理。不一会儿，屋外北风怒吼，雪花纷飞，越下越大，越下越急。谢安一时兴起，问道："这纷纷扬扬的白雪，你们说说它像什么？"侄儿谢朗应声回答道："把盐撒在空中，和这个差不多。"谢安听后，默不作声。侄女谢道韫随即答道："满天飞舞的雪花就像春天随风起舞的柳絮。"谢安听到这里，高兴地大笑起来。雪花的特点是洁白、轻盈。谢朗用"撒盐"作比，盐粒细小而质重，撒在空中，只会迅速落下，不会随风飞舞，因此他只注重了色彩的相似，而没有着眼雪花轻盈的形态；谢道韫用"柳絮"作比，不仅抓住了色彩洁白这个相似点，而且还突出了雪花轻盈这一特点，她的比喻巧妙贴切，谢朗的比喻与之相比，就显得浅露拙劣，逊色多了。

谢安夸奖"柳絮因风起"的故事后来流传了下来，人们便用"咏絮之才"来夸赞在诗文创作方面卓有才华的女子。

唐刘晏，方七岁。
举神童，作正字。
彼虽幼，身已仕。
尔幼学，勉而致。

【注释】正字：官名，主管校正书籍。仕：进入仕途。

【译文】唐朝时有个叫刘晏的孩子，刚到七岁时就考取了"神童科"，被授予了翰林院正字官的官职。他虽然年纪幼小，但已经任职做官了。你们这些小学生，应该努力学习，实现自己的理想。

神童刘晏

刘晏自幼天资聪颖，少年时期十分好学，尤其对算术特别敏感。这天，刘晏和一群孩子来乡塾上学，先生敲着案几给大家出了道题："有一道题，大家仔细听了。上等米比中等米每石贵150钱，中等米比下等米每石贵100钱。今天买了上等米3石、中等米5石和下等米2石，共付13250钱。问上、中、下三等米每石各多少钱？"孩子们听完都埋下头聚精会神地计算起来，只有刘晏很快抬起头来，第一个说："先生，我算出来了。上等米1450钱，中等米1300钱，下等米1200钱。"先生愣了一下，有些不敢相信，于是他又给刘晏出了一道题："一筐桃子，分发给众儿童。若每人分4只，则尚余11只；若每人分6只，则余下1只。问儿童共有几人？桃子共有几只？"不一会儿，刘晏又说出了答案："儿童5人，桃子31只。"先生面露喜色，追问道："我再问你，还是一筐桃子，若每人分8只，则缺16只；若每人分6只，则少缺2只。问儿童几人？桃子几只？"话音刚落，刘晏朗声答道："儿童7人，桃子40只。"先生听完一阵欣喜，不住夸赞刘晏是"当世神童"。

唐代开元年间，唐玄宗前往泰山封禅。祭典结束后，唐玄宗正在帐中朝见大臣，突然有人来报，说有个七岁的儿童要敬献《东封书》。唐玄宗十分高兴，立即召见。只见刘晏身着整洁的衣服，从容地来到唐玄宗面前，学着大人的样子跪下，一字一句地朗诵起来："吾皇英主，封祀东岳，告成功于昊天上帝，为万民把福，开元之礼，仁及天下……"唐玄宗一听，心中大喜，他本来只是觉得新鲜，准备随便听听也就罢了，没想到这个孩子的文章写得还真不错。

唐玄宗又叫来宰相张说和大诗人张九龄，想再考考刘晏。张说等立刻拟出一份书面试题，并按照科举取士的方法，让刘晏单独在一间房子里做题。大约过了一小时左右，刘晏出色地答完了所有题目，在场的所有人都啧啧称奇。唐玄宗当即任命刘晏为翰林院的正字官，负责校对典籍，刊正文字。

刘晏十岁那年，有一次被唐玄宗召见。唐玄宗问他："你能正出来几个字啊？"刘晏回答说："天下的字都是正的，只有'朋'字不正。"这话一说，唐玄宗惊讶极了。因为这句话是一语双关："朋"指的是朋党，当时朝廷里宫廷争斗，牛、李两党各执一边，都是有极端倾向的，怎么会"正"呢？一个十岁的小孩，就能说出这番话来，唐玄宗十分高兴，立刻重赏了刘晏。

【注释】司：管理。曷：何、怎么。

【译文】狗在夜间会替人看守家门，鸡在每天天明时报晓。人如果不学习，有什么资格称为人呢？

闻鸡起舞

祖逖是东晋时期的人，他年少时就有远大的抱负，胸怀坦荡，喜欢结交英雄好汉，但是不爱读书。成年后，祖逖意识到自己知识贫乏，深感不读书无以报效国家，于是广泛阅读书籍，认真学习历史知识，学问大有长进。有人推荐祖逖做官，但祖逖深感自己学识浅陋，难以为国效力，因而推辞了，仍然坚持不懈地埋头苦读。

后来，祖逖凭着自己的真才实学当上了司州主簿，并结识了一个叫作刘琨的同僚。祖逖和刘琨志同道合，很快就成为了好朋友。当时正赶上朝廷内部纷争不断、北方少数民族南下侵扰的动荡时期，祖逖和刘琨两人都心系国家，经常在一起谈论国家大事至深夜。有一天半夜，祖逖在睡梦中被公鸡的鸣叫声惊醒，他再也睡不着，翻身叫起刘琨，对他说："大家都说荒鸡夜啼是恶声，但我却不这么看。这是催我们早起练功，早日报国的号角啊！"刘琨一听也从床上爬了起来。从此以后，两人每天一听到鸡叫，就起床到院中练剑，剑光飞舞，剑声铿锵，春去冬来，寒来暑往，从不间断。

功夫不负有心人，经过长期的刻苦学习和训练，祖逖和刘琨终于成为了文武全才，既能写得一手好文章，又能带兵打胜仗。后来，祖逖被封为镇西将军，发挥了自己的文韬武略；刘琨做了征北中郎将，兼管并、冀、幽三州的军事，也实现了自己报效国家的愿望。

陈正之勤学

我国宋朝时期，有一个叫陈正之的人。他天生智力上就有缺陷，没有其他孩子聪明，尤其是记忆力不好，总是记不住东西，看上去有点傻头傻脑的。

陈正之到了上学的年龄，父母把他送到学堂读书。刚开始老师只教学生简单的文章，一篇只有几十个字，和他一同去的其他学生很快就学会了，而他下了很大的工夫，花了很长的时间，才学会了几个字。后来，认识的字慢慢多了，他又总是张冠李戴，常常受到同学的讥笑和老师的责备，当时很多同学都叫他"陈傻子"。

陈正之心里很难过，但他不灰心，从来都不自暴自弃，他相信只要自己多下功夫，笨鸟先飞，总会使自己的学习变好的。于是，陈正之就以勤补拙。在学习课文时，其他同学读一遍，他就读三遍、四遍，要是还是不会，他就会读八遍、十遍；其他同学花一个时辰读书，他就花上几个时辰埋头苦读。

有一年，老师教他们读《诗经》，等老师教完课，他对《诗经》中的内容还是有很多地方不理解，他就一字一句地弄懂读熟。每次学新的一篇时，他都会先把以前学过的读上好几遍，然后又和新学的内容连着读上许多遍。他这样昼夜不停地读，直到能够背熟为止。等到《诗经》学完的时候，所有学生中只有陈正之一个人能够将全部的内容背下来。此后，老师和同学都对他刮目相看。

日复一日，年复一年，陈正之始终坚持不懈地努力，锲而不舍、勤奋好学，他博览群书，学问与日俱增。陈正之终于成为我国宋朝著名的博学之士，后来人们再也不叫他"陈傻子"了，而是尊称他为"陈学者"。

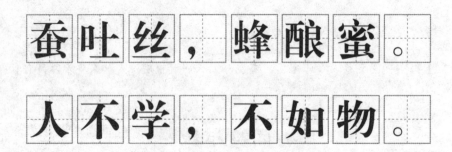

蚕吐丝，蜂酿蜜。
人不学，不如物。

【注释】酿：酿造。不如：比不上。

【译文】蚕会吐丝，丝能织绸缎；蜜蜂可以酿蜜，给人们享用。人如果不学习，连动物都赶不上。

高凤与乐羊子

高凤是后汉人，喜欢读书，不愿出仕做官。他读书都曾读痴过。

一个晴朗的夏日，高凤的妻子把麦子晒在场上，让他坐在场边的房中看摊晒的麦子，并把一根竹竿递在他手中，用以驱赶鸡鸭鸟雀。妻子把事情安排好后，就下地干活去了。而高凤呢，他人虽坐在这儿，心却一直都在书上。

近午时分，突然，乌云滚滚，一时间，大雨倾盆，水流成河。妻子担心晾晒的麦子有闪失，也顾不得大雨浇头，一路跑回家。然而，她一脚踏进家门，就惊呆了：场上的麦子，全都随雨水漂走了。而高凤这时还浑然不觉，依旧一手拿着竹竿，低头看书。妻子怒气冲冲地走过来，夺了他的书，高凤才明白过来，刚才自己只顾看书闯了大祸。

与高凤同一时代，有一个读书人叫乐羊子，他与高凤相反，不怎么喜欢读书。

乐羊子出远门去求学，不到一年就回了家。他的妻子惊讶地问他怎么这样快就回来了。乐羊子说："出门久了，很想你就回来了。"妻子听了，不高兴，阴沉着脸，走到织布机前，剪断了正在织的布，说："这匹布是一点一点一寸一寸地织成的。做学问，跟织布是一个道理，日积月累，才能有进步。你今天回家来，就跟这剪断的布匹有什么不同呢？"

乐羊子听了妻子的话，羞愧地低下头去，从此发奋读书，七年里没有回家过一次，最后，终成一代大学问家。

李林甫口蜜腹剑

唐玄宗时期，朝廷中出了个大奸臣，名叫李林甫。这个李林甫与皇帝本属同一个宗族，本身没什么才学，但是入仕以后，他竭尽谄媚逢迎、曲意巴结之能事，对唐玄宗的心腹宦官和宠妃想方设法地讨好卖乖。当时，唐玄宗十分宠爱武惠妃，李林甫于是托宦官暗地里禀告武惠妃，说自己愿意拥立武惠妃的儿子为太子，武惠妃知道后十分高兴，经常在唐玄宗面前为李林甫说好话。李林甫就是凭着这种特殊的"才干"，一步一步坐到了宰相的位子。

平时，李林甫和同僚们相处，总是装出一副态度谦恭、平易近人的样子，看起来像是一位办事公正、善解人意的忠臣良相，但实际上阴险狡猾、手段毒辣，因此有人暗地里说他"口有蜜，腹有剑"。

为了把唐玄宗与百官隔绝起来，让唐玄宗只听自己的话，李林甫有一次下令将百官召集起来，对他们说："现在皇上圣明，做臣下的只要按照皇上的旨意办事就行了，用不着大家七嘴八舌。"有一个官员不听李林甫的话，上奏本给唐玄宗提意见，结果第二天就被降职到外地去做县令了。从这以后，再没有人敢向唐玄宗进谏。

李林甫知道自己才学浅薄，因此十分妒忌有才华的人。凡是大臣中有能力比他强的，他都想方设法地把他们排挤掉。有一次，唐玄宗想启用一个名叫严挺之的官员，李林甫得知后，就找来严挺之的弟弟，对他说："你哥哥不是很想进京面见皇上吗？我倒有一个办法。"严挺之的弟弟还以为李林甫是好心，连忙问他怎么办。李林甫说："只要叫你哥哥上奏皇上，就说是得了病，请求来京城看病。"后来，严挺之果然上了一份奏章给唐玄宗，李林甫拿着奏章去见唐玄宗，还故意哭丧着脸说："真是太可惜了，严挺之现在得了重病，怕是不能为皇上效力了。"唐玄宗只得惋惜地叹了口气，也就算了。

为了培植傀儡，李林甫还推举蠢笨如牛的牛仙客出任左相。牛仙客处处听李林甫的，李林甫说什么，他都称是，百官向他请示，他也不敢多说一句。牛仙客死后，李适继任左相。这个李适颇有行政能力，经常向皇帝奏事。这让李林甫感到很不安，于是他又想出了一条毒计。有一天，李林甫对李适说："华山有金矿，开采出来可以富国，皇上还不知道这件事呢。"李适就把这件事奏给了皇帝。皇帝听后，非常高兴，可李林甫却说："臣早就听说华山有金矿，但华山是陛下本命、王气的所在，不宜开采，因此不敢言。"皇帝听了，认为李林甫果真是忠心耿耿，为江山社稷打算，就告诫李适说："以后奏事，要先与李林甫商议，不许再轻脱。"从此，李适不敢奏事，不久就被罢相。

李林甫当了宰相十九年，朝廷上下凡是有才能、正直的大臣都被排斥掉了。唐王朝的政治逐渐走向了黑暗腐败。

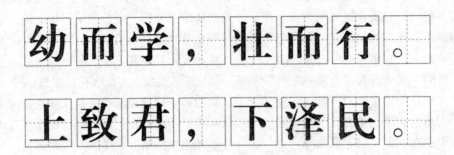

【注释】 壮而行：长大以后把所学的应用于实践。致君：报效君主、国家。泽：泽被。

【译文】 小时候刻苦学习，长大以后才能有所作为，对上可以报效国家，对下可以为百姓谋福利。

甘棠遗爱

周武王死后，周成王继位。周成王的年龄太小，不能理政。当时，召公担任太保，与周公一同辅佐周成王治理国家。召公主张德政，他经常深入民间，了解百姓的疾苦，从来没有摆过官架子，也不讲究排场，因此深受百姓的爱戴。

有一次，召公到召地（今陕西岐山西南）去办公。当时天气炎热，他在屋里待不住，就移到屋外的一棵甘棠树下办公。召公在那里待了不少天，每天都在甘棠树下处理民间事务。他办事非常认真公正，为百姓解决了很多生活中的难题。有的百姓说："召公处理事情又快又公正。"还有的百姓说："召公处处想着我们老百姓。"有些百姓看见召公办公辛苦，就从自家拿来了一些吃的、喝的东西给他，但是都被他婉言拒绝了。他说："为百姓办事是我分内的事情，而且你们的生活这么艰苦，我怎么能收你们的东西。"百姓听了，无不为之感动。

一段时间以后，召公办完公事就离开了，当地的百姓十分怀念他，就将召公办公的那棵甘棠树保护了起来。召公死后，百姓们更加怀念他，有人编了首歌谣来颂扬他："蔽芾甘棠，勿翦勿伐，召伯所茇。蔽芾甘棠，勿翦勿败，召公所憩。蔽芾甘棠，勿翦勿拜，召伯所说。"歌谣的意思是："可爱的甘棠树，不要砍伐它！召公在这里露宿过。可爱的甘棠树，不要伤害它！召公在这里休息过。可爱的甘棠树，不要攀折它！召公在这里暂住过。"

诸葛亮扶阿斗

刘备临终前，派人请来诸葛亮，嘱托后事。刘备叫诸葛亮坐在床边，对他说："因为有了丞相的辅佐，我才能够建立今天的事业。如今我一病不起，只能将大事托付于你了。"说完，刘备召集众大臣到齐，提笔写了遗嘱，交给诸葛亮，然后感叹地说："我本想和你们一同消灭曹丕，可是不幸中途分手。请丞相把我的遗嘱交给太子刘禅，以后的一切事情，都听从丞相的指点。"诸葛亮听闻，立刻拜倒在地上说："望陛下宽心，臣等一定全力效劳，辅助太子。"

刘备叫左右的人扶起诸葛亮，一手掩着眼泪，一手握住诸葛亮的手说："我现在快要死了，还有心里话要说。丞相的才干比曹丕高十倍，一定可成大业。我的儿子刘禅没什么本事，如果他还可以帮助的话就帮他一把，实在不行，就请丞相你取而代之吧！"诸葛亮听到这里，立即哭拜在地说："我一定尽力辅助太子，一直到自己死了为止。"

刘备死后，诸葛亮拥立刘禅为帝，尽心尽力地辅佐他治理国家。当时刘禅只有十七岁，他懦弱无能，整天只想着玩乐，一切事情都交给诸葛亮处理。由于刘禅的小名又叫阿斗，于是大家暗地里都戏称他为"扶不起的阿斗"。面对这样的君主，诸葛亮始终遵守自己当初的诺言，毫无怨言地为国家日夜操劳。为了完成刘备的遗愿，实现全国统一，诸葛亮前后五次北伐。234年，五十四岁的诸葛亮终因积劳成疾，病死在五丈原，然而他一心为国的精神却代代流传了下来。

【注释】扬名声：对自己来说，可以扬名于世。显父母：对父母来说，可以使他们感到荣耀。

【译文】如果你为百姓做出了应有的贡献，百姓就会赞扬你，而且你的父母也可以得到你的荣耀，连祖先都增添了光彩，也给后代留下了好榜样。

岳母刺字

岳飞出生于北宋末年的一户农民家里，从小就过着食不果腹的艰苦生活。尽管家境贫寒，但是岳母对儿子的教育却从没有放松，使岳飞从小就养成了刚直坚毅的性格。

有一次，岳飞有几个结拜兄弟，因为没有饭吃，就商量着准备拦路抢劫。他们约岳飞一起去，但是岳飞想到母亲平时的教导，没有答应，无论众兄弟怎么劝说，他都没有动心。后来，岳飞回到家，一五一十地把情况告诉了岳母，岳母高兴地说："孩子，你做得对，人穷志不穷，我们不能做那些伤天害理的事！"

岳飞十五六岁时，北方的金人南侵，宋朝当权者腐败无能，节节败退，国家处在生死存亡的关头。这一天，岳母把岳飞叫到跟前，问他说："现在国难当头，你有什么打算？""到前线杀敌，精忠报国！"岳飞回答。岳母听了儿子的回答，十分满意，"精忠报国"正是她对儿子的深切希望。为了不让儿子忘记自己的誓言，岳母决定亲自把这四个字刺在岳飞的背上。她含着眼泪问岳飞："你怕痛吗？"岳飞回答说："小小的钢针算不了什么，如果连这都怕，怎么去前线打仗！"

后来，岳飞果然没有辜负母亲的期望，他奔赴前线，在战场上英勇杀敌，立下了赫赫战功，很快就成为了宋朝著名的抗金名将。在岳飞的带领下，岳家军纪律严明，作战勇猛，打得金兵落花流水。就连金兵的统率兀术也感慨地说："撼山易，撼岳家军难。"

人遗子，金满籝。
我教子，唯一经。

【注释】遗：遗留。籝：竹子编的箱子。唯：只有。

【译文】人家留给子孙后代的，都是成箱的金银。而我用来教育子女的，只有一套儒家的经书。

诸葛亮教子

诸葛亮是三国时期杰出的政治家。他出生在琅琊郡阳都县（今山东临沂市沂南县）的一个官吏之家，是当地的名门望族。诸葛亮的先祖诸葛丰曾经在西汉元帝时做过司隶校尉，诸葛亮的父亲诸葛珪在东汉末年担任过泰山郡丞。然而，诸葛亮的童年十分不幸，他三岁丧母，八岁丧父，后来跟随叔父诸葛玄流落荆州。叔父死后，诸葛亮便在隆中结庐而居，亲自躬耕。后来，一心想复兴汉室的刘备敬仰诸葛亮的才能，三顾茅庐请诸葛亮出山辅佐。诸葛亮被刘备的诚意所感动，自此忠心追随刘备，为蜀汉的建立呕心沥血，鞠躬尽瘁，也为后人树立了良臣贤相的榜样。

诸葛亮在世时，虽然官位显赫，但是依然克勤克俭。他常常教育自己的子女一定要有远大的志向。诸葛亮五十四岁的时候，给八岁的儿子诸葛瞻写了一封著名的《诫子书》。这是诸葛亮毕生的总结，更是他对子女的要求。

书中是这样说的：品德高尚、有德有才的人，要努力使自己内心平静、精力集中而达到修养身心，依靠俭朴的生活作风来培养高尚的品德。一个人不淡泊名利就不能明确自己究竟想做什么，不身心宁静就不能实现远大的理想。学习要一心一意，专心致志，要想提高自己的能力就必须刻苦学习。不努力学习就不能增长智慧，不明确志向在学习上就不能获得成就。过度享乐和散漫的生活态度不能让人进步，轻浮急躁不能陶冶高尚情操。青春随着光阴逝去，意志随着时间消磨，最后就会像枯枝败叶那样，对社会没有任何贡献。等那时候，独自待在一个破房子里，感到悲伤，叹息不止，就来不急了。

诸葛亮对子女寄予着厚望，他的子女都听从他的教导，淡泊名利，忠心报国。

包拯定家训

包拯是北宋时期的人，他为官清正廉明，美名家喻户晓。包拯治家十分严谨，对子女的要求也很严格，因此他的子孙后代为官同样清廉贤明。包拯祖孙三代克己奉公，廉洁守法，深受老百姓的爱戴。

包拯的大儿子名叫包繶，任职太常寺太祝，为官清廉，生活质朴。二儿子包绶，也曾任职太常寺太祝，后来调任潭州通判。包绶不论是在哪里做官，都能严格要求自己，清苦守节。包绶死后，家里人在他的箱柜之内，除了许多书籍之外，再也找不到其他的东西。包拯的孙子包永年，任职崇阳县令，也同样廉洁自守，死后家里一点积蓄都没有，连办理丧事的钱都是亲戚朋友资助的。因此后人评价包家说："包拯言传身教，子孙居官清廉。"

包拯的子孙为能够做到居官清廉，一方面靠自身的道德修养，另一方面也离不开包拯的教诲。包拯不但以身示范，为子孙树立了榜样，而且还留下一则宝贵家训，教育后辈子孙。当年包拯在临终前，曾经给后世子孙定下了这样的家训："后世子孙仕宦，有犯赃滥者，不得放归本家，亡殁之后不得葬于大茔之中，不从吾志非吾子孙。"意思是说：包家后世子孙要是有当官的，如有贪赃枉法者，行为不干净的人，不准让他再踏入包家的大门，死后也不得葬在包家祖坟里。不遵从这条家训的，我就不会承认他们是包家的子孙。这在封建社会里，这是十分严厉的家法。

后来，包拯还嘱咐家人请来工匠，把这则家训刻在石碑上，竖立在堂屋东壁，用来警示后世子孙。千百年来，包拯为清官楷模的形象，一直被百姓传颂。

【注释】戏：玩乐。戒：防备。

【译文】只要肯勤奋刻苦，就一定会有成就；如果成天贪图玩乐，肯定没有什么好处。要时常告诫自己，必须刻苦努力。

陶渊明劝学

东晋著名的大诗人陶渊明辞去了彭泽令的官职后，退居田园，过着自耕自种，饮酒赋诗的自在生活。

相传有一天，乡邻中有个少年来向他求教："我非常敬佩您渊博的学识，不知您读书可有什么妙法，如能传授，晚辈感激不尽。"陶渊明一听，不禁哈哈大笑："天下哪有什么读书的妙法啊！"然后，他突然止住笑容，严肃地对少年说："读书是绝无妙法的，只有'笨法'。常言道，'书山有路勤为径'、'勤学则进，辍学则退'。"

陶渊明见少年并不懂他的意思，就拉着少年的手来到稻田边，指着一棵尺把高的禾苗对他说："你蹲在那棵禾苗面前，聚精会神地瞧一瞧，它是不是在长高？"那少年看了很久，并不见禾苗往上长，便起身对陶渊明说："我看不出它在长啊！"陶渊明说道："禾苗其实每时每刻都在长高，只是我们的眼睛察觉不到而已。这正如我们读书学习，知识增长也是靠一点一滴积累的，有时连我们自己都感觉不到，但只要持之以恒，勤学不已，就会由知之甚少变为知之甚多，正如有人说的，'勤学如春起之苗，不见其增，日有所长。'"陶渊明说着，又把少年带到一条溪边，指着溪边的一块大石，问他道："你再看看那块大石，为什么上面会出现马鞍一样的凹面呢？"少年随口回答道："那是磨损的。""那你可曾见过，它是哪一天被磨损的呢？"少年想了想，摇头说："不曾见过。"陶渊明因势利导地说："这是农夫们天天在石头上面磨刀，日积月累，年复一年，慢慢磨损而成的，决非一天之功啊！从这块石头，我们也可以悟出另一个道理来，那就是'辍学如磨刀之石，不见其损，日有所亏。'学习一旦间断停

119

止，所学知识就会在不知不觉中被慢慢忘掉。"听到这里，少年顿时恍然大悟，叩首拜谢陶渊明，回去专心致志地学习了。

三字经

三字经

弟子规

弟子规　圣人训

首孝悌　次谨信

泛爱众　而亲仁

有余力　则学文

弟子规

总叙

弟子规，圣人训；
首孝悌，次谨信。
泛爱众，而亲仁；
有余力，则学文。

入则孝

父母呼，应勿缓；
父母命，行勿懒。
父母教，须敬听；
父母责，须顺承。
冬则温，夏则凊；
晨则省，昏则定。
出必告，反必面；
居有常，业无变。
事虽小，勿擅为；
苟擅为，子道亏。
物虽小，勿私藏；
苟私藏，亲心伤。
亲所好，力为具；
亲所恶，谨为去。
身有伤，贻亲忧；
德有伤，贻亲羞。
亲爱我，孝何难；
亲憎我，方孝贤。
亲有过，谏使更；
怡吾色，柔吾声。
谏不入，悦复谏；
号泣随，挞无怨。

亲有疾，药先尝；
昼夜侍，不离床。
丧三年，常悲咽；
居处变，酒肉绝。
丧尽礼，祭尽诚；
事死者，如事生。

出则弟

兄道友，弟道恭；
兄弟睦，孝在中。
财物轻，怨何生？
言语忍，忿自泯。
或饮食，或坐走，
长者先，幼者后。
长呼人，即代叫，
人不在，己即到。
称尊长，勿呼名；
对尊长，勿见能。
路遇长，疾趋揖；
长无言，退恭立。
骑下马，乘下车；
过犹待，百步余。
长者立，幼勿坐；
长者坐，命乃坐。
尊长前，声要低，
低不闻，却非宜。
近必趋，退必迟；
问起对，视勿移。
事诸父，如事父；

事诸兄，如事兄。

谨

朝起早，夜眠迟；
老易至，惜此时。
晨必盥，兼漱口；
便溺回，辄净手。
冠必正，纽必结，
袜与履，俱紧切。
置冠服，有定位，
勿乱顿，致污秽。
衣贵洁，不贵华；
上循分，下称家。
对饮食，勿拣择；
食适可，勿过则。
年方少，勿饮酒；
饮酒醉，最为丑。
步从容，立端正。
揖深圆，拜恭敬。
勿践阈，勿跛倚；
勿箕踞，勿摇髀。
缓揭帘，勿有声；
宽转弯，勿触棱。
执虚器，如执盈；
入虚室，如有人。
事勿忙，忙多错，
勿畏难，勿轻略。
斗闹场，绝勿近；
邪僻事，绝勿问。

将入门，问孰存；
将上堂，声必扬。
人问谁，对以名，
吾与我，不分明。
用人物，明须求；
倘不问，即为偷。
借人物，及时还；
人借物，有勿悭。

信

凡出言，信为先，
诈与妄，奚可焉。
话说多，不如少，
惟其是，勿佞巧。
刻薄语，秽污词，
市井气，切戒之。
见未真，勿轻言；
知未的，勿轻传。
事非宜，勿轻诺，
苟轻诺，进退错。
凡道字，重且舒，
勿急疾，勿模糊。
彼说长，此说短，
不关己，莫闲管。
见人善，即思齐，
纵去远，以渐跻。
见人恶，即内省，
有则改，无加警。
惟德学，惟才艺，
不如人，当自砺。
若衣服，若饮食，
不如人，勿生戚。
闻过怒，闻誉乐，
损友来，益友却。
闻誉恐，闻过欣，
直谅士，渐相亲。

无心非，名为错，
有心非，名为恶。
过能改，归于无，
倘掩饰，增一辜。

泛爱众

凡是人，皆须爱，
天同覆，地同载。
行高者，名自高，
人所重，非貌高。
才大者，望自大，
人所服，非言大。
己有能，勿自私；
人所能，勿轻訾。
勿谄富，勿骄贫；
勿厌故，勿喜新。
人不闲，勿事搅；
人不安，勿话扰。
人有短，切莫揭；
人有私，切莫说。
道人善，即是善，
人知之，愈思勉。
扬人恶，即是恶，
疾之甚，祸且作。
善相劝，德皆建；
过不规，道两亏。
凡取与，贵分晓，
与宜多，取宜少。
将加人，先问己，
己不欲，即速已。
恩欲报，怨欲忘；
报怨短，报恩长。
待婢仆，身贵端；
虽贵端，慈而宽。
势服人，心不然；
理服人，方无言。

亲仁

同是人，类不齐；
流俗众，仁者稀。
果仁者，人多畏；
言不讳，色不媚。
能亲仁，无限好，
德日进，过日少。
不亲仁，无限害，
小人进，百事坏。

余力学文

不力行，但学文，
长浮华，成何人。
但力行，不学文，
任己见，昧理真。
读书法，有三到，
心眼口，信皆要。
方读此，勿慕彼，
此未终，彼勿起。
宽为限，紧用功，
功夫到，滞塞通。
心有疑，随札记，
就人问，求确义。
房室清，墙壁净，
几案洁，笔砚正。
墨磨偏，心不端，
字不敬，心先病。
列典籍，有定处，
读看毕，还原处。
虽有急，卷束齐，
有缺坏，就补之。
非圣书，屏勿视，
蔽聪明，坏心志。
勿自暴，勿自弃，
圣与贤，可驯致。

123

弟子规，圣人训；
首孝悌，次谨信。

【注释】规：就是规范、道理，做人应尽的道理，做人应尽的规范。训：训诲、训勉。

【译文】学生学的规矩，这是古代圣人的教训。在日常生活中，首先要做到孝顺父母，友爱兄弟姐妹。其次在日常言语行为中要小心谨慎，讲信用。

立木为信

春秋战国时，秦孝公为改变秦国落后的面貌，励精图治，招贤纳士，向天下广泛征招能使秦国强大的人才。商鞅毅然离开了当时还很强大的魏国，去了当时还比较弱小的秦国，以"强国之术"得到秦孝公信任。商鞅在秦孝公的支持下实施变法。商鞅深知变法的目的是强国，但使国家强盛仅仅依靠中央的力量是不够的，必须用民力、靠民众。可是，旧法在当时人们心中已经根深蒂固，新法难以顺利施行。加之当时战争连绵不断、百姓整天生活在恐慌之中，变法运动也得不到百姓的支持，更不用说在秦国全面的实施。他认为要让百姓对新法信任，必须先树立新法的可信度，在老百姓的心中形成一种权威。

为了树立威信，推进制度的改革，商鞅命令部下在都城南门外立了一根三丈长的木头，并当众许下承诺说："谁要是能把这根木头从南门搬到北门，就赏给他十两黄金。"围观的人不相信如此轻而易举的事能得到这么高的赏赐，结果并没有人出来一试。

于是，商鞅只好将赏金提高到五十两。这么高的赏赐一定会打动那些人。过了一会儿，终于有人站出来将木头搬到了北门。商鞅立即兑现自己的诺言，赏给了那个人五十两黄金。

商鞅说到做到，这一举动，让人们感受到国家有令必行，有法必依的诚心，这样一来就使新法在百姓心中树立起了威信，接下来的变法也很快在秦国推广开了。秦国渐渐强盛，最终统一了全国。

晏殊信誉的树立

著名词人晏殊，字同叔，北宋前期婉约派词人之一。他自小讲究诚信。十四岁时，就有人把他作为神童向当时的皇帝推荐。皇帝听说之后，便召见了他，要他与一千多名进士同时参加考试。

考试时，晏殊发现试题是自己前几天刚做过的，就将实情向皇帝说了，并请求改换他的试题。宋真宗非常赞赏晏殊的诚实品质，就赐给了他"同进士出身"的职称。

晏殊当职时，正值天下太平。京城的大小官员经常到郊外游玩或在城内的酒楼茶馆举行各种宴会。但是，那时晏殊家境并不宽裕，没钱出去吃喝，便在家中看书习文。

后来，宋真宗提升晏殊为辅佐太子读书的东宫官。大臣们都非常地惊讶，不明白宋真宗为何做出这样的决定。宋真宗说："近来群臣经常游玩饮宴，只有晏殊闭门读书，这样懂得自重谨慎的人，正是东宫官合适的人选。"晏殊谢恩后说："我其实也是个喜欢游玩饮宴的人，要是有机会，早就参与宴游了。"晏殊这样坦诚相对，让其他大臣都很佩服，很快他就在群臣面前树立起了信誉，宋真宗也更加信任他了。

晏殊在中国文学史上占有十分崇高的地位，是北宋文坛上一颗璀璨的明星，《宋史》中说他"文章赡丽，应用不穷。尤工诗，闲雅有情思"。他的词文继承晚唐五代的传统风格，"赡丽"之中有沉着的内容，不流于轻倩、浮浅，在当时别具一格，被人看重。他的词，风格上不仅吸收温庭筠、韦庄的格调，还隐约显现南唐冯延巳风格。他一生位尊高贵，但为人处世并不轻浮，以信待人，受到当时人们的爱戴。

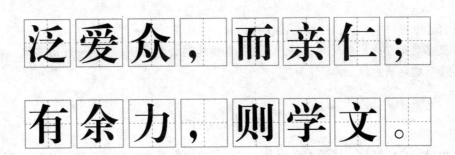

泛爱众，而亲仁；
有余力，则学文。

【注释】弟：此处的"弟"应该读成"悌"。仁：有仁德的人。

【译文】和大家相处时要平等博爱，并且亲近品德好的人，向他们学习。这些都是很重要且非做不可的事。如果做了之后，还有多余的时间和精力，就应该好好地学习其他有益的学问。

三余读书

董遇，字季直，为人淳朴正直，特别喜欢读书。汉献帝兴平年间，关中李榷等人作乱，弄得这一带的百姓无法安居。无奈之下，董遇和他哥哥只好去投奔朋友。

在逃难的过程中，为了维持基本的生活，董遇和他哥哥每天都会上山打柴，然后用打回来的柴换取银两，以供衣食之用。在这样艰苦的环境下，董遇并没有放弃学习，每次去打柴的时候董遇总是会随身带上一本书，只要一有空闲，就拿出来诵读，哥哥在空闲时曾多次讥笑他，但他从来都不去理会，还是照样读自己的书。

董遇靠自学获得了丰富的知识。他对《老子》很有研究，替《老子》作了训注，对《春秋左氏传》也下过很深的工夫，并形成自己独特的见解，根据自己的研究心得，写成《朱墨别异》。当时读书人纷纷慕名而来，向他请教读书的诀窍。

有人想向董遇求教，但他不肯教，只对前来请教的人说：如果你能将一本书读上百遍，那么书中的意思自然就会明白了。"请教的人说："您说的有道理，可是哪里有那么多的时间。"董遇说："那就应该牢牢抓住用'三余'时间"。请教的人很疑惑地问："那'三余'又是什么呢？"董遇不慌不忙地解释说："冬天，没有多少农活，是一个闲暇的季节；夜间，不便下地劳动，但可以用来学习；雨天，不好出门干活，这个时间读书正好。"请教的人听了董遇的话之后，恍然大悟，明白了学习就得时时刻刻抓紧的道理。

董遇善于利用时间，刻苦钻研，成为三国时期著名的学者，美名被后人传颂。

父母呼，应勿缓；父母命，行勿懒。

【注释】呼：叫唤。应：应答、回答的意思。勿：不可以。

【译文】父母呼唤，应及时回答，不要慢吞吞地很久才应答；父母交代的事情，要立刻动身去做，不可拖延或推辞偷懒。

姚母试子

清人姚梁，自幼好学，博学古今经书，二十三岁时保举为优贡，乾隆三十年，考取举人，乾隆三十四年考中进士，官至内阁中书，受到朝廷重任。乾隆三十五年封奉直大夫、中宪大夫、通议大夫，世称"三大夫"。

姚梁为官清廉，备受尊敬，与姚母对姚梁的严格要求分不开。有一年，皇上赐封姚梁为察司，要他去地方上查办贪官污吏。姚母知道这件事后，深怕儿子胜任不了这份差事，决定要先考察一下他。

一日傍晚，姚梁刚回家，姚母迎头便问："儿子，我中午煮了一大碗香蛋，好端端地放在橱柜里，可是我下午打开橱门一看，发现香蛋已经不见了，你说是不是让媳妇偷吃了，你要替我查一查！"姚梁听了不觉好笑，心想只有几个香蛋而已，还是自家人吃的，不必要这么认真。就对母亲说："几个香蛋，吃了就算了，不必追究吧。"

不料他母亲却十分严肃地说："这种家中小事儿你都不能处理好，怎么上州下府去查案？"姚梁一听，明白了母亲的意思，随即找来杯子盛上清水，把妻儿全家人都叫了过来，叫他们每人都漱一下口，再各自将漱口的水吐入一个脸盆中。姚梁一个个仔细地观察，除了母亲脸盆的水漂着一些蛋黄碎，其他脸盆的水都清清的。姚梁发觉吃蛋的不是别人正是母亲自己，正左右为难，不知怎么办才好，而此时，母亲却在一旁催着他找出偷吃的人，问他："你到底查出来没有？"姚梁说："查是查出来了，不过……"他母亲紧逼着说："不过你要隐瞒真相，是不是？"这时，姚梁实在无法，只得壮着胆说："蛋其实就是您自己吃的。"

母亲听了哈哈大笑，说："对待问题你能认真思考，寻找解决的方法，能如实面对，这下我就放心了。"不久，姚梁奉旨到各州府明查暗访，根据查到的实情，对贪官污吏进行严惩。姚梁"为官清廉耿直，毫不徇私"，取信于民，成为代代流传的佳话。

父母教，须敬听；
父母责，须顺承。

【注释】敬：恭敬，尊敬。顺承：诚恳接纳，虚心接受。

【译文】父母教导我们做人处事的道理应该恭敬地聆听。做错了事，父母责备时，应当虚心接受。

江革负母

汉朝时候，有个姓江名革的人。他从小就没有了父亲，自小就跟着他的母亲一块儿长大，母子二人相依为命。

那时候天下并不太平，盗贼很多，百姓四处逃难。可江革母亲年事已高，行动不太方便，他只好背着母亲逃难。在途中，经常碰到作乱的盗贼，他们要把江革掳去，和他们一起做坏事。

江革总是流着两行眼泪哭着对盗贼说："我有母亲在这里，需要人照料，我要是走了，我的母亲就活不下去了，即使我想和你们一起去，也不能丢下我的母亲不管啊，带着母亲一起，肯定又会拖累到你们，所以我是不能和你们一同去的！"强盗听到这话，被他的孝心感动了，也不忍心杀他，就把他们母子放了。

后来江革流落到一个叫下邳地方，穷得连衣裳鞋子都买不起了。即使是这样，他也没有让母亲受苦，为了挣到更多的钱，他就不停地替别人做工，多赚一些工钱来供养母亲。只要母亲生活所需要的东西，一样也不缺，对母亲的照顾是面面俱到。

建武末年，江革和母亲一起重返家乡。每年年末的时候，乡里都会把他作为孝顺父母的榜样进行歌颂。

因为母亲年事已高，经受不住摇晃，所以每次出门江革都亲自为母亲拉车，或者是背着母亲出行，从来不用牛马，以减小车身的晃动，因此而被乡里的人称作"江巨孝"。

太守曾经赠给江革好的礼品，希望他能到太守门下做事，江革为侍奉母亲因而拒绝了太守。

母亲去世之后，江革哭得很伤心，为了给母亲守孝，他就住在母亲的坟旁。服孝期满后，还是舍不得将丧服脱掉。

他这样的孝心被人看重，后来就举他做了孝廉，官至谏议大夫。

姜诗出妇

东汉时期，有个叫姜诗的人，在他很小的时候，父亲便去世了，仅和母亲相依为命。平日里，姜诗就格外地孝顺，尽心尽力地侍奉着母亲，从来没有使母亲为自己的事生气，邻里乡亲看在眼里，都夸他是个好孩子，对他的赞美也从未停止过。姜诗侍母的孝名在乡里很快就传遍了。

姜诗的妻子庞氏也是一个非常孝顺的媳妇，对姜母比对自己的孩子还要好，对婆母的要求是百呼百应，从来都不搪塞推辞。

姜诗的母亲，喜欢吃鱼脍，又特别喜欢喝大江里的水。可是姜诗的家离江河有六七里路。然而，庞氏不怕劳苦，经常提着水桶去江边打水，挑回家里，给婆母喝。

有一次，庞氏去打水，正遇大风，回来得比平时晚了一些。母亲就对姜诗说："孩子啊，你娶的这个媳妇，一点儿也不知道孝敬我，我都快渴死了，她还故意慢吞吞地不回来，这样的人，你把她娶回来有什么用啊！今天你就把她从这个家门赶出去吧。"姜诗虽然知道不是妻子的错，但是母亲的话也不好反对，就只好叫妻子先回避一段时间。

庞氏只好住在邻居家。后来，她用纺织赚来的钱，买了好的饭菜，叫邻居送去给婆母吃。没过几天，婆母便叫庞氏回家了。日子一天天过去，姜母忧心岁月不多，常常思念吃鱼。家中贫寒，姜诗夫妇更加地辛勤劳作，将所有积蓄用来买鱼孝敬姜母。

姜诗和庞氏的这份孝心真是难得。一天，庞氏经过院子，发现院子中间流出一泓清水，顺着墙角流出了院外。庞氏尝了尝，这泉水的味道，竟和江水一样，并且每天还有两条鲤鱼跳出来，从此之后庞氏再也不用从很远的江边打水捉鱼了。鲤鱼也正好可拿来做鱼脍，供给婆母下饭吃。一家人的生活从此过得更加和美了。

冬则温，夏则清；
晨则省，昏则定。

【注释】冬、夏：泛指寒冷、炎热的时候。省：安慰问候的意思。

【译文】冬天要留意父母穿得是否温暖，居处是否暖和。夏天，要注意父母是否感到凉爽。早晨起床之后，应该先探望父母。下午回家时，要将当天在外的情形告诉父母，向父母报平安，使老人家放心。

文王问安

周文王，姓姬名昌，商纣时为西伯，亦称西伯昌。姬昌以仁义治国，行善积德，得到广大百姓的拥护，国力逐渐强大起来。这对商的统治极为不利，引起商王朝的不安。商纣王的亲信奸臣崇侯虎，暗中向纣王进谗言说："西伯侯到处散播善言，树立自己的威信，现在诸侯都向他靠拢，这对您来说是极大的威胁啊。"纣王于是将姬昌拘于羑里（今河南汤阴县）。姬昌出狱后对纣王的残暴再也无法忍受，决心要灭掉商。他一面向纣王献地，以消除纣王的防备之心，取得信任，一面访贤任能。相传西伯在位五十年，已为伐商大业作好充分准备，但未来得及出师便先期死去。

当姬昌还在做世子的时候，每天都会去朝见自己的父亲三次。每日清晨鸡啼的时候，就会穿好自己的礼服，去父亲的寝宫门外等候，向父亲问安。听到父亲的答复后，才会高兴地离开。到了正午的时候，他依然会像早晨一样再去问安。晚上，又去问安一次。

有时候，他父亲会觉得身体不舒服。姬昌得到消息后，脸上立刻便会有一种忧愁的神情，平日里就会一直挂心着父亲，连走路都显得没有精神，直到父亲饮食起居都恢复正常了，他才会恢复原来的朝气。

　　每次别人给他父亲送饭进去的时候，文王一定会亲自去检视一下，看菜是不是冷了或者是太热了，觉得合适了才叫人送进去。等到父亲吃完饭，剩饭剩菜端下来后，文王便会问父亲吃得怎么样，饭菜合不合胃口，并对管理饮食的人说，不要把剩下的饭菜再献上去了，等那个人点头说是以后文王才会离开。文王总是这样始终如一地惦记着自己的父亲。后文王治国推行仁爱，人民都非常地敬爱他。

【注释】反：同"返"，回来的意思。常：固定。

【译文】外出离家，须告诉父母要到哪里去，回家后还要当面禀报父母，让父母安心。平时起居作息，要保持正常有规律，做事有常规，不要任意改变，以免父母忧虑。

国君拜父

　　汉代开国皇帝刘邦，儿时性格豪爽，不太喜欢读书，可是他对人却很宽容。秦朝时曾担任小属吏泗水亭长，负责给朝廷押送徭役。后因秦王暴政遭天下唾骂，刘邦带领沛县农民起义，称"沛公"，公元前206年被义军盟主项羽封为汉王，封地为汉中、巴蜀，后入关中称帝，定国号为"汉"。他对中华民族的统一，华夏文化的保护发扬有杰出的贡献。

　　刘邦对他的父亲非常地尊重。作为一国之君，刘邦每天都会接受无数人的叩拜，但他每天都会去面见自己的父亲，恭恭敬敬地叩拜父亲，给父亲叩头请安。

　　有一天，刘邦像以往一样到父亲的住所请安，父亲对刘邦说："你已经是当朝的皇帝了，而我只不过还是以前的一个农民，是经受不起你的叩拜的，你还是回去吧，以后也不用再来叩拜我了。"然后回到屋子里不见刘邦了。

　　刘邦就在屋外长跪不起，说道："我的身体是您和母亲给的，没有你们，又怎么会有我呢？更不用说我今天所拥有的权力和地位了。在那个战乱连绵，食不果腹的年代里，您和哥哥姐姐都因为我是最小的，而特别地照顾我，把一切好的东西都留给我，教会了我做人的道理，这些我又怎么能够忘掉呢，如果因为我是皇帝就不能跪拜您，那我情愿不做这个皇帝了。"听到这些话，父亲才肯出来见刘邦。

　　刘邦从来都没有忘记父亲的教育和养育之恩，在父亲死后，他将父亲以前居住的小房子改成了一间大庙。每隔一些日子，他都会去祭拜，出去巡视之前都会到那儿告别，回来了也会去那里道一声平安。

　　刘邦拥有至高的权力，对父亲兄长一直都很恭敬，不论是他们的生前死后，都深切怀念着他们，他讲究"以孝治天下"的施政理念。他是中国历史上第一个由农民起义领袖转化而来的布衣皇帝，在政治上很有魄力，在治国上策略得当，他借农民反秦大起义的革命风暴登上历史舞台，拥有远大的抱负，知人善任，拔出同列，力压群雄，最终战胜了"楚霸王"项羽，建立了强大的西汉王朝，成为我国古代一位杰出的政治家。他采取的宽松无为的政策，不仅安抚了人民，凝聚了力量，也促成了汉代繁荣大度的文化基础。

刘邦高瞻远瞩、深谋远虑，他的政治制度，使大汉延续了长达四百余年。他的一套政治体制和经济制度为后世统治者所沿用。他开创的大汉帝国可以说是中国历史上最强盛的朝代，令后世国人景仰与怀念。

事虽小，勿擅为；
苟擅为，子道亏。

【注释】擅：擅作主张，随意、任性。苟：假使、如果。亏：指缺陷、不完美。

【译文】纵然是小事，也不要任性、擅自作主，而不向父母禀告。如果任性而为，容易出错，这样就有损为人子女的本分，让父母担心，是不孝的行为。

羊续悬鱼

羊续是东汉时期南阳太守，他为官正直清廉，对当时贪污腐败的官僚特别憎恨，特别讨厌那些生活奢侈、铺张浪费的贵族。他为人谦虚谨慎，生活朴素节俭，身上穿的衣服十分地破旧，但很干净，睡觉所盖的被子都是多次缝补过的，所乘坐的马车也是又旧又破，餐具是粗制简陋的瓦器，吃的是粗茶淡饭。

焦俭是羊续的下级，平日里，为人也很正派，与羊续关系很好，两人经常会在一起谈论政事。久而久之，焦俭发现羊续的生活实在是太清苦了，就想给他改善一下生活，可是焦俭是知道羊续清廉的本性的，他不能给羊续送去山珍海味。后来听说羊续喜欢吃生鱼，就到集市上买了一条鱼送到他家去。

焦俭知道羊续的性格，怕他就连这条鱼也不会收下，就笑着说："大人到南阳时间不长，此地有名的'三月望饷鲤鱼'您一定还不知道吧！所以我就特意买一条送给您，您尝尝，然后说说这鱼到底怎么样。平时您从来没有把我当下级看待，而让我们以兄弟相称，这条鱼就当是小弟对兄长的一点敬意。您也明白，这并非是我用来奉承讨好您的，因此，请您务必收下！"见焦俭这么说，羊续觉得不收下就真的是见外了，于是笑着说："既然你这样说，那我就只好收下了。"

等焦俭走后，羊续便把这条鱼挂在室外，一直都没有去碰它。第二年三月焦俭又买了一条鲤鱼给羊续送去，心想一年只送一条鱼应该是可以的。到了羊续府上，焦俭刚说明来意。羊续便指着那条挂着枯干了的"三月望饷鲤鱼"，说："你去年送的我都还没有吃完呢。"焦俭摇摇头叹了口气，什么也不再说了，只好悄悄地把鱼取走了。

此事传开后，南阳郡百姓纷纷称赞羊续的廉政，敬称他为"悬鱼太守"，从此也没有人再向羊续送礼了。有诗赞美说："剩喜门前无贺客，绝胜厨内有悬鱼。清风一枕南窗下，闲阅床头几卷书。"

防微杜渐

东汉和帝即位时，只有十岁，其养母窦太后掌握朝中大权，朝廷大小事情皆由窦太后说了算，可谓一手遮天，从此汉朝政局陷入混乱之中，外戚、宦官相继掌权，东汉日益衰落。窦太后排斥异己，任用窦家人为文武大官，朝中的重要职位都由自己的亲信担任。她的兄弟窦宪是当时的大将军，将国家的军政大权牢牢地掌握在手中。窦家人依仗权势任意妄为，屡犯错误也无人制裁，窦氏的专横独断，引起汉和帝的不满。

形成这种局面，朝中许多大臣都非常地着急，为汉室江山的未来表示担忧。大臣丁鸿就是其中忧国忧民的一个。丁鸿十三岁的时候，拜当时全国赫赫有名的桓荣为师。他善于辩论，其才干与品德都很出众，得到当时人们的推崇。他对学问的造诣也很高，对经书研究极为透彻，其才学和品行赢得了皇帝的重视。先后辅佐汉明帝、章帝、和帝，多次受到皇帝的封赏，至和帝永元四年，丁鸿代袁安为司徒。对于窦太后的专权他感到非常地愤怒，决心为国家除去这一祸害，于是暗中收集关于窦太后徇私的证据，寻找适当的机会。

一日，天上发生日食，由于当时的人都认为这是个很不祥的预兆，丁鸿就借这个机会，上书皇帝，说："这个不祥的天象告诉我们朝中存在着危险势力，不过现在还在萌芽阶段，如果不及时除掉，任它滋长的话，就会给国家带来大灾难。"他及时指出窦家权势对于国家的危害，建议迅速改变这种现象。和帝本来早也觉察到了这一点，于是迅速撤了窦宪的官，窦宪和他的兄弟们也都因此而自杀。

物虽小，勿私藏；

苟私藏，亲心伤。

【注释】虽：虽然，哪怕。私藏：私自地藏起来。

【译文】公物虽小，也不可以私自收藏占为己有。如果私藏，品德就有缺失，父母亲知道了一定很伤心。

甄彬还金

齐朝的时候有个叫甄彬的人，他不仅才能出众并且品德也很高尚，可谓德才兼备。

有一年甄彬家中遇到灾祸，日子过得十分困苦，甄彬就用一捆苎麻作为抵押到寺庙换了一些银两，贴补日常生活所用，后来家中境况慢慢好转，生活渐渐宽裕，有了结余，甄彬就拿钱去赎回自己的苎麻。可是当他把苎麻带回家时，发现苎麻中间夹着一条手巾。甄彬取出手巾，感觉手巾沉甸甸的。打开一看，原来里面还包着五两金子。甄彬想这金子肯定是寺庙的，要是寺庙知道金子丢了肯定会很着急的。于是，他就将金子又送了回去。

管理寺庙的和尚见有人得了金子还送回来，感到非常地吃惊，同时又十分地感激，和尚向甄彬解释说："前不久，我的一个朋友送来五两金子，叫我先替他保管着。因为当时过于匆忙，我也就忘了当时放到什么地方了。等后来他再来向我取回的时候，我怎么也找不着，一直发愁怎么向别人交代。今天您意外得到了，还专程送来，真的很感谢，像您这样的人我的确也少见。"说着，和尚还要分给甄彬一半的金子作为答谢。甄彬说什么也不肯收，和尚也只好不再勉强，赞叹地说："您在大热天仍然穿着皮袄背柴草，也不过是一个普通的穷苦百姓，五两金子对您来说完全可以改变自己的这种命运，而您却原封不动地送回，您的这种拾金不昧的好品质真的是难能可贵！"

后来甄彬被任命为郫县县令，在赴任的前夕，到太祖皇帝那里辞行，一同去辞行的还有其他五位官员。太祖皇帝嘱咐他们一定要好好对待百姓，保持廉洁。唯独对甄彬说："你曾经有拾金不昧的美名，一向廉洁奉公，对你我就放心了，就不用再嘱咐了。"甄彬得到了太祖皇帝的信任，他高尚的品格更是被人广为称赞。

于谦拒礼

于谦是明代有名的清官，被尊称为"于青天"，深得当时百姓的爱戴。

在于谦六十岁大寿的那天，到他家来送礼的人络绎不绝。于谦吩咐家人和下人，一概不收寿礼。皇上见于谦一片赤诚忠心，又立下了诸多战功，就派人送了一只玉猫金座钟当作给于谦的寿礼。管家根据叮嘱把来送礼的太监拒之门外。

太监显得十分地不高兴，就写了"劳苦功高德望重，日夜辛劳劲不松。今日皇上把礼送，拒礼门外情不通。"四句话，叫管家送给于谦。于谦见了，在下面添了四句："为国办事心应忠，做官最怕常贪功。辛劳本是分内事，拒礼为开廉洁风。"太监见于谦这样坚决，也不好再说什么了，就带着寿礼回去向皇上复命了。

过了不一会儿，于谦的同乡好友郑通也来送礼了，于谦依然拒绝了，向郑通说道："你我为官皆刚正，两袖清风为黎民。寿日清茶促膝叙，胜于厚礼染俗尘。"郑通听了十分敬佩，于是叫家人带回礼物，自己进门与于谦叙谈友情。

当于谦正和郑通谈得投机之时，管家进来通报，有一个自称"黎民"的送来了一盆万年青，并附了一首诗，诗中这么写道："万年青草情义长，长驻山涧心相关。百姓常盼草常青，永为黎民除贪官。"于谦见后，于是出门迎接，接过那盆万年青，同时赋诗一首："一盆万年情义深，肝胆相照万民情。于某留作万年镜，为官当学万年青。"

于谦处事不徇私情，清廉不赂，被朝中的贪官视为眼中钉，一心想找机会把他除掉，纷纷在皇帝面前诬陷于谦。皇帝听信谗言，认为于谦不把自己放在眼里，心中恼生怒火，就找了个罪名，罢了于谦的官，将于谦押入了大牢。

于谦在狱中写下了这样的一首诗："千锤万凿出深山，烈火焚烧若等闲。粉骨碎身浑不怕，要留清白在人间。"意思是说：石灰是经过千万次锤打才从深山里开采出来，把熊熊烈火的焚烧当作很平常的一件事。就算粉身碎骨都不怕，只求能一身清白留在人间。他以石灰作比喻，道出了自己坚强不屈、洁身自好的品质和不同流合污与恶势力斗争到底的情感。

亲所好，力为具；
亲所恶，谨为去。

【注释】好：喜好、嗜好。具：拥有。

【译文】父母亲所喜好的东西，应该尽力去准备，父母所厌恶的事物，要小心谨慎地去除（包括自己的坏习惯）。

鹿乳奉亲

郯子，春秋时期鲁国人，从小就十分孝顺自己的父母，对与父母一路走来的艰辛，他一直牢记在心，是一个真正至孝之人。有一个孝顺的儿子，郯子父母的生活增添了不少的愉悦。

时间流逝，郯子也一天天地长大。可父母也在渐渐变老，身体每况愈下，行动起来也不方便了。郯子深谙人生的苦短，对父母不容易的一生体会也越来越深刻，从而，就更加珍惜与父母相处的每一时刻。

很不幸，两位老人都害了眼病，几乎是什么都看不见了，已经不能够辨别事物。身体渐衰的父母，似乎感受不到任何一点儿生活的希望，终日忧伤叹气，脸上的皱纹日渐增多。

孝顺的郯子看在眼里，内心十分地痛苦，他不想父母的余生只能在黑暗之中度过，就一直寻找着能让父母眼睛变好的办法。郯子一边安慰父母，说眼睛一定能够治好，一边加紧寻医访药，希望能尽快将父母的眼睛治好。

在郯子的安慰照顾下，父母心情有所好转。一天，郯子听父母和自己讲，有人说鹿乳可以治眼病，所以就想试试到底能不能见效。可是又到哪里去弄鹿乳回来给父母治眼病呢？老人也知道弄到鹿乳是一件很不容易的事，就叫郯子不用去找了。

但是郯子一直把这个信息暗暗地记在心里。他一面让父母放心，一面寻找如何才能获得鹿乳的方法。母鹿是不会轻易让人采集奶汁的，终于，郯子想到了一个好办法，他乔装打扮成一只小鹿，钻进深山采集鹿乳。

郯子装扮得非常逼真，他仿照小鹿的姿势动作，还有叫声，当他进入到鹿群栖息的地方后，并没有使鹿群受到惊吓。终于，他小心翼翼地取到了鹿乳。郯子得到鹿乳，回到家给父母治眼病，父母的眼睛也渐渐好转了，家里又恢复了一片欢笑之声。

著书劝子勤俭

北宋杰出史学家司马光，文学才华很高，二十岁时就中进士甲科。司马光的日常生活十分节俭，工作作风稳重踏实，把俭朴作为教子成才的主要内容。

无论是在工作中，还是生活中，司马光都十分注意教育孩子要勤俭节约，戒奢从简。他在《答刘蒙书》中说自己"视地而后敢行，顿足而后敢立"。为了完成《资治通鉴》这部历史巨著，他找来刘攽、范祖禹、刘恕当助手，同时也让自己的儿子司马康一同参与这项工作。

一次，司马光看到儿子读书时，用指甲抓书页，就觉得非常地生气，走过去教训儿子说："读书前，要先把书桌擦得干干净净，垫上桌布，以免把书弄脏；读书时，要端端正正地坐着；翻书页时，要先把书页的边缘托起，再轻轻翻开一页，这样才可以避免弄坏书页，使书页完整。"此后，司马康看书再也不敢马马虎虎了。

为了实现著书立说的志向，司马光十五年从来没有松懈过，即使生病也没有歇下来。他身边的人劝他，要好好地休息，别经常为事情烦恼忧愁，他回答说："先王说过，死生都是命中注定。"这种严谨的工作作风，使他的子孙，以及同僚们十分佩服。

生活中，司马光节俭纯朴，从不刻意讲究吃穿，他只求衣服能够挡风避寒，食物能够填饱肚子，从不奢华富贵。他常常对自己的儿子说："学习一定要认真，工作一定要踏踏实实，生活一定要俭朴，往往一个人丰衣足食之后，生活就会变得奢侈，你一定不能这样。虽然这些从表面上看只是生活琐事，然而，每个人做到了这一点之后，就能够使一个国家繁荣兴盛。只有拥有这样的道德品质的人，才能修身、齐家，乃至治国、平天下。你也一定要严格要求自己这样去做。"

在司马光严格地教育下，儿子司马康从小就养成了节俭踏实的习惯，一直以俭朴要求自己，从不违背父亲的教导，以博古通今、为官廉洁和生活俭朴而称誉于后世。

司马光告诫后人"由俭入奢易，由奢入俭难"，意思是说生活环境从节衣缩食变成丰衣足食，轻而易举；若是从丰衣足食变成节衣缩食，那就有困难了。

身有伤，贻亲忧；
德有伤，贻亲羞。

【注释】忧：挂心、担忧。羞：耻辱。

【译文】要爱护自己的身体，不要使身体轻易受到伤害，让父母亲忧虑。要注重自己的品德修养，不可以做出伤风败德的事，使父母亲蒙受耻辱。

借米侍双亲

仲由，字子路，春秋末鲁国人，孔子的得意门生，以政事见称。为人正直但显得有些鲁莽。他十分地勇敢，对待长辈非常地孝顺。除在孔子门下学习六艺以外，子路还替孔子赶车，当孔子的侍从，跟随孔子周游列国。他敢于对孔子的言行提出批评，勇于改正自己的过错，深得孔子器重。孔子称赞他说："子路性格刚用，听到别人指出自己的过错时就会很高兴。"

子路出生贫寒，小的时候家里很穷，不能像其他的孩子那样经常有新衣服穿，也没有什么好吃的食物可以吃，同时还得经常帮父母做一些力所能及的事。他家长年吃着粗粮和山上挖回来的野菜，在这样艰苦的条件下，他依然刻苦学习。

有一次，年老的父母想吃米饭，可是家里一粒米也没有，又没有钱到集市上去买，可是这是父母的一点小小的的愿望，他又十分想满足父母，该怎么办呢？子路想："远方亲戚家肯定有米，要是翻过几座山去借点米回来，就可以满足父母的这点要求了。"

于是，小小的子路一个人翻山越岭走了十几里路，从亲戚家背回了一小袋米，终于让父母吃上了香喷喷的米饭，看着父母高兴的样子，子路忘记了疲劳，一点儿也不觉得累。

后来子路做官，事业发达了，生活条件条件变好了，家里也富有起来。可是他的父母已经先后过世。子路很想要报答父母的恩情，但此时父母已经不在身边了，这令他非常地痛心。

孔子夸赞子路是一位非常有孝心的人，并告诉子路，尽孝是不应该用物质来衡量的，有你对父母的一份诚敬就足够了。心中不敬父母，只有孝行，那是不够的，贵在你有这份孝心。

收金伤母心

田稷子，战国时齐国的相国。一次，他收受了下属官吏贿赂的黄金百镒，并用这些黄金来孝敬自己的母亲。

田母十分诧异，于是责问田稷子说："你虽然已经当相国三年了，但你的俸禄大概还没有这么多吧，这些金子难道是品格高尚的正人君子应该得到的吗？我怎么能收下这些金子呢？"

田稷子跪着向母亲解释说："这些金子确实不是我俸禄所得，是下属送给我的，可是我这么做都是为了母亲您啊。"

田母严肃地训斥田稷子说："我听说为官的人要修身洁行，不能随便收受别人的东西，一定要注意做到洁身自好、言行一致、忠诚守信、办事公正，像你这样处理事务，收取别人的钱财，并不是我所希望的。朝廷让你做官，给你很高的俸禄，你就应该一心一意地为国家着想，把你职责以内的事情做好，效忠朝廷。你做了官，只有廉洁公正，才能够得到百姓们的敬爱，使自己处在一个安全的位置，避免招来祸害。而你现在却不自爱，背弃了一个做臣下的原则，天下百姓是不会拥戴你的。像这些不是经过自己诚实劳动得到的财物，我是不会享用的，你这样做就是不肖之子，不配做我的儿子。"

田稷子感到非常羞愧，说："母亲您教训的是，我这样做的确有愧于做一个臣子，我以后再也不会这么做了，从现在起，我一定会廉洁自律的。"说完就拿着这百镒黄金告别母亲。他先将那些受贿的黄金退还给下属，然后背着草席去向齐宣王请罪。齐宣王清楚了此事缘由，很钦佩田稷子母亲的高尚情操和义举，也赞赏田稷子敢于承认错误，改正错误的品格，于是赠予公金，并赦免了田稷子的罪。

亲爱我，孝何难；
亲憎我，方孝贤。

【注释】憎：讨厌，不喜欢。方：才。贤：贤良。

【译文】当父母亲喜爱我们的时候，孝顺并不是一件很难的事；当父母亲不喜欢我们，或者管教过于严厉的时候，我们一样孝顺，而且还能够自己反省检点，努力改过并且做得更好，这种孝顺的行为最难能可贵。

老莱子彩衣娱亲

老莱子是楚国人，为人十分友善，侍奉父母无微不至。他不仅在吃穿用方面竭尽所能地供给父母，而且还经常想办法哄逗父母开心。

老莱子七十多岁时，已经是个走路蹒跚的老头了，但因为父母还健在，他从来没有说过自己已经老了的话。为了让父母的晚年生活过得愉快些，他经常穿着五彩斑斓的衣服，模仿小孩顽皮的样子，又唱又跳地在父母面前表演，两位老人被他逗得哈哈大笑。

有一次，他用两只木桶挑着水走过堂屋，见父母正坐在那儿无聊，他就故意假装跌倒，躺在地上不起来；又学婴儿两腿蹬地，撒娇，大声啼哭。父母见他这样，忍不住笑了起来，挂着拐杖慢慢走到他跟前，将他扶起来。

又有一次，老莱子手捧一只刚出壳不久的小鸟，在父母面前百般逗弄，做出顽童嬉戏时天真的样子，父母再一次被逗得呵呵直乐。

亲有过，谏使更；
怡吾色，柔吾声。

【注释】谏：劝说，劝谏。更：更改，改正。怡：和悦。

【译文】父母亲有过错的时候，应小心劝导改过向善，劝导时态度要诚恳，声音必须柔和，并且和颜悦色。

芦衣顺母

闵子骞，春秋时期鲁国人，他崇尚节俭，当时鲁国要扩建新库房，在争取他的意见时，他很直接地说："原来的库房已经很好，并且够用了，就不用再去劳民伤财了。"孔子赞扬他说："这个人平时不怎么说话，但是说出来的话很有力度。"闵子骞了解民生，一心为百姓着想，同时也是个极其孝顺的人。

闵子骞幼年丧母，闵父再娶，又生了两个儿子。继母对闵子骞并不疼爱。冬天，继母用芦花给子骞做"棉衣"，用棉花给他的两个弟弟做棉衣。

有一次，快过年了。子骞父亲回到家中，看到三个孩子都穿上了新棉袄，心里非常高兴，便带着兄弟三人去集市看热闹，叫子骞为他们驾车。

雪花飘落，寒气逼人，闵子骞冷得发抖，手脚发僵，后来马的缰绳也抓不住了。父亲觉得奇怪，同样都穿着新棉袄，子骞怎么会冻成这样，而两个弟弟却不冷。无意间，他看到子骞身上的棉袄，从钩破的小洞里露出的是芦花。他再看看两个弟弟的棉袄，里面全是棉花。父亲非常地愤怒，调转马车往家驶去。

回到家，闵父对继母大声说道："我娶你，是为了我的儿子，现在你欺骗我，让我的儿子受冻，你走吧，不要再留在我家。"继母和两个小儿子吓坏了，一个劲地呜呜哭着。

闵子骞听见父亲要赶走继母，就对父亲说说："请不要赶走继母，继母在，最多是我一个人受点冷；如果她不在了，那我们兄弟三人都要受冷了。"他的这番话，让父亲和继母都感动了。父亲让继母留了下来，继母从此像对自己两个亲生儿子一样对待子骞，他们家里又充满了欢乐和幸福。

有诗歌歌颂闵子骞说：闵氏有贤郎，何曾怨后娘；车前留母在，三子免风霜。

太宗劝父

唐太宗李世民开创了历史上繁盛的"贞观之治"，在他统治期间主动消灭各地割据势力，虚心接受群臣的进谏，推行节约之风，使百姓休养生息，社会出现了国家繁荣、民生安定的局面，为唐朝全盛时期的"开元盛世"奠定了重要的基础，把传统的中国农业社会推向了鼎盛时期。李世民小的时候，就是一个有军事谋略的孩子，他经常随着父亲李渊到处游走。当时天下很乱，他们得随时做好打仗的准备。

有一次，李渊做出了一个决策，准备连夜拔营攻打另外一个地方。李世民认为这样做有些不妥，就劝父亲说："这样做的话，我们获得成功的机会会很小，恐怕我军会遭到埋伏，不但不能获得胜利，可能还会受敌军的围剿，不利我军。"当时李渊态度非常坚定，不采纳他的建议。李世民再三劝说，还是未能将父亲说服。

眼见整个军队就要拔营了，这时，李世民在帐篷外面嚎啕大哭，哭得非常伤心。他知道父亲这个决策是错误的，他已经看出危险所在。

李渊听到外面有人在哭，哭声非常伤心，就走出去一看，发现是自己的儿子在那里哭泣。于是走过去问他是什么原因。

李世民趁这个时候再一次对父亲进行劝说。他讲明了自己为什么会哭。希望能阻止父亲的这一决策。李渊看到儿子如此伤心，并且分析又很有道理，所以就及时停止这项军事行动。

后来李渊终于平定了各地叛乱，奠定了唐朝的千秋基业。

谏不入，悦复谏；
号泣随，挞无怨。

【注释】入：接受，接纳。挞：责打。

【译文】劝说没有被父母接受，要耐心等待，一有适当时机，再继续劝导；如果父母仍然不接受，甚至生气，此时我们虽难过得痛哭流涕，也要恳求父母改过，纵然遭遇到责打，也无怨无悔，以免陷父母于不义，使父母一错再错，铸成大错。

跪父留母

宋代时候，江南有一孝女名叫张菊花。在她只有七岁的时候，母亲就因病过世。后父亲再娶一妻。虽然是继母，但是菊花对她还是十分地尊敬，就像对待自己的亲生母亲一样。可是继母对菊花并不好，总是想把菊花从这个家门赶出去。

有一年，菊花的父亲在外做生意，有很长一段时间没有回家，继母见这是个很好的机会，乘机将菊花卖给人家作婢女，菊花苦苦哀求继母不要这么做，可是继母无动于衷，依然把菊花卖给了人家。

事情很凑巧，菊花被卖的那一天，父亲正巧也在回家途中。路途中看见菊花被人绑着，感到十分惊讶，立刻跑了过去，拦住了他们。

当父亲问她为何会发生这样的事时，菊花只是默默地哭泣，并没有作答，她怕自己说出事情的真相以后，连累到继母。父亲再三地追问，菊花最终不得已说出实情。父女两人在此相见，真是悲喜交加。

父亲非常地生气，当即就将菊花赎了回来。菊花得以脱身，跟随父亲一同回家。三日以后，父女回到家。继母看到菊花和父亲一起回来，十分地惊慌，躲在一个草房内不敢出来。

菊花的父亲更加地恼怒，说要把继母休掉，让继母滚出家门。菊花见到这种情形，马上就跪下为继母求情说："父亲您不要生气，这次您就原谅继母吧，我自小就没有了母亲，是继母照顾我长大。她已经在我们家这么多年，你要是把她赶了出去，她又能去哪儿呢？"父亲被菊花的孝心感动，方才把继母留下。

137

继母没有生子，菊花在父亲去世后孝顺继母和父亲在世时一样。世人有诗颂曰：一片奉心如石坚，一身被鬻亦依然；情深跪动恕宽母，纯孝并齐闵子骞。

劝姑孝祖

明朝时候有一个叫刘兰姐的人，因家里贫困被嫁到浙江绍兴山阴一户姓杨的人家里作了童养媳，那时候她还只有十二岁，但是她明晰事理，做事勤快认真，对家人也是十分谦恭尊敬。她婆母王氏对待长辈不怎么孝顺，时不时冒犯长辈。杨家家里有八十岁祖母，王氏看祖母很不顺眼，经常骂祖母"老不死"，说祖母一直在杨家吃闲饭，把她当作是家里的"包袱"，言辞十分粗野。刘兰姐觉得婆母的行为十分不妥。

一天深夜，刘兰姐去到王氏的房间，一进去就跪在那儿。王氏大吃一惊，问她是什么原因。刘兰姐答道："儿担忧婆母现在不敬祖母，日后媳妇都把您当作榜样，等您老的时候，她们用同样的方式对待您，也把您视为"包袱"，您想想，到那个时候，您会多么地伤心啊！祖母长命百岁是我们家的福气，请您再认真地想一想，以后不要再那样对待祖母了。"

王氏听后恍然大悟，叹气说："你的这一番话让我明白自己现在的行为是不孝顺的，我以后会好好地对待祖母的。"于是，王氏对待祖母温柔恭顺。刘兰姐和其他的媳妇对王氏也是毕恭毕敬，一家人生活和和美美。

人们夸赞刘兰姐说：二六女儿明大义，看姑骂祖逆亲意；入房跪劝悔前非，示范儿孙行孝字。

亲有疾，药先尝；

昼夜侍，不离床。

【注释】疾：生病，不舒服。侍：侍奉，照顾。

【译文】父母亲生病时，给父母送去的汤药，子女要先尝尝，看是否太烫，或者太苦。子女应当尽心尽力地照顾生病的父母，更要昼夜服侍，不可以随便离开。

汉文帝尝药

汉文帝刘恒，是汉高祖刘邦的第四个儿子。汉高祖十一年，就把代地封给了年仅十八岁的刘恒，因此刘恒又被称为代王。汉文帝在位期间，是大汉王朝从国家初定走向繁荣昌盛的过渡时期。在汉文帝和他儿子汉景帝统治时期，社会秩序稳定，人民安居乐业，经济生产显著快速发展，被视为封建社会的"盛世"，历史上把文帝到景帝统治时期誉为"文景之治"。汉文帝虽贵为一国之君，但从来不忘仁孝。

刘恒是庶出，他的母亲就是薄姬，后称薄太后。刘恒是个非常孝顺的孩子，对自己的母亲非常地孝顺，日日夜夜、朝朝暮暮都记挂着母亲，对母亲的照顾更是无微不至，从来都不曾有过一刻怠慢。

一次，薄太后生病了，足足有三个年头之久。文帝怕下人们不够细心，每天都会亲自看护母亲，详细地询问母亲的病情，照料得非常地周到。夜间睡觉的时候，他眼睛都没有闭过，衣带也没有解开过，以便在母亲呼唤自己时，能够随时到母亲的身边。对于母亲要吃的汤药，他必定先要亲自尝，看是否太苦，或者很烫，尝过后才会放心地送到母亲面前，服侍母亲服用。这三年间，文帝一直在一旁服侍着，等到母亲的病情痊愈才安安稳稳地睡上一觉。

文帝孝母的事迹打动了天下百姓，他因此深得百姓敬爱，仁孝的名声传遍四方，人人皆知。文帝恭修节俭，在位二十三年，连车骑服御之内的物品都没有增添，屡次下诏禁止各郡国向朝廷进贡奇珍异宝；平时穿戴也十分节俭，是用粗糙的黑丝绸纺织的；他对百姓轻徭薄赋，在朝礼贤下士，创下了汉代的太平盛世。

黔娄尝粪

南北朝时期，南齐有一位叫庾黔娄的人，自小诵读《孝经》，对待父母特别孝顺，流传着有关他的这么一段佳话。

这一天，黔娄被派到孱陵县做县令，上任还不到十天。他忽然感到心慌，全身上下都出虚汗，一种不祥的预兆袭上心头，他担心可能是家中的父母出事情了。想到要真是家中父母出事了，自己不在身边，父母没有人照顾，就越觉得心急不安。于是，他立即辞去官职，日夜兼程地赶回家中。

黔娄赶到家中，果然父亲生病卧床已经好几天了。他急忙请来医生替父亲看病，并焦急地守在父亲的床边，等待医生的病情诊断结果。他担心年迈的父亲，经受不起大的病痛折磨。

黔娄问医生他父亲到底患的是什么病，医生看了看黔娄，认真告诉他说："就你父亲的年龄和身体状况来说，这样的病对他很不利，要有人精心照料，并时时关注他的病情变化状况。"

那怎样才能知道家父的病情变化状况呢？医生略微沉默了一下，说："要有孝顺的子女，每天替病人尝尝粪便就知道了。要是粪便的味道是苦的，病情就好转了，但粪便的味道是甜的，那就说明严重了。"

从那一天开始，黔娄就遵照医生的嘱咐，每天都亲自品尝父亲的粪便。当他尝到的粪便是苦涩的味道时，就十分欢喜。而当他所尝到的粪便有甜甜的味道时，便会十分地焦急。

黔娄每天磕头祈求，愿意牺牲自己的生命来延长父亲的寿命。不久后，父亲过世了。他一时无法接受父亲离开的现实，万分悲痛。虽然此时他已经很虚弱，但依然坚持日夜陪在父亲的墓旁，守孝丧之礼。

丧三年，常悲咽；
居处变，酒肉绝。

【注释】丧：去世，离世。咽：哭泣。

【译文】父母去世之后，守孝期间（古礼三年），要常常追思、感怀父母教养的恩德。自己的生活起居必须调整改变，不能贪图享受，应该戒绝酒肉。

生死相守

孔子去世以后，他的弟子都非常地伤心，像失去了世间最可敬、可贵的父母一般。为表示对老师的孝敬，大家决定一起为老师服丧三年。在这三年之中，他们在睡觉的时候都没有脱下丧服，一直默默地守护在老师的灵位旁。

三年很快就过去了，他们约定的服丧期已满，马上就要各自回家了。大家难舍难分，割舍不下过世的老师，也放不下曾经同窗共读的同学，大家彼此对视沉默了许久。

主持丧事的子贡对大家说："大家现在不要再难过了，都把自己的东西收拾好吧，我们一起再到老师的跟前道一声再见。"大家都明白子贡的意思，便都向孔子的墓地走去。子贡在前面领路，一路上大家都低着头，回想与老师这些年来的点点滴滴。

来到墓前，弟子们纷纷向老师施礼告别，一个个泪流满面，扑跪在地，倾诉着对去世老师的思念。等到天色暗下来，才依依不舍地离开。子贡走在最后面，他一步一回头，心里非常地悲痛。老师曾经教他读书习字，教他为人之道，现在失去了恩师，也失去了指引自己方向的人。子贡越想越觉得沉痛，于是，暗暗下定主意：决定留下不走，再给老师守丧三年。

子贡留下了，他将房子修在了老师的墓旁，时刻守在老师身边。三年中，子贡与老师昼夜相伴。老师的坟上若是长了杂草，子贡就会把它除去，栽上美丽的鲜花；老师的坟上黄土要是干裂了，子贡就会培上新土。就这样一直默默地守在老师的坟旁，以表对老师的深情怀念。

丧尽礼，祭尽诚；
事死者，如事生。

【注释】祭：祭拜，拜祭。事：对待。

【译文】办理父母亲的丧事要合乎礼节，不可草率马虎，也不可以为了面子铺张浪费，祭拜时应诚心诚意，才是真正的孝顺。对待已经去世的父母，要如同生前一样恭敬。

背土葬母

祭遵是东汉时颍川颍阳（今河南许昌）一个富贵人家的孩子。自小的时候就喜欢读经书，在他读书的时候，十分专心，常常通宵达旦。虽然家境富裕，但是祭遵生活从不奢华，分外俭朴，也不喜欢经常买新衣服，对饮食也从来不挑剔，只要能吃饱就行。他还是一个很孝顺的孩子。

祭遵对父母特别孝顺，当父母病倒时，他担心下人的照顾会不够周到，父母会觉得不舒服，就坚持每天亲自侍候父母吃饭、服药，还坚持为父母刷洗便盆，每天屋内屋外跑来跑去，忙个不停。

在他十五岁时候，祭遵的母亲不幸去世了。下葬时，他背起箩筐上山，要用亲自背回来的土将母亲埋葬。

小小年纪的祭遵，上山下坡，背了大半天，累得汗水直流。亲朋们看着都非常心疼，就叫他不要背了，说找个人替他背。祭遵放下背上的箩筐，舒了口气，深情地说："我还没来得及敬孝我的母亲，她就离我而去了，如此看来，我是多么的不孝顺，我从来都没有回报母亲的恩情。此时此刻我所做的一切对于母亲来说，这一切都已经过去了，或者说是太迟了。但是我必须做到一个儿子应尽的责任，敬我最后的一片孝心，我能为母亲做的也就只有这一点了。我现在让自己苦一点、累一点，可能还能使九泉之下的母亲感到我对她的一片孝心，能够得以安息。"亲朋们听了都非常地感动，便不再劝说他了。

后来刘秀在"昆阳之战"击败王寻后，回军经过颍阳。听说祭遵的孝贤事迹，就把他招录麾下。刘秀喜欢祭遵的风度容仪，任命他为门下史。

王裒泣墓

三国时期，魏国有一个孝子，叫作王裒。他的父亲叫王仪，因正直敢言，被骄横跋扈的晋王司马昭无辜杀害。父亲蒙冤而死，因此王裒立誓终生不再面西而坐，表示他是不肯再给晋朝做臣子，以此来怀念父亲，并用来警示自己。

小王裒在母亲的照料下逐渐长大，母亲将全部的爱心都放在了王裒身上，对他非常地疼爱。长大后的王裒对母亲也是百般孝顺、体贴入微，只要是母亲的事情就亲力亲为，除了亲自照料母亲的饮食起居，还时常在母亲身边陪她说话聊天，逗她开心。要是母亲病了，他会日夜伺候在床前，衣不解带地喂汤喂药。

王裒母亲在世的时候，十分地胆小，最怕雷雨天气时的电闪雷鸣。母亲过世后，他非常地悲痛，他将母亲用衣衾殓了，在林子中挑选了一个非常安静的地方将母亲葬在了那里。可是，王裒一直也没有忘记母亲害怕雷声，只要一碰到风雨天气，雷声隆隆作响的时候，王裒就会不避风雨，飞般跑到母亲的坟前，含着泪水哭拜着说："儿子王裒会一直在这里陪伴母亲您的，母亲不要觉得害怕，您就安心地休息吧。"他经常倚靠着墓前的柏树哭泣，眼泪滴到柏树上，柏树都枯死了。

王裒在教弟子们读《诗经》时，只要读到"哀哀父母，生我劬劳"这几句，一定会泪流满面，反反复复地朗诵。王裒始终如一地思念着自己的父母，无论身处何方。

有诗赞颂王裒的孝行曰：慈母怕闻雷，冰魄宿夜台；阿香时一震，到墓绕千回。

兄道友，弟道恭；
兄弟睦，孝在中。

【注释】道：指哥哥姐姐跟弟弟妹妹相处的方法。恭：恭敬。

【译文】当哥哥姐姐的要友爱弟弟妹妹，作弟弟妹妹的要懂得恭敬哥哥姐姐。兄弟姐妹能和睦相处，一家人和乐融融，父母自然欢喜，孝道就在其中了。

赵孝争死

汉朝的时候有一对兄弟，哥哥叫赵孝，弟弟叫赵礼，兄弟两人自小关系就非常地密切。

有一年，天下饥荒，社会动荡不安。一天，兄弟两个正在家里玩闹，强盗突然冲了进来，在家里乱翻。在这样的灾荒年月，强盗希望能够抢到一些粮食。可是赵家十分贫寒，强盗一点儿油米都没有找到。饥饿使强盗们失去了理性，于是，就想抓人来充饥。强盗们发现了赵氏兄弟，就向他们跑了过去。兄弟俩一看强盗冲进来了，吓得都直往门外跑，弟弟赵礼跑得比较慢，强盗一把就把他抓住了。赵礼虽然身体瘦弱，但是饥饿似狼的强盗们也不肯放过他，将他五花大绑地捆了起来，绑在一个树上，然后在旁边架起炉灶生起火来，开始烧水，准备拿赵礼煮了吃了以充饥。

哥哥赵孝本已先跑了出来，幸运地躲过了这一劫，可他找不到弟弟了，便心急如焚，四处打听，得知有人亲眼看见赵礼被强盗抓走了。然后又跑了回来，跪在凶恶的强盗面前，哀求说："我弟弟有病，身体瘦弱，肉不多，也不好吃，你们把他放了，我身体好，而且又胖，吃我吧。"赵孝争着替弟弟去死，强盗当时都愣住了，两个强盗你看看我，我看看你，他们还从来没有见过争着被人吃的弟兄。

赵礼就在旁边说："是我先被你们抓住的，我被你们吃了，那是天意，我哥哥已经跑了，他本不应该让你们吃，你们为什么要吃我哥哥呢！"兄弟俩抱成一团痛哭起来。强盗被兄弟俩的友爱之情感动了，便放下兄弟俩离开了。此事后来被皇帝知道了，就下令褒奖，将此事昭示天下，将他们作为兄友弟恭的典范。

嫂嫂杀狗睦兄弟

从前有兄弟俩，哥哥叫孙华，弟弟叫孙荣，在他们很小的时候，父母就去世了。哥哥孙华是个纨绔子弟，与无赖柳龙卿、胡子传是酒肉朋友，整天只知道在外面花天酒地，吃喝玩乐。弟弟孙荣与哥哥不同，从小他就知书识礼。见哥哥不思上进，孙荣屡次劝谏。孙华不但不听，反而无情地将孙荣逐出家门。孙荣无奈之下只得眼含热泪，离开兄嫂，到一幢破窑内安身。

一日大雪，孙华与柳、胡喝醉酒后半夜回家，途中跌倒在雪地上，柳、胡不但不拉他起来，反而窃取了孙华身上的羊脂玉环和宝钞，扬长而去。恰巧孙荣经过，见哥哥醉态蒙眬，人事不省，只好将其背回家中。孙华酒醒后不但不感激兄弟的救命之恩，见身上玉环和宝钞不见了，反诬孙荣偷去，把孙荣痛打了一顿，又赶了出去。

孙华妻子杨月真是个贤淑聪慧的女子，见丈夫听信柳、胡二人之言，执迷不悟，便想出一条计策来：她向邻居买来一只狗，杀死后穿上人的衣服，假作人尸，放在后门口。孙华半夜酒醉回家，发现死狗，以为是家门口死了人，怕惹人命官司，慌乱之中问妻子杨氏该怎么处置。杨氏要他去找柳、胡二人来帮忙，将"人尸"移到别处掩埋。柳、胡听说后都不肯帮忙。杨氏又让孙华去找兄弟孙荣帮助。孙荣念兄弟手足之情，不计前嫌，欣然帮助哥哥将"人尸"搬到别处。柳、胡二人不但没能帮忙，反而去官府告发了孙华。官府前来捉人，杨月真挺身而出，说明了杀狗劝夫的真相，经官府勘验，果真是一条死狗。

案情大白，孙华看清了柳、胡二人的真面目，悔悟自己的错误，和弟弟孙荣和好如初。

财物轻，怨何生？
言语忍，忿自泯。

【注释】怨：怨恨。忿：指心中怨恨和抱怨的事情。泯：消失不见。

【译文】与人相处不斤斤计较财物，怨恨就无从生起。言语能够包容忍让，多说好话，不说坏话，忍住气话，不必要的冲突、怨恨的事情自然消失不生。

不为五斗米折腰

陶渊明，东晋末期人，一心向往能有一个和平安宁的社会，希望百姓都能靠自己辛勤的劳作达到自给，不存在明争暗斗，人与人交往也不是虚情假意，没有相互压迫和残害。他极力追求淳朴真诚，淡泊高远，无身外之求的人生，喜爱恬静而充满自然之趣的乡村。

当时为了照顾一家大小，陶渊明去到离家乡不远的彭泽当县令，以获得一点儿俸禄供家中日常开支。

有一天，一位粗俗而显得傲慢的官员来彭泽县视察工作。这个官员摆出一副很自大的样子，他刚到彭泽县的地界时，就派人叫县令来拜见他。陶渊明得到消息，虽然心里很瞧不起这种借上司名义发号施令的人，但也没有办法，只好马上动身去拜见。

可是，突然一名县吏拦住了他，说："去拜见比自己官职高的上司，要穿上正规的官服，并且要束上大带，衣着整整齐齐才行，最好还能带上一点见面礼。不然的话，他就会在高官那儿说您的坏话，让您一直没有晋升的机会。"一向正直清廉的陶渊明再也无法忍受了，他长叹一声说："我宁愿没有饭吃，被饿死，也不会因为五斗米的俸禄，向这样粗俗的人点头哈腰。"

于是，他立刻写了一封辞官信，离开了只当了八十多天的县令职位，陶渊明辞官归乡，过着"躬耕自资"的生活。他的夫人翟氏，和他有着同样的志趣，夫妻俩都不向往富贵，不追求荣华，安贫乐贱。"夫耕于前，妻锄于后"，两人勤恳劳作，体会普通百姓的生活，与劳动人民日益接近，自此以后陶渊明再也没有踏入过官场。他开创了田园诗一体，透露出一种幽淡渺远、恬静自然的风格，为我国古典诗歌开创了一个新的境界。

六尺巷

清朝时期，宰相张廷玉对清中后期的政治发展有着十分巨大的影响作用。他规划并建立了军机处制度，军机处后来成为清朝的中枢机构，并对清朝中后期的历史有很深的影响。另外，他还确立并完善了奏折制度，确立了奏折具有官方文书性质的地位，对清朝官僚政治局势的改变起到了重要的推动作用。张廷玉作为一朝宰相，并不因为自己位居高官而谋求私利。

那时有一位姓叶的侍郎与张廷玉一样都是安徽桐城人。他们的老家毗临而居，都准备重新起房建屋，可是为了争夺两家之间的一块地皮，发生了争吵，都说是自己的，互不退让。官司打到县里，还是没什么结果。两家凭着自己的势力都在找人说情。

张老夫人便修书北京，要张宰相出面干预这件事，心想凭着宰相现在的地位肯定能够把这块地皮争到手。

张宰相收到来信，考虑了很久，给老夫人回了信，信中劝导老夫人说："您从千里之外寄来这封家书，就只是因为这么一块地皮，我们再让给他们三尺又能怎样呢？宏伟的万里长城现在依旧巍峨独存，但是当年想借长城来巩固自己'传之万世而无穷'的统治的秦始皇，现在不也早就灰飞烟灭了吗？"张老夫人见信明白了其中的意思，于是把墙主动退后三尺。叶家看到这样的情形，深感惭愧，也马上把墙让后三尺。这样，在张叶两家的院墙之间，形成了一条六尺宽的巷道，成了有名的"六尺巷"。张叶两家邻里间的关系也更加和睦了。

或饮食，或坐走，长者先，幼者后。

【注释】或：有时候，引申为"当……的时候"。

【译文】不要因为大人的宠爱而忽略了应从小培养礼让的美德，不管是吃喝什么东西，都要请长辈先用；如果和长辈坐在一起，要请长辈先入坐；如果和长辈走在一起，应让长辈先走，自己走在后面。

大孝尊亲

曾子性情沉着镇定，谈吐举止十分文雅，做事有一颗谨慎之心，待人谦虚且恭敬，非常注重自己的孝行，齐国曾经欲聘他为卿，但由于家中有老母亲需要照顾，他便推辞而没有答应。

曾子喜欢吃鱼，有一天，他的妻子从街市上买回来了两条鲜鱼。因为曾子最爱吃生鱼，所以他的妻子就特意泡制了一大碗生鱼片，调制出曾子最喜欢的口味，等着曾子课后回家吃。

曾子在外面玩耍的两个儿子闻到生鱼的香味，急忙跑进屋，趴到桌旁馋得直流口水，嚷嚷着要吃。

曾子的妻子柔言劝他们说："你们先别急着吃，一会儿，你们的父亲就回来了，咱们再一起吃。"

不久，曾子从书院授完课回到家中。两个儿子赶紧去迎接，跟他说，今天可以吃到生鱼片。

曾子听说今天吃生鱼，也觉得非常高兴，就在桌子的中间坐下了，两个儿子也紧挨着他分坐在两边。曾妻赶紧把早已准备好的生鱼端了上来。可是，曾子刚把一块生鱼放在嘴里，他的脸色忽然变了，接着就把鱼片吐了出来。

曾子的妻子感到非常地吃惊，便问道："怎么了，难道是生鱼不好吃吗？"

曾子悲伤地说："不是，我只是想起我的父母亲也很喜欢吃生鱼。可是他们却很少吃到，像这么好吃的生鱼从来就没有品尝过，今天的生鱼虽然好吃，可他们却无法吃到，而我却独自品尝，真是不孝。"

曾子上承孔子之道，下启思孟学派，对孔子的儒学学派有承上启下的作用，既有继承部分，又有新的发展。他的修齐治平的政治观，省身慎独的修养观，以孝为本、孝道为先的道德观影响着中国两千多年。

长呼人，即代叫，
人不在，己即到。

【注释】：呼：叫唤，呼叫。即：很快，立刻，马上。

【译文】长辈呼叫人时，自己听见了，要替长辈去传唤。如果所叫的人不在，自己则应当回来报告长辈，进一步请问长辈，有没有需要帮忙的事情。

纯孝感君

颍考叔，是春秋郑国人，生平对待母亲非常地孝顺。家里有什么好吃的东西，都一定让母亲先吃，然后自己才会吃。

当时，郑国君主庄公因为母后和弟弟共叔段发动叛乱，争夺自己的君主之位，感到十分地愁苦。在战乱平定后，庄公将共叔段打入了天牢，而他的母后则被放逐到边远的地方，而且庄公还立下誓言"不到地下，不再相见"，意思就是今生今世都不会再见。

一日，颍考叔做客庄公家，庄公为招待颍考叔做了很多的美味佳肴。可是在宴席之上，颍考叔竟不吃眼前的一碗碗美味。庄公觉得奇怪，就问他是什么原因。颍考叔回答道："当看到眼前美味的菜肴时，我便会想起家中的母亲，我的母亲从来没有吃到过这样美味的饭菜。既然母亲都没吃过，所以自己也就不能吃了。"并希望庄公能把这样好的饭菜赏给自己的母亲吃。

当庄公听到颍考叔的这番话后，想起了自己的母亲，神情突然变得悲痛。颍考叔看到这般情形便问到底是什么原因。庄公就把母后和弟弟造反的经过告诉了颍考叔，并把立下"不到地下，不再相见"的誓言也向颍考叔说了，诉说了自己对母亲的思念。可是自己是一国之君，说话一言九鼎，不能食言。

颍考叔思考片刻，说："只要挖一个地道，你们在地道中相会，那也是在地下相会，问题就解决了。"庄公认为这个方法十分可行，就照颍考叔说的办了。庄公在地道中与母后相见了，母子两人和好如初。

颍考叔不但自己孝顺父母，还感动国君孝母，被后人称为"纯孝"。

孝他人之母

明代九江人杜环，性格温柔敦厚，心地十分善良。他的父亲有一位要好朋友叫常允恭，在九江为官，但不是九江本地人。杜环跟父亲曾经到常家拜访过，便认识了常家的老夫人（常允恭的母亲）。后来，杜环的父亲去世，杜环也就很少到常家去了，两家的交往便慢慢地减少了。

有一个大雨天，杜环在家中休息，突然有一个老夫人从外边走进来。老人全身上下衣服都湿透了，起初杜环根本没有认出是谁，觉得很奇怪，就走近仔细一看，杜环感到非常地惊讶，问："您是常家老夫人吧，怎么会变成这样呢？"说话同时，他把老人家扶了进去，又将妻子的衣服找来让老夫人换上。

老夫人流着泪说："我儿子半年前就因病死了，也没有留下子女，我一个老人家，什么也干不了，儿媳觉得我拖累她了，就把家里的所有东西全都带走了，也不知道去了哪里，现在只剩下我一个人了，没有人管我了，所以我就到你这儿来了。"

杜环听后，非常地伤心，跪在常母脚下，哭着说："昔日我父亲与您的儿子生前交往甚深，父亲那时候把您当作亲娘，那我就得把您当作亲祖母啊！"

自此，常母就在杜家住了下来，杜环吩咐家人，不能让老人受半点委屈。常母过惯了"官家"生活，性情比较偏激，稍不如意就会发脾气，但杜环一直忍让，对常母总是毕恭毕敬，不管什么事都顺着老人家。常母生病了，杜环都是亲自给她熬汤喂药，日夜伺候。

老人死后，杜环完全按照"杜家祖母"的礼仪办丧事，为常母戴孝。家里摆放了老人的灵位，每年清明扫墓、祭祀，从没少过。人们都称杜环是高尚的仁义之士。

称尊长，勿呼名；
对尊长，勿见能。

【注释】对：对待。勿见能：不要故意卖弄才华，要有谦虚之意。

【译文】称呼长辈，不可以直呼姓名，在长辈面前，要谦虚有礼，不可以炫耀自己的才能。

张良与黄石公

张良是汉初三杰之一，伟大的谋略家、政治家，善于用兵，辅佐刘邦建立了大汉王朝。同时他又是一个十分尊敬长辈的人。

相传张良逃亡到下邳后，有一天在桥上闲走，遇见一位穿着破烂的老翁。老翁见张良过来，故意把自己的鞋子脱掉，扔到桥下，然后对张良说："孩子，你到桥下去把我的鞋子捡回来！"张良本是贵族世家，是大户人家的孩子，从来都是别人侍奉他，听到这样的话他十分地惊讶，感到非常地生气，但他见这个老翁年事已高，要是老翁自己下去捡的话，会不太安全。于是就强忍怒火，下桥为老翁取鞋，然后上桥很恭敬地递给老翁。老人把脚伸出叫张良穿上，张良依旧照办了。

穿好鞋后老翁大笑着走了，这让张良更加地疑惑。可是，老翁走了一会儿又回来了，对张良说："孺子可教！五日后的早晨你在这里等我吧。"张良觉得奇怪，行礼答应。

五日后一大早，张良就来到桥上，那个老翁早已经在桥上了。见张良来得比自己晚，老翁很生气，对张良说："你和一个年长的人约定，为什么迟到了，回去吧，再过五天你早点过来。"

如约，张良在鸡鸣之前就出发往桥上去，可老翁还是早于他到了桥上。老翁斥责张良说："你还是迟到了，再给你一次机会，五天后你再来吧。"

这一次，张良在半夜就到了，终于在老人到达之前赶到，过了一会儿老翁也到了。老翁高兴地说："就应该像这样才行，有约定就不能迟到。"说完拿出一部书，对张良说道："这本书送给你，你要是能领悟其中的精华要旨，将来便可以当王者之师，十年后一定能取得成功。

等到那个时候后你再过来找我，我是济北谷城山下的黄石。"

天亮后张良拿出这本书一看，乃是《太公兵法》。张良从此将这本书时常读诵，对书中内容领悟甚高，后辅佐刘邦成就了帝业。老翁佚姓名，后人以其自称"济北谷城山下黄石"，就叫他黄石公。

陶母退鱼

晋朝名将陶侃，在稳定东晋初年动荡不安的政局上，有着不可替代的功劳。针对怎样稳定当时动荡的时局他颇有建树，使得动荡得以平息，深得当朝统治者青睐。

陶侃出身贫寒，加之当时门阀政治为寒门入仕又设置了重重障碍，在这种现状下，他要走入仕途是非常艰难的，可陶侃并没有因此而放弃，他努力进取，被当朝统治者看好，当上了东晋荆州刺史。最后成为一个为政清廉的好官，在其职位上取得很高的治绩。

陶侃年轻时在浔阳县养鱼场担任监督，生活境况并不很差。可是他的母亲依然住在老家，家中生活很清苦，陶侃想到母亲在家受苦，心中便颇为难受，想改善一下母亲的生活。出于孝敬母亲的心理，他私下腌了些鱼叫人带回家给母亲。

母亲问知腌鱼的来由，知道这属于公家的财产，就原封不动地叫人又送了回去，并写信严厉责备陶侃："你现在才当了个小官，做事就变得不老实，不一心一意地为百姓着想，拿着公家的鱼孝敬我，这样反反复复地下去，日后假如你做了大官，百姓就会因你受更大的苦了。"陶侃读完信，感觉非常地惭愧。

从此以后，陶侃引以为戒，廉洁自持，克己奉公，为老百姓做了不少好事，成了一名让百姓敬仰的清官。

【注释】疾：快步走过去。揖：作揖行礼。恭：恭敬。

【译文】路上遇见长辈，应作揖问好，长辈没有吩咐时，即恭敬退后站立一旁，等待长辈离去。

贤明的妻子

春秋后期著名政治家、思想家晏婴是齐国上大夫晏弱之子，他以俭朴的生活作风，谦恭的待人之道著称。晏婴辅佐齐国三公，一直勤恳廉洁为官，清白公正为人，主张"廉者，政之本也，德之主也"。

晏婴在齐国做相国时，雇了一个替自己赶车的马夫。晏婴对人谦虚恭敬，文明有礼，而马夫却傲慢自大，目中无人，特别是他当了晏婴马夫之后，认为自己已经是相国的车夫，身份地位倍长，更加摆起狂傲的架子，对身边的人更加地没有礼貌。

一天，晏婴乘车外出，途中正好经过马夫的家门口。马夫看见妻子抱着孩子在门外看热闹，就想在老婆孩子面前显摆一下自己的能耐，便挺着身子，故意将马鞭空中一挥，作出一副威风十足的模样。

晚上，马夫回到家里，正为自己威风的样子得意，想在妻子的面前炫耀一番。可没想到，妻子十分生气，拿起包袱要走。

她气冲冲地对马夫说："我只是普通民间女子，配不上你这位相国马夫，你今天的那副神气和派头，真叫人觉得不舒服。晏相国乃是一国的相国，他坐在车上，低头沉思，态度谦和，一点儿傲慢的样子都没有。而你，只不过是一个赶车的马夫，在尊长面前显得那么地得意，竟摆出一副臭架子，一点也不知道谦虚。"说完便要离开。

马夫着急了，又觉得惭愧，赶紧认错。他知道自己的妻子是个贤明的人。从这以后，马夫改掉了以前的坏毛病，待人接物谦和礼让，得到了妻子的谅解和肯定。

张释之尊老

西汉司法家张释之，汉文帝时，曾担任廷尉一职。他认为廷尉是使天下稳定的一个天平，要是执法不讲究公正，有法不依就会使国家轻重失当，没有人替百姓主持公道，天下就会一片混乱。他严于执法，当皇帝的诏令与法律发生冲突时，依然执意守法，维护法律的严肃性。他认为"法者，天子所与，天下公共也"。意思是说：无论是贵为一国的君主，还是黎民百姓都得依法行事，触犯法律一律应受到惩罚。时人称赞"张释之为廷尉，天下无冤民"。

张释之很早就当上了汉朝的一个小官吏，他在这个小小的职位上一做就是十年，官位却一直没有得到晋升。当时他住在自己的哥哥家，十年之间也花去了哥哥的不少银两。终于，张释之觉得这样下去不是个办法，而且总是打扰哥哥也不好。于是，他决定辞去官职，回归故里。

中郎将袁盎听说这个消息后，觉得张释之是一个难得的人才，就这样让他走了还是挺可惜的，于是就向汉文帝刘恒举荐张释之。

汉文帝封张释之为谒者仆射。从那以后，张释之充分展现了自己的才华，最终担任了汉朝廷尉的职位，掌握着汉朝负责治安的最高权力。

张释之对待长辈非常地尊敬。有一次，朝廷举行宴会，许多高官贵人都前来参加，场面十分热闹，来者人数甚多。就在这个时候，有位叫王生的老人对张释之说："我袜子的带子开了，你帮我绑一下，行不？"在众人面前，张释之并没有认为给人绑袜子是一件难堪的事，他很坦然地跪下来，恭恭敬敬地给老人绑好袜子。

张释之身居高官，依然礼贤下士、敬老尊贤的这种美德，赢得了人们的尊敬，从此他在朝中的威信更高了。

骑下马，乘下车；
过犹待，百步余。

【注释】车：马车。犹：依然，还。余：以外。

【译文】不论骑马或乘车，路上遇见长辈均应下马或下车问候，并等到长者离去稍远，约百步之后，才可以离开。

平易近人

西周初，周公的儿子伯禽受封于鲁地，太公（姜子牙）则被封于齐地，周公仍在朝中管理各种事务，辅佐周成王。受封时他告诉伯禽和姜子牙每隔一段时间都要回朝禀报自己的封地的情况。

太公到齐地的五个月以后就回朝向周公汇报了自己的工作，周公见到姜子牙说："为什么这么短的时间你就回来了？"太公说："我对君臣礼仪作了大大的简化，一切都从百姓出发，依照当地的风俗习惯，事情办起来就非常得顺畅，现在当地的人民已经安居乐业，上上下下都是一片欣欣向荣的景象。"周公听后点了点头。

三年后，受封鲁地的伯禽入朝向周公汇报自己这些年以来的成绩，周公说："你怎么到现在才来向我汇报，难道你不觉得来得有点晚吗？"伯禽说："我改变当地的礼仪风俗，花费了不少的时间和精力，比如说服丧，就一定要服满三年才能停止。可是当地人们的习惯不一样，让他们适应这样的新习俗是需要花一定时间的。"

太公听说了伯禽汇报的各项政务之后，长长地叹了口气说："鲁国后世一定会向北面的齐国臣服。"因为治理一个国家，如果政治不简要平易，百姓就不愿意接近，又怎么会归附呢。只有简易并且贴近百姓的政策、措施，百姓才会乐于接受。

太公治国，确立了"因其俗，简其礼，通商工之业，便鱼盐之利"的治国方针，齐国政治通俗简易，平易近人，民众力量凝聚，国力日渐增强。在齐国数百年的发展史上，代代相传，产生了巨大的影响，确立了齐文化的历史地位。

长者立，幼勿坐；
长者坐，命乃坐。

【注释】幼：后辈，晚辈。命：吩咐。乃：才。

【译文】与长辈同处，长辈站立时，晚辈应该陪着站立，不可以自行就坐。待长辈坐定以后，得到长辈的吩咐坐下才可以坐。

门外受训

战国时，楚国大将子发率军攻打秦国，与秦军相持了几个月，却没有什么进展，粮食所剩也不多了，子发就派使者回国筹粮，同时带去一封家信给他的母亲。

子发的母亲看完信，非常担心前线的情况，问使者："现在前线的粮食紧缺，那士兵们吃什么？"

使者回答说："豆子。"子发母亲又问："那将军们呢？"使者说："将军们每顿都有大米高粱，菜也十分美味，有鱼有肉。"

子发母亲又向使者问明了前线的其他一些情况，对将军的行为感到很气愤，十分生气。这位老人没有给儿子回信，就把使者打发走了。

楚王接到使者的通报后，急忙派人把粮食送到前线，楚军士气大振，很快就打退了秦军。子发打了胜仗凯旋，并得到了楚王的赏赐，便高兴地跑回家向母亲报喜。

可是，子发走到家门前时，只见家中大门紧闭着。于是，就命人叫门，许久也不见有人来开。只见母亲和侍女站在窗旁，却毫无出来开门的意思，子发赶紧向母亲躬身问安，问明缘由，请求母亲开门让他进去。

门依然紧闭未开，只听子发母亲说："你作为大将军，应该爱护士兵。但是你只把豆子之类的粗粮给士兵们吃，自己却吃着大鱼大肉。你让士兵们冲在前线，自己不身先士卒，却坐享其成。这次你虽然打败秦军，但那都是士兵们的功劳，你作为将军根本就没有尽到自己的责任。你不爱惜自己的士兵，那又怎么能成为一名好将军呢？我以前就告诉过你，叫你一定要爱护自己的士兵，你不听我的教训就不配当我的儿子，我是不会让你进我的家门的。"

子发恭敬地站在门外，听任母亲的责备，知道自己错了，便跪在地上，请求得到母亲的宽恕，子母见儿子有一颗真诚的改过之心，就命人将门打开了。

从此以后，子发分外地爱护士兵，他手下的士兵作战也更加勇敢，楚国接连获得胜仗，成为当时的强国之一。

始皇拜荆条

秦始皇是中国第一个大一统王朝的开国皇帝，为了有效地管理国家，秦始皇吸取了战国时期设置官职的具体经验，建立了一套相当完整的中央集权制度和政权机构。他召令天下"书同文，车同轨"，并统一了货币、度量衡，为中国大一统民族的形成奠定了坚实基础。秦始皇在为政上有相当高的政绩，同时对自己的老师也是相当尊敬的。

统一中国六年后，秦始皇在文武百官的护卫下，乘着车辇，第四次出巡，从碣石向东北的仙岛前进。途中秦始皇沉入对往事的回忆中。他回想起自己幼年时的老师，过去的事情仿佛就呈现在眼前，老师虽然严厉，可令人钦敬难忘。

秦始皇对随同说："我嬴政能有今天的辉煌，拥有今天的地位，老师的功劳是很大的。我还清楚地记得，那位威严的老人，第一次授课就是教我写我的姓。他先教会我写了亡、口、月、女、凡，然后再叫我合成一个'嬴'字。第二天，他就要背写。我说：'老师，这字太难写了，您还是教我写其他的字吧。'老师很愤怒地说：'什么，一个嬴字就把你难住了，将来的难事还多着了，因为难我们就要放弃吗？'说着就举起了荆条棍向我打来，我只好再学，老师每次都是这样严厉而细心地教导我，可惜我已多年没见过这位老师了，从来没有尽到做弟子该有的那份孝心。"

车停了，听前卫说道："仙岛就在前方不远，请万岁下车乘马。"一会儿，便到了岛上。始皇环视大海，胸襟万里，气势昂然。

忽然秦始皇下马，撩衣跪拜。随从的大臣们见此情景，都觉得很奇怪，只好跟着参拜。等秦始皇站起身来，大臣李斯问他为什么跪拜。秦始皇深情地说："众位卿家，这个岛上所生的荆条，正是朕幼年时老师教导朕所用的荆条，今天见荆条，就像见到恩师，怎能不拜。"

据说，这个岛就是秦皇岛。传说岛上的荆条为秦始皇敬师之情所感动，都垂首向下，如叩头答谢。

尊长前，声要低，
低不闻，却非宜。

【注释】不闻：指声音很小而无法听见。非宜：不合适。

【译文】与尊长交谈，声音要柔和适中，回答长辈的问题时，音量太小让人听不清楚，也是不恰当的。

跪拜求学

王充是东汉时期杰出的思想家，他一生博览群书，著述无数，其中最著名的一部是《论衡》。这部书对当时社会的许多学术问题，社会的败风陋俗进行了针砭。《论衡》也可以说是我国古代的一部"百科全书"。

王充小的时候家里很贫穷，父亲死后，本来很贫困的家庭生活变得更加困难。母子二人，生活没有依靠，再也拿不出钱来供养他读书了。

有一天早上，王充来到学堂。老师见到他红肿的眼睛，而且没有带课本，感到十分地惊讶，就问："出什么事了呢？"王冲回答说："学生这次来是向老师您告别的，请老师以后自己多保重。"

听王充讲明原因后，老师很为王充感到可惜。王充在学堂里很懂礼貌，学习又很优秀，老师特别喜欢他。现今他要离开学堂，老师也很舍不得，就送给了王冲几本书，鼓励他不要放弃学业，要继续学习。

可是，家里沉重的生活担子也得由王充挑起部分。他白天得出去帮母亲干活，这样用来读书的时间就很少了。因此他只有晚上点起油灯读书。不久家里的书他全都读完了，可是还是有很多的疑问，他很希望能有一个老师指导自己。

过了一些日子，王充和母亲迁到了洛阳。洛阳有很多的书肆，里面有很多书，可以供借阅。每天，王充都会到书肆里去读书，这些书籍就成为了王充亲密的朋友，也是他很好的老师。

当时，史学家班彪在太学讲学，王充听说班彪的学识渊博，就想进太学跟随班彪学习。可是，他是穷苦人家的孩子，太学是一所贵族弟子学校，王充是进不去的。因此他非常地懊恼。

于是，王充多次到班彪家去拜访。但每次都因衣衫褴褛，被守门人拒之门外。一天，王充又去拜见班彪，恰逢班彪从大门出来。王充一见班彪，急忙迎了上去，跪拜，说："学生拜见老先生，希望老先生能够收纳学生。"他用诚恳而带有恳求的眼光望着班彪。

班彪看见这个人恭敬有礼，求学心切，就把他带了进去。交谈许久，班彪深感王充是个难得的人才，就收纳他到太学学习。

王充没有辜负老师的重望，成为一个博学的人。

车胤问学

车胤从小刻苦学习，对很多学科的知识都了然于胸。后来，他被晋武帝选拔在朝廷为官，

得到皇帝的重用。但他依旧没有停止学习，还是勤奋读书，不耻下问，虚心地向身边的每一个人请教。

晋武帝也是一个才气很高的皇帝，他常给大臣们讲论经书，每次讲完以后还会向大臣们提问。当时有两个大学问家，即谢安、谢石两兄弟，每次皇帝提问，他们总是侃侃而谈，畅抒己见。车胤非常佩服他们，就想去向他们请教。

一次，晋武帝说要给大臣们讲《孝经》，谢家兄弟就召集群臣预先在自己家里开了一个讨论会。讨论会上，他们高谈阔论，说得十分精彩。

车胤在一旁听了大家的发言后，觉得还是有个问题不理解，就想问问谢家兄弟，但又怕他们笑话自己愚笨啰嗦，就一直不敢开口问。坐在他旁边的袁羊看穿了他的心思，就对他说："你见过有明亮的镜子厌恶人们常去照它，清澈的流水害怕河中的顽石吗？"车胤听了，知道袁羊是在鼓励自己，于是就勇敢地站起来走上前去，向谢家兄弟请教。谢家兄弟看他举止恭敬、言语诚恳，就详细地回答了他的问题，车胤得到了一个满意的答案，心中的疑惑全都解除了。

第二天，晋武帝讲完经，依旧向大臣们提问。轮到车胤回答时，他不慌不忙，胸有成竹，清清楚楚地阐述了自己的见解。晋武帝听后，十分满意。

近必趋，退必迟；
问起对，视勿移。

【注释】退：退回，离开。

【译文】有事要到尊长面前，应快步向前，退回去时，必须稍慢一些才合乎礼节。当长辈问话时，应当专注聆听，眼睛要看着长辈，不可以东张西望，左顾右盼。

尊师成大器

东汉时期，有一位名叫魏昭的人，早在太学求学时，就听说过郭林宗的大名。虽然当时郭林宗远在南阳就职，而魏昭在京城为官，但是，魏昭并不在乎这些，毅然决定去南阳拜郭林宗为师。

说到做到，魏昭决定之后马上从京城启程去南阳拜望郭林宗。

说起魏昭，郭林宗并不陌生，他早也听过魏昭的名字。魏昭当年在京城是大名鼎鼎的神童，十分聪明，对所有诸子经典都能过目不忘，做到倒背如流。在他还只有十一岁时，魏昭就进入太学学习了，十五岁时就被察举，在朝廷担任官职。尽管魏昭有如此大的名气，可是，郭林宗决定还是要考验一下他的诚心，看他是不是诚心诚意前来拜师的。

魏昭到郭林宗家门时，叫守门的人通报说有人前来拜访。守门人进去通报后，郭林宗故意说："不见，现在我不会见任何人，也不会收任何人为弟子！"

魏昭一听有点急了，这么大老远专门前来拜师，却遭遇了闭门羹。他害怕郭林宗真的不会出来见自己，就对守门人说，自己愿意做郭林宗的随从并给他打扫庭院。守门人再次通报，可是郭林宗还是没有出来相见。

这时魏昭的随从有些不耐烦了，他很气愤地对魏昭说："老爷，郭林宗只不过是一介草民而已，为什么非要拜他为师，凭老爷现在的身份地位，您想找谁当老师，谁就会感到很荣幸，您又何必在这里浪费时间，浪费心思呢！"

魏昭向随从解释说："你说这话就不正确了。郭大人乃是闻名全国的大师，你岂能在此贬低他呢。我会一直在这里等候，一直等到郭大人出来见我为止，我相信他也一定会出来见我的，你要是不愿意等，你可以离开这里回家去。"

于是，魏昭和随从就在郭府门前等了三天。家仆进去通报，郭林宗感到了魏昭的诚意，就叫人把魏昭请了进来。魏昭听见郭林宗终于要见自己了，十分地高兴。走进郭府内堂，只见郭林宗家中典章成册，散发着浓浓的书香。

郭林宗问他："你为什么不做我的学生，跟着我学习诗书，而要给我当佣人呢？"魏昭回答说："能够教人学习经书的老师是很容易找到的，但是要找到一个能够为人师表的人，就很不容易了。"所以他乐意做郭林宗的佣人。郭林宗便将魏昭留在了府中。

当时，郭林宗身体有病，每天都得吃药。为了考验魏昭的诚心，郭林宗再次给魏昭出难题。

魏昭进入郭府四五天之后，郭林宗并没有真正地教授魏昭一次。有一天，郭林宗要魏昭亲自煮粥给他喝。魏昭亲自煮好粥后，给郭林宗送了进去。但是，郭林宗责备他，说他煮得不好，要魏昭再去煮一次。这样一连三次都被郭宗林拒绝，魏昭又煮了第四次。当魏昭再次端着粥送进来，而脸上的表情还是那么地和颜悦色，一点儿怨言也没有。这时，郭林宗笑着说："我以前以为你的诚意只是表面而已，今天终于看到了你内心的真诚！"自此，郭宗林对魏昭也真心相待，将毕生所学的都教给了他，魏昭也终成大器。

事诸父，如事父；

事诸兄，如事兄。

【注释】诸：多个，诸多。如：犹如，像。

【译文】对待叔叔、伯伯等尊长，要如同对待自己的父亲一般孝顺恭敬，对待同族的兄长（堂兄姐、表兄姐），要如同对待自己的兄长一样友爱尊敬。

孝心动天地

上古时期五帝之一的舜，是瞽叟的儿子。他从小对父母就很孝顺。

舜的生母在他十几岁的时候就去世了，他父亲是个忠实厚道的种地人，又是个盲人，据说有很高的音乐天赋，音乐才华出众。

后来，舜的父亲娶了一位后妻。后妻性情粗鲁暴躁，为人凶而狠。后妻因家境贫困，常对舜的父亲出言谩骂、横加指责。她生了一个儿子名叫象。象长大后性格凶残、蛮横无理、目中无人，也常对父亲不恭敬。只有舜始终如一，从来不抱怨上天，也不责怪别人，对父母恭恭敬敬，对弟弟关怀备至，照顾很周到，精心教导弟弟改过自新。

一次，舜的继母和象想把舜杀掉，以霸占舜的财物。继母于是让舜修补仓房的屋顶，等舜爬上去后，他们就在下面纵火焚烧仓房，想把舜烧死。舜靠两只斗笠作翼，从房上跳下，逃过了这一劫。后来他们又让舜掘井，当井挖得很深的时候，继母和象就从上面填土，要把井堵上，将舜活埋在里面。幸亏舜事先早就已经察觉了，他就在井壁旁边挖了一条通道，他从通道爬了出来，躲了一段时间。

继母和象以为自己的阴谋得逞，象说这是他想出来的好主意，分东西时要分得多一些。于是，象霸占了舜的房子。一日，舜去见他，象大吓了一大跳，连忙跪下求饶。可是，舜当什么事都没有发生过，还同以前一样，孝顺父母，待弟友好，而且比以前更加诚恳谨慎。

这种超乎寻常的大孝心，感动了上天。舜在山下耕种时，上天派神象相助，又有神鸟在一旁帮助锄去杂草。当时尧帝听说舜的孝行，专门派九位侍者去服侍瞽叟夫妇，并将自己的女儿娥皇和女英嫁给舜，以表彰他的孝心。

后来尧把帝位也"禅让"给了舜。人们赞扬说，舜由一个平民成为帝王就是因为他的孝心十分可嘉。

后人有诗赞美：队队耕春象，纷纷耘草禽；嗣尧登帝位，孝心感动天。

朝起早，夜眠迟；
老易至，惜此时。

【注释】眠：睡觉。老易至，惜此时：指时间过得很快，要珍惜时间。

【译文】为人子女应早起，把握光阴及时努力，若经常晚睡，甚至熬夜，不但对身体健康不好，也影响白天正常的作息。岁月不等人，要珍惜青春。

诸葛亮惜时读书

诸葛亮少年时代跟着水镜先生司马徽学习，由于他聪明又勤奋，不但司马徽赏识，就连司马徽的妻子对他也很器重。

那时，没有钟表，记时用日晷，遇到阴雨天没有太阳，时间就不好掌握了。为了准确记时，司马徽训练公鸡按时打鸣，办法就是定时喂食。为了学到更多的东西，诸葛亮希望先生把讲课的时间延长一些，但先生总是以鸡叫为准，于是诸葛亮想：如果公鸡打鸣的时间向后延，先生讲课的时间也就延长了。于是他上学时就悄悄地带了些粮食装在口袋里，估计鸡快叫时，就喂它一点粮食，鸡一吃饱就不叫了。

过了一些时日，司马先生感到奇怪，为什么鸡不按时打鸣了呢？经过细心观察，居然发现诸葛亮在偷偷地给鸡喂食。先生开始很恼怒，但最终还是被诸葛亮的好学精神所感动，于是对他更关心，更器重，对他的教育也就更毫无保留了。而诸葛亮也就更勤奋了，最后，成长为一个上知天文，下识地理的饱学之人。

晨必盥，兼漱口；便溺回，辄净手。

【注释】盥：洗漱的意思。辄：一定，必须。

【译文】早晨起床后，务必洗脸、刷牙、漱口，使精神清爽，有一个好的开始。大小便后，一定要洗手，养成良好的卫生习惯，才能确保健康。

凿壁借光

西汉时期，有个农民的孩子，叫匡衡。匡衡家祖祖辈辈都是种地的人，可是匡衡却十分好学，但是由于家境贫寒，不能送他上学堂，也不能给他买书让他自学。但是匡衡求学的愿望非常强烈，后来，他跟一个亲戚学认字，渐渐地认识了一些常用的字，有了看书的能力。

匡衡因为买不起书，只好从别人家借书来读。可是那个时候，书是非常贵重的，有书的人是不肯轻易将书借给别人的，偶尔借得的一本书并不能满足匡衡对知识的强力渴望。

匡衡只好在农忙的时节，给有钱的人家打短工，他不收取工钱，只要求借书给他看就行了。这样便有很多的有钱人家乐意借书给他了。

时间过得很快，转眼匡衡长大了，干的活儿也多了。他一天到晚在地里干活，基本没有闲暇的时候读书，只有中午歇晌的时候，才有时间看上一小会儿，所以一卷书常常要花十天半月才能够读完。可是借书的期限往往只有六七天而已，匡衡很着急，心里想：白天要在地里干活，没有时间看书，可以多利用一些晚上的时间来看书。可是匡衡家里很穷，买不起点灯的油，一片漆黑之中又怎么看得了书呢？

有一天晚上，匡衡躺在床上回顾白天读过的书，背着背着，突然看到墙壁上透过来一丝光线。他猛地站起来，走到墙壁边一看，原来是邻居的灯光从壁缝里透过来了。这时，匡衡想了一个办法：他找来了一把小刀，把原有的墙缝挖大了一些，这样透过来的光亮也大了，足以看清楚书上的字了。于是，匡衡每天晚上就凑着透进来的灯光，读起书来。

匡衡就是这样不断地刻苦学习，后来成了一个很有学问的人。

苦学不断

北宋政治家范仲淹，在他只有两岁的时候父亲就过世了。父亲走时没有给母子俩留下什么，母子两人无依无靠，生活十分地贫困，有的时候温饱都无法保证。母亲没有办法，只好改嫁到了常山的朱家。

时间一天一天地过去，范仲淹慢慢长大，知道了自己的身世，深感母亲这些年来得不易。于是下定决心发奋图强，自立门户，用自己的双手养活自己，并好好照料母亲，让母亲过上富足的生活。

一天，范仲淹含着眼泪告别了母亲，决定离开朱家，去应天府的南都学舍读书。

到了学舍以后，范仲淹十分珍惜学习的机会，在一个新的学习环境中，他昼夜不停地读书。范仲淹的一个同学，南京留守的儿子看他一直都是吃着粥，便将自己美味的饭菜分给他吃。可是他一直都没有吃，直到佳肴发霉了都还放在那儿。后来人家怪罪起来，他才长揖致谢说："其实我已经习惯了喝粥的生活，要是现在享受美餐，我怕我日后会吃不得苦。"同学也只好就此作罢。

在求学的五年中，范仲淹上床睡觉从来都没有脱过衣服，时刻准备着学习。夜里要是感到困了，他就用冷水往脸上浇，使自己变得清醒，实在坚持不住了，就稍稍地躺一会儿。

范仲淹常常是白天苦读，连东西也忘记吃，直到太阳快下山时，才吃一点东西。就这样，他苦心钻研，领悟了六经的要旨，立下了一定要造福天下的志向。后官至参知政事（副宰相）时，他还时刻对自己要求着要"先天下之忧而忧，后天下之乐而乐"。

冠必正，纽必结，
袜与履，俱紧切。

【注释】冠：帽子。履：鞋子。

【译文】要注重服装仪容的整齐清洁，戴帽子要戴端正，衣服扣子要扣好，袜子穿平整，鞋带应系紧，否则容易被绊倒。一切穿着以稳重端庄为宜。

曹冲救库吏

曹冲，曹操之子。从小聪明仁爱，才智卓群，宅心宽厚，深受曹操喜爱。

东汉末年，魏国丞相曹操为了稳定社会秩序，加强中央集权，制订了许多严刑酷法约束属下行为。属下稍有过失，就会挨重罚，甚至招来杀身之祸。

一天，一个库吏到仓库中检查物品，发觉收藏在仓库里的曹操坐骑上的马鞍，不知道什么时候被老鼠咬掉了一块，顿时就吓坏了，心中默默地念道："这下我可完了，丞相若追究起责任来，我该怎样汇报才好呢。这次看来我是必死无疑了。"想着，他就找来了一根长绳，把自己捆绑起来去曹操那里负荆请罪，希望能够得到曹操的从宽处理。

路上，库吏碰到了曹操的小儿子曹冲。曹冲看见这种情形，觉得很是奇怪，于是就问："您这是在做什么啊？"

库吏回答说："由于我工作的疏忽，让丞相的马鞍被老鼠咬坏了，丞相一定会怪罪我的，我正要向丞相去请罪。"曹冲想了一想，连忙帮他解开了绳索，劝告道："您先别着急，让我给您想想办法。"

说着，曹冲找了把小刀，在自己的衣服上戳了许多个小洞，就跟老鼠咬坏的一样。然后，便装成一副忧心忡忡的样子去见曹操，满腹心事地说："父亲，您看，我的衣服被老鼠咬成这样。我听说，要是被老鼠咬坏了衣服，主人一定会有灾难临头。我心里感到害怕，请父亲您给我说说，我现在应该怎么办才好。"

曹操听了大笑起来，摸了摸儿子的头，劝慰道："你别听人瞎说八道，你就放心吧，那是没有的事儿，说不定这还是大吉的预兆呢。"

曹冲拜别父亲后，又去见了那个库吏，充满信心地说："现在，您去请罪吧，丞相是不会再怪罪你的。"

库吏还是十分地害怕，半信半疑，但还是将自己绑了起来前去向曹操请罪。

曹操见状，诧异地问道："你怎么把自己给绑了起来？"

库吏低着头，结结巴巴地说："我……我工作失职，您存放在仓库里的马鞍被老鼠咬了一个洞，我知道自己犯了错误，就请丞相大人责罚我吧。"

曹操哈哈大笑道："我儿子穿在身上的衣服都被老鼠咬坏了，马鞍放在仓库中，仓库是老鼠最多的地方，被老鼠咬坏，再正常不过了，你起来吧，这不是你的错，我不会责罚你的。"

说着，曹操让身边随从替库吏解开了绳索。库吏跪谢了曹操，又马上跑到曹冲那儿，谢曹冲的救命之恩。

【注释】乱顿：随便放置。致：以致于。

【译文】回家后衣、帽、鞋袜都要放到一个固定的地方，不要随处乱扔，避免造成衣物脏乱。

结缨而死

孔子的学生子路，气性刚猛直率。针对他的特点，孔子因材施教，把子路逐渐教导成为一名真诚守信，言行一致的优秀学生。子路一向衣着整洁，十分注重自己的仪表，但从来不追求奢华。孔子多次称赞他说："自己穿着破旧的衣服，敢和穿着华贵的人站在一块儿，却不会因此而觉得丢人的，恐怕也只有子路了。像他这样从不嫉妒别人，又不奢求富贵的人，我相信什么事情交给他，他都能够办好。"

公元前480年，卫国宫廷发生政变，时局混乱。当时子路担任卫国大夫孔悝邑宰，可是此时的子路并不在卫国，正好可以避开这一场政变。可是当他得知这个消息之后，却急忙往卫国赶去。在卫国的城门口，城门紧闭着，看守城门的人不放子路进去。有人告诉子路："城门已经关了，城里现在已是一片混乱，你若进去，一定会很危险的。我看你就别进城了，还是走得越远越好，免得招来灾祸。"子路说："我乃是孔悝的邑宰，又怎么能贪生怕死呢？我拿了卫国的俸禄，又怎么能够袖手旁观呢？怎么能因为害怕就逃避。"

后来，子路借一个使者出城的机会，混进城里去了。

子路帮助国君平判，结果因寡不敌众，被敌人刺中，身受重伤，这时子路帽子上的缨带也被割断了。子路知道这次难逃一死，于是停止战斗，说："君子即使即将要死，也不能让帽子脱落而失去礼节。"说完，他便放下兵器，用双手去系帽缨。这时，无数利剑向子路刺来，子路为国牺牲。

瓜田李下

这个典故出自《君子行》："君子防未然，不处嫌疑间。瓜田不纳履，李下不正冠。"具体解释是：经过瓜田，不要弯下腰来提鞋，免得人家怀疑你来摘瓜；走过李树下面，不要举起手来整理帽子，免得人家怀疑你要摘李子。

唐朝唐文宗时，大书法家柳公权忠良耿直，能言善谏，官职是工部侍郎。当时有个叫郭宁的官员把两个女儿送进宫中，于是皇帝就派郭宁到邮宁（今陕西邮县）做官，人们对这件事议论纷纷。

皇帝就以这件事来问柳公权："郭宁官封大将军，当官以来没有什么过失，现在只让他当邮宁这个小地方的主官，有什么不妥呢？"

柳公权听了，对皇帝说："议论的人都认为郭宁是因为进献了两个女儿入宫，才得到这个官职的。"

唐文宗说："郭宁的两个女儿进宫是为了陪太后，并不是献给朕的。"

柳公权回答："瓜田李下的嫌疑，人们哪能都分辨得清呢？"

【注释】贵：看重，注重。称家：持家。

【译文】穿衣服需注重整洁，不必讲究昂贵、品牌、华丽。穿着应考量自己的身份及场合，更要衡量家中的经济状况，才是持家之道。

房梁挂钱

唐宋八大家之一的苏轼是北宋时期著名的文学家、书画家，同时他还善于写诗词，是豪放派词人代表，是中国文学艺术史上罕见的全才。他同时还是一位美食家，对美食也有较高的研究。

苏轼21岁时考中进士，在官场上前后共40年。做官期间，他清廉正直，生活节俭朴素，过日子总是精打细算，从不浪费一分一毫。

1080年，苏轼被降职贬官到了一个叫黄州的地方。官位的降低，苏轼每年的薪俸减少了许多，家里的日子一天比一天艰难。后来，在一个朋友的帮助下，苏轼得到了当地的一块土地，开始耕种，用来贴补家用。

为了让每一分钱都能花到该花的地方，他还制定了一个开支计划：先把所有的钱计算出来，然后把这些钱平均分成十二份，每个月只能用一份；每份中又平均分成三十小份，每天一小份。钱分好后，按份挂在房梁上，每天清晨取下一包，作为当天的生活开支。每拿一小份钱，他还要仔细权衡一下，有不需要的东西就坚决不买，每天只准有剩余的钱，绝对不准超支。积攒下来的钱，苏轼就将它们存在一个竹筒里，用来解不时之需。

在他有条有理的安排之下，苏轼家的日子一天天地好转起来，不需再为生活不时犯愁。

对饮食，勿拣择；食适可，勿过则。

【注释】拣择：挑剔。过：过量，过度。

【译文】日常饮食要注意营养均衡，多吃蔬菜水果，不要挑食，不可以偏食，三餐常吃八分饱，避免过量，以免增加身体的负担，危害健康。

卖狗嫁女

东晋有个大官叫吴隐之，在他还小的时候父亲就过世了，剩下母子两人，家中生活十分困苦。虽家境贫寒，但吴隐之志存远大，他饱览群书，以儒雅显于世。多年来他跟母亲艰难度日，养成了勤俭朴素的习惯，即使每天喝粥，也从来不接受外来之财，母亲去世时，他悲痛万分，每天早晨都以泪洗面，当时的人都被他的孝心感动。

进入官场之后，他厌恶奢华，依然保持着节俭的生活作风。他家里吃的不过是粗糙的稻米、蔬菜和干鱼，并非山珍海味；穿的是粗布衣衫，不是绫罗绸缎；他不肯搬进朝廷赐给他的府邸，一直以来，全家只住在几间小而简陋的茅草房里。

渐渐地他的女儿也长大了，到了该出嫁的年龄，人们想他一定会好好操办一下，风风光光地把女儿嫁出去。

谁知大喜那天，吴家仍然冷冷清清，跟平时并无两样。谢石将军的管家前来贺喜，看到一个仆人正牵着一条狗走出来，就好奇地问道："你家小姐不是今天出嫁吗，为什么不见人来贺喜呀，怎么一点喜庆的样子都没有？"仆人紧锁着眉头说："别提了，我家主人太过节俭了，小姐今天出嫁，主人昨天晚上才吩咐筹办。我原以为这回主人该破费一下了，谁知主人竟叫我今天早晨把这条狗牵到集市上去卖掉，用卖狗的钱去置办东西，当作小姐的嫁妆。你说，一条狗能值几个钱呀，我看一般百姓家嫁女儿也比我家主人气派啊！也可怜了我们家小姐呀。"

管家感叹道："每个人都说吴大人是少有的清官，我以前还有怀疑，今日一见，果真是名不虚传。"

吴隐之摒弃奢华的操行让人传颂，后他被升迁为前将军，并得到赐钱五十万、谷千斛的奖赏。

谢宴求书

北宋的刘恕志洁品高，一生勤奋学习，注重修养，他合理地安排自己的时间，把时间全都用于丰富自己的知识、培养自己的修养上，从不浪费一分一秒。

刘恕从小就学习儒家经典，每日记诵，感受其中的快乐，常常废寝忘食。一次，家中来了一位客人，客人在和他的长辈谈论时说："孔子没有兄弟。"他立刻举《论语》"以其兄之子妻之"一句以对，在座的人都非常地吃惊。平日里，小伙伴们遇到问题也常去问他，他都能一一解答，他告诉伙伴们，书中什么都有，只要多看书就都能知道，所有的问题也就都解决了。

刘恕十八岁时被举为进士，宰相晏殊见他对《春秋》和《礼记》的问题对答如流，就让他去国子监试讲经书，官员们都被刘恕深厚的道德涵养和精辟的演讲折服，一时大家都学起了经书。

一次，刘恕得知学者宋次道家中藏书丰富。于是，从数百里之外的地方跑过去借阅。宋次道为这位远道而来的友人准备了丰盛的酒席，邀请刘恕共同分享。刘恕却说："您应该知道，我并不是为了享受佳肴美酒才到您这儿来的，请您把酒肴都撤走吧，我只是慕名来借书的，您多借我一些书，对于我来说胜过佳肴百倍。"

之后，刘恕在那里昼夜口诵手抄，持续了十多天，直到把自己所需要的书本都读完、抄完。刘恕总是笑着说："读书从来不会让人觉得苦，越读书越明理，书中包含着无穷无尽的快乐。"

年方少，勿饮酒；
饮酒醉，最为丑。

【注释】方：还。饮：喝的意思。

【译文】我们年纪还小尚未成年，不该尝试喝酒，因为喝醉了丑态百出，最容易出现不当的言行。

喝酒误事

一次，楚军与晋军在鄢陵交战，双方战斗得非常激烈，相持了好几天也分不出胜负，双方兵力都有惨痛的损失。为了鼓舞士气，楚国国君楚恭王亲自率兵指挥这次战斗。激战中，楚恭王眼睛被敌人刺伤，只好班师回营，暂作调整。

当时楚军的主帅是大将军司马子反，在这几天的连续奋战中，他一直没有休息，也没喝几口水，现在可谓是又累又渴，刚回到营帐中就嚷着要喝水。

司马子反有个仆人叫阳谷，阳谷对主人忠心耿耿，百般关心照顾，现在看见主人变成这个样子，心里增添了几分担忧。他知道主人很爱喝酒，就赶紧进屋搬来一坛酒，让司马子反解渴去乏，同时用毛巾不停地为司马子反擦汗。

司马子反这个人一向嗜酒如命，只要一拿起酒杯就一定会喝得大醉，平时倒也没有人去阻劝他。但这次情况不一样，战争还在进行，要是喝醉了可不是闹着玩的。

于是，司马子反对奴仆说："不行，我不能喝这个，这是酒。"阳谷为了劝司马子反喝下去，便摇着头说："没事，您就放心地喝吧，这不是酒。"司马子反把目光从这酒上移开，努力克制着自己，对仆人说："你赶紧把这酒拿走，给我把水端过来，我要喝水。"可是，阳谷一直坚持说是水，能喝。听奴仆这么说，司马子反便克制不住自己了，就从奴仆手中接过酒来喝了。他本来就喜欢酒，加之现在又很渴，于是喝了一杯又一杯，直到醉倒床上。

此时，战事只是暂休，楚恭王正在筹备下一场作战计划，就召司马子反前来商讨，但通报的人回来汇报说，司马子反回营后突然胸痛不能前来。楚恭王听说大将在这紧急关头突然病了，十分着急，便亲自到司马子反营帐中去探望。

刚进营帐就有一股浓烈的酒味扑鼻而来，楚恭王见这般情形，气得脸色发紫。对醉倒在床上一动也不动的司马子反大声喝道："今日战斗，事关楚国的未来，我亲自带兵作战，身受重伤，而将军你作为我唯一可以信赖的人，现在指挥全军就靠你了，你在这紧要关头竟敢喝酒，还醉得不省人事，你心目中还有国家利益吗？像你这样置国家命运于不顾的嗜酒之徒，没有再率兵打仗的资格。"说着仰天长叹："现在全军无首，无人指挥，这仗不能打了。"

无奈之下楚恭王只好下令撤军。司马子反的仆人阳谷十分后悔，不知道如何是好，跪下求楚恭王饶恕司马子反，自己愿替司马子反顶罪。

楚恭王严厉地对奴仆说："你作为仆人，一味只知道娇宠自己的主人，你自己本身的罪过就不小。司马子反是国家大将，大战之际竟然喝醉酒，现在误了国家大事，使国家陷入危机之中，你只是一个小小的仆人顶得起他这么大的罪吗？"

楚恭王按军法将司马子反斩首示众，以戒众人。司马子反的仆人阳谷从此离开楚国，再也没有回来。

司马子反喝酒延误军中大事，破坏军纪，使其丢掉了性命，假使他能够克制住自己，抵挡住酒的诱惑，自己的性命可得以保全，同时还可能改变这场战争的结果。作为仆人的阳谷，因爱护主人，献酒的行为也并无恶意，但场合时机都不对，没有考虑到严重的后果，没有从整个大局的利益思考问题，只求能使主人得到一时满足，结果误了国家大事，也给司马子反招来了杀身之祸。

步从容，立端正；
揖深圆，拜恭敬。

【注释】方：还。步：走路。深圆：深深地躬下。

【译文】走路时脚步要从容不迫，站立的姿势要端正。行礼时要把身子深深地躬下，跪拜时要恭敬尊重。

倒屣相迎

蔡邕是汉朝著名的大学者，文史、音乐、天文样样精通，可谓学识渊博，名重一时。但他和人交往从不摆架子，还特别喜爱结交有真才实学的人。

一天，蔡邕正在房中休息，家人向蔡邕报告说，门外来了一位自称王粲的客人。蔡邕一听，急忙跳下床来，穿上鞋子就往门外跑。由于太慌忙，把右脚的鞋子穿到了左脚上，把左脚的鞋子穿到了右脚上，而且两只鞋都倒穿着。站在门外的王粲一见闻名天下的蔡先生是这副模样，便捂着嘴笑起来。

蔡邕的贴身仆人，见到王粲后，不禁惊呆了：他没想到，来者是个又瘦又小的少年！

他想："像蔡邕这样德高望重的学者，却对一个孩子这样尊重，难道不怕有失身份吗？"

蔡邕看出了家人的疑惑，就说："这位王粲，才华出众，我蔡邕都不如他呀！我家的全部书籍和文章都应该赠送给他。"

王粲的确不是一般的人物，他出身名门，年少时就相当有才名，后来成为"建安七子"之一。

王粲记忆超群，过目不忘。有一次，他与朋友一起走路，见路旁有座石碑，两个人站在那里把碑文看了一遍。朋友开玩笑问他："你能把碑文背下来吗？"王粲竟然转过身去，一字不差地背了下来。

还有一次，王粲看别人下棋，忽然棋盘上的棋子不小心被人碰乱了，无法再下。正当下棋的人相互埋怨时，王粲不声不响上前将棋子摆好，结果与散乱之前一模一样，围观的人都佩服得不得了。

汉明帝敬师

汉明帝刘庄，是东汉第二位皇帝，汉光武帝刘秀的第四子。明帝即位后，秉承光武制度，热心提倡儒学，注重法律建设，体恤黎民百姓，加强中央集权，严防地方割据。在明帝的治理之下，东汉吏治清明，举国安定，并且多次下诏安顿流离在外、无家可归之人，又以郡国公田赐贫人，为他们借贷粮食、种子，大兴水利，使得当时民安其业，户口滋殖。明帝以及随后的章帝在位期间，史称"明章之治"。

刘庄做太子时，经学大师桓荣教授他古今学问，以及为人之道。刘庄十分尊敬桓荣，每次老师授课都会认真学习。后来，刘庄继位做了皇帝，还是按照对待老师的礼仪对桓荣，经常前去拜望。

明帝曾亲自到桓荣的家中去，并让桓荣坐东面，叫人设置几杖，就如同当年讲学一样，聆听老师的指教。他曾将朝中群臣和桓荣的弟子大约百人召到太常府（桓荣的府邸），一同向桓荣行弟子礼，表示对老师的恭敬。

听说桓荣身体不好时，明帝就会派人专程慰问，公务不繁忙的时候则会亲自登门看望。每次去探望老师，明帝都是刚到街口时就会下车步行前往，走到桓荣的家中，以表尊敬。进门后，他经常会握着老师枯瘦的手许久不放。看着年老的桓荣，明帝难免觉得有些心酸，泪水总是会悄悄地流下来。每次在老师家中都会待很长一段时间才离开。

桓荣去世时，明帝换上丧服，亲自为桓荣送葬，并妥善安排好他的子女。天下百姓见当朝皇帝对桓荣都如此般敬爱，也纷纷效仿他敬师的美德。

勿践阈，勿跛倚；

勿箕踞，勿摇髀。

【注释】阈：门槛。箕踞：指坐的时候两条腿张开着。

【译文】进门时不要踩到门槛，站立时要避免身子歪曲斜倚，坐着时不要双脚展开像簸箕一样，或者是虎踞的样子，也不要抖腿或摇臀，这样才能表现优雅怡人的姿态。

曾子有礼

曾子是孔子晚年收的弟子，颇得孔子真传。孔子的孙子孔伋师从曾子，又将学问传授给孟子。因此，可以说，曾子上承孔子之道，下启孟子学说，是孔孟儒学的集大成者。

曾子性情稳重，为人谦恭谨慎。有一天，同学们问曾子："你为什么进步这么快呀？"

曾子答道："我不过是每天都问问自己，替别人办的事情有没有尽到力啊？与朋友交往有没有不诚实的地方啊？先生教我的学业是不是学习好啦？如果发现哪样做得不好，我就及时改正，这样慢慢地也就养成了习惯！"

曾子除了勤奋好学、自省之外，还很懂礼貌和规矩。

有一次他在孔子身边侍坐，孔子就问了他一个问题。曾子本来是在席子上坐着的，听了这个问题后，立马从席子上站了起来，走到席子外面，恭恭敬敬地回答老师的提问。

刘邦三踞

汉高祖刘邦有个不好的习惯，他喜欢当众箕踞。在当时这个姿势对人是极为不尊重的。

刘邦"初踞"，是在沛县领兵攻秦的时候。当时有一个叫郦食其的读书人，他听说刘邦是个有远大抱负的人，心中暗想那刘邦一定也是个品行高尚的人，就很欣喜地来到刘邦跟前呈献攻秦的策略，可是没想到被召见时，"沛公方踞床，使两女子洗足"，郦食其非常地生气，对刘邦说："你不是想要推翻暴秦吗？为什么用这样傲慢的态度对待长者？你要是这样，将来肯定是破不了秦的。"听到这番话，刘邦这才起身整理好自己的衣着，并表示歉意，将郦食其请入上座。郦食其受到礼遇后，才将攻秦的良策告诉刘邦。

刘邦"二踞"，是与项羽争夺天下时。项羽的好朋友英布，在刘邦的劝诱下带兵攻打楚国，结果英布后防失守，只好转而投奔刘邦。英布到刘邦门外，叫人进去通报，这时刘邦正箕踞在床榻之上洗脚，也没整理好着装，就下令叫英布前来觐见。英布进去一看，十分地生气，后悔自己来到这里，就准备自杀。英布并不是读书人，看到刘邦箕踞讲不出什么礼节道理，但就是觉得不舒服，觉得自己没有受到尊重。后来刘邦接待英布用的食物，和自己的一样，英布感到十分地高兴，于是又死心塌地跟随了刘邦。

"三踞"，则是刘邦当了皇帝之后。西汉七年，刘邦到赵国视察，来到赵王张敖家中。张敖穿着一件短布衫，一副下人的打扮，亲自给刘邦端菜上饭，可是刘邦仍然不满意，刘邦席地而坐，伸开两足，还对张敖责骂，十分地不恭敬。张敖的手下看不下去了，对他说："我们家赵王侍奉高祖您非常地恭敬，而您怎么能对赵王如此苛刻呢！"张敖赶紧上前责备说："你怎么能这样说呢！赵国本来已经亡国，都是因为有了高祖才得以复兴，代代相传，这都是高祖的恩赐啊，你赶快把话收回去。"刘邦见赵敖一片忠心，方对他以礼相待。

缓揭帘，勿有声；
宽转弯，勿触棱。

【注释】缓：慢慢地。宽：空隙较大，这里指要离得稍远一点儿。

【译文】进门的时候慢慢地揭开帘子，尽量不发出声响，走路转弯时与棱角要远一点，保持较宽的距离，才不会碰到棱角伤了身体。

苏嘉折辕

苏嘉是西汉著名大臣苏武的哥哥，在宫中负责给皇帝驾车。给皇帝驾车可不是一个轻松的活儿，安全平稳，让皇上觉得舒服是最起码的要求，所以一定得时刻谨慎。如果稍有大意，出了事故，其后果都是极为严重的。

苏嘉为皇帝驾车多年，一直非常细心，从来没有出过差错，每次都会让皇帝的出游舒舒服服的。正因如此，皇帝也非常喜欢坐他驾的车。

有一次皇帝外出，由苏嘉驾车，从都城长安去郊外的行宫。这条路苏嘉还从来没有走过，对路况也不是很熟悉，不过路面挺好，一路行来，辇道非常宽广，没有弯道斜坡，车子行驶得顺顺畅畅。行程中有虫鸣鸟叫相伴，绿叶红花相依，苏嘉精神更加愉悦，急操马鞭，车子快速行驶，且十分平稳。皇帝也觉得很舒适，把这当作是一种极好的享受，便就放松身子，在车上闭目养神。

眼看就要到行宫了，突然出现一个小弯道，苏嘉急忙勒紧缰绳，马受到惊吓，前蹄腾空而起，一下子车辕撞到了行宫门前的柱子上。车辕也被折断了。坐在车内养神的皇帝顿时被吓醒了，却还不知道发生了什么事情，疾呼"救驾"。宫外卫士赶紧围了过来，盘问清楚，发现只是一场虚惊，就把皇帝扶下了马车，拿下苏嘉。

皇帝虽然没有受伤，但是受到的惊吓不小，很是生气。结果，苏嘉被判为"大不敬"的罪责，他深知这份罪责是躲不过的，并且也知道后果十分地严重，只好自杀谢罪了。一向谨慎的苏嘉因一时的疏忽，竟然招来了杀身之祸。

朱熹闲居

朱熹，字仲晦，别号晦庵，是南宋杰出的理学家、思想家、教育家，同时也是一位著名的诗人，闽学派的代表人物，世称朱子，是孔子、孟子以来弘扬儒学最杰出的大师。他是宋朝理学的集大成者，他在北宋时期程颢、程颐的基础上对理学作了进一步发展，使客观唯心主义的体系最终形成。他认为理才是世界的本质，"理在先，气在后"，提出"存天理，灭人欲"。朱熹具有渊博的学识，在经学、史学、文学、乐律乃至自然科学等方面都有研究。人们曾用这样的话赞美他："集大成而绪千百年绝传之学，开愚蒙而立亿万世一定之规。"

朱熹为人端庄稳重，在朝廷里讲话很正直，平日在家里也从来不会随随便便，家居生活十分有条理。每天早上，天色还没有大亮，他就会早早地起来，穿好礼服，戴了幞头，穿上方头鞋子，将自己的穿着整理好，把房间收拾整洁。然后到家庙里和先圣神位前去跪拜，行完礼以后，就退回到书房里，办理公务，学习经典。他的书房中，几案必定摆得很正，一切书籍器用，从来都不会随意乱放，必定是整整齐齐的。有的时候看书看困了，就会稍作休息，休息时，他并不是往书桌上随意一趴，而是闭着眼睛端端正正地坐着，一副闭目养神的样子。

朱熹一直都是这样注重自己的行为举止，每件小事、每个细节都不会任意妄为，从他小的时候一直到他年老始终如一，一刻都没有松懈过。

执虚器，如执盈；
入虚室，如有人。

【注释】执：拿。虚：空的，虚无，可以当作"没有"的意思。

【译文】拿空的器具要像拿盛满的一样小心，进到没人的屋子里，要像进入到有人的屋子里一样。

君子之礼

周朝卫国有个贤人，叫蘧伯玉。他待人热心，在为官期间一心为民着想，深受百姓爱戴，颇得当时人们的好评，也被当时的君主所看好。蘧伯玉是一个非常注重礼仪的人，不管何时何地都会以一个君子的风范要求自己。

一天晚上，卫灵公和他夫人在宫里闲聊，听见有车子声音从远处传来，声音渐渐明晰，可以确定是往宫中方向驶来。可是到了宫门口，车声突然停止了，过了一会儿，车声才又响起了，分明已经远去。

卫灵公对夫人说："我估计是谁的车子刚好走到宫门口时坏了，车声才会停止，后来唤人修好以后，车里的人才得以离开。"

夫人非常肯定地对卫灵公说："并非你说的那样，我敢确定这辆车子上坐着的人，一定是蘧伯玉。"

卫灵公问道："你怎么知道一定是他？"夫人解释说："从礼节上讲，做臣子的，经过君主的宫门前时，一定要下车；君主的马车经过时，一定要行礼。这都是尊敬君主的表现。君子在没有人的地方也不会放下自己高尚的德行，依然会依照礼节行事。蘧伯玉就是这样一个贤人君子，他平日服侍君主就很礼敬，不管在哪里都不会失去礼节，刚刚肯定就是他经过时，下车自己步行走过宫门，然后再驾车离开了。"

卫灵公便叫人去打听，果然是蘧伯玉。

蘧伯玉无论在什么地方都能始终如一地坚守礼仪，可谓一个真正的君子，他特别注重自己的形象，经常受到孔子的夸赞。

夜拒弟子之礼

杨震，东汉人，年轻时家境贫穷。但他勤奋好学，明晓古今学问，是当时的大儒学家。为官期间，他公正廉洁，从不谋取私利。杨震很欣赏有才华的人，他唯才是举，选贤任能。汉安帝元初四年，杨震被调入朝廷担任太仆的官职，后来晋升为太常。在杨震还做没有太常之前，博士选举大多都只是徒有虚名。杨震任太常后，严格按照选举程序，提拔了一批有能之人，他所选用的陈留、杨伦等，都是通晓经书、学识过人，儒生们对此称赞不已。

在杨震任荆州刺史时，他发现王密才华出众，便向朝廷举荐王密作了昌邑县令。

后来，杨震调任东莱大守，途经王密任县令的昌邑，王密亲自到城郊迎接恩师。当天晚上，王密前去拜望杨震，师生两人聊得非常投机，时时还有阵阵欢笑传出。不觉之中已经到了深夜。王密起身向老师辞别，突然他从怀中捧出黄金，放在桌上，说道："老师您难得到学生这里一趟，我准备了一点小小的礼物，请老师收下，以报答您对我的栽培之恩。"杨震说："以前因为我知道你有真才实学，品德高尚，所以才举荐你的，希望你做一个廉洁奉公的好官。你今天要是这样做，岂不是违背我的初衷，辜负了我对你的厚望。你对我最好的回报是为国效力，为民请命，而不是送给我东西。"王密还是坚持说："现在天色已经很晚了，不会有人知道的，您就收下吧！"杨震变得非常严肃，声色俱厉地说："你这是什么话，天知，地知，我知，你知！怎么可以说，没有人知道呢？的确没有别人在这里，可是你我的良心还在啊！"王密顿时满脸通红，感到非常地羞愧，于是只好拜别了老师。

后代子孙为牢记杨震的清正操行，就将他居住的地方取名为"四知堂"。

事勿忙，忙多错，勿畏难，勿轻略。

【注释】忙：着急，慌忙。畏：害怕。轻略：轻视，忽略。

【译文】做事不要匆匆忙忙，匆忙就容易出错，遇到该办的事情不要怕困难，而犹豫退缩，也不要轻率随便地敷衍了事。

创业难，守成难，知难不难

有一天，唐太宗与众大臣召开一次御前会议，议题是"创业"难，还是"守成"难？因为这事关国本，要大家慎重对待。大臣杜如晦、房玄龄等人认为"创业"难。建立一个新的国家、开创一个新朝代，要战胜多少艰难险阻，要花费多大的精力和财力，要经过多少风吹浪打，要牺牲多少将士的宝贵生命，这些需要多大的勇气、智慧和力量啊！

大臣魏徵等人却说"守成"难。历史上许多朝代不到两代人就亡国了，远的如秦始皇，英雄盖世，强大得无人匹敌，结果呢，始皇死了不到两年，秦就灭亡了。近的如隋朝，文帝多么勇武，隋朝又多么强盛，结果到了儿子手里，便丢掉了江山。"守成"需要克服无数困难，战胜立国时的骄傲情绪，杜绝腐败、奢华，要让老百姓安居乐业，这些需要多么谨慎、宽容的态度，又需要多少智慧和多么高超的管理能力啊！

唐太宗冷静地听了双方的意见后说道："你们说的都非常合乎道理。杜、房等人是和我一起创业的开国元勋，他们与我一起经历过'创业'的艰苦，立下了汗马功劳，因此深知'创业'的艰难。魏徵等人则与我一起治理国家，为国尽忠，了解国计民生，因此明白难在哪里。既然我们有了这样的认识，再困难的问题也就难不倒我们了。"

临阵不畏

苻坚率军攻打晋国，打到淮肥时，京师震动。晋帝召集群臣商议反击大计，立即提升谢安为征讨大将军。前线战争局势十分紧张，谢玄前来请示谢安用什么方法打退敌军。谢安面无惧色，一点儿也不着急，并没有慌忙布阵迎敌，只是很淡定地说肯定有办法。相反，他却叫谢玄随他与亲友一道去山中游玩。

到了山中，谢安邀谢玄下棋。谢玄的棋艺本来要高谢安一筹，可因为紧张，担心前线战况，无法静心，这次败给了谢安。

晚上回家后，谢安提出对敌作战的方案。后来，晋军派出使者对前秦军队说："你孤军深入，在淝水旁部署军阵，这只是长久相持的策略，并不能达到速战速决的效果。如果你们能把兵阵稍稍往后退一些，让晋军能够渡河，然后一决胜负，你们不认为是很好的一件事情吗？"

前秦众将领都说："我众敌寡，要竭力遏制他们，不能让他们上岸，这样便可以万无一失。"苻坚说："只带领兵众稍微后撤一点，等到晋军渡河渡到一半，我们出兵攻打，也一定会取得胜利的。"于是，前秦军队就将军阵往后稍撤了一点。不料，这一撤退，便失去了作战良机，再就没有前进了，最终被晋军打败。

晋军胜利的捷报传来，正巧又碰上谢安在下棋。谢安只是看了一眼捷报，顺手放下，声色一点儿也没变，又继续下棋。周围的人实在忍不住了，纷纷问他战况怎么样。他才缓缓地说："秦军败退了。"谢安临危不乱，临阵不畏，坚定沉着的风度令人叹服。

斗闹场，绝勿近；邪僻事，绝勿问。

【注释】斗闹：打斗，喧闹。僻：怪癖，稀奇。

【译文】容易发生打斗的场所，我们不要靠近；对于邪恶怪僻的事情，不必好奇地去追问。

汉武帝被方士骗

汉武帝坐稳江山后，就想着要长生不老。这时，有人给他推荐了一个叫栾大的方士，说此人能力异常，可以信赖。

之前，汉武帝被一些蹩脚的方士骗过，他真心希望这个栾大天赋异禀，能力卓绝，圆他能够成仙的美梦。所以栾大对他提什么过分的要求，他都不觉得过分，一一答应。比如，他把亲生女儿卫长公主嫁给了栾大。为了显示对栾大的恩宠，汉武帝还亲自到栾大的宅子里去作客。另外，他还命人用精美的白玉刻成玉印，上书"天道将军"四字，特地派大臣给栾大送到府上。为了显示对栾大，这位神仙使者的尊敬，送印的使者在夜半时分，站在祭祀用的白色茅草之上，身披用羽毛编织成的大氅，将玉印送到栾大手中。栾大也身披羽毛大氅，站在白茅上接受了玉印，表示他并不是汉武帝的臣属，而是与汉武帝平起平坐的神仙使者。

栾大一夜之间又富又贵，这消息很快传遍天下。于是，沿海一带的齐国、燕国的方士也都很快聚集京城，指天发誓，说自己也能请到神仙。

武帝这样不惜血本的恩宠，是有要求的，他希望通过栾大早日请到真正的神仙，好使自己长生不老。几个月过去了，见栾大没有行动，武帝不断派使者催促，栾大不能再推托了，宣称要到东海海上去寻找神仙，也就是他的老师。

汉武帝这回多了个心眼，他叫来了一个内侍，让他打扮成平民的模样，一路跟在栾大的后面，看看他究竟是怎样请神仙的。

栾大率领仆役，坐着华丽的车舆一路游山玩水，晃悠到泰山脚下。栾大下得车来，随从们扫出一块空地，先对着泰山祈祷一番，可是随从们并没有看到有什么仙人出来和栾大交谈。

接着一行人继续东行，栾大一看快到海边了，他拦住随从们，说："神仙是不会见你们这些下贱的仆役的，我一个人前去求见仙师啊，你们在此等候。"

随从们一听也有道理，就让栾大一人去了海边。汉武帝派出的内侍却从别处远远地跟在栾大的后面。

栾大到了海边，回头看看没有什么人，就在海边上散散步，逛了半天，又回到随从们等待的地方，告诉他们说："我已见到仙师了，现在启程回宫禀报皇上。"

监视栾大的内侍见他这般捣鬼，感到既好笑，又可恨，赶在栾大一行人之前回到了长安，把栾大的所作所为，不分巨细，原原本本地全讲给汉武帝听。

汉武帝气得七窍生烟，他费了这么多的心思，到头来还是碰到了一个大骗子。他倒要看看这个栾大长有几个脑袋，胆敢在自己面前玩花样。

栾大回到长安，汉武帝笑眯眯地迎接他。栾大正兴奋地述说面见仙师的过程，只觉武帝冷冷地笑着盯着他。栾大心里直发慌，连话头也忘了。汉武帝再也忍不住了，他绷起了脸，面露凶光，恶声恶气地问栾大到底都做了些什么。栾大佯装镇定，还想往下胡编。汉武帝唤出内侍，让他与栾大当面对质。栾大当时就被诘问得哑口无言，冷汗从脸上涔涔而下。

不久，栾大就被汉武帝腰斩，连推荐栾大的那人也被暴尸荒野。

葛洪精心抄书

葛洪，字稚川，号抱朴子，丹阳人，我国东晋化学家。他自幼热爱学习。十三岁丧父，家境十分贫苦，但他仍然千方百计地克服困难，坚持不懈地刻苦学习。

其实，葛洪的祖父、父亲都是读书之人，曾经收集保存了不少书籍，但是由于当时兵荒马乱，曾经殷实的葛家在战火中屡遭掠夺，家中藏书有的被焚毁，有的被劫掠，一本也没剩下。家道中落的葛洪在失去父亲之后，更是再也没有能力购买书籍进行学习。但是他爱学习，爱研究学问，所以在农活不忙的时候，就背上箱子，长途跋涉，到别的地方的认识的人家那借书。

书是借来的，使用一段时间之后必须得归还主人。为了自己可以常年有书读，葛洪决定把借来的书全都抄下来。他平时稍微一有时间就上山砍柴，然后把砍的柴都卖了。用卖柴火换来的钱买些纸笔墨和点灯用的灯油。这样，晚上他就可以把借来的书抄下来了。每天都是到深夜，然后都是按时把书归还人家。他抄的书很多，经、史、汉、百家之言、金匮药方，等等。

当时，社会上的赌风很盛。很多与葛洪年龄相仿的人都会参与赌博，他们也会约葛洪一同前往，但他从来也不会和他们参加这些丧志的游戏，同时还婉言规劝那些来找他的人，要避开这种争斗嬉闹的地方，不要涉足赌博等邪恶的活动。葛洪两耳不闻窗外事，为自己营造一个清幽心境，专心致志地抄自己的书，研究自己的学问。平日里惜时如金，除了砍柴、卖柴、种庄稼，就是读书，做学问。

葛洪四十岁之后，专心炼丹、钻研医学，在化学和医学上都取得了很大的成就，成为我国历史上有名的化学家和医学家，著有《抱朴子》一书。在杭州西湖边上的栖霞山上，有一个叫葛岭的地方，传说就是葛洪长期在那结庐炼丹而得名的。

将入门，问孰存；
将上堂，声必扬。

【注释】孰：谁。扬：响亮，洪亮。

【译文】入门之前要先问一下有没有人在里面；将要走进厅堂的时候，先放大音量要让厅堂里的人知道。

孔融对答如流

东汉末年，北海地方出了一个很博学的人，他的名字叫孔融。孔融从小就很聪明，非常善于言辞，小小的年纪，就已经在社会上享有了盛名。

在孔融十岁的时候，他跟父亲到洛阳。当时洛阳的河南太守李元礼，声誉名望极高，往来于太守府中的人除了他的亲戚外，几乎都是当时社会上名望很高的人。如果不是名人前往拜访，守门的人是不会进去通报的。

年仅十岁的孔融，却不怕被拒之门外，大胆地去拜访李元礼太守。他当然知道凭自己的身份，守门人是不会通报的。于是，他就想了一个办法。当他到府门前，他对守门人说："我是李太守的亲戚，你进去给我通报一下。"守门人听说是亲戚就急忙进去通报了。

不一会儿，李太守接见了孔融。李元礼很疑惑地问他说："我从来没见过你，请问你又怎么是我的亲戚呢？"

孔融回答道："我的祖先仲尼（即孔子）曾向你的祖先伯阳（指老子，老子姓李名耳，字伯阳）请教过关于礼节的问题，他们有师资之尊。这样看来，我和您也能算是世交。"当时在场的很多宾客，都被孔融的这一回答给震住了，李元礼也觉得孔融的这一回答十分地巧妙。

那时有一位大夫陈韪，在孔融之后才到，在座的宾客将孔融刚才的事情告诉了他，他很不屑地说道："小时了了，大未必佳。"这话让孔融听到了，立即聪明地反驳说："依我看陈大夫小的时候，一定是个很聪明人。"陈韪这下不能说自己小时候不聪明，又不好承认小时候聪明，一下没有话说了。

孟母解围

一天，孟子的夫人独自在屋子里坐着，因为精神松懈，就没有按礼数来跪坐，两条腿叉开着坐。正在这时，孟子一头撞进来，见妻子这样没规矩，非常不高兴，一句话没说转身就离开了。孟夫人知道自己触犯了妇德，觉得没脸再在婆家呆下去了，就去找孟子的母亲，说要离开。孟母于是来找孟子谈话。她问孟子到底发生了什么事情。孟子说："我妻子太不懂礼数，我要休了她！"

孟母一听情况严重，赶紧问到底发生了什么。孟子说妻子竟然在屋里面"踞"坐。孟母马上又问："是谁看见的？"孟子很肯定地说："是我亲眼看见的。"

孟母不想因为这件事就将儿媳赶出家门，想了一想，开口道："明明是你无礼，不是儿媳妇无礼啊！《礼记》当中不是说得很明白吗，'要进门之前，先应该问谁在里面，这样是为了表示尊敬。快要进入厅堂的时候，要大声地咳嗽一下，为了让在堂上的人有一个心理准备。将要进入内室之前，应该眼睛望地下，免得看到别人的过错。而你现在自己失了礼数，还反怪人家不懂礼数，这不是太过分了吗？"

经孟母这么一分析，孟子就没再坚持休妻，还得检查自己的不是。

人问谁，对以名，

吾与我，不分明。

【注释】对：回答。以：用。

【译文】有人问"你是谁"，回答时要说出自己的名字，如果只说"吾"或是"我"，对方就不清楚到底是谁。

毛遂自荐

邯郸保卫战中，平原君的外交工作做得十分成功，这其中毛遂也起了十分重要的作用。

春秋时，秦军在长平一战中，大胜赵军。秦军主将白起，领兵乘胜追击，直抵赵国国都，包围了赵国都城邯郸。大敌当前，赵国形势十分严峻。赵王命平原君赵胜为使者，去楚国寻求救援，以解赵国之围。

平原君打算从自己的三千门客中挑选出二十名文武兼备、谋略胆气较高的人，和自己一同前往楚国去游说楚王，但挑来挑去，只挑中十九人，还差一人却怎么也选不出来了。平原君正在发愁，这时有个始终坐在最后一排的门客站了起来，自我推荐说："您现在还差一个人，我能不能来凑个数呢？"平原君诧异地说："你叫什么名字？到我门下有多少时日了？"那个门客回答说："我叫毛遂，到这儿已经三年了。"平原君摇摇头说："有才能的人活在世上，就像一把锥子放在口袋里，它的尖儿很快就冒出来了。可是你到这儿三年，我却从来没有听说过你，估计你是没有什么才能。"毛遂说："这是因为我到今天才叫您看到我这把锥子。要是您早点把它放在袋里，它早就戳出来了，难道光露出个尖儿就算了吗？"平原君很赏识毛遂的胆量和口才，就决定让毛遂凑上二十人的数，当天就辞别赵王，上楚国去了。

平原君跟楚王在朝堂上谈判合纵抗秦的事。毛遂和其他十九个门客都在台阶下等着。从早晨谈起，一直谈到中午，平原君为了说服楚王，口都说干了，可是楚王说什么也不同意出兵抗秦。

毛遂见势，觉得这样说下去也不会有什么结果，就拿着宝剑，上了台阶，高声嚷着说："合纵不合纵，三言两语就可以解决了，怎么从早晨说到现在，太阳都直了，还没说出一个结果呢？"楚王很不高兴，斥责毛遂退下。毛遂则按着宝剑跨前一步说道："楚国有五千多里土地，一百万兵士，原来是个称霸的大国。没想到秦国一兴起，楚国就连连打败仗，宗庙也被毁了，甚至堂堂的国君也当了秦国的俘虏，死在秦国。这种耻辱，就连我们赵国人也替你们害羞。"毛遂的这一番话，刺痛了楚王的心。于是楚王与平原君歃血为盟，并派春申君黄歇为大将，率领八万大军奔赴赵国。

赵国得到楚国的救援，才得以解邯郸之围。

赞拜不名

在我国封建社会，大臣觐见国君和下级拜见上级的时候，都要先报上自己的名字，以使国君和上级不用再开口问你是哪个，不抬头看就知道是谁来了。上朝求见的时候，只有很有威望或国君关系非常密切的人，才可以不用报自己的名字，这被称为"赞拜不名"。西汉朝丞相萧何就享有这样的待遇。

在经历长达五年的楚汉之争后，刘邦得到了天下，决定要论功行赏，他下定诏书，定下"元功十八人位次"。

可是，谁才是大汉第一功臣，文武百官众说不一，又争执不下。大家都说平阳侯曹参打仗时身上留下了七十道创伤，攻下了很多城池和属地，功劳最多，应该排在第一。

但关内侯鄂千秋不这么认为，他说曹参虽然有立下赫赫战功，但是这只是"一旦之功"，跟萧何比起来还是有差距的。萧何转兵员、粮草，始终保全关中之地，巩固我军后方，是"万世之功"，萧何理应是第一功臣。

刘邦想到当年攻占咸阳后，所有将士都只顾着争抢金银财宝，只有萧何忙着接受前朝的律令、公文，帮助刘邦很好地掌握了当时的民情，对后来制定作战策略，取得胜利有着至关重要的作用，所以认为关内侯的说法很正确，将萧何列为第一功臣。

萧何曾经担任秦沛县狱吏，秦末起义后辅佐刘邦。刘邦攻取咸阳后，萧何接收了秦丞相、御史府所藏的律令、书籍，掌握了全国的山川险要、郡县户口，对日后制定政策和取得楚汉战争胜利起了重要作用。

可是刘邦重封萧何令许多功臣心里愤愤不平，私下里议论不休，表示不满。他们说自己跟随刘邦辗转南北，历经艰险，身经百战，而萧何只不过是为刘邦出谋划策而已，很少亲临前线，一点战功都没有，为何要将他的排名放在第一位呢？

刘邦得知这件事情后，向他们解释说："我想你们都打过猎吧，打猎的时候，追捕鸟兽的是猎狗，可是猎人才是为猎狗引导方向的人，我们不能因为是猎狗咬到鸟兽的，就将功劳全归功于猎狗。如今诸位只是获得了猎物，相当于猎狗的功劳。但是萧何才是为你们指引方向的人，他指导你们如何获得猎物，他的功劳相当于猎人。这样的功劳怎么能够小看呢？"众人听了这番话，便都不再说什么了。刘邦重封了萧何，将萧何列为元功十八人之首。

于是，赐萧何"剑履上殿，入朝不趋，赞拜不名"。这就是说萧何可以带着宝剑在宫殿中行走，在朝见皇帝的时候可以不用低头下跪，拜见行礼时也不用报姓名，只要打个拱手就行了。这是做臣子最高的礼遇了。

用人物，明须求；
倘不问，即为偷。

【注释】明：说明，明示。倘：倘若，如果。

【译文】我们要使用别人的物品，必须事前对人讲清楚，如果没有得到允许就拿来用，那就相当于偷窃的行为。

挂钱买枣

宋朝人查道是一个非常诚实的人。

有一天查道和仆人挑着礼物去看远方的一个亲戚。走了已经大半天了，到了中午，他和仆人都感到有些饿了，一路上也没有见吃饭的地方，两人又没有带午饭。仆人就对查道说："我们从送人的礼物中先拿一些来吃，等到了集市再买东西补上。"查道回答说："怎么可以这样做呢，既然这些礼物是要用来送人的，那么这些东西就已经是人家的了，我们要是现在拿来吃的话，没有经过别人的同意，就相当于是偷。"这样，两人只好挨饿继续赶路了。

又走了一段路程，他们看见一个果园，枣树上结满了熟透的枣子，这个时候的查道和仆人本来就已经很饿了，现在见到吃的，食欲就更强了，更觉得饥饿。

于是，他们便停了下来。查道叫仆人叫唤一下，看看主人有没有在附近，可是，叫了半天，都不见人回应。这时查道就想：反正这枣子将来也是会拿到集市上去卖的，我摘一些吃，然后按集市上的价钱把钱留下就行了，

这样，查道就叫仆人上树去摘了一些枣子下来吃，吃完枣子，查道拿出一串钱，叫仆人挂在了枣树上。仆人很不解地问："为什么要将这些钱挂在树上？"查道回答说："我们吃了别人的枣，当然就得付给主人钱了。"仆人又说："主人又没有在附近，而且又没有人看见，没有人知道是我们吃的啊，何必给钱呢？"查道变得很严肃地告诉仆人："怎么能够白白地拿别人的东西呢，这也是人家辛勤劳动的成果。我们做人应该要诚实，不要认为没有人看见，就当事情没有发生。"

后来枣树的主人知道这件事后，到处称赞查道诚实的做人态度。

偷米敬师

清朝末年的林纾是一位享有盛名的文学家，他小时候心地十分善良，经常帮助别人解决困难。那时教他读书的是一个为人正直、生活俭朴的老师。这位老先生家中虽然很贫穷，却依然对需要帮助的人伸出援助之手以至于自己时常都没有钱买米，一直都吃着粗糙的食物。

有一次，林纾的老师病了，好几天都没有到学堂授课，林纾就去老师家探望。到了老师家一看，屋里中十分地简陋，最多的莫过于书了，其他的东西几乎都没有。

老师一个人虚弱地躺在床上。看着老师消瘦的样子，林纾感到十分地难受。他向米缸里看了一眼，里面竟然一粒米都没有。林纾心想："老师为了教导我们，把所有的精力都花在了学生身上，现在重病一人在家，连照料的人都没有一个，家中的米也吃完了，也不知这一段时间吃的什么，这样下去老师的病要到什么时候才会好啊？我得想办法给老师弄点米。"

林纾拜别老师，回到家中，他想把老师的情况给父母说了，把自己家的米给老师送一些去，恰巧，他的父母都没有在家。

林纾就没来得及跟父母商量，找来了一个袋子，装了满满的一袋米，然后向老师家走去。

老师见林纾脸上那种兴奋的神情，又看看这袋满满的米，心里非常地感动。但仔细一想：这孩子，这么短的时间从哪里弄来的这么多的米呢，觉得其中一定有问题。于是，老师就问："这么好的米，你是从哪里得到的？"

林纾是个很诚实的孩子，他恭敬地回答说："今天我父母都没有在家，自己悄悄地给您拿来的。"老师听了他这么一说，立刻变得严肃起来。他支撑着身子坐起来，生气地说："我以前不就告诉过你们做事一定要诚实，你没有经过家人的同意就把米拿过来，你父母发现后就会

说是小偷把米偷了，你的行为就跟小偷一样。你赶紧把这些米送回去。"

林纾看见老师生气的样子，既难过又伤心，只好先把米拿了回去，等禀告父母之后再给老师送过来。

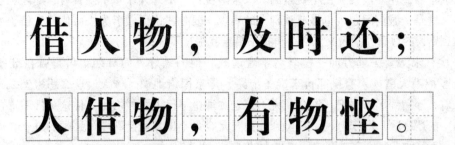

【注释】还：归还。悭：吝啬。

【译文】借用他人的物品用完了之后要立刻归还；别人向你借东西时，你若是有就不能吝啬，应慷慨地借给别人。

将欲取之，必先与之

春秋时，各诸侯贵族都争相抢夺土地，扩展自己的势力，企图能够称霸一方。

当时，晋国权贵知伯向晋大夫魏桓子强行索要土地，被魏桓子断言拒绝了。

大夫任章问桓子："您为什么不给他土地呢？"桓子很生气地回答说："我实在是想不出什么理由给他土地，所以不能给。"任章说："依我看，我觉得您给他一些土地也不一定就是一件坏事。"

桓子有些不明白，就问："你为什么会这么说呢？"

任章进一步解释说："《周书》上曾说过'将欲败之，必姑辅之；将欲取之，必姑与之'。就是说，一个人要想打败对方，就必须先暂时扶植他，让他到达一定的高度，忘却危险，失去了谨慎之心，然后就可以轻而易举地把他打败；要想从对方那里得到自己想要的东西，必须先给他一些东西。看眼前，自己的确暂时失去了东西，但是将来能得到的也许会是现在所给予的数倍。所以，你现在不如先给知伯一点甜头，让他骄傲起来，把自己放在一个高贵的位置，这样将他孤立，就有利于团结其他人起来对付知伯。"

魏桓子觉得任章的话有几分道理，就采纳了他的计策，他给了知伯五块有万户人家的土地。知伯得到这些土地后非常高兴，随着自己的势力越来越大，做起事情来就变得更加猖狂，进而又向晋大夫赵襄子索要大片土地。赵襄子当然不会给他，并且对知伯这种不知道满足的行为非常地痛恨，就联合晋大夫韩康子和魏桓子进攻知伯。

知伯因行事高傲，被当时的人孤立，没有援军，一家难敌三家联手的势力，最终败亡了。

借书求学

明朝宋濂，小时侯很喜欢读书，但是家里很穷，没钱买书，也不能上学院读书，只好向别人借书来看。宋濂借书非常地讲究信用，他每次借书的时候，都会讲好归还的期限，时间一到，从来都没有拖欠过，总是按时把书还给别人，从不逾期，而且总是很珍惜借回的书，每本都保存得完好无损，人们都乐意把书借给他。

一次，宋濂借到一本书，他对那本书爱不释手，就想把它抄下来。可是还书的日期就快到了，按现在的速度，在规定的期限内他是抄不完这本书的。于是，他只好日夜不停地抄书，要赶在还书之日前把书抄完。

时值隆冬腊月，滴水成冰，酷寒难耐。宋濂母亲见儿子这样刻苦地抄书，不分昼夜，担心孩子会生病，就对他说："孩子，天已经很晚了，又这么寒冷，等明天天亮再抄吧，别人又不急着要看这本书，你多借几天也不要紧的。"宋濂说："不管人家急不急着看，期限到了我就要还给别人，这是个诚信问题，也是尊重别人的表现。要是我说话做事失去诚信，失信于人，又怎么能够得到别人的尊重，别人又怎么会再把书借给我呢！"

又一次，宋濂要去远方向一位著名学者请教，他们约好见面日期，可是就在准备出发的那天下起了鹅毛大雪。宋濂挑起行李准备上路，母亲惊讶地说："天气这么恶劣怎么出门啊？你在家呆着，等雪停了再去吧，这会儿说不定老师那里早已大雪封山了。你这一件旧棉袄，怎么抵御深山中的严寒啊！"宋濂说："母亲，我要是今天不出发就会耽误了拜师的日子，这就失约了。失约，就是对老师不尊重啊。所以再大的风雪，我都得去。"

宋濂从不失信于人，说到必会做到，当时的人都十分愿意和他交往。

【注释】诈：欺骗。妄：不真实的语言，不诚实、不老实的语言。奚：怎么。

【译文】凡是开口说话，首先要讲究信用，欺诈不实的言语，不可能在社会上永远行得通。

尾生抱柱

春秋时，鲁国有个年轻人名叫尾生。尾生为人正直，乐于助人，和朋友交往很守信用，受到四乡八邻的普遍赞誉。有一次，他的一位亲戚家里的醋用完了，来向尾生借，恰好尾生家也没有醋了，但他并没有回绝，而是说："你稍等一下，我里屋还有，这就进去拿来。"实际上，尾生是悄悄从后门出去，向邻居借了一坛醋，并说这是自己的，送给了那位亲戚。孔子跟他是同时代的人，又是同乡，当他知道这件事后，就以乡里老大的身份，批评尾生为人不诚实，有点弄虚作假。尾生却不以为然，他认为帮助别人是应该的，虽然说了谎，但出发点是对的。

后来，尾生迁居梁地（今陕西韩城南）。他在那里认识了一位年轻漂亮的姑娘。两人一见钟情，君子淑女，私订终身。但是姑娘的父母嫌弃尾生家境贫寒，坚决反对这门亲事。为了追求爱情和幸福，姑娘决定背着父母私奔，随尾生回鲁地去。那一天，两人约定在韩城外的一座木桥边会面，然后双双远走高飞。黄昏时分，尾生提前来到桥上等候。不料，六月的天气说变就变，突然乌云密布，狂风怒吼，雷鸣电闪，滂沱大雨倾盆而下。不久山洪暴发，滚滚江水裹挟泥沙席卷而来，淹没了桥面，没过了尾生的膝盖。

城外桥面，不见不散，尾生想起了与姑娘的信誓旦旦。四顾茫茫水世界，还没有看见姑娘踪影，他不能离去，只得死死抱着桥柱，最终被活活淹死。而姑娘，被家人察觉了要私奔的痕迹，就被父母囚禁在家里，不得脱身。后来，逮了个机会逃出家门，冒雨来到城外桥边，此时洪水已渐渐退去。姑娘看到紧抱桥柱而死的尾生，悲恸欲绝，抱着尸体号啕大哭。阴阳相隔，生死一体，姑娘哭罢，就抱着尾声纵身跳入滚滚江中。

乱世守诚信

吴士东是清代商人。他在苏州阊门外开了一个小店铺，靠着小本经营维持生活。有一年，发生战乱，大军攻陷苏州，弄得城中不得安宁，百姓四处逃乱，商家也纷纷关上店门出城避难。

就在这时候，一位江西商人满载丝棉织品的货船驶进了苏州城。他进城之后，看到苏州城一片狼藉，就知道这次的买卖一定会亏本，但是一路将货物运来，又不能再运回去，一来耽误时间，二来运费也很昂贵。

于是，商人就把船停靠在阊门外的河里。上岸去找他的老主顾，没一会儿，他又回到了货船上。原来他在城里走了一圈，一个老主顾都没见着，都关门避难去了，他也不知道如何是好。

江西商人正走投无路，绝望的时候，他一抬头看到了吴士东的小铺子。于是带着一丝希望走了过去。

江西商人向吴士东说明了自己的难处，想得到吴士东的帮助，希望能把他这批货留下，暂时存放在吴士东家中。

吴士东说："我只有这么一间小小的铺子，放不了您这么多的货！"

江西商人说："能放下多少就多少吧，放不下的您替我扔掉也行。要是让我自己扔的话，实在是忍不下心。"话刚说完，江西商人就让人把货卸了下来，很快离开了这是非之地。

在这以后的一年多里，吴士东走南闯北，张罗自己的小买卖，同时也将江西商人的货发散到各地的商家。

又过了两年，世道逐渐太平了，吴士东再次在苏州碰到那位江西商人，他急忙将那批货物的货款交到江西商人手中。江西商人本就没想还能得到那批货的货款，一时非常地感激吴士东，知道吴士东是个讲信用的人，就叫他当了自己的合作伙伴。

此后，吴士东诚信的美名传了出去，各地的客商都愿意和他交易，吴士东的生意也越做越红火，红遍了大江南北。

话说多，不如少，
惟其是，勿佞巧。

【注释】是：正确，恰当。佞巧：佞，就是不真实，偏颇；巧是巧辩。
【译文】话说得多不如说得少，凡事实实在在，不要讲些不合实际的花言巧语。

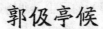

郭伋亭候

汉代光武帝时期，有一人叫郭伋的人，他自小就有一个远大的志向，要为天下百姓造福。后来他官至太中大夫。郭伋治世能力极高，为官清廉讲究诚信，受当时百姓的拥戴和称颂。郭伋在美稷做县衙的时候，详细阅读了近年卷宗，对那些错判疑案进行重新审理，还亲自到民间查访，访贫问苦，他走到哪里都深受百姓喜爱，经常有人给他送礼物，但他从来都没有收过。

一次，郭伋要出城办事，当车行到城门口时，很多的孩子骑着竹马去送他，到了城郊外都不想回去。于是，郭伋就对孩子们说道："你们早点回家吧，我去不了多长时间就会回来的。"领头的小孩问："郭爷爷，那您具体什么时间会回来啊？我们还到这里来接您。"郭伋见小孩们这样的喜欢他，也很高兴，就询问身边的师爷，师爷对行程作了安排，又计划了办事要花的时间，告诉了郭伋。郭伋就将这个日期告诉了孩子们，说那时候他肯定就回来了。孩子知道郭伋回来的时间后，便挥手告别了。

郭伋的事情很快就办完了，回城的时间比当初预计的时间提前了一天，郭伋想到和孩子们还有一个约定，就告诉随行人员暂不入城，在郊外住上一晚，等第二天再回城。

于是，郭伋和他的下人就在一个山野小亭中，歇了起来。那个时候正是深秋季节，白天跟晚上的气温相差很大，又是在山林之中，晚上霜寒露重，温度很低。郭伋他们都冻得发抖，就叫随从捡一些柴火来，生了一堆火，用来取暖御寒。大家围坐在篝火旁边，不停地搓着自己的双手。师爷显得有些疑惑，不解地问："老爷，既然天气这么寒冷，我们还是回去吧，万一感染风寒，那就麻烦了。"郭伋郑重地告诫说："我给孩子们说过，明天才会回去，君子言出必行，一诺千金，怎么能够失信于人呢，况且要是那些孩子明天来接我，发现我已经回来了，还会以为当初我是故意骗他们的，多么令他们失望。"师爷也就无话可说了。

第二天早上，太阳冉冉升起，美稷城郊，一群孩子早早骑着竹马在那里玩耍，小孩们伸长着脖子向着远处眺望。不一会儿，远处道路上隐隐有尘土扬起，车声渐渐明晰，郭伋与随从也来到了城郊，一大群孩子，一拥而上迎了上去。郭伋见孩子们也很守信地来这里接他，深感自己在郊外的一晚上没有白呆，便高兴地和孩子们一同进城去了。

后来，郭伋守信于孩童，夜宿秋日山野小亭的事，传到光武帝那里，光武帝十分赞赏他的德行，称赞他为"信之至矣"，意思是说，郭伋的诚信已经达到了极点。郭伋在这样的一件小事上都如此地讲究诚信，从不背弃信诺，他布施大信于天下，成就了一番伟大的功业。盗贼土匪被他的诚信折服，纷纷改良行善，百姓对他无不敬爱。

刻薄语，秽污词，
市井气，切戒之。

【注释】秽污词：不好的言语，粗鲁的言语。

【译文】奸邪巧辩的言语，肮脏不雅的词句及无赖之徒通俗的口气，都要切实戒除掉。

曾子杀猪

曾子是一个德行很高的人。有一次，他的妻子要到集市上去买东西，小儿子也要跟着去。看到儿子哭闹个不停，曾子的妻子只好哄骗他说："好孩子，你在家呆着，等我们回来了就杀猪给你吃。"儿子一听，信以为真，果然不哭闹了，就答应乖乖地在家等着，不跟着到集市上去了。

傍晚时分，曾子的妻子终于从集市上回来了，儿子三步并两步地跑上前去迎接，口中喊着："快杀猪，快杀猪，我都快要馋死了。"这时妻子却说："一头猪能顶咱们家两三个月的口粮呢，怎么能随随便便地杀掉呢？"儿子听到后，"哇"地一声就哭了。

曾子听到哭声，就走了过来，问清了事情的前因后果，毫不犹豫，转身就回到屋子里，拿出菜刀"霍霍"地磨了起来，准备杀猪。

曾子的妻子看到后，上前阻止他说："我说杀猪只不过是哄骗孩子的，你又何必当真呢？"

曾子一脸严肃地说："不能和孩子随便开玩笑。孩子现在还小，没有分辨是非的能力，事事都模仿父母的言行，听从父母的教诲。你既然答应过孩子要杀猪给他吃，就应该做到，否则就是在教孩子撒谎啊！"

妻子听后，惭愧地低下了头，她也觉得曾子说得对，最后夫妻俩真的把猪杀了，让孩子美美地吃了一顿。

就这样，在曾子的教导和影响下，他的儿子长大以后也成为了一个非常有德行的人。曾子杀猪教子的故事成为了家长以身作则的典范故事，世代流传了下来。

阿谀奉承

宋真宗时，聊城人李垂考中进士，先后担任著作郎、馆阁校理等职。

李垂博学多才，为人正直，当时官场中流行奉承拍马，李垂不肯同流合污，因而得罪了许多人，一直得不到重用。

当时的宰相丁谓就是一个善于阿谀奉承之人，他排挤异己，独揽朝政。许多想要升官发财的人纷纷投靠他的门下。

有人见李垂不走丁谓的后门，十分不解，就问他原因。李垂说："丁谓身为宰相，不但不以身作则，公正地处理政事，反而仗势欺人，实在有负于朝廷对他的重托和百姓对他的期望。这样的人我为什么要和他结交？"这话很快就传到了丁谓的耳朵里，丁谓对此非常恼火，借故把李垂贬到外地去了。

宋仁宗即位后，丁谓倒台，李垂被召回京都。一些关心他的朋友对他说："朝廷里有些大臣知道你才学过人，想推举你做知制诰。不过，当今的宰相还不认识你，你是不是应该去拜访拜访他呢？"李垂听了，淡淡地说："如果我三十年前去拜谒丁谓，可能早就当上翰林学士了。年轻时都不做的事，到老年了反而再去做，怎么可能呢？"他的这番话又传到了新任宰相的耳朵里。结果，他再次被排挤出了京都，只能当个小小的州官。李垂虽然受了那么多的委屈，但他对自己的所作所为从不后悔。

见未真，勿轻言；
知未的，勿轻传。

【注释】轻传：随意流传。非宜：不恰当，不合适。

【译文】还未看到事情的真相，不轻易发表意见，对于事情了解得不够清楚，不轻易传播出去。

百闻不如一见

西汉宣帝时期，由于羌人攻入汉朝境内，夺取城池，烧杀抢掠。宣帝召集满朝文武商议，问谁敢带兵抵御羌人。老将赵充国虽然已经年过七旬，仍愿意承担重任，带兵杀敌。

汉宣帝大喜，问他需要带多少人马，他说："听别人说一百次，还不如亲眼目睹一次。如果在千里之外为行军打仗进行计算，是绝对不可行的。我想亲自到那里看看，然后再制定精确的攻守计划，画好作战地图，再禀报陛下。"

宣帝觉得他说得很有道理，就同意了，他让赵充国带领一队人马，亲自到战区进行考察。赵充国的部队刚刚渡过黄河，就遇到一支羌军。赵充国下令进行攻击，结果大获全胜，抓获了很多敌军士兵。士兵们想抓住这个机会继续进军，赵充国连忙阻止，说："我军不远万里来到这里，兵马都很劳乏，不能追杀得太远。如果遭到敌人的伏击，后果将是灾难性的！"

士兵们听了这番话，对赵老将军的见识和谋略非常佩服。

赵充国对地形进行了仔细侦查，并从俘虏嘴里探到一些羌人的内部情况，了解到敌军的兵力部署，然后精心谋划，终于制定出屯兵把守、整饬边境、分化瓦解羌人的一套谋略，向皇帝上奏。

汉宣帝看到赵充国的奏章，采纳了他的意见。不久，朝廷就平定了羌人的侵扰，西北边境又恢复了安定。

一诺千金

秦朝末年，楚地有一个叫季布的人，性情耿直，拥有一颗侠义之心，乐于帮助别人。只要是他向别人许诺过的事情，无论有多大困难，都想办法办到，深受大家的赞扬。

楚汉相争时，季布投靠项羽，多次为项羽献上作战计策，打败刘邦军队。刘邦做了皇帝后，回想起这事，甚是生气，于是就下令捉拿季布。

季布受到很多人的敬慕，这些人都在暗地里帮助他。一次，季布乔装成一个种地人，到山东一户姓朱的人家当下人。朱家知道他就是正被通缉的季布，依然收留了他。后来，朱家又到洛阳去找刘邦的老朋友夏侯婴说情，叫他在刘邦面前说说好话，放了季布。刘邦在夏侯婴的劝说下撤销了对季布的通缉令，还封季布在朝中做了官，不久又晋升为河东太守。

当时有一个叫曹邱生的，他是季布的同乡人，特别喜欢结交官宦权贵，借以炫耀和抬高自己的身份。季布一向很不喜欢这样的人。曹邱生听说季布当了大官，就马上去季布家中拜见。

季布得知曹邱生要来，就很不高兴，就想借此机会好好地教训一下他。可是，曹邱生到了季布家中后，不管季布的脸色有多么的难看，说话多么难听，他都面不改色，认真听取，还一直对着季布打躬作揖，要与季布拉家常叙旧，说家乡现在怎样怎样，并吹捧说："我在楚地经常听人说'得黄金千两，不如得季布一诺'这样的话，您的名声真是传遍了梁、楚两地，您真是受人们的敬仰啊！您看，我们是同乡，况且我还在别人面前经常宣扬你的好德行，您现在为什么还要这样对我呢？"季布听了曹邱生的这番话，便没有再为难曹邱生，并留他住几个月，像贵宾一样招待。临走时，还送给曹邱生一笔厚礼。

季布"一诺千金"的美德到处传扬，从此他的名声越来越大。

事非宜，勿轻诺，
苟轻诺，进退错。

【注释】轻诺：轻易承诺。进退：指"做还是不做"。

【译文】觉得事情不恰当，不要轻易答应，如果轻易答应这样的事情，就会使自己进退两难。

季札还剑

季札，春秋时期吴国人。他学识渊博、道德高尚、为人诚信，向别人许下的承诺，就一定会竭尽全力去办到。

一次，季札遵照吴王的旨意出使各诸侯国。途中经过徐国，受到徐国国君的热情款待。两人志趣相同，谈今论古，十分投机。

几天后，季札要离开徐国去往其他诸侯国，徐国国君设置宴席替季札送行。宴席上有美酒佳肴，还有动听的音乐相伴。酒喝到兴处，季札站起身，拔出自己的佩剑，应和着音乐舞剑，以助酒兴，以表对徐国国君的感谢。季札的这把佩剑，剑鞘精美大方，雕有蛟龙戏珠的图案，镶嵌着上等宝石，显得格外精致。佩剑剑锋锐利，寒光闪闪，散发出一种寒气，让人觉得害怕，是一把上等好剑。徐国国君是一个爱剑之人，连声称赞："好剑！好剑！"季札看出徐国国君非常喜欢这把宝剑，便想将这把剑送给徐国国君。可是，这是出使前吴王赐给他的，作为吴国使节的信物，没有了这把佩剑，诸侯国国君是不会接见他的。现在任务还没有完成，佩剑是不能够送人的。徐国国君也明白季札的难处，尽管十分喜欢这把宝剑，也一直没有说出来。

离开的时候，徐国国君又送给季札许多礼物，季札非常感激徐国国君的体谅，就在心里许下诺言：等我从其他诸侯国拜访回来，就将这把宝剑送给徐国国君。

几个月后，季札完成任务，踏上归途。再次经过徐国，他不顾舟车的劳累，径直去找徐国国君，将佩剑送与他。可是，徐国国君不久前得了一场重病，去世了。

季札很悲痛地来到徐国国君的墓前，三行大礼，然后对着国君的墓说："徐君，我来了，我早就知道您喜欢这把剑，现在我完成使命，可以把它送给您了。"于是就取下佩剑，敬到墓前。

一旁的随从不解地问："大人，徐国国君已经去世了，即使你把剑放在这儿，他也得不到了，这么做有什么意义呢？"季札说："那天我离开徐国的时候，我就在心里许下诺言，等我回来的时候，就将这把剑送给他啊，这把剑早就不属于我了。这段时间以来，我只不过是借用而已，现在只不过是把剑还给徐君。"

季札做人诚信，从不轻易承诺，承诺后就必定尽力办到，真是令人可敬。

朝令夕改

晁错是西汉时期的政治家、文学家。他学识渊博，对很多事情有独特的洞察力。

文帝后期，官僚、地主、商人加重了对农民的剥削，广大农民被迫逃亡，生活非常困苦。晁错看到了这种危机，为了维护汉王朝的统治，晁错上疏汉文帝，主张打击商人投机倒把的行为，限制官僚、地主对农民的剥削，提出注重粮食生产、发展农业生产的建议。这就是著名的《论贵粟疏》。

晁错在文中写道："农夫一家平均五口人，其中至少有两个壮男要参加徭役，在这段时期里，他们就不能在田上劳动。其他人一年到头，忙个不停，也不过维持温饱。另外，碰上旱灾、涝灾，这一年算是白忙活。赋税，也不按时间来征收。早上的规定，到了晚上又改变了。在这种情况下，农民有粮食的只好半价出卖，没有粮食的只好借那种取一还二的高利贷。到头来他们无可奈何，不得不卖掉田宅、儿女来还债。"

汉文帝看了晁错的上书后，接受了他的建议，采取了一些措施，使农业生产有所发展，国家的经济有所增强，阶级矛盾有所缓和。

凡道字，重且舒，
勿急疾，勿模糊。

【注释】道字：说话，谈吐。急疾：快，急，形容语速太快。

【译文】谈吐说话要稳重而且舒畅，不要说得太快太急，也不要说得字句模糊不清，让人听不清楚或会错意。

婉转曲折说服太后

公元前265年，秦国攻打赵国，赵国势力较小，不能独自和秦国抗衡，就向齐国求救。但是，齐国要赵国用长安君作为人质才肯出兵援救。长安君是赵太后的小儿子，赵太后对他疼爱甚佳，始终都不答应。大臣们纷纷劝说，太后还是不听，并说以后谁要是再让他用长安君作人质，就罢了谁的官。此后大臣们都不敢再提这件事。

左师触詟为赵国现在的处境很担忧，就去见太后。太后气冲冲地接见了他。触詟做出快步走的姿势，却只是慢慢地挪动脚步，到了太后面前说："我的脚有毛病，不能走得太快，就很久没来看您了。但又总担心太后有什么不舒服，所以就想来看看您。"太后说："我现在靠车子行动。"触詟又问："那您现在的饮食还正常吧？"太后回答："只是喝点粥而已。"触詟说："我最近也不想吃东西，只是勉强地走走，每天坚持步行一段距离，慢慢地就有点食欲了，身子也觉得比以前舒适了。"太后怒色稍微消解了些说："这个我做不到。"

触詟又说："舒祺是我最小的儿子，没有什么出息，现在我又老了，就特别地担心他，希望他能当一名卫士，保卫王宫。我斗胆向您禀告，希望您能帮我。"太后答道："可以，那他多大了？"触詟说："十五岁了。我希望在我还在世的时候把他托付给您。"太后问："你也那么地宠爱你的儿子？"触詟答："是的，跟您一样。"太后说："我特别疼爱小儿子。"触詟说："我认为您对燕后的宠爱比对长安君要多。"太后说："你错了，我对燕后的爱远远赶不上对长安君！"触詟又说："父母疼爱孩子，就一定要为他们考虑得长远一些。您把燕后嫁出去的时候，拉着她的脚跟，为她哭泣，舍不得让她走，那时您是多么的伤心啊。燕后嫁出去后，您不是不想念她，可是祭祀时却为她祝福，说：'千万别让她回来。'您这样做就是为她考虑长远利益，希望她在燕国过得很安定。"太后回答："的确是这样。"

触詟问："从现在的赵王向前推三代，直到赵氏被封为国君的时候，历代赵国国君的子孙受封为侯的人，他们的子孙继承其封爵的，现在还有吗？"太后答："没有了。"触詟又问："在其他诸侯有这种情况吗？"太后答："我没有听说过。"触詟说道："这其实就是说，近一点呢，祸患则会落到自己身上；远一点呢，就会祸及子孙。难道是这些国君的后人不好吗？他们地位尊贵，对国家却没有功劳；拥有优厚俸禄，也不见得有什么成绩，但他们又有许多珍宝异物，所以就危险了。现在长安君地位显贵，您把肥沃的土地封给他，又赐给他很多宝物，可是不趁现在让他为国家出一点力，有朝一日您不在他身边了，长安君凭什么在赵国立身呢？我觉得您没有替长安君的长远考虑，所以觉得您对他的爱没有对燕后多！"太后答道："那好吧，你就把长安君派到齐国当人质吧。"

触詟委婉曲折的一席话说服了太后，使太后终于答应让长安君去当人质。齐国这才出了兵，解了赵国之围。

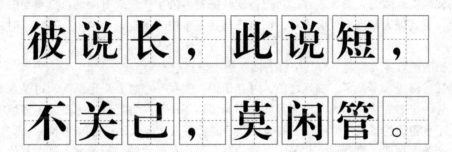

彼说长，此说短，
不关己，莫闲管。

【注释】长：优点。短：缺点。莫：不要，不用。
【译文】遇到别人谈论他人的是非好坏时，如果与己无关就不要多管闲事。

道听途说

战国时期，在齐国有两个邻居，一个叫艾子，另一个叫毛空。虽然他们住得很近，但他们性格、学识却很悬殊。艾子是个很有学问的人，他饱读诗书，学富五车，每天慕名前来向他请教的人很多，而毛空却刚好相反，他大字不识一个，还傲慢自大，看不起艾子，认为自己比他强百倍。

这天，毛空进城，回来的路上听到了一个消息，他十分高兴，想在艾子面前炫耀一下。于是，他快步走回家，去找艾子。

艾子正在看书，毛空进来就向艾子说："有一户人家的一只鸭一次下了100个蛋。"

"这不可能！"艾子说。

毛空说："那是两只鸭子一次下了100个蛋。"

艾子说："这也不可能。"

毛空又说："大概是3只鸭子吧。"

艾子笑笑，摇摇头。

毛空就一次一次地增加鸭子的数目，一直加到10只。

艾子便说："你把鸭蛋的数目减少一些不行吗？"

毛空说："那不行！宁增不减。"说完，他就气鼓鼓地走了。

过了几天，毛空又来找艾子，向他说："上个月，天上掉下一块肉，有10丈宽，10丈长。"

艾子听了，说："哪有这事，不可能的。"

毛空又说："那大概有20丈长吧。"

艾子忍不住问道："世上哪有10丈长、10丈宽的肉呢，还是从天上掉下来的？掉到什么地方？你见过吗？你前几天说的鸭子又是哪一家的？"

毛空面对艾子的追问，理直气壮地说："我是从街上听来的。"

孔子听说了两人之间的事情，感叹说："从道途中听了没有根据的话而乱传，是很不道德的。"

祸从口出

贺若弼出生在一个军事贵族家庭，为人慷慨，勇猛异常，小小年纪就有很大志向。他不仅弓马娴熟，而且涉猎群书，博闻强记，属于文武双全的青年俊才。

就在贺若弼少年扬名，春风得意的时候。他人生第一次大的打击也随之而来——父亲惨死。他的父亲贺若敦为人豪爽敢言，对把持朝政的晋国公宇文护颇有微词。更重要的是贺若敦十分自负，见其他人都当上了大将军，而自己却还是个中州刺史，心中十分不满，时常口出怨言。

宇文护听说后，大怒之下将其罢官召回，逼令他自杀。

贺若敦后悔也来不及了，临死之前，对儿子说："我一心想要平定江南，可是这个心愿没能完成，你一定要完成我的志向，而且我是因为说话不小心被害死的，你不能不谨慎啊。"为了避免儿子重犯他的错误，他用锥子刺破了儿子的舌头，让他永远铭记这件事。

周武帝英明神武，可他那个儿子宇文赟确是个暴虐荒淫之徒，没能继承一点儿他父亲的作风。

时任上柱国的王轨对太子的言行十分不满，认为他不是做皇帝的料，也时常对当时任小内史的贺若弼说起。年轻的贺若弼也深以为然。然后，王轨就将太子的劣迹告诉了武帝，同时还对武帝说："我曾经和小内史贺若弼谈过，都觉得太子不是帝王之器。"武帝便叫来贺若弼，当面询问贺若弼是否如此。此时的贺若弼早已不是那个年轻的热血少年了，深知祸从口出的道理，十分谨慎。同时也明白太子行为不端，其他几个皇子也好不到哪里去，换太子的可能性十分小，就违心地对武帝说："皇太子德业日新，臣没有看到他有什么失德的地方。"武帝默然以对。但是心里却是十分明白王轨说的不差。

后来有一次武帝同王轨喝酒，王轨借着酒劲就对武帝说："你是个多好的皇帝啊，怎么就没有一个能干的儿子继承基业呢？"武帝明白他的意思，就叫来了太子的老师宇文考伯，责问宇文考伯为什么不上报太子的恶行。宇文考伯说这是你们的家事，你都管不好，我又有什么办法呢。武帝没办法，只得再次狠狠处罚了宇文赟。

年轻的太子得知事情的原因后，对王轨怀恨在心，即位不久，就将王轨等人处死。而贺若弼因为小心谨慎，躲过了这个祸端。

见人善，即思齐，
纵去远，以渐跻。

【注释】齐：看齐，平齐，指希望能达到相同的水平。纵：即使，纵然。跻：上升，登上。

【译文】看见他人的优点行为，心中要有向他看齐的念头，虽然目前还差得很远，只要肯努力就能渐渐赶上。

反求诸己

有一年，一个名叫有扈氏的部落起兵叛乱，禹便派儿子伯启率领当时最精锐的军队，前去围剿。

双方军队在一个叫作甘泽的地方相遇，经过一段时间的会战，伯启的军队受到惨痛的损失，只好暂时撤离，重新整顿。伯启的将领们，觉得败在有扈氏的手里，很不服气，都建议伯启让军队稍稍休息后就立即出兵还击，狠狠地挫挫有扈氏的锐气。可是伯启却很冷静地对他们说："我们用不着现在马上还击！"将士们都很疑惑地说："为什么呢，我们是一支最精锐的部队，难道就这样心甘情愿地败在有扈氏这样一个叛将的手里？"伯启说："请各位都静下心来认真地想一想。我们的势力范围不比有扈氏的小，而且我们的军队也是全国最精锐的，然而我们第一战就打了败仗，败得如此惨痛，你们有没有想一想这是什么原因。我觉得这是我的德行比不上他，并且我平时训练部队的方法也确实有比不上他的地方。如果我想将他打败，必须先从自己身上找出失败的原因，并且努力加以改正才是。"将领们听完这些话也明白了伯启的意思。

从那以后，伯启便奋发图强，励精图治，每天天不亮就起来操练军队，并且还改变自己的生活作风，戒奢从简，搞好与士兵的关系，任用有品德和有才能的人。一年的时间过去了，有扈氏知道了伯启这一年来的准备和努力，再也不敢举兵来侵犯，最后心甘情愿地来归顺降服了。

伯启在遇到困难的时候，冷静思考，从自身的问题出发，找到问题的根源，并向比自己强的人学习，最终没有用武力就将有扈氏降服。

物以类聚

战国时期，齐国有一位著名的学者名叫淳于髡。他博学多才，能言善辩，被任命为齐国的大夫。

有一次，齐宣王想攻打魏国，就积极地调动军队，征集粮草，这使得国库空虚，民间穷困，老百姓纷纷逃到别的国家去谋生。淳于髡对此十分忧虑，他就去求见齐宣王。

齐宣王爱听故事，淳于髡投其所好，说："臣最近听到一个故事，想讲给大王听。"

齐宣王说"好啊，寡人好久没听先生讲故事了。"

淳于髡说："有一条叫韩子卢的黑狗，天下就数它跑得最快。有一只叫东郭逡的兔子，四海内它最狡猾。有一天，韩子卢追逐东郭逡，绕着山跑了三圈，又翻山顶来回追了五趟，兔子在前面跑得精疲力尽，狗在后面追得气喘吁吁，最后，双方累死在山腰。一个农夫看见了，没花一点力气，就拣了这个大便宜。"

齐宣王听出淳于髡话中带话，就笑着说："先生这是想告诉我什么呢？"

淳于髡说："现在齐、魏两国相持不下，双方的军队都很疲惫，两国的百姓深受其害，恐怕秦、楚等强国正在后面等着，像老农一样准备拣便宜呢。"

齐宣公听了，恍然大悟，立马下令停止进攻魏国。

齐宣王想要让齐国变得更强大，他知道这需要贤能之人来出谋划策。于是他让淳于髡举荐人才。淳于髡一天之内接连向齐宣王推荐了7位贤能之士。

齐宣王很惊讶，就问淳于髡说："寡人听说，人才是很难得的，一千年出不了一个圣人，一百年出不了一个贤人。现在，你一天之内就推荐了7个贤士，那贤士是不是太多了？"

淳于髡听后说："不能这样说啊。要知道，同类的鸟儿总聚在一起飞翔，同类的野兽总聚在一起行动。人们要寻找柴胡、桔梗这类药材，如果到水泽洼地去找，恐怕永远也找不到；要是到山的背面去找，那非得用车装运才行。这是因为天下同类的事物，总是要相聚在一起的。我淳于髡大既也算个贤士，所以让我举荐贤士，就如同在黄河里取水，在燧石中取火一样容易，我还要给您再举荐一些贤士，何止这7个人！"

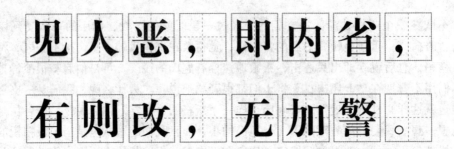

【注释】恶：过失，不对。警：警惕，警示。

【译文】看见他人犯了错误的时候，心里先自我反省。如果自己也犯同样的过错，就立刻改掉，如果没有应更加警觉不能犯同样的过错。

曾参自省

曾参是孔子的学生，他非常注重自身道德修养，他在为人处世时非常地谨慎，生怕会做出有失礼节的事情。因此，他每天晚上在睡觉之前，总会对自己白天的所作所为进行反省。

曾参经常会反问自己："为人谋，而不忠乎？与朋友交，而不信乎？传，不习乎？"意思是说，在这一整天中有没有做什么有意义的事情，都做了哪些有意义的事情？是否有做得不对的地方，在什么地方做错了？给别人做事，为别人出谋划策时，有没有竭尽自己的全力，是不是全力以赴了？在交朋友的时候，是不是真诚相待了，自己到底是不是诚心诚意地和别人交往？学习的时候是不是认真地对待了，需要了解的东西是不是都都已经掌握？曾参总是这样勤于反思自己的行为，每时每刻都在提醒自己要加强自身修养。他善于找出自己身上的不足，勇于承认自身的错误，并乐于接受别人的批评，弥补自己的过失。

在与人交往的过程中，我们也要继续发扬这种自我反省的精神，不仅要留心自己所做的事情，别人做事情的时候，也要留心学习观察，处处总结，吸取别人做得好的地方，别人做得不好的地方，自己今后做事情时就要努力避免。

内省改过

战国时，楚襄王起初昏庸无道，整天只知道吃喝玩乐，对国家大事、朝中政事毫不过问，当时朝中一片混乱。

有一个叫庄辛的大臣对楚襄王这种行为非常担忧，就进谏楚襄王说："现在君王您左边有州侯，右边有夏侯，身后还有鄢陵君和寿陵君，您要还是放纵无度，不管政事，楚国就十分地危险了。"楚襄王毫不理会地说："我看是先生你糊涂了吧，把这当作是一种不详的征兆，我觉得他们帮我把国家治理得挺好的。"庄辛说："我不敢说这是国家的不详之兆。可是您如果一直宠幸这四个人，长此以往，楚国一定不会富强起来的。"楚襄王不听庄辛的劝导，反而对庄辛越来越反感。

庄辛遭到君主的怨恨，只好离开楚国到了赵国。庄辛离开楚国五个月以后，秦国就攻破了楚国国都郢城。楚襄王流亡到城阳。楚襄王认识到了自己的错误，就派人去把庄辛请回来。于是，庄辛到了城阳去拜见楚襄王，楚襄王说："都怪我以前不听你的劝阻，事情变成今天这样子，我该怎么办呢？"

庄辛回答说："看见兔子后再放狗去追，不算晚，丢了羊后再去补羊圈也不算迟。从前商汤、周武王的势力只不过是方圆百里，后来却逐渐兴盛；夏桀、纣王拥有天下，最终却亡国了。现在楚国虽然势力小，计算起来，怎么也有数千里的江山，何止只有一百里。黄雀俯身啄食米粒，仰身栖息树梢，扇动翅膀，抖动羽翼自以为身边没有什么危险，却不知道王孙公子正拿着弹弓，放好弹丸向它瞄准着。黄雀白天还在空中飞翔，晚上就成了别人餐桌上的美食。黄雀的事的确是一件小事，其实天鹅也是这样。天鹅在蓝天中翱翔，在江湖中遨游，低头啄食鱼虾，仰头直上云霄，展开翅膀，直上九万里，在空中自由高飞。它们也会以为不存在忧患，不知道射箭者已经准备好的利箭强弓，将射向高空，将它打落。它白天还游荡在江海中，傍晚就被放在锅中烹调。蔡灵侯的事也是这样。他南游高陂，北登巫山，喝茹溪的水，吃湘水的鱼；左抱着年轻的侍妾，右搂着宠爱的美女，和她们驰骋在高蔡之中，而不管国家大事。没想到那个子发正在接受宣王的命令，最后蔡灵侯被红绳子绑上去见楚灵王。君王您的事也是这样，君王左边是州侯，右边是夏侯，身后跟着鄢陵君和寿陵君。吃的是向百姓收取的赋税，用的是诸侯上贡的财宝，整天吃喝玩乐，根本不理国家大事。不知道那穰侯正受命于秦王，在塞南布满军队，准备把君王抛在塞北。"

楚襄王听到这番话，深刻反省，认识到要悉心听取别人的建议，及时改正自己的错误，重新重用庄辛，除去身边的小人，好好地治理朝政，楚国的国力又渐渐地强盛了起来。

惟德学，惟才艺，
不如人，当自砺。

【注释】德学：指八德——孝悌忠信礼义廉耻。自砺：自我勉励。
【译文】当道德学问和才艺不如他人时，应该自我督促，勉励自己努力赶上。

185

登门求教

战国初期，魏国的势力最强，这与魏文侯的贤明是密不可分的。魏文侯礼贤下士，知人善任，器重品德高尚、才华出众的人，他搜罗天下人才，虚心听取他们的意见，全心治理国家。如此贤明的君主受到了当时人们的拥护，许多贤士能人都到魏国来了。

当时，魏国有一个叫段干木的人，是一个文武全才的能人，在当时的名望很高。但他却隐居在一条僻静的小巷里，不愿踏入官场。魏文侯想去拜访他，向他请教治理国家的方法。

有一天，魏文侯坐着车子亲自到段干木家去拜访。段干木听到屋外有马车的声音，急忙翻墙头跑了。魏文侯没有见到段干木，吃了闭门羹只得失望地回去了。后来，又接连去拜望了几次，段干木都没有露面相见。可是，魏文侯并没有因为这样而怨恨段干木，反而更加地仰慕他，每次乘车路过他家门口时，都会站起来，扶着马车上的栏杆，向着段干木家望去，表示敬意。

车夫问："您在看什么呢？"魏文侯说："我看段干木先生在不在家。"车夫不以为然地说："段干木也真是太自大了，都不把您放在眼里，您去拜访他这么多次，他都没有见您，您现在还想着他做什么。"魏文侯摇了摇头说："段干木先生是个了不起的人才啊，不趋炎附势，不贪图富贵，品德高尚，学问又深。像他这样的人，怎么能让我不尊敬呢？"

后来，魏文侯放下国君的架子，不乘车马，不带随从侍卫，步行到段干木家里，总算是见到段干木了。魏文侯恭恭敬敬地向段干木求教，段干木看他诚意如此之深，就给他提了很多宝贵的建议。魏文侯想请段干木做相国，段干木坚决推辞。魏文侯就拜他为师，一有时间就去拜望他，询问重大问题的解决办法。

魏文侯礼贤下士，器重人才的操行很快就传开了。一些博学多能的人，如政治家翟璜、李悝，军事家吴起、乐羊等都先后前往投奔魏文侯，帮助他治理国家。

少年师

荀淑从小好学，懂得待人礼仪，品德高尚，见解独特。乡里的人都夸他是一个聪明人。

荀淑慢慢地长大了，逐渐成了一个有名望的人，受到人们的敬重，但他从不骄傲，仍然努力读书，增长自己的学问。他认为尺有所短，寸有所长，身边的每一个人都可是自己的老师，都可以教自己一些东西，他认为要想使自己的才学技艺不断地长进，就要虚心地向别人学习。

一次，荀淑出旅，在回家的途中碰到了一个叫黄宪的少年。黄宪当时只有十四岁，既没有名望，也没有地位，没有几个人知道他的名字。但是荀淑与他交谈之后，觉得黄宪是个很有学问的少年，自己的品德、学问在某些方面都不及他。于是，就向黄宪请教问题。荀淑并没有因为黄宪只是个十几岁的少年，就倚老卖老，而是对他十分地恭敬。

他们两个人谈了整整一个下午，眼见天马上就要黑了，荀淑不得不告别黄宪赶路回家。他嫌时间太过于仓促，觉得这次谈得还不够痛快，舍不得离去。临走时，他诚恳地对黄宪说："今天我从你这里学到了不少的东西，你让我受益匪浅，从现在起，你就是我的老师了，等以后有机会，我再到你家中请教问题，今天就此拜别。"年幼的黄宪不知道荀淑为什么对自己如此地恭敬，但他也能感受到这位老先生的真诚。

荀淑不断地刻苦钻研，自我勉励，虚心求教，终于成为博学之人，名声传遍天下，慕名而来拜师的人也很多，当时的名贤李固、李膺等人都曾拜他为师。汉安帝时，荀淑被任命为郎中。

若衣服，若饮食，不如人，勿生戚。

【注释】若：倘若。生戚：产生焦虑，感觉难为情。

【译文】倘若只是穿的衣服和吃的食物不如他人，就不用担心、苦闷。

勤俭持家

从前，在伏牛山下，居住着一个叫吴成的农民，他辛勤劳动、勤俭持家，家中日子十分美满，无忧无虑。

时间流逝，吴成渐渐老去，他想将自己能够一生无忧的秘诀传授给自己的两个儿子，临终前，就把一块写有"勤俭"两字的横匾交到两个儿子手中，对他们说："你们要想今后的日子过得富足，不受冻挨饿，就得按照横匾上的两个字去做，做到这点定可保证你们家庭生活美满。"

老人过世了，兄弟俩平分家产，将横匾也锯成了两半，老大分得了一个"勤"字，老二分得一个"俭"字。

"勤"字高悬在老大家中，老大将其作为自己持家的原则，每天"日出而作，日落而息"，年年收成旺盛。可是，他的妻子一点都不节俭，过日子大手大脚，孩子们也经常浪费食物，一个白馍通常都是只吃两口就扔掉，久而久之，家里的粮食很快就被吃完了，所剩无几，日子依然过得紧巴巴的。

老二分得半块匾后，把"俭"字当作"神谕"供放中堂，却从来都不勤恳地劳作。他荒废农事，又不肯精耕细作，每年秋收时的收获都没有多少。尽管一家几口都省吃俭用、节衣缩食，可是粮食还是不能满足一家大小所需，日子过得十分贫苦。

一年天下大旱，老大、老二家中的粮食都早已吃完，日子一天比一天艰难，并没有像他们的父亲说的那样，会生活富足。情急之下他们扯下字匾，将"勤"、"俭"一把火烧掉了。

这时候，有一张纸条从窗户飞进，兄弟拾起打开一看，上面写着："只勤不俭，就像手中拿着一个没底的碗，怎么装都装不满；而只俭不勤，坐吃山空，本来就没有东西，又能拿什么去填满碗呢？"兄弟俩恍然大悟，明白"勤"、"俭"两字是不能分开的，二者缺一不可。

吸取教训以后，两人都将"勤俭持家"牢记在心中，时刻提醒自己，告诫家人，付诸行动，日子从此过得一天比一天好。

阮咸晒裤

阮咸是西晋著名的文学家，与他的叔叔阮籍同为"竹林七贤"。

阮家是个大家族，有富人也有穷人。当时家族聚居，富人住在村庄大道的北面，是为"北阮"，住在大道南面的是穷人，为"南阮"。阮咸家就住在南面。

当时有个风俗，就是每年七月初七，各家都要把自家的箱子打开，把箱子中的衣服拿到太

阳底下晾晒。据说这样衣服不会被虫子咬。这一天，许多人家都在晒衣服，"北阮"富人们更是花团锦绣，粲然耀眼。"南阮"的穷人们，衣服齐整的，也拿出来晒；衣服破烂的就自惭形秽，还藏在家里的箱子底下。阮咸却不管这一套，拿了根竹竿，把自己的粗布破裤头子拿了一件挑了起来，也晒在路边。人们看了，纷纷惊怪，阮咸却不以为然，说："不能免俗，也来凑凑热闹。

闻过怒，闻誉乐，
损友来，益友却。

【注释】闻：听到。却：离开，疏远。

【译文】听见别人说自己的过错就生气，称赞自己就高兴，这样不好的朋友就会越来越多，真诚有益的朋友就会慢慢地远离我们。

忠言逆耳

公元前207年，刘邦率领反秦大军进入秦朝都城咸阳。攻入秦朝宫廷，刘邦四眼望去，宫室华丽，到处都是宝物；而且每到一处，都有许多美丽的宫人来向他跪拜。这些都是他从来没有见过和享受过的。刘邦越看越感到新奇，兴味也越来越浓。最后他打算就在秦宫里住下来，好好享受秦宫里的一切。

部将樊哙知道刘邦的打算后，劝说刘邦："沛公是想拥有天下呢，还是只想当一个富家翁？"

刘邦回答说："我当然想拥有天下！"

樊哙真诚地说："我进入秦宫里，见到里面的珍奇财宝不可胜数，后宫美人数以千计，这些都是导致秦朝灭亡的东西啊。希望沛公迅速返回灞上，千万不要留在宫中。"

刘邦对樊哙的劝谏不以为然，还是打算住在秦宫中。

樊哙找到谋士张良，希望他从中劝谏。

张良面见刘邦，直言不讳地说："秦王无道，百姓被逼造反。沛公才有机会来到这里。您本应吸取教训，克勤克俭。而不是刚来就想着享乐。俗语说：忠言逆耳利于行，良药苦口利于病。希望沛公能接受樊哙的忠告。"

刘邦听了张良这一席话，幡然醒悟。他马上下令部下将府库封起来，关闭宫门，随后率领大军返回灞上。

远损友，亲益友

孙膑是齐国人，四岁丧母，九岁丧父，从小跟随叔父生活。后来，叔父一家逃难，孙膑与家人被冲散了，他彻底成了无依无靠的人。孙膑长大后，与庞涓、苏秦、张仪等师从鬼谷子，孙膑、庞涓学习兵法，苏秦、张仪学习纵横学。庞涓贪图名利，学业未完，就去了魏国做官，走之前，答应成名后一定举荐孙膑。

庞涓到魏国后又是送礼，又是托人说情，很快见到了魏惠王。庞涓毕竟也有些本领，很快得到了魏惠王的赏识，被封为将军。随后，庞涓指挥军队同卫国和宋国开战，打了几个胜仗后，庞涓成了魏国上下皆知的人物，从此更得魏惠王的宠信。

春风得意中的庞涓高兴了好一阵子，又突然沉寂下来。原来他有了心病：论天下的用兵之法，除了孙膑之外没人能赶上自己了。一想到孙膑，他心里就有一种说不出来的滋味。按照当初的诺言办吧，就得把孙膑推荐给魏惠王，孙膑的声名威望很快就会超过自己；不去履行当初的诺言吧，孙膑一旦去了别的国家，施展起来才能自己同样不是对手。庞涓寝食不安，日夜思谋着对策。

一天，正在山上攻读兵书的孙膑，接到庞涓差人秘密送来的一封信。信上庞涓先叙述了他在魏国受到重用，然后又说，他向魏惠王极力推荐了师兄的盖世才能，到底把惠王说动，请师兄来魏国就任将军之职。孙膑看了来信，想到自己就要有大显身手的机会了，深觉自己的师弟挺讲义气，立即随同来人赶往魏国的都城大梁。

孙膑来后，庞涓大摆筵席，盛情款待。几天过去了，就是绝口不提魏惠王。孙膑自然也不便多问，只好耐心等待。

这天，孙膑闲得难受，找到一本书读起来。忽然，屋外传来一阵吵嚷声，他还没有弄清是怎么回事，就被闯进屋子的兵士捆绑起来，推推搡搡带到一个地方。那里的一个当官模样的人，立即宣布孙膑犯有私通齐国之罪，奉魏惠王之命对其施以膑足、黥脸之刑。孙膑被这突如其来的事情惊呆了，当他省悟过来后，立即高声为自己辩白。然而，一切都晚了，那些如狼似虎的兵士七手八脚扒去孙膑的衣裤，砍掉了孙膑双脚，并在他的脸上刺上犯罪的标志。孙膑倒卧在血泊之中。

而这一切，都是庞涓导演的一出陷害戏。

闻誉恐，闻过欣，
直谅士，渐相亲。

【注释】恐：害怕的意思。直谅士：指好的朋友，正直的朋友。

【译文】听到别人称赞自己，要先自我反省，生怕自己没有这些优点，只是空有虚名；当听到别人批评自己的过错时，心里却欢喜接受。那么正直诚实的人就越喜欢和我们亲近。

邹忌讽齐王纳谏

邹忌身高有八尺多，长得也光艳美丽，自认为是当时最美的人。

一天早晨，邹忌整理好衣装，照着镜子，对他的妻子说："我和城北徐公相比，你觉得谁更漂亮。"妻子回答说："当然是你好看啊，徐公怎么能和你相比呢？"

人们都说城北的徐公是齐国的美男子。邹忌不相信徐公没有自己长得好看，又问他的妾："你说我和徐公比美的话，谁会更漂亮。"妾说："徐公当然不能跟您相比。"

第二天，邹忌家中来了一位客人，邹忌同他坐着闲聊，就问他："对比城北徐公，你觉得我和他谁更美。"客人说："徐公赶不上您的美丽。"

又过了一天，徐公来了，邹忌仔细地看他，觉得徐公实际比自己更好看，再照镜子，越来越觉得自己比不上徐公了。他静下心来想这件事，说："我的妻子认为我漂亮，因为她偏爱我；妾认为我漂亮，是因为害怕我；客人认为我漂亮，是因为有求于我。"

于是，邹忌上朝拜见齐威王，说："我知道自己没有徐公漂亮。可是我妻子偏爱我，我的妾害怕我，我的客人有求于我，所以他们都说我比徐公漂亮。如今齐国方圆有千里的疆土，一百二十座城池，宫中的妃子没有谁不偏爱您，朝中的大臣都害怕您，天下百姓都有求于您。由此看来，大王您已经受到了很深的蒙蔽了！"

齐威王觉得邹忌的这些话非常在理，于是下达诏令："任何大小官吏百姓只要能够当面指责我的过错的，受上等奖赏；书面劝谏我的，受中等奖赏；能够在公共场所批评议论我的过失，并能传到我的耳朵里的，受下等奖赏。"命令刚下达，许多大臣纷纷来进谏，宫门前庭院内的人多得像集市一样。几个月以后，进谏的人渐渐地就少了。一年以后，即使有人想进谏，也没有什么可说的了。

燕、赵、韩、魏等国听说后，都到齐国来朝见。齐国没有出一兵一卒就让其他国家臣服了。

苏轼认错

苏轼在黄州时，一次，诗兴大发，就做了一首赞佛的诗：稽首天中天，毫光照大千；八风吹不动，端坐紫金莲。这首诗如实赞美了佛的定力，哪怕八风劲吹，佛依然会端坐在那里不偏不倚，稳坐在紫金莲上。诗写完后，苏轼将了将自己的胡子，反复地吟诵，觉得写得很好。他想起了禅师朋友佛印，心想：佛印看到这首诗，一定会很高兴，肯定会夸自己写得好，会赞美自己一番。于是，苏轼就叫侍从带着这首诗送到归宗寺给佛印禅师看。

佛印看完到苏轼的诗后，并没有夸这首诗写得好，只是在那首诗的下端，批上了两个大字，交给侍从带回黄州去了。

自从侍从去后，苏轼一直沾沾自喜地在黄州等着，等着佣人带回佛印对他的诗的赞美，期盼着佳音传来。终于，侍从带着信回来了，他急忙走过去问："禅师看了是吗，他说什么没有？"侍从回答说："看了，但他什么也没说，只在诗的下面写了两个字，就叫我拿回来了。"说着，便把那装诗的信封递给了苏轼。

苏轼打开信封，急切地想知道写的是什么，只见"放屁"两个大字写在诗的下端，顿时面色难看、火冒三丈，说道："真是岂有此理，我这么好的诗，不懂得欣赏品味也就算了，竟然把它当作是放屁，真是太不把我放在眼里了！"于是，苏轼就亲自去跟佛印理论，叫侍从雇来船，往归宗寺划去。

苏轼到了归宗寺，气冲冲地要找来佛印评理，哪知佛印早就吩咐禅院的人说："今天不接见客人。"苏轼一听，更是生气，再也忍受不住了，不顾禅院弟子的阻扰，快步地跑到佛印禅房外，见门是掩着的，正要伸手推门进去，忽然发现门扉上贴着一张字条，上面写着：八风吹不动，一屁过江来。

苏轼看到这两句，立刻就警觉了，觉得很惭愧，心里暗暗说道："我错了，亏我还自称"八风吹不动"，结果一"屁"就把他气得过江来了。"

无心非，名为错，
有心非，名为恶。

【注释】错：过错，指可以原谅的错误。恶：罪恶，指必须受到惩罚的事情。

【译文】不是有心故意做错的，称为过错；若是明知故犯的，便是罪恶。

晏子论罪

齐景公特别喜欢打猎，喜欢喂养老鹰，用它来替自己捉兔子。烛邹专门负责饲养老鹰，有一次不当心，让一只老鹰逃走了。

齐景公知道了这事情以后，十分生气，大发雷霆，就下令将烛邹推出去斩首。

晏子觉得因不小心让一只老鹰逃走，罪不致死，认为齐景公这样实在是小题大做。于是走过去，对齐景公说："烛邹有三大罪状，不能够就这么轻易把他给杀了，您先听我说完他的罪状，然后再把他处死也不迟！"齐景公听晏子这么一说，便很感兴趣地问道："烛邹有哪三条罪状，我怎么不知道，你赶紧说来听听。"

晏子走到烛邹面前，指着他的鼻子，说道："烛邹，大王让你替他养鸟，你不专心把鸟养好，却让鸟逃走了，这是你的第一条罪状。然后，因为你让鸟逃走，惹大王生气，让大王又要杀人，这是你的第二条罪状。大王把你杀了之后，天下百姓都知道大王重鸟轻人，最后都投向其他的诸侯国，使大王失去许多能人谋士，这是你的第三条罪状！三条罪状罪该万死，没有人能救得了你。"然后又向齐景公说："大王，我已经把他的三条罪状都列出来了，他的确该杀，现在就请您将他处死吧！"景公听懂了晏子的意思，觉得要是真的把烛邹就这么杀了，自己就会犯很大的错误，便摆手说："不杀烛邹了，还让他给我养鸟，不要再出差错了。"

这里，晏子借机进谏，表面上是在数落烛邹的罪状，实际上是在指出了齐景公重鸟轻士的危害，批评了齐景公。晏子用机巧的方式，既帮烛邹解脱了罪名，又批评了齐景公，却还没使君王难堪，可谓声东击西，一箭双雕。

割发代首

魏武帝曹操，是三国时期著名的政治家、军事家，他治军严谨、讲究信用，在他的军队中留下了诚信的美名。

一次曹操率领大军去打仗，正是麦苗黄熟、秋收之季。老百姓害怕军队，都躲到了村外，没有人敢收割麦子。

曹操听说后，立即派人告诉老百姓说：这次出兵是奉皇上旨意，讨伐逆贼为民除害的，不会伤害百姓。他叫百姓安心地回家收麦子，并立下军令，如果军队中有践踏麦田的人，立即斩首。

老百姓开始并不相信，依然躲在村外，没有回家割麦。

曹操的军队在经过麦田时，都用手扶着麦秆，小心翼翼地走过麦田，一个挨着一个，没一个敢践踏麦子。老百姓在暗处看见了，都相信了曹操，便都回家收割麦子了。

曹操骑马缓慢地向前走着，忽然，一群鸟儿从旁边掠过，曹操的马受到了惊吓，一下子蹿到了麦田里，踏坏了一片麦子。曹操立即叫来其他将军，要求用军法处置自己。将军们说："丞相只弄坏了这点麦子，就不用治罪了。"曹操说："是我立下的军令，现在自己却办不到，又怎么去约束士兵呢，不讲信用，又有什么资格统领军队呢？"说着，就抽出佩剑要自刎，随从赶紧拦住。

这时，大臣郭嘉走上前说："古书上说，法不加于尊。丞相现在统领大军，身上背负着很大的责任，现在怎么能没有您呢？"

曹操沉思一会儿说："既然'法不加于尊'，我又有重要任务在身，那就暂且免去一死。但是，的确犯了错误，必须受到惩罚。"于是，他用剑割断了自己的一缕头发。

曹操派人传令说："丞相践踏麦田，按军令应该斩首示众，由于肩负重任，所以割掉头发替罪。"

曹操位高权重，能够割发代首，严厉军纪，身体力行，得到了百姓们的信任和拥护，获得了战争的胜利。

过能改，归于无，
倘掩饰，增一辜。

【注释】倘：假如，倘若。增一辜：指再增一条罪，即谎言之罪。

【译文】不小心犯了过错，能勇于改正就会越改越少，渐归于无过。如果故意掩盖过错，那反而又增加一项掩饰的罪过了。

负荆请罪

战国时期，蔺相如善于外交，为赵国立下了大功劳，赵惠文王拜他为上卿，官位在廉颇大将军之上。廉颇觉得这样很不公平，认为自己出生入死，为国家屡立战功，而蔺相如只是动了动唇舌，官位却在自己之上，很不服气。就对其他的人说，一定要当着蔺相如的面侮辱他。相如知道这件事后，不想和廉颇发生争执，每次见到廉颇，总是绕行避开，上朝时也假称有病，避免见到廉颇。

一次，蔺相如乘车外出，远远望见廉颇的车子从对面驶了过来，就叫车夫把车赶到小巷里避开。蔺相如的车夫以为是蔺相如害怕廉颇，觉得不是滋味，就对蔺相如说："您的官职比廉颇将军的要高，为什么每次都要躲着他呢？他有什么值得您害怕的？"蔺相如解释说："你们觉得秦国可怕吗，他那么强大我都不怕，难道会怕廉颇将军吗？你们想想，强横的秦国为什么到现在都不敢轻易出兵攻打赵国，那就是因为赵国有我和廉颇将军啊。如果现在我和廉颇将军发生内讧，结果必定有一方受伤，这样秦国就会抓住机会，侵略赵国。我之所以避让廉颇将军，就是因为如此，我们要把国家的利益放在首位，放弃个人私怨。"

蔺相如这番话，让车夫很佩服。后来，蔺相如的手下对廉颇的手下也处处谦让。此事传到了廉颇的耳中，廉颇觉得十分惭愧，被蔺相如宽大的心胸所感动。于是，廉颇脱掉上衣，背上荆杖，叫下人把他送到蔺相如家，向蔺相如请罪说："我只是一介武夫，粗鲁肤浅，蔺将军对我如此宽容，而我还一直逞莽夫之勇，今天前来请罪，请将军原谅。"

蔺相如见廉颇态度真诚，亲自解下他背上的荆杖，请他坐下，两人坦诚畅叙，从此共同为赵国效力，成为至交好友。

周处改过

周处年轻的时候，为人蛮横不讲理，经常在乡里闹事，被当地人当作一大祸害。同时他们乡里河中有蛟龙，山上有白额虎，也经常出来祸害百姓，乡里人把它们也当作大祸害，连同周处一起称作"三大祸害"。在"三害"当中周处又被乡里的人当作是最大的祸害。所以乡里的人都想方设法能够将周处除掉。于是，就有人劝说周处，叫他去杀死蛟龙和猛虎。说这样就算为乡里的百姓做了一件大好事，能得到乡里人的崇拜。实际上他们是想除掉三害之一二，要么周处杀掉蛟龙、白虎，要么就是周处被蛟龙咬死，被白虎吃掉。

周处不假思索，就上山杀死了老虎，又下河斩杀蛟龙。蛟龙在水里时沉时没，沿着河一直游了几十里远，周处顽强地和蛟龙搏斗，始终都没有放手。经过了三天三夜，周处都没有杀掉蛟龙回到乡里，乡里的百姓就认为周处已经死了，互相向对方表示庆贺。

结果周处竟然杀死了蛟龙从水中出来了。回去后，他看见乡里人互相庆贺，还以为是因为他将蛟龙和白虎杀死了，乡里人正隆重地迎接他。后来，他听说乡里的人是以为自己已经死了，才相互祝贺的。他心中顿时明白，原来乡里一直把他当作是祸害，叫他去杀虎斩蛟，就是为了把自己除掉。一时他的心里非常地难受，就决定重新做人，改掉以前的坏毛病。

他听说陆机和陆云是很有修养的人，于是就到吴郡去找这两个人。当时陆机不在，他只见到了陆云。他向陆云说了自己刚刚经历的事情，并说："自己想要改正错误，可是害怕已经太晚了，没办法改变自己在乡亲心中的形象，也不能取得什么成就。"陆云说："古人说过，哪怕是早晨才明白道理，晚上就死去也甘心。你现在已经知道自己的错误了，并且有改正的决心，要取得成功是很有希望的。再说人就怕立不下志向，只要能立志，又何必担忧自己没有一个好名声呢？"周处听后就改过自新，终于成为一名忠臣。

凡是人，皆须爱，天同覆，地同载。

【注释】覆：覆盖，遮盖，指在同一片阳光下。载：承载，指在同一片土地上。

【译文】只要是人，都必须相亲相爱。同是天地所生、万物滋长的，应该不分你我，互助合作，才能维持这个共生共荣的生命共同体。

冯谖客孟尝君

齐国有位名叫冯谖的人，家中生活贫困，自己没有办法再生活下去，就让人向孟尝君转告，说愿意在孟尝君门下作食客。孟尝君问："冯谖有什么爱好没有？"回答说："他什么爱好都没有。"孟尝君又问："那他有什么过人的才能没有？"回答说："没什么才能。"孟尝君笑了笑，不知道说什么，就只好收留了冯谖。

一天，孟尝君叫管家拿出账簿，并叫他去询问他的门客，看门客中有没有人精通财务方面知识的。冯谖在本上签上了自己的名字，还写了一个"能"字在上面。孟尝君从来都没有在意过冯谖的存在，看见他的名字后便问："这个人是谁？"左右的人说："就是那天有人向您推荐，而说他什么都不会的那个。"孟尝君笑道："不是说他什么都不会吗，他怎么还精通财务呢？他要果真有这般能耐，就真怪我亏待了他，到现在我还没见过他本人呢。"于是，孟尝君就派人把冯谖请了过来，当面赔礼说："都怪我平时公务繁忙，做事情弄得自己十分疲惫，加之我自己的能力有限，总是为事情烦恼。这样一来国事家事一多，就把您给怠慢了，现在您却不生我的气，愿意前往薛地去为我收债，是吗？"冯谖回答道："是的，我愿意去。"于是，孟尝君就叫人为冯谖备好车马，整理好行装，装上债务票据让冯谖马上启程。临行的时候冯谖问："债收回来之后，需要买点什么回来吗？"孟尝君说："你看我家缺什么，你就带点什么回来吧。"说完冯谖就驾车走了。

冯谖到了薛地，叫当地的官吏把欠债的百姓都叫了过来，让他们核对契据。核验完毕后，确定无误，他便假托孟尝君的命令，把所有的债款都赏赐给这些欠债人，并当着大家的面将契据烧掉了。当地的百姓都高呼："孟尝君仁义！"

办完事情后冯谖一刻也没有停留，快马加鞭，直奔齐都，清晨就去拜见孟尝君。冯谖只去了短短的几天就回来了，孟尝君觉得很好奇，认为冯谖的确是个人才，这么多的债务这么快就收完了。他赶紧整理好自己的着装，去接见冯谖，问道："薛地的债，你全都收回来了吗？怎么这么快就回来了？"冯谖说："全部都收了。""那你有没有买什么回来？"孟尝君问。冯谖答道："您告诉我说'看家里缺什么，就买什么'，我想了想您家中珍珠宝贝无数，好狗好马挤满了牲口棚，堂下也站满了美女，该有的都有了。我衡量了一下，您家里缺少的就是'仁义'，因此我替您买了'仁义'。"孟尝君道："你是怎么买'仁义'的？"冯谖道："现在您拥有小小的薛地，就应该爱护当地的百姓，您一直想着去剥削他们，是不行的，因此我假借您的命令，把债款赏赐给百姓，烧掉了契据，百姓高呼您仁义。这难道不是给您买了'仁义'吗？"孟尝君虽然很不高兴冯谖的做法，还是说："办得不错。"

一年后，孟尝君被辞官，只好到薛地去。离薛地还有百里之余，薛地男女老少，都到路旁迎接孟尝君。孟尝君看到这样的情景，高兴地对冯谖说："您为我买的'仁义'，今天起到作用了。"

【注释】行：德行，言行。重：敬重，看重。
【译文】德行高尚者，名望自然高。大家所敬重的是他的德行，不是外表容貌。

三世辅臣，德高望重

富弼，北宋洛阳人。他出身贫苦人家，从小勤奋读书、知识面广、学识渊博，待人接物举止豁达、气概不凡，当时乡里的人都称赞他说："这孩子将来一定会是皇帝身边的良将贤才！"

富弼二十六岁时走上仕途。他在为官期间，对国家尽心尽力，对百姓十分关爱；在处理外交、边防、赈济灾民等事务中，取得了显著成就。他由此而深受皇帝信赖，官位不断晋升，先后担任仁宗、英宗、神宗三朝宰相，是天子器重、百官敬仰的名臣。

仁宗庆历二年，北方契丹民族，屯兵边境，要求宋朝将关南的大片领土割让给他们。朝廷命富弼为使者，前往敌营谈判。

在谈判中，富弼将个人安危置之度外，陈词慷慨，成功劝说了契丹首领，维护了宋朝利益。他曾先后两次奉命出使，第一次赴任，他的女儿生病离去；第二次上路，正好碰上他的小儿子出生，他都没顾得上看一眼就走了。完成使命，回到朝廷，皇帝为了褒扬他的功绩，授予他许多要职，他都谦逊辞谢，不肯就任。

庆历八年，黄河决口，洪水泛滥成灾。当时富弼正遭到政敌排挤，受人的谗言诽谤，谪官青州。他腾出自家房子，以及公房共万间安顿受灾百姓，并向其他地方百姓募集粮食，加上官仓中的全部存粮，运往散发到受灾地区，赢得百姓拥戴。皇帝特派使者前去慰劳，并再次授予他要职，富弼仍旧辞谢说："这只不过是我职责以内的事，本来就是我应该做的事，不需要赏赐。"

富弼为人谦恭有礼，即使当了一国宰相，也从不以权压人。不管是下属官员，还是平民百姓前来拜见，他都以礼相待，平等对人。告老辞官之后，长期隐居洛阳。司马光称颂他说："三世辅臣，德高望重。"

行善积德，功成名就

许叔微，字知可，号近泉，真州（今江苏仪征县）人，是南宋著名医学家。他曾多次参加省试，始终都没有考上，可是他从来没有放弃，还是刻苦地学习。有一次他做了一个很奇怪的梦，梦中一人对他说："你要行善积德，日后定会高中。"

许叔微知道自己家中现在的境况，就连维持一家人的基本生活都只是勉勉强强，更不用说去接济贫困，行善积德了！就一心刻苦钻研医术，希望能够通过帮助他人看病，减轻别人的痛苦。经过很长一段时间的潜心修习，他的医术大有所成。

对待到他那里求医的人，许叔微不管身份高低贵贱，一律平等对待。对于那些家境贫困的，没有钱看病抓药的，他就免费给他们治病抓药，不取丝毫报酬。长期以来，得到他救济的人不计其数，他也将很多病重的人从死亡线上救了回来。

南宋建炎元年，真州发生大瘟疫，许叔微德行天下，上门替百姓诊治，分毫不取。他和百姓们一同与瘟疫对抗，终于将瘟疫赶走，其中能够得以活下来的人，十有八九都是经过许叔微医治过的。

第二年，许叔微参加省试，以第六名的成绩考中进士。当朝皇帝听说许叔微医行天下，广施仁义，行善积德的事迹后，就亲自召见了他，封他做了一品大官。

许叔微因为济世救人，行善积德，终于功成名就。他先后任徽州、杭州府学教授及翰林学士，后因不满秦桧陷害忠良，弃官隐居幽谷，潜心医术，以济世救人为乐。

才大者，望自大，
人所服，非言大。

【注释】望：名誉，声望。服：佩服，敬重。

【译文】有才能的人，处理事情的能力卓越，声望自然很高。人们之所以欣赏佩服他，是他的处事能力，而不是因为他很会说大话。

班门弄斧

鲁班是春秋战国时的能工巧匠，直到现在，人们还都说，鲁班是木匠的祖师爷。

与鲁班生活在同一时期，还有另一个工匠，名字叫石，人们叫他匠石，是楚国郢都人，他的本事据说和鲁班分不出高低。庄子在《徐无鬼》中记录了他的事情：这个匠石有一个好朋友，两个人常常一起配合表演。这个朋友在鼻子尖上，薄薄地涂一层白灰，这匠石手中拿着斧子，瞅准了鼻子尖，"唰"地一下子，就用斧子把鼻子尖上的白灰给扫掉了，鼻子尖连皮都蹭不到。

这个匠石，没有在鲁班门前弄斧。这个成语出自柳宗元的一篇文章。柳宗元说，假如有人"操斧于班、郢之门"，就是说，拿着斧子在鲁班和郢都的匠石面前耍弄，那就有点儿"强颜"，也就是不要脸了。

关于班门弄斧还有一个典故呢。

明代诗人梅之焕来采石矶凭吊李白。采石矶在民间传说中是李白酒醉捞月，掉到水里淹死的地方。因为，李白在此留下过足迹，许多后人纷纷在此凭吊、游览。

这天，梅之焕来到李白墓前，心中大为光火。原来，矶上、墓前，凡是可以写字的地方，都被人留下了凭吊的诗句。梅之焕看看这些平庸的诗句，随口吟道："采石江边一堆土，李白之名高千古。来来往往一首诗，鲁班门前弄大斧。"

白居易谦虚之心

白居易，唐代诗人，他虽然才华出众，却十分虚心，从来不骄傲自大。每当他写完一首诗，总要虚心地向朋友请教，看有什么需要改进的地方。他还会把自己的诗读给不识字的老人听，要是老人说能够听得懂，他就会把诗记录下来；要是说听不懂，他会进行再修改或者重新写。他的诗稿，满是修改的痕迹，有的甚至改得一字不留。

有一次，福先寺的一个和尚到当朝宰相裴度府中，请裴度找一个人为佛寺写篇碑文。裴度思考片刻，觉得白居易是最合适的人选，就写了一封邀请信，准备派人送去。邀请信还没有封口，坐在旁边的皇甫湜就发起牢骚说："我就在你身边，为什么不叫我写，却舍近求远，特意大老远地去请那个姓白的！"接着，又拿出白居易的诗文，在那里数落了一番。裴度见皇甫湜为人如此地傲慢，很不高兴，就忍着性子说："你这话就不对了，你想想，全国上下，上自王公贵族，下至平常百姓，有谁不知道白居易的才华，有谁不赞美他！"听到这话，皇甫湜更加恼火了，气冲冲地说："如此看来，在你眼里就只有白居易，那我还留在你的身边做什么，我就此告辞！"说完，就真的去整理行装，准备离开。裴度是个度量很大的人，见皇甫湜急着要走，就向他道歉，然后改让他为佛寺撰写碑文。

这件事很快就传出去了，很多人对白居易说："皇甫湜这个人太傲慢了，简直就没有把您放在眼里！"白居易却只是微微一笑，十分平静地说："皇甫湜虽然是有些高傲，但他对我提的意见，也是很有道理的。他的诗文，有很多地方也是值得我学习的。"然后，他便找出皇甫湜的几篇文章，指出了其中的可取之处。

【注释】能：能力，才能。訾：轻视，鄙视。

【译文】当你有能力可以服务众人的时候，不要自私自利，要心系他人。对于他人的才华，应当学习、欣赏、赞美，不要随意批评、嫉妒、鄙视。

大公无私

祁奚是春秋时期晋国的中军尉。当时的祁奚已经七十多岁了，按照晋国的官员任用规定，已经到了退休的年龄。但中军尉这个官职位高权重，盯着它的人不少。

有一天上朝的时候，祁奚对晋悼公说："我本想再多为国家效力几年，但因年事已高，时时感到力不从心，所以建议大王选拔一个德才兼备、年富力强的人来接替我。"

晋悼公听闻，忙问："中军尉是个举足轻重的职务，你看由谁接替最合适呢？"

祁奚回答说："我反复考虑，有德有才、能胜任这个工作的人莫过于解狐了。"晋悼公和其他大臣听他这么一说，非常吃惊，因为解狐曾经打死了祁奚的父亲。晋悼公问："解狐是你的仇人？你怎么反倒举荐他呢？"

祁奚一脸严肃，郑重其事地说："大王，您问的是谁能接替这个职务，并没问我谁是我的仇人。"大臣们一听，对祁奚肃然起敬，晋悼公也非常赞赏他，采纳了他的建议，任命解狐为中军尉。

但解狐上任没几天就病死了。这时，晋悼公又问祁奚："中军尉的位置，你看由谁接替最合适呢？"这次祁奚毫不犹豫地推荐了自己的儿子祁午。

这回晋悼公和诸位大臣又吃了一惊，晋悼公说："祁午不是你的儿子吗？"祁奚从容地回答说："大王您问的是谁最能胜任中军尉这个职务，并没有问我谁是我的儿子。"晋悼公连连点头，说："好！祁奚外举不避仇，内举不避子，可说是我国最能做到唯才是举、大公无私的人了。"于是任命祁午为中军尉。

取长补短

孟子是儒家学说的代表人物之一，是战国时期的一位杰出的政治家、思想家。他学术精深，善良仁义，受到当时人的尊敬。每当人们有困难，碰到问题的时候，都会去向孟子请教，询问解决的办法。孟子也从不摆架子，对别人提出的问题，他都是和蔼客气地回答，给人提出好的建议，说简明易懂的道理。

战国时期，全国被许多大大小小的诸侯国分割。滕国是其中势力弱小的一个国家。许多强大的诸侯国都想侵占它，侵吞它的财产。滕国虽没有能力反抗大诸侯国的进攻，但也不甘心眼睁睁地看着别人欺负自己，就只好寻找同盟，寻求大国的保护。但这并非长久之计。大国是不会无条件地保护的，他们会从滕国拿走很大的好处。而且，哪天失去了保护，滕国同样会面临严重的危机。

只有让滕国自己强大起来才能从根本上解决问题，可是滕国国君不知道怎样才能使自己的国家富强起来。于是，滕国国君就将大臣们召集起来，商量强国之法。

但是大家在一起讨论了很长时间，也没有找到使国家富强起来的办法。后来有人说孟子是一个很有才能的人，他一定会替滕国想到办法，滕国国君就亲自去拜见孟子，向他请教。

见到孟子后，孟子告诉滕国国君，要想一个国家富强，就必须发挥全国人民的力量，要实施仁政。孟子说："您想想，要是把滕国土地宽阔的地方截下来，补在短小的地方，就能组成一个大的正方形，也就是说将人们集中起来力量就会很大，别国就不会随意侵犯了。您再实行仁政，滕国肯定就会富裕强大起来。"

后来，人们就根据孟子的话，归纳了"取长补短"这个成语。意思是说要善于拿别人的长处来弥补自己的短处。

勿谄富，勿骄贫；
勿厌故，勿喜新。

【注释】谄：讨好巴结。故：指旧的东西。

【译文】不要去讨好巴结富有的人，也不要在穷人面前骄傲自大，或者轻视他们。不要喜新厌旧，对于老朋友要珍惜，不要贪恋新朋友或者新事物。

宋弘念旧

汉光武帝时有个名臣叫宋弘，在他做司空的时候，光武帝刘秀的姐姐湖阳公主刚刚死了丈夫，光武帝看见姐姐一个人孤独寂寞，就想在群臣之中再给她找个夫婿。于是，光武帝就到湖阳公主宫中谈论这件事，打探她的意思。

在谈到朝中臣子时，湖阳公主说："宋弘这个人有容貌威严，品行道德十分高尚，是个难得的人才，朝中的其他臣子是比不上他的。"

光武帝听出了姐姐的意思，就想撮合他们俩，于是把宋弘叫了过来，说："我听说，一个人做了官，就应该把以前的那些贫贱的朋友换了，结识更多身份地位高贵的人；有了钱之后，就应该把贫穷之时的妻子换了，再找个和自己门当户对的人。我觉得这些话说得都很有道理，为人处世就应该这样做，你觉得呢？"

宋弘回答说："我听说过'贫贱之交不可忘，糟糠之妻不下堂'。就是说，在自己贫贱时交的朋友，哪怕是自己显贵了，也是不能够忘记的；曾经共甘苦吃着糟糠的妻子，即使是自己富裕了，也是不可以离异的。"光武帝听后，很赞赏他这种不贱贫、不倾富的品格。就对湖阳公主说："至于宋弘还是算了吧。"

宋弘的做法千古流传，他不是自己富有了，当官了，就将夫妻间同患难的艰难岁月忘记，喜新厌旧，而是牢记这份情意，对妻子不离不弃。

君子之交

唐朝名将，著名军事家、政治家薛仁贵，生于乱世之中，自幼家境贫寒，他天生臂力过人，学文习武，刻苦努力，娶妻柳氏。

在薛仁贵尚未得志之前，与妻子住在一个简陋的窑洞中，基本的温饱都不能够满足，王茂生夫妇经常接济他们，使薛仁贵夫妇得以生存。

后来，薛仁贵参军，他跟随唐太宗李世民御驾东征时，在平定高丽国的战争中立下大功劳，被封为"平辽王"，身份地位变得显贵，朝中文武大臣纷纷到他府中送礼道喜，被薛仁贵一一婉言谢绝了。可他却收下了一个普通老百姓王茂生送来的两坛"美酒"。

负责启封的执事官打开酒坛，一下子愣住了，脸色立刻改变，因为坛中不是美酒而是清水！他赶紧向薛仁贵禀报说："启禀王爷，此人送来两坛清水却说是美酒，故意戏弄王爷，王爷一定要重重地惩罚他，让他见识一下王爷的厉害！"

薛仁贵听了，面不改色，面带微笑，命令执事官拿来大碗，当众倒了三大碗坛中的清水喝了下去。在场的文武百官对他的行为都很疑惑，全都用诧异的眼神看着他。薛仁贵喝完三大碗清水之后说："在我过去贫苦的时候，全靠王茂生兄弟夫妇经常帮助，假如没有他们曾经的帮助，也就不会有我今天的荣华富贵。如今我美酒不沾，厚礼不收，却偏偏要收下王茂生兄弟送来的清水，因为我知道王茂生兄弟家中贫寒，送不起贵重礼物给我，送来清水只是代表他们的一片诚心，我又怎么能辜负他们呢！这就叫君子之交淡如水。"

此后，薛仁贵与王茂生一家交往甚深，关系非常好，薛仁贵从来都不会忘记王茂生一家对自己的资助。他的"君子之交淡如水"的佳话也就流传了下来。

【注释】搅：打搅。扰：打扰，扰乱。

【译文】对于正在忙碌的人，不要去打扰他。当别人心情不好、身心欠安的时候，不要用闲言闲语干扰他，以免增加他的烦恼与不安。

察言观色

孔子经常为他的弟子们讲述为人处世的道理。

一次，孔子给他的弟子们讲学，他的一个叫子张的学生就问了他一个问题，子张问："老师，一个人要怎样才能称得上是通达？"孔子没有直接给他解释通达是什么意思，而是先反过来问子张他心目中的通达是什么样子的。

子张说："在邦必闻，在家必闻。"意思是说一个人要是进入朝廷为官，就应该做出一番事业，让自己美好的名声传出去，即使是只在家里也要让人知道自己的名字。

孔子道："是闻也，非达也。夫达也者，质直而好义，察言而观色。虑以下人，在国及家必达。"意思是说，仅仅只有一个好的名声，并不能称作是真正意义上的通达。真正通达的人，品质正直，讲究仁义，懂得礼仪；在说话做事情时，非常地谨慎，善于观察别人的颜色，知道什么时候该说什么，该做什么，也知道在什么时候不能说什么，不能做什么；经常思考如何对待好自己的下人。一个人要是能够做到这些，他在朝廷的时候一定会通达，在家里也同样会通达。

孔子教导自己的学生要把握时机说话，说话要把握一定的度，这样才能体现出对别人的尊重，也只有这样，才能得到别人的尊重。但又并非"巧言令色"。

"察言观色"或"察颜观色"形容通过观察别人说话时脸上流露出的气色，以决定自己该怎样行动。

话不合时

杨阜是三国时期魏国的一名大臣，他智勇双全、德才兼备，更令人敬佩的是他为人从来不阿谀奉承，敢于说真话。但他有个毛病，就是说话不挑时候。

魏明帝时，他曾多次进谏，很直接地指出魏明帝的错误。小到皇帝的日常衣食，大到国家政事的处理，只要是他觉得有不妥，不符合祖宗规矩的，他都敢直言不讳地提出意见，从来不会管皇帝能不能听进去，时常还唠叨个不停。甚至是对当时人们很忌讳的问题，他依然敢提出来，发表自己的意见，有的时候弄得魏明帝很没面子。幸好魏明帝是个心胸比较宽广的人，虽然不是每次都会听，但也从来没有因为杨阜进谏、批评自己，而去处罚他。然而杨阜这种说话太不挑时候的性格，最终还是给他带来了麻烦，让他受到了教训。

那一年，魏明帝最疼爱的一个女儿死了。魏明帝十分悲痛，决定厚葬她，并且表示自己要亲自去为女儿送丧。杨阜得知这件事情后，觉得这很不符合礼仪，就对明帝说："以前，先皇和太后去世时，您都没有亲自去送丧，现在女儿死了，您却去送丧，这是违背礼仪的，您是不能够这样做的。"魏明帝也知道杨阜的话很有道理，深知自己要真的这样做了，的确不够妥当。但是杨阜一直在旁边唠唠叨叨地说个不停。加之，当时魏明帝正处在悲痛之时，不仅没有人替他分忧，反倒还有人在这儿指责他，就越是觉得心烦。所以，他没有理会杨阜的进谏，还命人把杨阜赶出了朝堂。杨阜落得这样下场，完全是因为他说话不看时机造成的。

人有短，切莫揭；
人有私，切莫说。

【注释】短：不足之处，缺点。私：秘密，隐私。
【译文】别人的短处绝对不要揭露出来，别人有秘密不想让人知道，我们也不要说出来。

雅量下人

蜀汉大司马蒋琬才气过人，为官严以律己。他宽以待人，为人正直。对于别人的批评总能虚心地接受，对和自己有矛盾的人，也始终保持一颗宽容之心。从来不会在别人背后说长道短，而别人在背后对自己的指责，他从不追究。

当时有个叫杨戏的人，只是一个小小的地方官。他为人坦率，不拘于礼节。一次，蒋琬与杨戏谈话，谈话间，杨戏总是一副爱理不理的样子。事后，有人跟蒋琬说："你跟杨戏说话，他总是心不在焉，看着十分傲慢，都没把您放在眼里。"蒋琬回答："你听说过有两个人长得一模一样的吗？其实，人处理问题的方法就跟人的长相一样，找不到相同的。杨戏不赞同我的思想，他就沉默不语。反之，为了讨好我，违背他的本心，当时对我的想法很赞美，而事后又对别人说我的坏话，那样就不好了。我倒觉得，这正是杨戏的优点所在。"

一个叫作杨敏的地方官，在背后说蒋琬坏话，他说蒋琬办事糊涂，赶不上前人。有人把这话向蒋琬说了，主管法纪的人要将杨敏治罪，蒋琬阻拦说："那个人说的又没有错，我的确比不上前人，他又有什么罪呢？没有什么要追究的。"主管法纪的人向他询问"糊涂"是什么意思，蒋琬说："自以为是，本来就办得不怎么样，却还洋洋得意地向别人炫耀，以为自己做事很出色，对别人的批评不能虚心接受，这就是糊涂。"

身为司马的蒋琬，地位身份显贵，对别人的批评虚心接受，别人对自己的指责也不加以追究，对下属的傲慢、诋毁，都予以宽容，不求全责备，不打击报复，每次都从自身出发，反省自己，其胸怀之博大由此可见。

怒杀老友

朱元璋得天下做了皇帝以后，他以前的朋友想从他那里获得一官半职，就都到他那里套近乎。

一天，乡下的一位穷朋友来到皇城求见朱元璋，朱元璋一听是以前的老朋友，就非常高兴，马上叫人把他传了进去。谁知这位穷朋友见朱元璋端坐在龙椅之上，虽然身份地位、着装都和以前不一样，但是面颜还和以前一样，一点儿变化都没有，就非常直白地说："你今天做了一国之君，你应该还记得我吧。从前你和我一起替别人家放牛，有一天我们饿了，就在芦花荡里用瓦罐清煮偷来的豆子，可是还没等豆子煮熟，大家就争着抢着要吃，最后把罐子都打破了，豆子撒了一地，汤也都洒在了泥地上。你只顾满地抓豆子往嘴里塞，把泥巴青草也全都塞到了嘴里。结果你的嘴上全是泥，叶子卡到喉咙里了，拿不出来，也吞不下去，最后还是我出了个主意，终于让你把叶子吞了下去，你才觉得舒服一些……"

还没等他说完，朱元璋就听得不耐烦了，当时有很多大臣在场，他认为说这些，有失他皇帝的尊严，于是，大怒道："来人，把这个人推出去斩了。"

后来，另外一个穷朋友听说这件事情，心想那个朋友实在是太莽撞了。他脑子一转，想出了一个办法，于是他也去见了朱元璋。

这个穷朋友来到京城求见朱元璋，行过大礼，说："皇上万岁万岁万万岁！当年您带领微臣一起攻下沪州府，打破罐州城，汤元帅吓得急忙逃跑，您一手就将豆将军拿下，后来又轻而易举地击败菜将军。"朱元璋一听，大笑起来，他认出了眼前这个小时候一块儿玩闹的朋友，回忆起童年饥饿往事，更觉得开心，于是让这个穷朋友做了御林军总管，将他留在了自己的身边。

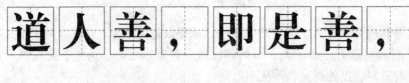

道人善，即是善，
人知之，愈思勉。

【注释】愈：进一步，更加。勉：勉励。
【译文】赞美别人的善行，就等于是自己行善，因为对方知道了，就会更加勉励行善。

宽厚之美

刘宽，东汉华阴人，字文饶，为人宽厚大量，涵养深厚。

有一次，刘宽乘牛车出门，刚好镇上有一个人的牛丢失了，而且跟刘宽的牛长得一模一样，就以为是刘宽把他们的牛牵走了，对刘宽说："你怎么把我的牛牵来给你拉车来了，你赶快下车，把牛还给我。"说着就要把刘宽的牛牵回去。刘宽什么也没有说，就下车让人把自己的牛牵走了，然后步行回家去了。

没过多长时间，那个丢失牛的人找到了自己的牛，知道是自己弄错了，就亲自把牛送还到刘宽家，并叩头谢罪说："我感到非常惭愧，当时没有弄清楚真相，就把您的牛牵走了，后来才知道那不是我的牛，现在我把您的牛给您送回来了，可是错我已经犯了，您愿意怎么处罚我都行。"刘宽面容祥和、语调轻柔地说："我的牛和你的牛长得太像了，当然会很容易认错，现在辛苦你把它送回来，我应该感谢你的，你哪里有什么错啊！我又为什么要处罚你呢！"刘宽从不与人计较一时的得失，邻里都佩服称赞他的度量。

此外，刘宽性情温良，不会轻易发脾气，即使家中的下人冒犯了他，他也总是和颜悦色，言辞温柔。刘宽的夫人从来都没有见过他生气的样子，对此夫人也十分好奇，她想看看刘宽到底会不会生气，就想了一个方法，想把刘宽激怒。

有一次，正当刘宽赶着要去朝见皇上，衣装都已经整理好了，正要出门。夫人命家中的仆人端着一碗肉羹进到他的房间，莽莽撞撞，然后故意摔倒，将肉羹倒在刘宽的朝服上，把朝服弄脏了。谁知，刘宽神色不变，不但没有责骂这个仆人，反而用和祥的声音关切地问仆人说："你有没有摔伤，这么烫的肉羹，有没有烫着你？"妻子还是没有见到刘宽生气的样子。

刘宽宽宏的度量如此之大，海内人士闻风都尊称他为宽厚长者。

大肚宰相

吕蒙正是北宋时期著名的宰相，也是历史上第一位平民出身的宰相。他为人宽厚、待人真诚，深得人们的称赞。

吕蒙正小的时候，父母就去世了，生活非常艰辛。等他长大以后，家里也没有什么起色，依旧很贫穷。有一年过年的时候，家中已经空无一物了，他只有饿着肚子。他走在街头，赊不到，借不来，亲戚们都袖手旁观。悲伤之余，他创作了一副对联，即"二三四五，六七八九"，横批是"南北"。这副奇怪的春联在家门口贴出来以后，不大工夫，就有一大群看热闹的人围了过来。大伙儿被弄得莫名其妙，纷纷猜测对联的含义。其实吕蒙正的这副对联是在暗示自己窘迫的生活。上联缺一，下联少十，合起来就是"缺一少十"，也就是"缺衣少食"，而横批意指"没有东西"。

后来，吕蒙正考中状元，当了大官，过去那些有钱的邻居、亲戚便纷纷携带财礼前来贺喜。吕蒙正见了，就又写出了一副对联给这些人看：

"旧岁饥荒，柴米无依靠。走出十字街头，赊不得，借不得，许多内亲外戚，袖手旁观，无人雪中送炭。

今科侥幸，吃穿有指望，夺取五经魁首，姓亦扬，名亦扬，不论王五马六，踏门庆贺，尽来锦上添花。"

这些来客看罢，知道吕蒙正是在嘲讽自己势利眼，羞得无地自容。不一会儿，便一个个灰溜溜地走出了吕府。

吕蒙正被宋太宗任命为宰相。但由于他出身贫寒，而且还有乞讨为生的经历，朝廷中的一些大臣非常看不起他。

有一天上朝的时候，一位官员在朝堂帘内指着吕蒙正说："这个穷小子他有什么能耐，竟然也能上朝参政？"吕蒙正虽然听到这些挖苦的话，但却假装没有听到，径直走了过去。与吕蒙正私交很好的一位大臣为吕蒙正抱不平，命人去查清楚那个看不起吕蒙正官员的官位和姓名，并要严惩那名官员，却被吕蒙正制止了。

这位大臣很不理解，就问原因。吕蒙正回答说："假如我知道那个骂我的人是谁，我可能一辈子都不会忘记，因此我还不如不知道，这样心里会舒坦些。所以，不去追问那个人的姓名，对我来说并没有什么损失，相反对我还是有益的。"当时在场的人无不佩服他的度量，那个骂他的人也惭愧地低下了头。

【注释】扬：宣扬，传扬。疾：憎恨，痛恨。甚：非常，过分。

【译文】宣扬别人的过恶，就等于自己作恶，如果过分地憎恶，就会招来灾祸。

东郭先生和狼

晋国大夫赵简子率领众随从到中山去打猎，途中看见一只狼。赵简子立即拉弓搭箭，射穿了狼的前腿。那只狼落荒而逃，赵简子驾车穷追不舍。

这时候，东郭先生正站在驮着一大袋书简的毛驴旁边。那狼跑了过来，用哀怜的语气对他说："现在有人要杀我，请您让我躲进您的口袋里吧。如果我活下来，一定会报答您的。"

东郭先生看到赵简子的人马卷起的尘土越来越近，惶恐地说："你赶快躲进我的口袋吧！"

不一会儿，赵简子的一队人马来到东郭先生跟前，但是没有打听到狼的去向，就掉转车头走了。

当他们远去之后，狼迫不及待地说："多谢先生救了我。请放我出来，受我一拜吧！"

可是狼一出袋子就露出了它的本性，说："刚才亏您救我，使我大难不死。现在我饿得要死，您不如好人做到底，让我吃了您吧！"还没等东郭先生反应过来，它就张牙舞爪地向先生扑去。东郭先生慌忙躲闪，围着毛驴兜圈子，与狼周旋起来。幸亏狼受了伤，否则他早就成了狼的美食了。

东郭先生对狼说："我们还是按民间的规矩办吧！如果有三位老人说你应该吃我，我就让你吃。"

狼高兴地答应了。

但走了好一段路，也没有遇到一个行人，于是狼逼他去问杏树。老杏树说："种树人只是种了一颗杏核，二十年来他一家人吃我的果实，卖我的果实，享够了财利。尽管我的贡献很大，但等到我老了，还是要被他卖给木匠铺。你对狼的恩德不重，它为什么不能吃你呢？"

狼正要扑向东郭先生，这时正好看见了一头母牛，东郭先生说还要问问牛。那牛说："当初我被老农用一把刀换回家。他用我拉车、犁田，养活全家人。现在我老了，他却想杀我，从我的皮肉筋骨中获利。你对狼的恩德不重，它为什么不能吃你呢？"

就在这时，来了一位拄着拐杖的老人，东郭先生急忙请老人主持公道。老人听了事情的经过，叹息地用拐杖敲着狼说："你不知道虎狼也有父子之情吗？为什么要背叛对你有恩的人呢？"

狼狡辩说："他用绳子捆住我的手脚，用书简压住我的身子，这不是想把我活活闷死吗？难道我不该吃掉他吗？"

老人说："好吧，你们各说各的理，我难以裁决。俗话说'眼见为实'。如果东郭先生能像你刚才说的那样，再把你往口袋里装一次，我就相信你刚才说的话，这样你就可以理直气壮地吃掉他了。"

狼觉得老人说得有道理，就同意了这个办法。它躺在地上，让东郭先生把它捆起来，装进了口袋里。老人立即把口袋扎紧，抢起拐杖把狼打死了。

东郭先生这才恍然大悟，非常感谢老人救了他的性命。

怙恶不悛

西晋末年，中原再次出现混乱，一些少数民族在北方建立起独立的政权，史称十六国时期。前赵的国君刘曜，本为匈奴族，他依仗武力夺取了汉刘渊建立的政权，建都长安，威震一时。和刘曜同时的另一位武将石勒原是羯族人，从小做商贩。后来，石勒投奔刘渊，从底层小士兵做起，最后官拜大将军。石勒对刘曜篡权很不满，一直想找机会灭掉刘曜，自己称王。经过大大小小的多次战役后，刘曜的军事实力日渐削弱。于是，刘曜改变政策，开始对石勒拉拢收买。

这天，刘曜派心腹郭汜为使者，前去封石勒为太宰，领大将军衔，进爵赵王，领二十部，出入乘金银车，驾云马，冕带十二旒，夫人封王后。石勒答应下来，为了表示谢意，他特派王修等人为大使前往刘曜处拜谢。刘曜手下有个叫曹平的谋士，原是石勒的舍人。他告诫刘曜说："石勒派王修等人前来，外表上是来答谢，实际上是要观察各郡的虚实，以便等候机会发起攻战。"刘曜听后大怒，待郭汜回来后，立即将王修诛杀，并下令撤销了对石勒的封授。石勒听后怒不可遏，下令灭了曹平的三族，召集大臣说："我们派出使者本是为了修好，并无恶意，但刘曜却杀害了表示诚意的使者。这实在是做恶多端，不可饶恕！所以，我决定自取赵地自立为王。"于是，石勒设了太医、尚方、御府诸令，并专门修了正阳门，正式称起王来。

318年，石勒杀了刘曜，建立起后赵政权。

【注释】规：规劝。道两亏：指双方的品格都会欠缺。

【译文】行善能相互勉励，彼此都能建立良好的德行，有了过错而不相互规劝，双方都会在品行上留下缺陷。

李绛直谏

唐朝李绛，善于劝谏，经常指出皇帝的过错。他又善于言辞，很少在劝谏的时候令皇上难看。这样便受到了当朝皇帝的喜爱，皇上多次提升他的官职，还赞美他说："李臣所说的话，每句都蕴含深刻道理，我应该把他说的话一字不漏地记下来，常常带在身边，有空便拿出来看看，用来警诫省查我的行为。"

白居易当时与李绛同朝为官，他对皇上忠心，对百姓怜爱，从不追求名和利。有一次，白居易劝谏皇上要听得进去文武百官所给的建议，这让皇上觉得他是在教导他，心里很不舒服，于是就要治白居易的罪。李绛赶紧劝皇上说："白居易其实是一片忠心，只是说话的时候有点冒犯您了，如果因为这样，皇上就要治他的罪，那以后天下人还有谁敢开口指出您的过错呢？"皇上听到李绛的话，脸色渐渐地好看了，也就没有治白居易的罪。

还有一次，皇上责怪李绛太过于指责他的不是，让他在群臣面前难堪。李绛这时非常难过，哭啼着说："我这么做都是为了您好啊，我怕您左右的人每一个人都只顾着自己，整天都只是对您阿谀奉承，从来都不说真话，使您蒙受欺骗啊！如果我发现您的过错，而不给您指出来，让您继续犯错的话，就辜负了您对我的信任，也对不起天下的百姓啊！但是臣子跟您说的话您不爱听，您也就辜负了臣子的一片忠心。"皇上被李绛的这番话感动了。

李绛官至宰相，他能直谏皇上，从来不与小人为伍。李绛虽然多次劝谏触犯皇上，但最后他都能见机行事，衷言相对，使皇上接受谏言。他这一颗爱国、爱天下百姓的忠诚之心被后人广为称颂。

董母训儿

唐朝董昌龄的母亲杨氏，是蔡州地方的人。她对自己的儿子要求很严格，教导儿子一定要做一个忠君忠国之人。

唐宪宗时，吴元济带领各藩造反，背叛朝廷。蔡州就被吴元济占据了去。在这个时候，董昌龄在房县当县官，房县是吴元济的势力范围，这样董昌龄也就成为了反叛朝廷的一份子。

董母知道吴元济背叛了朝廷，就私下对董昌龄说："天下的事情，只有顺应历史潮流，讲究仁义道德，方能够获得成功；假如逆天而行，背信弃义，终究会失败的。现在吴元济背叛朝廷，你又在他手下办事，你对现在所做的事，所处的境地，应该静下心来，好好地思考一下，做出一个正确的决定。"

董昌龄还是觉得很矛盾，最终仍继续当吴元济属下。后来，吴元济又把他调到郾城去做官。母亲再次劝他说："这个吴元济是朝廷的反贼，欺骗皇上，欺骗天下百姓。他逆天而行。不忠不义，是得不到神灵护佑的，也得不到百姓的拥护，他的反叛迟早都是要失败的。你应当能够看清楚这一点，所以你应立刻投降，归顺朝廷。我不想因为我的缘故而拖累了你，使你不去投降。况且，假如你哪天做了朝廷的官，当了一个大忠臣，这样我也就是忠臣的母亲了，我也会觉得光荣的，即便是我死了，我也没有什么值得遗憾的。"

后来，唐朝的官兵打到郾城的时候，董昌龄就投靠了朝廷，唐宪宗得知这个消息，十分地高兴，依然叫董昌龄做郾城的县官，并且兼任监察御史一职。董昌龄辞谢着说："这都是我母亲的教导，是她教导我要忠君爱国，不能跟朝廷作对，我是没有什么功劳的。"唐宪宗听了董昌龄讲述的事情的经过，对董母十分地敬佩，于是封杨氏为北平郡君，也更加器重董昌龄了。

凡取与，贵分晓，
与宜多，取宜少。

【注释】贵分晓：指贵在分清楚各自的取与得。宜：应该，应当。

【译文】凡是和人有财物上的往来，要分辨清楚不可含糊。应该慷慨地给予他人，取用别人的财物时应少取一些。

士选让产

五代张士选，幼年的时候父母就都过世了，他叔叔供他学习、生活，他跟着叔叔长大。张士选父亲还在世的时候，并没有将张士选祖父遗下的家产与自己的弟弟平分，还有很多未动，张士选十七岁的时候，他的叔叔就对他说："你现在也不小了，我和你把祖父遗下的家产分作两份，各得一份。"可是张士选说："叔叔您有七个儿子，加上我，我们应该将家产分做八份，每人各取一份。"叔叔不肯，坚持只分两等份，张士选看到叔叔这样坚持，心中又想起叔叔这么多年来对自己的备加照顾，于是就更加礼让。最后叔叔也没有办法说服张士选，只好把所有的财产分成八等份。

刚好那一年，张士选被推荐进京城参加考试，同时被推荐参加考试的有二十几位。在这二十几个人中张士选的学问并不是最高的，写的文章也不一定就比其他人强。可是，那时有位精通相学的术士对张士选说："你今年上京考试，一定会高中状元的！"当时的人听到了，都大笑不已，并且反驳相士的说法。其中一个对相士说："他写的文章还没有我的好呢，他要是能当状元，那我也能当了！"。相士解释说："做文章这件事情，我虽然不了解，不是很清楚，但是我敢肯定这位少年，他做人诚实，为人谦虚，不贪便宜，将来一定会造福百姓，造福国家，所以我才敢断定他今年必定高中状元啊！"那年考试，张士选果然考中，名传金殿。

将心比心

胡雪岩是晚清时期的大商人。

有一天，胡雪岩正在客厅和人谈事，突然外面有人禀告，说有个商人有急事求见。胡雪岩立马放下手头的事情，接见了这个商人。商人满脸焦虑，胡雪岩问其原因，原来那个商人在最近的一次生意中栽了跟头，急需一大笔资金来周转。为了缓解这次危急，他想拿出自己的全部家业，以非常低的价格转让给胡雪岩。胡雪岩认为这件事情比较大，得考虑考虑，于是告诉商人，让他第二天来给他答复。送走商人后，胡雪岩连忙吩咐手下去打听是不是真有其事。手下很快就赶回来，证实商人所言属实。胡雪岩听后，连忙让钱庄准备银子。因为对方需要的现银太多，钱庄里的不够，于是，胡雪岩又从别处急调了大量的现银。

第二天，商人如约来到胡雪岩家，胡雪岩不仅答应了他的请求，还按市场价购买了他的产业，这个数字大大高于商人转让的价格。那个商人惊愕不已，不明白胡雪岩为什么到手的便宜都不占，坚持按市场价来购买他的房产和店铺，以为这是胡雪岩要的什么招数，犹豫不定。

胡雪岩拍着商人的肩膀告诉商人说："我只是暂时帮你保管这些抵押的资产，等你挺过这一关，可以随时来赎回这些房产，只需要在原价上再多付一些微薄的利息就可以。"胡雪岩的举动让商人感激不已，商人二话不说，签了协议。

商人一走，胡雪岩的手下可就想不明白了，问道："老爷，您一向对手下的掌柜要求严厉，有的掌柜钱赚少了，您都要训斥半天，可这次您却硬把到嘴的肥肉又送了回去。"

胡雪岩喝着热茶，讲了一段自己年轻时的经历："我年轻时，还是一个小伙计，东家常常让我拿着账单四处催账。有一次，正在赶路的时候遇上大雨，同路的一个陌生人被雨淋湿。那天我恰好带了伞，便帮人家打伞。后来，下雨的时候，我就常常帮一些陌生人打打伞。时间一长，那条路上的很多人就都认识我了。有时候，我自己忘了带伞也不用怕，因为会有很多我帮过的人为我打伞。"

见手下没有明白他的意思，胡雪岩继续说道："你肯为别人打伞，别人才愿意为你打伞。那个商人的产业可能是几辈人积攒下来的，我要是以他开出的价格来买，当然很占便宜，但人家可能就一辈子翻不了身了。这不是单纯的投资，而是救了一家人，既交了朋友，又对得起良心。谁都有雨天没伞的时候，能帮人遮点雨就遮点吧。"手下听后，对胡雪岩佩服得五体投地。

后来，商人赎回了自己的产业，也成了胡雪岩最忠实的合作伙伴。

将加人，先问己，
己不欲，即速已。

【注释】加人：加于人，即对待别人。即速已：应该马上停止。

【译文】有事要托人做或有话要和人说，先问一问自己喜不喜欢，如果自己不喜欢就应立刻停止。

己所不欲，勿施于人

帝尧时，中原洪水泛滥，百姓愁苦不堪。大禹接受治水任务，那时候他才刚结婚不久。为了治理水患，使百姓能够摆脱洪水的烦恼，大禹毫不犹豫地告别了妻子，率领群众夜以继日地疏导洪水。在治水过程中，大禹三过家门而不入。经过十三年艰苦奋战，终于疏通了九条大河，河水舒畅地流进大海，水患得到了有效的治理。

到了战国时候，有个叫白圭的人，一次他跟孟子谈起大禹治水的事情，他非常自满地说："如果当时让我来治水，我的效率一定会比大禹的效率高，用的时间肯定也会短，取得的效果一定比大禹的好。我只需要把河道疏通，让洪水绕开我国的疆土，流到邻近的国家去就行了，这难道不是一件非常容易的事情吗？"孟子听了白圭的话，带着批评的语气对他说："你要是这么想就错了！你不想自己的国家遭受洪水之灾，那么其他的国家也一定不会想有水患的苦恼。你把灾祸转嫁到邻国是不对的，你想想要是你的邻国也同样这么想，又把灾祸转到你的国家，周而复始，水患不还是没有得到解决吗？不仅耽误了时间，还浪费物力、人力、财力，最终百姓的苦恼也得不到解决。"

大禹治水把洪水引入大海，虽然费时、费工、费力，但这样做既消除了本国人民的灾害，又没有把灾难转嫁于邻国的人民。这种己所不欲勿施于人的精神，让人们钦佩，也值得去学习。当我们要把自己不想做的事情转嫁给别人时，也要想想别人是不是也很不愿意做这件事情呢？

推己及人

春秋时，有一年冬天，齐国下大雪，鹅毛大雪漫天飞舞，连着三天三夜都还没有停下，大地被一层厚厚的白雪覆盖。齐景公身披一件狐腋皮袍，坐在暖和的厅堂中欣赏雪景，觉得景致净美，甚是喜欢，就对身边的人说："你看这雪景多么的美丽，天下一片洁白，要是再多下几天，就会更好看了。"

晏子听见了，就走近齐景公，若有所思地望着纷飞的白雪，露出一副忧伤的面容。齐景公说："你看这雪已经下了三天，我却没有感觉到丝毫的寒意，感觉就像暖和的春天一般，这雪花也如春天盛开的花朵，真叫人喜欢。"齐景公身上紧紧地裹着厚厚的皮袍，又坐在宫殿之中，当然是感受不到雪天的寒冷了。晏子就有意地问了一句："您真的不觉得冷吗？"齐景公点点头，面带微笑地继续观看着外面的飘雪。晏子见齐景公没有明白他话中的意思，就直接地说："我听说历代贤明的君主，自己吃饱了会去想是不是还有人挨饿；自己穿暖了也会想是否还有人在受冻。虽然自己过着安逸的生活，但是心中总会惦记着劳累的百姓。可是，您现在在这么舒适的环境中，只知道没有寒冷，只看到雪景的美丽，盼望着雪继续下，怎么就没有想到天下的百姓这时可能正在受冻挨饿呢？"齐景公听完晏子的话，不知道怎么回答。

拥有一颗仁慈之心的人，总是会设身处地去体会别人的切身感受，将别人的感受施加于自己身上，换位考虑别人的感受，也就是说总是会"推己及人"地为别人着想。

恩欲报，怨欲忘；
报怨短，报恩长。

【注释】欲：应该，表示一种趋向。怨：仇恨。

【译文】他人对我有恩惠，应时时念到回报他；和人结了怨仇，应求他人谅解，及早忘掉仇恨。报怨之心停留的时间越短越好，但是报答恩情的心意却要长存不忘。

舍身报恩

赵盾，春秋中前期晋国卿大夫，杰出的政治家。

赵盾喜欢到山中打猎，有一次在打猎的过程中，他在一棵树下面发现一个面黄肌瘦的人，仔细一问，这个人叫亓眯明，已经好久没有吃东西了，现在连走路的力气都没有了。赵盾见亓眯明非常的可怜，就将自己带的食物分给他吃。可亓眯明只吃了一半就不吃了。赵盾觉得很奇怪，就问他："你怎么不吃了？"亓眯明回答说："我离开家已经有三年了，不知道家中的母亲还好不，这会儿我自己有东西吃，也不清楚她老人家是不是也有饭吃，想到我的母亲可能还在受饿，我就吃不下去了。"赵盾又问："那你怎么不回家去看看你的母亲呢？"亓眯明回答说："当初我离开家的时候，我母亲就告诉我，一定要做出一番成就，这样她才会觉得荣光，要是现在回去，她一定会很伤心的。"赵盾听了，觉得亓眯明也是一个孝顺之人。于是，后来每次上山打猎只要遇见他就会把食物分给他吃。没过多久，赵盾再到山中打猎时，就不见亓眯明了。

过后，赵盾慢慢地也就忘了亓眯明这个人，但亓眯明却始终没有忘记这位雪中送炭的恩人。后来，晋灵公派人刺杀赵盾，但是没有成功。就请赵盾喝酒，摆下鸿门宴，在酒席上设下埋伏刺杀赵盾。这个时候亓眯明已经是晋君厨师，他听说这个消息后，知道自己报恩的时侯到了。于是他走到宴席上，对赵盾说："君王赐给臣子酒喝，臣子只能喝三杯。"表面上提醒赵盾要注意君臣礼节，实际是暗示赵盾不要多喝，赶紧离开。

赵盾似乎也听出了言外之意，马上起身告辞。晋灵公埋伏的侍卫还未来得急集合，晋灵公就放出一条恶狗，去咬赵盾。亓眯明赶紧上前，与大狗展开搏斗。这下赵盾彻底明白了，赶紧往外冲去。晋灵公的侍卫冲了出来，亓眯明又奋不顾身地将侍卫挡在身前，赵盾才得以借机逃跑。

赵盾回到自己的家中，才知道救自己的是当年打猎遇到的亓眯明，不禁感慨："亓眯明不只是一个孝顺之人，还是一个重情重义之士。"

一饭之恩

韩信，西汉开国功臣。韩信在还没有得志时，家里境况很是贫苦。于是，他经常出城到河边钓鱼，以便解决自己的温饱问题。但是这并非一个长久之计，这得靠运气，有的时候他竟然一条鱼也钓不到，因此，时常要饿着肚子。当时，在他常常钓鱼的地方，有很多的老婆婆在那儿洗衣服。

在她们中间有一个老婆婆，非常同情韩信的遭遇，就经常帮助韩信，总是给他饭吃。其实，这位老婆婆自己的生活也并不富足，只是靠给别人洗衣服挣钱维持着生活。韩信因此十分感激她，就对她说："等到将来我出人头地的那一天，一定会重重报答您的恩情。"那老婆婆听了韩信的话，很是不高兴，就对韩信说："我给你饭吃，并不是为了将来要你报答我。你身为男儿，只要将来有出息，作出一番大事业，就是对我最好的报答。"后来韩信和刘邦出生入死，立下了赫赫战功，被刘邦封为齐王。他想起曾帮助过自己的老婆婆，便亲自带人将备好的好酒好菜送到老婆婆那里，同时送给她黄金千两来答谢她。老婆婆对韩信说："这么贵重的东西我不能收。"韩信说："当日您对我的接济又何止只值这千两黄金！"

韩信得到老婆婆的恩惠，从不忘记，虽然所受的恩惠很是微小，但在困难时，对于他来说，这点帮助也是非常珍贵的。在他达贵之后，并没有忘记这份恩情，因此留下一段"一饭之恩胜千金"的佳话！

待婢仆，身贵端；
虽贵端，慈而宽。

【注释】贵：注重，看重。慈而宽：仁慈并且宽厚。

【译文】对待家中的婢女和仆人，本身行为要注重端正庄重，不可轻浮随便，若能进一步做到仁慈、宽厚，那就更完美了。

礼贤下士

吴起是战国时著名的军事家。他平时十分地爱护自己的士兵，与士兵同甘共苦，军中有好酒好菜绝对不会一个人独享，而是和士兵们一起分享。上前线和敌人交战时，自己也总是冲在最前面，做士兵们的榜样。因此，深受将士们的爱戴。

有一次，在行军途中，传令兵向吴起传达国君的命令，快马赶到吴起的战车旁，可是他在战车上找不着吴起，就问旁边的士兵，士兵告诉他说："吴将军行军从来都是不坐战车的，你到军队的最前边去找吧，他经常都是在前面领军，你在那儿一定能够找着他的！"传令兵驾马向前面跑去。可是，他还是找不到吴起，最后在一名士兵的带领下才找着他。只见吴起一身普通士兵打扮，他并没有骑马，而是和士兵一样背着干粮袋子在徒步行军。传令兵看到这般情形，不由得被吴起这种与士兵同甘共苦的品格打动了，心中十分地敬佩。

军中有一个士兵身上长了脓包，这天，他的母亲正好到军营去看望。她一进儿子的帐篷，就被眼前的情景惊呆了，她见有一个士兵正在给他的儿子吸疮上的脓血。后来她向其他士兵打听，才知道那个给他儿子吸吮脓血的人正是吴起将军。得知大将军亲自给儿子吸吮脓包，老人非常感动，就到吴起的帐篷中去答谢他。见吴起的帐篷跟自己儿子的帐篷毫无两样，老人对吴起更是佩服，对吴起说："我儿子跟着您这样的将军，真是他的福气，我把儿子交给您，我就放心了！"

吴起如此的身先士卒，爱护士兵，在战斗中，军中的每个士兵也都尽全力去克敌，他的军队因此成为了一支常胜之军。

知人善用

百里奚是春秋时著名的政治家。他出身贫寒，但很有才能，一心想在政治上有所作为，便离开家乡，寻找出路。他先到了齐国，求见齐襄公，可是没有人引荐，只好又流落他乡，乞讨度日。后来他流落到宋国，遇见隐士蹇叔，两人交谈很是投机，就结伴同行。可是两人一直都没有找到一个能够接纳他们的君主。百里奚思念家人，打算回到家乡虞国。蹇叔有个朋友宫之奇是虞国的大夫，于是就和百里奚一起去了虞国。

宫之奇请蹇叔和百里奚留在虞国，要向虞国国君引荐他们。蹇叔认为虞国国君并非他要寻找的人，便辞别仍过隐居生活去了。百里奚在宫之奇引荐之下做了虞国大夫。后来，虞国被晋国所灭，百里奚做了晋国的俘虏。晋献公要重用他，可他宁可做俘虏，也不在敌国做官。

一年后，晋国与秦国结姻，百里奚做了晋国陪嫁的奴仆，一块跟着到秦国去。赴秦途中，百时奚趁机逃跑了。

他逃到楚国，被楚人抓了起来。他假装称自己是虞国逃难的百姓，只是一个看牛的。此后，楚国人就让他养牛。楚成王知道后，就把他派去南海帮楚军牧马。

秦穆公听说百里奚是个很有才能的人，想送厚礼给楚成王，将百里奚赎回来，又怕楚国不给，就派人只带了五张羊皮去，说："我们有个奴隶叫百里奚，逃到了贵国，请您把他交给我们回去治他的罪。"楚成王并不知道实情，就把百里奚交给了他们。这时百里奚已经五十多岁了。

百里奚被带到秦国后，秦穆公马上接见了他，要他辅佐自己治理国家。百里奚婉言谢绝说："我是亡国臣子，哪里还有资格和您谈论国事？"秦穆公说："虞国国君不听你的劝告，所以亡了国，这并不是你的错。"百里奚感受到了秦穆公的诚意，就答应留下来帮助他。秦穆公非常高兴，要拜其为上大夫，百里奚推辞说："我有一个朋友蹇叔，他比我更有才能。"于是，他又列举了蹇叔非凡的才能，向秦穆公推荐了蹇叔。秦穆公喜出望外，立即派人将蹇叔请了来，封蹇叔为右相，百里奚为左相，共同辅佐自己管理朝政。

百里奚在秦国为相时，加强国内政治整顿，恩泽天下百姓。他身居高官，出门不乘马车，在城里行走从来都不带随从，也不需要卫兵保护。百里奚这种廉政朴素的行为，使得百姓极为拥护他，且为朝中大臣作了榜样，赢得了当时人们的称赞和敬爱。

【注释】势：权势，权力。不然：不以为然，表示心中所想与表面行为不一致。

【译文】权势可以使人服从，虽然表面上不敢反抗，心中却不以为然。唯有以道理感化对方，才能让人心悦诚服而没有怨言。

七擒七纵

三国时期，蜀国丞相诸葛亮为了巩固后方，率领军队南征。正当大功告成准备班师回朝的时候，南方彝族的首领孟获聚集了被打败的残兵来袭击蜀军。

诸葛亮得知孟获是一个胆大勇敢、意志坚强、待人宽厚的人。彝族中的人对他极为拥护，他的名声享誉大江南北，就是在汉族中也有不少人钦佩他。诸葛亮认为这是一个非常难得的人才，就想把他争取过来，为自己所用。

孟获虽然作战勇敢，但是不太善于用兵。第一次上阵，见蜀兵没有正面应战，而是撤了回去，就以为蜀兵的势力不足以和自己抗衡，于是就率领部队对蜀兵穷追不舍，结果中了诸葛亮的圈套，闯进了蜀兵埋伏圈而被擒。孟获认定诸葛亮是不会放过自己的，自己难逃一死。没想到诸葛亮不但没有将他处死，还亲自给他松绑，并对他说，希望他能够投靠蜀国。

孟获是一个忠诚之人，他不服气，拒绝投降。诸葛亮知道孟获的为人，对他也有几分的敬佩，也就没有勉强他，将孟获放了。

诸葛亮先后七次将孟获擒住，可都没有治罪于他，而是一而再，再而三地把他放掉。最后，就在诸葛亮准备第七次放了孟获，允许他离开的时候，孟获流着眼泪说："丞相您作战中七次将我抓住，每次都将我放回去，我还没有听说过这样的事呢。丞相对我已经仁至义尽，我哪还有脸再回去呢，今日拜在丞相麾下，希望丞相能够不计前嫌，收留我。"

就这样，孟获终于归顺了蜀国。

东坡取水

元丰二年，苏东坡（即苏轼）在湖州任职还不到三个月，就因作诗讽刺新法，被抓进监狱，面临性命危险。因宋太祖赵匡胤曾定过不杀士大夫的律法，苏东坡才得以保全性命。被关百余天后，苏东坡得以释放，被降职为黄州团练副使。

在苏东坡到黄州上任时，王安石曾经嘱咐他，叫他帮忙取一些中峡的水来。

这一年，苏东坡乘船从三峡经过，心想：这次终于可以取到中峡的水了。可是，船只顺着河水前行，一路摇来晃去，苏东坡不知不觉地睡了过去。等到他醒来的时候，他问船家现在船行至哪里，才得知船已到下峡了，已经取不到中峡的水了。

苏东坡便又问船家："三峡中，哪一峡水最好。"船家回答说："三峡之水都很清甜，难以分辨出它们的好坏。"苏东坡一听，心想：既然难分好坏，为何非得要取中峡的水呢？于是，他就叫随从取了一些下峡的水。

等到苏东坡见到王安石，便把水给了他。王安石赶紧叫人生火将水煮沸，用来泡茶。可是茶水过了很长时间，才显出颜色。王安石问："你是从什么地方取的这些水？"苏东坡回答："在巫峡取的。"王安石问："那是中峡的水吗？"苏东坡回答说："正是中峡的水。"王安石摇摇头笑着说："你一定是在骗我，我觉得这不是中峡的水。依我看，这些水肯定是你在下峡取的。"

东坡感到十分地惊讶，就问王安石是用什么方法辨别出这是下峡的水。王安石便向他一一说了上、中、下峡水的特点，又给他讲了用上、中、下峡的水泡茶时，泡出茶色的时间不同，泡出来的茶色浓淡也不一样。苏东坡听了，十分地佩服，便把事情如实地告诉了王安石。两人就一起喝着这下峡水泡的茶闲谈趣话。

做人一定要脚踏实地，不然就会聪明反被聪明误。

同是人，类不齐；
流俗众，仁者稀。

【注释】类：类别。流俗：品行一般的普通人。

【译文】同样都是人，类别却不一定整齐，就一般来说，跟着潮流走的俗人占了大部分，而有仁德的人却显得稀少。

梁上君子

东汉的时候，有一个人叫作陈寔，他为人公道正直。每当别人遇到纠纷的时候，大家都会请陈寔出面调停。

有一年陈寔的家乡闹饥荒，很多人家中颗粒无收，只好到外地去给别人做活，以维持生活。也有部分人动了不良之心，做起了强盗，当起了小偷，专门窃取别人的财物。

一天晚上，一个小偷悄悄地溜进陈寔家中，躲在房梁之上，准备等陈寔睡觉以后偷东西。其实陈寔早就察觉有人躲在房梁上面，但是他却装作不知道，安静地坐在厅堂里喝茶。过了一会儿，全家人都被叫到了厅堂，陈寔对家人说："我们的人生只不过是短短的几十年，如果我们现在不好好珍惜时间去努力，做出一番成就，等我们老了以后再后悔就来不及了。所以，我们做事情一定要扎扎实实、勤勤恳恳，做人要堂堂正正，养成良好的习惯，对社会一定要有所贡献！不过，也有一些做坏事的人，他们不诚实劳动，只喜欢享受，其实这些人的本性并不坏，只是他们的习惯不好，才会做出一些对社会有危害的事情。你们要是不明白我说的，现在就抬头往上看，待在我们屋梁上的这个人，就是一个很好的例子。"

小偷一听，知道自己被发现了。赶紧从屋梁上爬下来，惭愧地对陈寔说："对不起！我知道是我的不对，我以后再也不敢了，请您这次就放过我吧。"陈寔没有责骂这个小偷，而是和气地对他说："我知道你的本性不坏，也是受生活所迫，逼于无奈，我这儿还有一些钱，你拿去做点小生意吧，以后不要再偷东西了，如果你不改正的话，你以后的生活将会更加地潦倒。"小偷谢过陈寔，然后离开了。

在陈寔的教育和帮助下，一些做坏事的人纷纷改过自新，除去身上的坏习惯，踏实做事，用自己勤恳的劳动换得了美好的生活。

吟诗驱盗

郑板桥是清代有名的画家、文学家。晚年的时候，郑板桥辞官，带着一条黄狗和一盆兰花回到了故乡，以卖画为生，生活贫困。

一天夜里，外面下着大雨，刮着大风，一片漆黑。郑板桥躺在床上无法入睡。忽然，他听到门被轻轻推开，然后看到一个黑影蹑手蹑脚地走了进来。郑板桥知道来了小偷，于是他假装睡着。小偷见他已经睡着，就慢慢靠近他的身边，他像说梦话似地吟出了两句诗："细雨蒙蒙夜沉沉，梁上君子入我门。"

小偷被吓了一跳，心想：他怎么知道我来了？不过他知道也没什么，我就是靠偷窃过日子的。于是小偷开始翻郑板桥的柜子。这时，郑板桥又吟出了两句诗："腹内诗书藏千卷，床头金银无半文。"

这回小偷没有被吓着，而是觉得很奇怪，心想：这一定是个穷书生，连做梦都在说自己没有钱。于是小偷改变了主意，决定不偷了。但当他快步向门口走去的时候，郑板桥又吟出了两句诗："出门休惊黄尾犬，越墙莫损兰花盆。"

小偷来到围墙边，果真看到一条黄尾狗，他小心地避开它，一跃就上了围墙，也没碰坏开得正艳的兰花。小偷正在暗暗高兴的时候，郑板桥又吟出了两句诗："天寒不及披衣送，趁着夜黑赴豪门。"

小偷听了，觉得很不好意思，飞快地逃走了。

果仁者，人多畏；
言不讳，色不媚。

【注释】讳：隐讳。色：脸色，神情。

【译文】对于一位真正的仁者，大家自然敬畏他。仁者说话不会故意隐讳扭曲事实，也不会故意改变态度向人谄媚求好。

子罕以不贪为宝

子罕是春秋时期宋国的一位贤臣，宋平公时任司城，位列六卿。

在子罕任司城的时候，有个人向子罕献上一块宝玉，子罕说什么也不肯接受。献玉者以为子罕怀疑宝玉是假的而不肯接受，就急忙向他解释说："您就放心吧，这块玉我已经拿给玉工看过，他也确认这是一块世间罕见的宝玉，我是不会把不好的东西送给您的。"子罕淡然一笑，对献玉者说："这样我就更不能要了，你把这块玉当作是宝，我要是拿走了你的玉，你就失去了你的宝；而我以不贪为宝，如果我接受了你的玉，那么我也将失去我的宝。这样的话，我们俩都失去了自己珍贵的东西。同样，我要是不拿你的宝玉，我们两个人就都能够留住我们各自的宝啊！"

献玉者见子罕态度如此明确，也就没有坚持非要子罕收下这块玉，他告诉子罕说，自己想回到自己的家乡，但是带着这块宝玉上路，又怕招来祸害，害怕途中遇到山贼强盗劫去财物，伤害性命。子罕见献玉人说的也有道理，就叫人将这块宝玉打造成精美的玉器，然后卖掉，将卖得的钱全都交给了献玉者，并派人将他送了回去。

子罕不仅洁身自律，清廉为政，他还是一个十分友善、宽容大度之人。

有一年，楚国准备向宋国出兵，便先派使臣去探听情况。子罕在自己的家里接待了楚国使者。楚国使者看到子罕的邻居是一个鞋匠，鞋匠家的墙壁一直修到了子罕家门口，出入很不方便，而且整天叮叮当当响个不停。旁边邻居的污水从子罕墙边流过，臭气熏天。使者就问子罕："为什么不让鞋匠搬家，让邻居把污水改道呢？"子罕解释说："鞋匠家的房子是三代祖传下来的，如果让他搬到其他地方，一方面，想买鞋的不知道去哪儿买了；另一方面，鞋匠家也没有收入了，所以不能让他搬走。我家的房子地基低，水往低处流，流经我家，理所当然，如果禁止污水下流，不是很不讲道理吗？"

子罕这番话令楚国使者叹服不已，回国后立即劝阻楚王道："宋国是不能攻打的。宋君仁爱，且有贤相子罕辅佐，要是这个时候攻打，定会失败。"楚王听了，便放弃了攻宋的计划，转而攻打郑国去了。

仁者无敌

一日，梁惠王向孟子请教怎样才能治理好一个国家。

梁惠王对孟子说："晋国的势力曾经很强大，可谓雄霸天下，这个您早就听说过吧。可是，到我治理的时候，和以前相比就差得太远了。现在晋国东边被齐国攻占，失去了大片领土，就连我的大儿子也在与齐国的战争中牺牲了；西边割去了大约有七百里土地给秦国；南边还有楚国不断地侵扰，那里的百姓受尽了侮辱。沦落到今天的地步，使得全国上下都不得安宁，我真为这些事感到惭愧，我希望能够重振晋国的国威，为死难者报仇，您能告诉我，我具体应该怎样做吗？"

孟子回答说："其实要天下臣服于您并不是一件难事，只要有方圆一百里的土地就能做到。如果大王对人民施行仁政，减免刑罚，少收赋税；让百姓能够安居乐业，精耕细作，按时播种，及时除草，不误农时；让年轻有力的人能够抽出时间孝顺长辈，爱护幼小，培养人们忠诚、守信的品德，使他们能够在家侍奉父母兄长，出门尊敬长辈上级。这样即使您的军队只是手持木棍，也能够将敌国装备精良的部队打败。"

孟子想了想又说："那些秦国、楚国的统治者一味地强调军事，而荒废了农业。耽误了农民的生产时间，使他们不能够深耕细作，到秋收时也就没有收成，也就没有能力去赡养父母，照顾妻小。父母受冻挨饿，兄弟妻子四处流散。老百姓陷入苦难的深渊之中，他们没有民众的拥护，大王那时去征讨他们，就是仁义之举，顺天而行，是没有人反抗您的，所以说，'施行仁政的人是没有敌人的'。大王您就没有什么值得担心的了。"

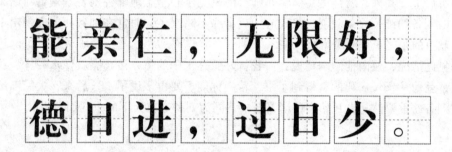

能亲仁，无限好，
德日进，过日少。

【注释】仁：指道德品行高尚的人。过：过错，缺点。

【译文】能够亲近仁者，向他学习，就会得到无限的好处，自己的品德自然进步，过错也跟着减少。

指鹿为马

公元前210年秋，秦始皇东巡的车队终于回到咸阳。在赵高等人的策划下，宣布了秦始皇的死讯，他们一面举行葬礼，一面假传遗诏，赐死了公子扶苏，另立秦始皇幼子胡亥为帝，即秦二世。

由于害怕篡夺皇位的事情败露，赵高怂恿胡亥杀死自己的手足兄弟，十二位公子和十位公主都被定了死罪，因此而受株连的大臣更是不计其数。次年，赵高又使用诡计唆使秦二世把同谋篡位的李斯逮捕并杀死，自己当上了秦朝的丞相。

赵高野心勃勃，在朝中独揽大权。为了树立自己的威信，也为了肃清敢于反对自己的大臣，他想出了"指鹿为马"的计策。

一日上朝时，赵高命人牵来一只鹿，然后满脸堆笑地说是献给秦二世的一匹好马。秦二世见"马"长着鹿角，心中纳闷，然而赵高却坚持说这是一匹千里马。看到秦二世将信将疑的样子，赵高转过身来，用手指着众大臣，大声说："这就是一匹良驹，皇上若不信，可以问问众位大臣。"大臣们先是疑惑不解，忽然间都明白了赵高的用意。一些拥护赵高的佞臣随即高声附和道："这确实是一匹马。"而一些正直的大臣则坚称其所见是鹿不是马。更多人则是低下头不敢说话，他们既不愿出卖自己的良心，又不敢同赵高作对。这样一来，奸臣赵高把宫中的敌我形势看得分明，事后他通过各种手段把那些敢于说真话、不顺从自己的大臣一一铲除了。

公元前207年赵高逼迫秦二世自杀，另立子婴为帝。后被子婴杀掉，诛夷三族。

三顾茅庐

东汉末年黄巾起义爆发，天下大乱，各地英雄豪杰也纷纷起事，形成群雄争霸的局面。刘备为实现统一天下、稳定乱世、兴复汉室的愿望，积极广罗人才。

刘备听说隐居在隆中卧龙岗的诸葛亮是一个很有才华的人，就和关羽、张飞带着礼物到隆中请诸葛亮出山辅佐他，恰巧诸葛亮那天出去了，刘备一行人只好失望地回去。不久，刘备又和关羽、张飞冒着大风雪第二次去拜访诸葛亮。可是诸葛亮外出闲游去了。张飞本来就不想再来，见诸葛亮又不在家，十分地扫兴，就催着要回去。刘备只好留下一封信，表达自己对诸葛亮的敬佩，以及自己的诚意，想请他出来帮助自己稳定当前混乱局面的愿望。

第三次去，三人终于见到了诸葛亮，刘备的诚意也将诸葛亮打动，诸葛亮愿意出山相助。刘备向诸葛亮说了自己的宏图大志。诸葛亮向刘备提出了夺取荆州、益州，与西南少数民族交好，东联孙权，北伐曹操的战略方针，预言天下今后必将成为蜀、魏、吴三足鼎立的局面。

刘备听后十分高兴，就拜诸葛亮为军师。诸葛亮全心全意地辅佐刘备，刘备对诸葛亮更加信任。这时刘备的结拜兄弟关羽、张飞心中就有些不高兴了。时常在刘备面前表现出不满的神情，秉性耿直的张飞更是满腹牢骚。

刘备见此情况，便向他们解释说："我就好像是水中的鱼，诸葛亮就像水一样，我刘备有了诸葛亮，就像一条快渴死的鱼得到了水，希望你们不要再多说了。"后来，大家渐渐地明白诸葛亮对刘备的重要性，也开始亲近诸葛亮，共同为刘备夺取天下的重任而努力。

【注释】 害：害处，祸害。小人：品德不好的人。

【译文】 如果不肯亲近仁者，无形中就会产生许多害处，小人会乘虚而入，围绕身旁，事情就会弄得一败涂地。

害群之马

有一次，黄帝要到具茨山去拜访一个叫作大隗的贤人。方明、昌寓分别在其左右护卫，张若、谓朋在前边开路，昆阍、滑稽跟随在车后。他们来到一片广袤的原野时，迷失了方向，七个人都迷了路，也找不到一个可以指路的人。

过了许久，他们遇到了一个放马的孩子，就走过去问他："你知道具茨山在什么地方吗，可以告诉我们怎么走吗？"

孩子说："我当然知道了。"

他们又问："那你知道大隗住在什么地方吗？"

那孩子说："我也知道啊。"

黄帝很吃惊地说："你这孩子真叫人佩服，既知道具茨山，又知道大隗住在哪里。那么我还想问你一个问题，你是否知道如何治理天下呢？"

孩子回答说："治理天下其实也很简单啊，就像你们在野外游玩一样，只管向前行走，不要没事找事做，把本就复杂的政事弄得更加复杂。我以前在广阔的平原上游耍，总是有头昏眼花的毛病，也经常迷失方向。后来有一位长者对我说，'你要乘着光明之车，在一望无际的平原上邀游，将生活中的一切烦恼忘却。'现在我的毛病已经除去了，我又要开始无休止地畅游了。治理天下也应当是这样，要善于发现问题，不停地解决问题，然后才能进步。"

黄帝说："你的话太模糊了，我没有明白，你告诉我究竟怎么样才能治理好一个国家吧。"

孩子又解释说："治理天下，跟我放马没有什么区别，只要把危害马群的马驱逐出去，马群就安定了。同样，把危害国家的小人驱除之后，国家也就能长治久安了。"

黄帝大受启发，再三拜谢那个孩子，方才离开。

齐桓公的教训

齐桓公是春秋时期杰出的政治家，他任用管仲进行改革，一时间齐国大治。但是他晚年生活腐化，又十分宠幸小人。

齐桓公晚年有三个宠臣，他们是易牙、竖刁、开方。易牙本来只是一个普通的臣子，为了讨好齐桓公，齐桓公说不知道人肉是什么味道，他就千方百计地弄来人肉让他吃。竖刁原本是侍候齐桓公的一个小书童，为了随时随地跟在齐桓公身边取宠，他把自己阉割成了一名宦官。开方乃是卫国的太子，却跑来做齐桓公的臣子，十五年都不曾回家看望自己的父母，即使是父母过世的时候，他也没有回家。

齐桓公因自己有这样几个宠臣而十分地高兴，他认为，易牙爱他胜过爱他自己的家人；竖刁比爱自己的身体还爱他；开方爱他胜过爱他自己的国家。所以对他们十分地宠幸，言听计从，齐国国势日渐衰败。宰相管仲病重之时，这三个人便想接替宰相的职位，控制朝中大权。

管仲早知他们三个居心不良，曾多次劝谏齐桓公说："我认为，一个对自己的家人都不爱的人，不爱惜自己身体的人，不爱国的人，是不可能忠心地对待国君的，他们是不会真心效忠于您的。开方放弃太子这样尊贵的地位来侍奉您，看来他不会只满足于做一个太子啊，您千万要提防这三个人。"

齐桓公不听管仲的忠告，对他们还是百般信赖。后来，齐桓公病了，这三个小人露出了他们的本来面目，公开挑起事端，毫不理睬病重的齐桓公。

不力行，但学文，

长浮华，成何人。

【注释】力行：努力实践，付诸实施。长浮华：滋长浮华的生活态度。

【译文】不能身体力行孝、悌、谨、信、泛爱众、亲仁这些本分，一味死读书，纵然有些知识，也只是增长自己浮华不实的习气，成为一个不切实际的人，这样读书又有何用？

纸上谈兵

赵惠文王是继赵武灵王后赵国比较有作为的国君，他任用乐毅和平原君为相，蔺相如为上卿，赵奢、廉颇为将，对外以理折服其他诸侯国，对内整顿税收，减轻人民负担，出现了"国赋大平，民富而府库实"的景象，使得赵国在他统治期间成为诸侯国兼并战争中唯一能与秦国抗衡的国家。

赵惠文王去世以后，孝成王继承王位。孝成王七年，秦军与赵军在长平交战，那时赵国名将赵奢已经过世，蔺相如也身患重病，命在旦夕。赵王派廉颇率领军队与秦军对抗，由于赵军势力远远小于秦军，多次正面交战赵军都被秦军打败，廉颇只好命令自己的军队固守营地，不再与秦军正面交锋。秦军也不敢贸然进攻，双方就一直相持着。秦军屡次向赵军挑战，廉颇都置之不理。

后来，秦军派出间谍散布谣言。秦军间谍说："昔日赵奢将军在的时候，多次将秦国的进攻打退，现在他不在了，秦军最害怕的就是赵奢的儿子赵括，要是赵国任用赵括为将军，秦军必定会闻风而逃。"因此赵王就任命赵括为将军，取代廉颇的位置。蔺相如劝告说："大王听信谣言任用赵括，就好像将调弦的柱固定得死死的再去弹瑟，不知道变通。赵括虽然读了他父亲留下的兵书，可是却不懂得随机应变，并不适合带兵打仗。"赵王不听劝阻，坚持命赵括为将。

赵括从小就学习兵法，自以为在军事方面的才能天下没有人可以比得上他。他曾与父亲赵奢谈论用兵之法，赵奢也不能胜过他，可是从来没有夸奖过他。赵括的母亲感到很疑惑，就问赵奢是什么原因，赵奢说："用兵打仗是生死攸关的事，时时刻刻都得谨慎用心，然而他却总把这事看得那么简单，总是只会按照兵书上的办法处理问题。今后，赵国不用赵括为将也就罢了，如果用他为将，让他领兵打仗，那么使赵军失败的就是一定他。"

赵括奉命将要起程时，他的母亲上书给赵王说："您不能用赵括为将军，他不能胜任。"赵王问："您为什么这么说呢？"赵括母亲回答说："当初他父亲担任将军的时候，非常地爱护他的士兵，他会亲自捧着事物侍候受伤的士兵，他将军中的每个人都当作朋友。大王赏赐的东西也全都分给军吏和僚属。从接受大王命令的那刻起，就不再过问家事。而现在赵括做了将军，面东接受朝见，故意显示自己的威风，并不把自己放在与士兵平等的位置，大王的赏赐，全都归个人所有，还总是访查各处田地宅院，可买的就买下来。没有一点他父亲的风范，他根本没法同他的父亲相比，希望大王不要让他领兵。"赵王说："这件事您就不要再管了，我主意已定，是不会改的。"赵括的母亲没有办法，说："假如大王一定要用他为将，将来有一天发现他并不称职，我能够不受株连吗？"赵王答应了赵括母亲的请求。

赵括代替廉颇之后，不从前线的实际出发，将兵书上的内容按部就班，把军中原来的规章制度全都改变了，将原先的军吏也撤换了。秦国将领白起听到了这些消息，便采用了诱敌深入的计策，假装害怕逃走，同时，又派军队去截断赵军运粮的道路。双方交战后，赵军分成了两部分，力量没有办法集中起来，赵军军心动摇。过了四十多天，赵军没有了粮食补给，全军都在挨饿，赵括只好亲自率领精兵与秦军搏斗，大战于长平，赵军惨败，赵括被秦军射死。

赵括军队战败，几十万士兵向秦军投降，被秦军全部活埋。赵国前后损失共约四十五万人。赵国的势力急剧衰落。次年，秦军包围赵国国都邯郸，赵国无力保全自己，全靠楚、魏等国军队援救，持续了大约一年多的时间，才得以解除邯郸之围。

但力行，不学文，
任己见，昧理真。

【注释】任：任凭。昧：愚昧，这里指不懂得、不清楚。

【译文】只知道一味地卖力去做事，不肯读书学习书中的道理，依着自己的偏见做事，就永远不会明白真正的真理。

按图索骥

春秋时期，秦国人孙阳擅长相马，无论什么样的马，只要从他的身边经过，他一眼就能辨出优劣。因此，别人在挑选马匹时，经常会请他去识马、选马。他每次挑的马会令人很满意，人们都称他为"伯乐"。

有一次，孙阳正走在回家的路上，一辆拉盐的马车从他身边经过，拉车的老马冲他不停地叫唤，他走近一看，发现这是一匹千里马，就是年龄稍大了点。老马拉着车吃力地向前走着。孙阳觉得像这样的一匹千里马只是用来拉盐车，实在是太可惜了，它本可以自由不羁地奔跑于千里之外，现在却只能拖着盐车，慢慢地就会将它的锐气和体力消耗掉！孙阳想到这里，心中觉得非常不是滋味。他就对驾车的人说："这匹马若是驰骋于疆场，它比其他的任何一匹马都要厉害，可是用来拉车，它却比不过一匹普通的马。你只要一匹拉车的马就够了，把这匹老马卖给我，然后再去买一匹年轻的马吧。"驾车的人看见有人要买走自己的老马，就不假思索地答应了。

为了让人们都能学会相马，使真正的千里马不再被埋没，使那些宝马良驹尽其所用，孙阳总结了自己多年的相马经验和知识，将其写成了一本《相马经》，书中还配有各种马的形态图。

孙阳的儿子看了父亲写的《相马经》，认为相马很容易，就拿着这本书按着书中画的图，到处寻找千里马，可是他一无所获。接着，他又按书中所写的特征去寻找，终于他发现有一只癞蛤蟆跟书中写的千里马的特征十分相近，就很高兴地把癞蛤蟆带回家中，对父亲说："我就说千里马不难找吧，今天我就找到一匹千里马，跟您写的特征十分相似，就是它的蹄子稍短一点。"

孙阳一看，十分气愤，他没想到自己儿子竟如此愚笨，无奈地说："可惜这匹千里马只会跳，永远也不会奔跑。"之后又感叹道："这就是所谓的按图索骥。"

士别三日，刮目相看

吕蒙是三国时孙权手下的名将，肩负着重要的职责，但是吕蒙因小时候家境不好，自小依靠姐夫生活，整天为基本的温饱奔波，没有读书的机会，所以学识浅薄，见识不广。

有一次，孙权将吕蒙和另一位将领蒋钦叫到跟前说："你们现在身居要职，要增长自己的学问，扩大自己的见识，得好好读书才是，只有这样才能让其他人服气，才能更出色地完成我交给你们的任务。"吕蒙不以为然地说："现在军中事务繁忙，有很多的事情要去处理，恐怕没有闲余的时间读书了。"孙权说："跟我相比，你们要处理的军中事务应该要少吧，我都有时间，你们怎么会没有呢！我小的时候读了很多的书，现在觉得非常受用。自掌管军政以来，我借鉴了许多史书和兵书中的经验教训，感到益处很大。你们想想当年汉光武帝在军务紧急时仍然手不释卷，坚持读书，再看当今曹操也是学习不止。希望你们不要以事务繁重为托词而不读书。"孙权的开导使吕蒙受益匪浅。从此以后，他只要一有闲余时间，就不停地读书，学问很快就超过了一般的儒生。

一次，鲁肃和吕蒙谈论政事，鲁肃是士族出身的名将，可是在交谈中鲁肃常常词穷，被吕蒙难倒，不知道如何作答。鲁肃佩服地对吕蒙说："以前我以为你不过是有些军事方面谋略的粗人罢了，今天与你一席谈话，才知道你已是学识渊博、见解独特之人，同昔日的那个吴下吕蒙简直是判若两人！"吕蒙笑答："士别三日，当刮目相看。你应该知道这个道理吧！"接着，吕蒙又非常透彻地分析了当前局势，为鲁肃又提出了一些建议。鲁肃觉得这些策略可行性甚高，予以采纳。

后来，孙权见到吕蒙的进步，赞美说："一个人到了吕蒙这个年纪还依然那样寻求上进，一般人是很难做到的。一个人有了富贵权势之后，依旧能放下架子，认真学习，轻视财富，这种品行真是难能可贵啊。"

读书法，有三到，心眼口，信皆要。

【注释】法：方法。信：必须，确实。

【译文】读书的方法要注重"三到"：眼到、口到、心到。三者缺一不可，如此方能收到事半功倍的效果。

开卷有益

宋初，宋太宗赵光义命李昉等人编了一部规模宏大的分类百科全书，名为《太平总类》。这部书共一千卷，搜集和摘录了1690种古籍的重要内容，分类划归为55门，总字数达478万字，是一部颇有参考价值的工具书。宋太宗看完这部书，十分喜爱，于是这部书后来就更名为《太平御览》。那意思就是说，皇帝看过这本书。

据说，赵光义看这部书时，又认真又仔细，每天一定要看上三卷。如果因为事情忙，完不成读书计划，那么，他一定会抽空补上。这样，一年之内，他总算把这部书全部看完了。有人认为，皇帝日理万机，每天还要阅读这样一部大书，实在是太辛苦了，便劝赵光义少看些，多注意休息。赵光义说："我天生喜爱读书，从书中能获得许多别人理解不了的乐趣。其实，打开书就会对人有好处，这哪里是白白浪费精力呢？"

当时，大臣们见皇帝都如此勤奋，也纷纷读起书来，一时间北宋读书风气大盛。

曾国藩读书

清代名臣曾国藩，既是镇压太平天国将士的刽子手，又是一个治学严谨、博览群书的理论家和古文学家。

曾国藩是湖南湘乡县（今双峰县）人，出生在一个穷山僻谷的农耕人家。家境不算富裕，因此读书对他来说也是一件很难得的事，可是曾国藩极喜欢读书，他即使借钱也要买书回来读，认为"书不可以少买"。他一生勤奋好学，一直用"勤"、"恒"两字激励自己。他从小就养成诵读习惯，在抑扬顿挫的朗读声中享受其中的乐趣，品味其意。他认为多多朗读也能增强记忆，出口成章，以至于一些名篇名句终老不忘。所以只要一有机会读书，他是绝不会浪费的，在他去世的前一天，依然是手不释卷。

曾国藩不仅勤于读书，而且善于读书，会读书，在读书方面他有着自己独到的见解。他认为看书首先要有重点，懂得选择，尤其要选那些经典名著，质量才有保证。他还说："万卷虽多，而提要钩玄不过数语。"认为虽然是万卷之书，但是其主要旨意也只需要用几句话就可以概括，要深得书中要领。此外，他读书从不走马观花，他治学严谨深入，锲而不舍，读书的时候直到读懂了才会罢手。他还形成了一套读书学问。譬如，读书要"一句不通，不看下句；今日不通，明日再读；今年不通，明年再读"。又如，"读书不二，一书不点完，断不看他书。"他还提出读书要精读细品，"先认其貌，后观其神"。除此之外，曾国藩读书也很有毅力，他给自己制定了非常周密的读书计划，每天都坚持读十页史书，终身未曾间断。

曾国藩读书不仅身体力行，而且还教导子孙后代要多读书。他要求子孙后代"看、读、写、作，四者每日不可缺"。正是采用这种读书方法，曾国藩学问精进，博览群书，并最终成为一个大学问家。

方读此，勿慕彼，
此未终，彼勿起。

【注释】方：正在。慕：喜欢，爱慕，向往。彼：与此相对，指另外一本书。

【译文】不能正在读一本书时，又向往其他的书，这样永远也定不下心，必须把这本书读完，才能读另外一本。

韩愈苦读

韩愈是唐朝著名的散文家，位列唐宋散文八大家之一。他出生在一个书香门第的家庭，父亲博学多才，在当地很有名气；哥哥韩会，也能写得一手好文章，受人敬重。可惜，家门不幸，在韩愈3岁的时候，父亲去世了。从此，他由哥嫂抚养。

韩愈10岁那年，哥哥在朝廷受到排挤，要去广东为官。一家人从长安出发晓行夜宿，历尽了辛苦。为了给韩愈解闷，哥哥一路都在讲故事，有古人勤奋学习的故事，也有古人忠心报国的故事。韩愈从这些故事中了解到许多历史人物，如左丘明双眼失明后还写《左传》，屈原被流放照样著《离骚》，司马迁受了宫刑还忍辱写下了《史记》等等。哥哥期望这些故事能激发小韩愈的进取之心。

南迁的旅途虽然艰辛，可是沿途看到那连绵起伏的群山、一望无际的平原、奔流不息的江河、浩瀚无际的湖泊、郁郁葱葱的森林等，都带给韩愈极大的震撼。

好不容易到达了广东，一家子还在安家布置时，厄运再次降临——哥哥染病，匆匆去世。孤儿寡嫂无依无靠，只能再按原路返回故乡。

这一连串的不幸遭遇磨炼了韩愈的意志，他把对哥哥的思念埋在心底，发奋读书。每天天不亮就起床了，无论吃饭、睡觉，手里都不离开书本。累了，把书本当枕头，吃饭没菜，就边看书边吃饭。他先后读了《论语》《孟子》《书经》《诗经》《礼记》和《春秋》等，待这些都弄明白了，才敢熟读诸子百家的文章。

后来，韩愈在嫂嫂的鼓励下，来到洛阳求学。在那里，他租了两间茅屋居住，过着清贫、俭朴的生活。为了博览群书，他常常夜读到很晚。就是寒冷的冬天，他也舍不得早早上床休息。砚台的墨汁结冰了，他就用嘴呵气，使冰融化了再写；手冻僵了，他就搓一搓，等手发热后再继续写；读书读到口干舌燥了，他就喝口清菜汤继续吟诵揣摩。就是靠着这种苦读，深读的精神，韩愈终成一代文学大家。

戴震难师

戴震是清代著名的思想家、考据学家，他十岁的时候进入学堂读书，而且拥有超乎寻常的记忆力。他每天都会坚持诵读几千字的文章，直到对书中的要旨把握透彻方肯罢休。他治学严谨，从不马马虎虎，使学问达到了很高的造诣。乾隆年间朝廷编修《四库全书》，召他为纂修官。

而且戴震无论读什么书，对书中的每一句话都要弄得明明白白，总是向老师寻根究底地询问，老师有时候也没有答案，只是粗略地举出前人的注解，就不再作进一步解释了。后来老师干脆取出许慎的《说文解字》和其他字典交给他，让他自己去查阅。这样他每次遇到疑难问题，就自己查阅，认真考究。

戴震在学堂上学的时候，有个疑问在心中越积越深。

一天，戴震正读《论语》，老师从旁边经过，他问道："我们怎么会知道这句话是孔子说的，经由他的学生曾子记录下来的呢？又凭什么知道是曾子的意思，由曾子的学生阐释的呢？"老师回答说："这是大学问家朱熹说的。"戴震接着问："朱熹是什么时代的人？"老师回答说："他是宋朝人。"戴震又问："那孔子、曾子又是什么时候的人呢？"老师回答说："周朝人。"戴震问："周朝和宋朝是挨着的两个朝代吗，这两个朝代之间相隔了有多长时间呢？"老师说："这两个朝代不是挨着的两个朝代，它们之间相差大约有两千年吧。"戴震更加疑惑地问道："既然相差有两千年之久，那么朱熹又怎么会知道是这样的呢？"老师一时不知道该怎样回答这个问题了，便赞叹着说："你这个学生真是一个不一般的孩子。"

戴震每次遇到问题总是能认真地思考，直到疑惑解开为止。这是非常值得我们学习的。

宽为限，紧用功，
功夫到，滞塞通。

【注释】紧：抓紧时间。滞塞通：指以前不明白的问题都会得到解决。

【译文】在制定读书计划的时候，可以宽松一些，实际执行时，就要加紧用功，严格执行，不可以偷懒，日积月累功夫深了，原先不明白、困顿疑惑的地方自然而然地就都懂了。

读书破万卷，下笔如有神

汉末，魏王曹操的第四个儿子，名叫曹植，字子建，自幼聪明伶俐，喜欢诗辞歌赋。十几岁时就能诵读名篇数百，而且也非常会写文章。所以，很多人都称他是个"奇才"。

曹操对自己儿子的才气也非常赏识，但又觉得很奇怪，心里总是怀疑他未必这样有才华。有一次，曹操把曹植叫到身边，将他的文章认真地看了一遍，觉得曹植的文章确实写得不错，但也不免有些怀疑这文章是请人代写的。于是，曹操走到曹植的跟前，认真地盘问道："你的文章我看过了，写得确实不错，不过，这篇文章是不是请别人代写的呀？"

曹植看到父亲不相信自己，赶忙给父亲跪下，禀告道："不是的，这篇文章真的是我写的，我确实能够出口为文，下笔成章，如果您不相信，可以当面考考我啊，怎么能说我是请别人代写的呢？"曹操听儿子这样说，不禁哈哈大笑，说道："不是，那就好啊！你起来吧！"

过了一段时间，曹操在官城建造的铜雀台竣工了，他就带几个儿子一起到那里视察。于是曹操就趁这个机会，叫他们每人写出一篇辞赋来，试一试他们的文采。曹植拿起笔来就写，一会儿工夫就写好了，而且文章相当出色，人人看了都叫好。曹操这才觉得这孩子真是奇才，就想把王位传给他。

后来，曹植虽然没有继承魏王之位，却写了二百多篇作品，而且篇篇精彩。特别是《赠白马王彪》《洛神赋》等，经过一千多年，人们读起来还津津乐道。

买字学书

欧阳通是唐朝著名的书法家，他的父亲是"楷书四大家"之一的欧阳询。欧阳通很小的时候，父亲欧阳询就去世了。母亲徐氏带着他一起生活，家境并不富裕。欧阳通懂事以后，徐氏盼望儿子能继承父业，开始教他习字。

欧阳通年纪尚小，不明白母亲的一片苦心，练字的时候总是不认真，也缺乏耐心，每次练不多长时间，就想出去玩，字也写得马马虎虎。母亲看他这个样子，教育他说："孩子，你父亲是有名的书法家，他写的字很有特色，很受人们欢迎，人们争相出高价购买。我希望你能像你父亲那样，写出一手好字来。"欧阳通听了说："我也想写出父亲那样的好字，只是我从来没有见过父亲的字，不知道父亲写的字究竟是什么样的，所以也不知道怎么去学呀！"当时家中困难的时候，他的母亲就把欧阳询留下的墨迹卖了用来供母子两人生活，因此现在他们家中已经找不到欧阳询的字了。

欧阳询的手迹大多散存于民间，可是徐氏又想让欧阳通见见他父亲写的字到底是什么样子的，就省吃俭用，用攒下来的钱将欧阳询遗留下来的墨迹买了回来。欧阳通看到父亲的墨迹，就像是得到宝贝一样，刻苦地练习，不断地临摹，下决心要使自己的字也能像父亲的字一样有人购买收藏。可是练字并非一朝一夕之事，欧阳通临摹父亲的字很久，也写不出他父亲的风格，便有些坚持不下去了，很气馁。后来他母亲告诉他："你写字也不用要和你父亲写得一模一样，你能写出你自己的风格就行了。我买回你父亲的墨迹只是给你作一个典范。想写一手好字，不是一蹴而就的，当年你父亲练字从来都没有停止过，你还得再努力，知道吗？"欧阳通明白了母亲的意思，又经过很多年临摹，并融入自己的风格，终于他写出来的字越来越好看，逐渐受到人们的赞美来向他买字的人也多了起来。

后来，人们就把欧阳询和欧阳通合称为"大小欧阳"。

心有疑，随札记，就人问，求确义。

【注释】疑：疑问，指疑惑不清楚的地方。就：接近，靠近。

【译文】求学当中，心里有疑问，应随时记笔记，一有机会，就向别人请教，一定要明白它的确切意思。

不耻下问

孔子是春秋时期伟大的思想家、政治家、教育家，儒家学派的创始人。他的思想影响深远，无论是对当时的社会，还是对后人都有举足轻重的作用，人们都尊奉他为圣人。然而孔子是一个十分谦虚的人，他认为任何人，包括他自己在内，不是生下来就是一个天才，什么都知晓，而是通过不断地学习才逐渐成为一个学识渊博的人的。

一次，鲁国国君邀请孔子参加祖庙的祭祖典礼，孔子有很多不知道的礼仪，就向身边的人询问，差不多把所有的事情都问了个遍。有人在背后嘲笑他，说孔子什么礼仪都不知道，连最基本的礼仪都还要问别人。孔子听到这些议论后解释说："对于不懂的事，我当然要问清楚，免得有失礼仪，冒犯了别人，我觉得这正是我知道礼仪的表现啊。"议论的人听后都无话可说了。

那时，卫国有个大夫叫孔圉，为人谦虚正直。根据当时的社会风俗，最高统治者或者是地位很高的人过世后，要另起一个称号，叫作谥号。按照这个习俗，孔圉死后，授予他的谥号为"文"，就是后来人们所称的孔文子。

孔子的学生子贡知道这件事情后，感到有些不服气。在他的心中，孔圉也有很多不足的地方，是不能被称作"文"的，就去问孔子："老师，孔圉凭什么可以被称为'文'呢？"孔子回答："敏而好学，不耻下问，是以谓之'文'也。"意思是说，孔圉聪敏且勤学，做人又很谦虚，从不骄傲自大，不把向职位比自己低、学问比自己差的人请教当作一种耻辱，因此可以用"文"字作为他的谥号。

李时珍与《本草纲目》

李时珍出生在明代一个医学世家里，祖父、父亲都是医生。他自幼也喜欢医学，长大后当上医生，并钻研医学，成为我国著名的医学家和药物学家。

早在青年时代，李时珍在行医的过程中，就发现前人留下的医药学著作中错误百出，那时，他就立志要编写一部比较完善的药物书。1552年，34岁的李时珍着手按计划重修本草。由于准备充分，开头还比较顺利，后来在写作的过程中，发现药物多种多样，对它们的性状、习性和生长情形，很难做到心中有数。比如，白花蛇，同竹子、艾叶，本是蕲州的三大特产，可以主治风痹、惊搐、癫癣等疾病。但他从药贩子那儿买来的"白花蛇"，跟书上描述的大相径庭。究竟哪个才是对的呢？为此，他专门去向内行人请教。内行人告诉他，药贩子的白花蛇是从江南兴国州山里捕来的，不是真的蕲蛇。那么真正蕲蛇的样子又是怎么样的呢？为了弄清楚这个问题，他又向一位很有名望的捕蛇人请教。那人告诉他，蕲蛇牙尖有剧毒。人被咬伤，要立即截肢，否则就中毒死亡。在治疗上述诸病有特效，因此非常贵重。州官逼着群众冒着生命危险去捉，以便向皇帝进贡。蕲州那么大，其实只有城北龙峰山上才有真正的蕲蛇。李时珍追根究底，想要亲眼观察蕲蛇，于是请捕蛇人带他上了龙峰山。山上有个猨狖洞，洞周围怪石嶙峋，灌木丛生，缠绕在灌木上的石南藤，举目皆是。蕲蛇喜欢吃石南藤的花叶，所以生活在这一带。李时珍不顾危险，到处寻找。在捕蛇人的帮助下，终于亲眼看见了蕲蛇，并看到了捕蛇、制蛇的全过程。正是由于深入实地调查过，后来他在《本草纲目》中写到白花蛇时，就得心应手，说得简明准确。

当时，太和山五龙宫产的"榔梅"，被道士们说成是吃了"可以长生不老的仙果"。他们每年采摘回来，进贡皇帝。官府严禁其他人采摘。李时珍不信道士们的鬼话，要亲自采来试试，看看它究竟有什么功效。于是，他不顾道士们的反对，竟冒险采了一个。经研究，发现它的功效跟普通的桃子、杏子一样，能生津止渴而已，是一种变了形的榆树果实，并没有什么特殊功效。

鲮鲤，即今天说的穿山甲，是过去比较常用的中药。前人陶弘景说它能水陆两栖，白天爬上岩来，张开鳞甲，装出死了的样子，引诱蚂蚁进入甲内，再闭上鳞甲，潜入水中，然后开甲让蚂蚁浮出，再吞食。为了验证陶弘景的说法是否正确，李时珍亲自上山去观察。并在樵夫、猎人的帮助下，捉到了一只穿山甲。从它的胃里剖出了一升左右的蚂蚁，证实穿山甲食蚁这点，陶弘景是说对了。不过，从观察中，他发现穿山甲食蚁时，是用爪子扒开蚁穴，用舌头卷食蚂蚁，而不是诱蚁入甲，下水吞食，李时珍肯定了陶弘景对的一面，纠正了其错误之处。

就这样，李时珍历尽了千辛万苦，终于在54岁时写出了《本草纲目》的初稿。以后又连续修改了三次，到了61岁，这部190多万字的大书才全部写完。

李时珍编写的《本草纲目》，一直流传到今天，成为我国珍贵的医药文化遗产。这部书17世纪初传入日本和朝鲜，以后又陆续翻译成拉丁文、法文、俄文、德文、英文等多种文字，流传到世界各地，成为全世界人民的宝贵财富。直到现在，《本草纲目》仍是世界医学的一部重要文献，也是我国人民对世界医学发展做出的伟大贡献。

【注释】几案：书桌，学习的地方。正：摆放端正。

【译文】书房要整理得简单清洁，四周墙壁保持干净，书桌清洁整齐，所用的纸笔和砚台要摆放端正。

一屋不扫，何以扫天下

陈蕃是东汉时期的著名学者，在他很小的时候，就独自一人住在一个院落中，不分昼夜地攻读经史，自小就立志要作出一番惊天动地的大事业。可是他年轻的时候生活很懒散，经常不打扫屋子，自己房间中的东西也摆放得乱七八糟。

一天，他父亲的朋友薛勤到他家中拜访，早听说陈蕃是一个勤奋刻苦的人，就特意到他的住处去看他。可是，薛勤一踏进陈蕃的院子，就见到他的住处周围杂草丛生。走进陈蕃的房间，只见纸屑满地，书桌上的东西也摆放得十分凌乱，显然很久都没整理过屋子了。薛勤走过去对陈蕃说："孩子，屋子都这么乱，这么脏了，你怎么不打扫一下呢？屋子弄得整洁干净了，要是有人来拜访才会觉得舒适啊！"陈蕃不以为然，理直气壮地回答说："我的手是用来扫天下的，这么间小屋子我才懒得打扫呢。"薛勤反问道："你有远大的抱负，值得称赞，可是你现在连一间屋子都不扫，将来又怎么能够扫天下呢？你得把自己身边的事情做好了，才能更好地处理天下的事。"陈蕃一听，觉得很不好意思，顿时脸红了，马上整理书籍，打扫房屋，招待薛勤。

后来，陈蕃学业有成，走上仕途，继续为自己"扫天下"的志向努力，同时他也十分注重个人的修养，礼贤下士。他注重"扫屋"待客，随时都会在自己家中准备一张空闲的床榻，等家中来了客人便可以放下床榻，留客住宿。他害怕下人敷衍了事，每次都亲自将房间打扫得干干净净，收拾得整整齐齐，让客人能够住得舒舒服服。去拜访陈蕃的人，无论什么时间去，陈蕃的家中都是十分干净、整洁的。

王维性好整洁

王维，字摩诘，盛唐时期的著名诗人，官至尚书右丞，世称"王右丞"。其诗、画成就都很高，苏轼赞他"味摩诘之诗，诗中有画；观摩诘之画，画中有诗。"

王维在诗歌上的成就是多方面的，无论是边塞诗、山水诗、律诗，还是绝句等都有广为流传的佳篇。在描写自然景物方面，王维有其独到的造诣。不管是名山大川的壮丽宏伟，还是边疆关塞的壮阔荒寒、小桥流水的恬静，他都能准确、精炼地塑造出完美无比的鲜活形象，着墨无多，意境高远，将诗情与画意完全融合成为一个整体。王维在唐诗方面显然有极高的成就，是唐代山水田园派的代表。

王维不但有卓越的文学才能，而且是出色的画家，善画人物、丛竹、山水。唐人记载其山水面貌有二：其一类似李氏父子，另一类则以泼墨法画成，其名作《辋川图》即为后者。深湛的艺术修养，对于自然的爱好和长期山林生活的经历，使王维对自然美具有敏锐独特而细致入微的感受，因而他笔下的山水景物特别富有神韵，常常是略事渲染，便表现出深长悠远的意境，耐人玩味。

王维早年有过积极的政治抱负，希望能作出一番大事业，后值政局变化无常而逐渐消沉下来，吃斋念佛，故后世人称其为"诗佛"。四十多岁的时候，他特地在长安东南的蓝田县辋川营造了别墅，长期过着半官半隐的生活。在辋川闲居的时候，虽然他的宅院很大，但地上却没有丝毫尘土，因为王维是一个非常喜好整洁的人，仅负责为他清扫的仆人就有十多个，而且还有两个童仆专门负责书案笔砚的整理。由此可见王维对室内清扫、摆放的要求是很严格的，这大概也是其诗画清秀俊逸的一个原因。

墨磨偏，心不端，
字不敬，心先病。

【注释】敬：工整，端正。病：问题，毛病，指不良的学习态度。

【译文】在砚台上磨墨，如果墨条磨扁了，就是心不端正。写字若随便不公正，就是心里先有毛病。

入木三分

王羲之，中国历史上最有名的书法家之一，因为他曾经做过右军将军，所以后人又称他为王右军。

王羲之的字写得这样好，固然与他的天资有关系，但最重要的还是由于他刻苦练习。他为了把字练好，无论休息还是走路，心里总是想着字体的结构，揣摩着字的框架和气势，而且不停地用手指头在衣襟上划着。所以时间久了，连身上的衣服也划破了。

据说，他喜欢观赏在河里戏水的鹅。后来竟然从鹅的动作中领悟出运笔的原理，这对他的书法技艺大有助益。

有一次，他到一个道观去玩，看到一群鹅非常可爱，便要求道士卖给他。观里的道士早就钦慕他的书法，便请他写部《黄庭经》作为交换。王羲之实在太喜欢那些鹅了，便同意了。于是王羲之用《黄庭经》交换到了那些鹅。

还有一次，当时的皇帝要到北郊去祭祀，让王羲之把祝辞写在一块木板上，再派工人雕刻。雕刻的工人在雕刻时非常惊奇，为什么呢？原来，王羲之写的字，笔力竟然渗入木头三分多。工人们赞叹地说："右军将军的字，真是入木三分呀！"

芭蕉叶练字

怀素，唐代著名的僧人，书法家。他是唐玄奘的门人，在诵经之外，喜欢写书法，尤其喜欢写草书，自言已经得到了草书中的三昧。

怀素虽然是个和尚，却不守戒律，好饮酒，酒兴大发时，就到处泼墨挥毫，人称为"醉僧"。

怀素自幼就对练书法有特别的兴趣，勤学苦练的精神也十分惊人。因为买不起纸张，他就找来一块木板和圆盘，涂上白漆书写。后来，觉得漆板光滑，不易着墨，就又在寺院附近的一块荒地上，种植了一万多株的芭蕉树。芭蕉长大后，他摘下芭蕉叶，铺在桌上，挥毫临帖。由于怀素没日没夜练字，老芭蕉叶剥光了，小叶又舍不得摘，于是他干脆带了笔墨站在芭蕉树前，对着鲜叶书写，就算太阳照得他如煎似熬，刺骨的北风冻得他手足皲裂，他还是在所不惜，继续坚持不懈地练字。他写完一处，再写另一处，从未间断。

靠着这种勤学精研的精神，他的"狂草"独创一家，连李白都赞美他说："少年上人号怀素，草书天下称独步。墨池飞出北溟鱼，笔锋杀尽山中兔。"

列典籍，有定处，
读看毕，还原处。

【注释】典籍：经典的图书，重要的文献及书籍。定处：固定的地方。

【译文】经典图书一定要安放在固定的地方，读完以后要立刻归还原处。

壁经出世

秦王朝建立后，秦始皇为了加强中央集权，巩固自己的统治，施行了焚书坑儒的暴政，烧掉了大量的经文书籍，使各种书籍都遭到了毁灭性的破坏。

汉武帝时，鲁恭王想霸占孔子的故居改作自家花园，命人将孔子的故居拆掉。在拆房时，工匠们发现有一批竹简藏在墙壁的夹洞中，便向鲁恭王禀报了这事。鲁恭王急忙下令停止拆房，赶往拆房地点，看了这批竹简，发现其中有《论语》、《孝经》等古典书籍。这批竹简的发现使得这些失传的典籍得以重现于世，意义重大。

大家都很奇怪在墙壁中怎么会有竹简的存在呢？后来据人说，当时秦始皇焚书，家家户户所藏的书都要上交，不准私藏。而这批书的主人害怕把书交上去后，书会被销毁，很舍不得失去这些书。于是，就想了一个办法，将自己家的墙做成双层，然后把书藏在夹层之中。因此这批书也就没有被人发现，得以保存了下来。

因为这些书是在墙壁中发现的，所以这些书被称为"壁经"。这些典籍的发现，对校正一些典籍的真伪起到了重要作用。在我国古代，书籍大都为官府和有钱人占有，一般百姓家中是很少有藏书的。据说，刘邦灭秦时，全国书籍特别少，随着文化的发展，国家的藏书渐渐增多，于是朝廷派刘向开始对藏书进行了分类，并且收藏在宫廷中，方便帝王和贵族们学习。从此，收藏典籍的人就变得越来越多。

【注释】卷束齐：捆扎整齐。就：立即，立刻。

【译文】即使发生紧急的事也要先收拾整齐以后才能离开。遇到书本有残缺损坏时，应立刻补好保持完整。

惜书如命

清代钱塘人郁礼，出生于书香门第之家，家中藏书很多很丰富，但他仍不断寻找其他稀有的藏本。

一次他听说，离他家一里外的樊家主人过世了，家人要出卖《辽史拾遗》手稿，郁礼不惜以40两黄金买下，但令人遗憾的是手稿中间缺少了50页。就因为少了这50页，郁礼整天吃不下饭，睡不好觉，天天念叨那50页会在哪儿。

郁礼有个朋友叫鲍碌饮，他知道郁礼正为那50页纸犯愁。有一天，他在街上行走，看到对面走过来一僧人，僧人身上背着一个大废纸篓。下意识地他从僧人的废纸篓里取出一张纸来观看，不看不要紧，一看惊喜连连，原来，这废纸篓里有樊家遗弃的辽史手遗，于是，鲍碌饮将废纸全部买下，回到家中将纷乱如麻的纸一一整平拼接，不多不少，正好凑够了郁礼所缺的那50页。赶紧派人交到郁礼手中，郁礼大喜过望，了却了一桩心事后，饭也吃得香，觉也睡得踏实了。

乾隆帝禁书修书

清朝是一个大一统的王朝，经过康熙、雍正两朝皇帝的经营，经济、文化、政治都得到了很快发展。乾隆帝继位以后，励精图治，清朝国力达到空前强盛，财政富足。人们把康熙到乾隆期间的繁荣局面称作"康乾盛世"。

乾隆帝跟康熙、雍正一样，十分重视国家的军事武力建设，对于全国的文化发展也十分地关注。他继续开设词科，科举选拔人才，招收天下文人学者，编写各种书籍，并且对历代图书进行修订。但是，在乾隆年间文字狱也是非常厉害的，乾隆朝严格控制人们的言论，有反清嫌疑的文人一律予以镇压，乾隆时期文字狱之多，大大超过了康熙、雍正两朝。

乾隆帝知道，只依靠文字狱来实行文化统治，是不能够彻底消除反清文化发展的。还有成千上万的书籍，留存于民间，在这些书籍里面定会存在不利于自己统治的思想。于是，乾隆帝就想将天下的书籍都集中起来，将里面的不利内容全部删去，重新组合整理成书。

后来，乾隆帝下达诏令，收集全国的藏书，来编辑一部规模空前巨大的丛书。这样做一方面可以进一步笼络大批知识分子，显示自己对文化的重视；另一方面，也可以借这个机会把民间藏书一一审查。

1773年，乾隆帝正式下令开设四库全书馆，派了一些皇室亲王和大学士担任总负责人，监督丛书的修订工作。而担任编纂的都是当时一些有名的学者，像戴震、姚鼐、纪昀等。所编的这套书就是我国历史上最大的一部丛书——《四库全书》。

非圣书，屏勿视，蔽聪明，坏心志。

【注释】圣书：圣贤传输道理的书，指高雅有益的书籍。屏：屏除，丢弃。蔽：阻碍，埋没。

【译文】不是传输圣贤道理的书籍，一概屏除一旁不要理它，因为那些书会埋没我们的才智，败坏我们纯正的志向。

孤犊触乳，骄子骂母

有一个妇人，丈夫死得早，只剩下独生儿子和她相依为命。因为是独子，她对儿子百般爱护疼惜，事事都由着儿子的性子来。这孩子说不想去学堂读书，母亲就纵容儿子不去学堂了。不去学堂去干什么呢？原来，整天跟一帮狐朋狗友瞎混日子呢。

这儿子被母亲娇惯坏了，一有不顺心就骂母亲，最后竟打起母亲来了。众邻居看到母亲被打得鼻青脸肿，还依然关注儿子的脉脉眼神，都感到气愤。

有一天，这个儿子看见一群人围在一起议论纷纷，他挤进去一看，发现一只母牛的奶子鲜血淋淋，原来是被小牛用角顶伤了。

有人大声说："把这个没良心的小牛杀了算了，它竟这样对待自己的母亲。"

又有人说："俗话说'孤犊触乳，骄子骂母。'牛是畜生嘛，可是有的人比畜生还不如。"这儿子听了这话，脸上热辣辣的。因为心中有鬼，觉得大家好像全都看向他，眼中充满了鄙夷，因此又羞又怕，赶紧离开人群，快步跑回家去。这件事刺激了儿子，使得他良心发现，认识到母亲的不容易，从此改过，成了一个人人尊敬的孝子。

勿自暴，勿自弃，
圣与贤，可驯致。

【注释】自暴：损害，伤害自己。可驯致：指可以通过努力塑造出来。

【译文】不要自以为是而狂妄自大，也不要自甘堕落而放弃自己，圣贤的境界虽高，只要循序渐进，人人都可到达。处在蒙昧年幼之时，若采用正正当当的教材，配合优良的环境，来培养学习，就能造就圣贤。

司马迁著《史记》

司马迁是我国西汉著名的史学家、思想家、文学家。司马迁幼年时就刻苦学习，十岁开始学习当时的古文，后来师从董仲舒、孔安国学过《公羊春秋》、《古文尚书》。

汉武帝元朔三年，司马迁二十岁，当时他满怀着求知的欲望，到祖国的各名山大川游玩，到处考察古迹，采集传说。通过对历史遗迹和西汉建国前后的史实的实地调查，司马迁具有了广阔的眼界、开阔的胸襟以及丰富的知识，这为他后来编写《史记》作了很好的准备，积累了丰富的材料。他的父亲司马谈死后，司马迁承袭父职，做了太史令，这样他有了更多的机会阅读大量的书籍文献和国家档案，对历史也有了一个更为详细的了解，这对他编写《史记》也是一个必不可少的条件。

汉武帝太初元年，司马迁在做好充分的准备后，开始编写《史记》。天汉二年，李陵率兵随李广利出击匈奴，兵败投降。汉武帝询问司马迁对李陵投降的看法。于是，司马迁对汉武帝说，李陵这次投降，主要责任并不在于他，主要是因为敌我力量悬殊，寡不敌众，后方又没有救兵支援，所以不应该怪罪于他。汉武帝认为司马迁有意替李陵开脱，这样就可以把责任全都推到了李广利身上，贬责李广利。而李广利又是汉武帝的爱姬李夫人的哥哥，所以汉武帝听后非常地生气。于是，就把司马迁投进了监狱，并处以宫刑。

司马迁遭到了人生道路上最大的波折，可是他并没有自暴自弃，而是坚强地撑了下来。他认为"人固有一死，或重于泰山，或轻于鸿毛，用之所趋异也"，并以古人为榜样，在《报任安书》中又说："古者富贵而名磨灭，不可胜记，唯倜傥非常之人称焉。盖西伯拘而演《周易》；仲尼厄而作《春秋》；屈原放逐，乃赋《离骚》；左丘失明，厥有《国语》；孙子膑脚，《兵法》修列；不韦迁蜀，世传《吕览》；韩非囚秦，《说难》《孤愤》；《诗》三百篇，大抵圣贤发愤之所为作也。"于是更加发奋写作《史记》，最终"通古今之变，成一家之言"。

百家姓

赵钱孙李 周吴郑王

冯陈褚卫 蒋沈韩杨

朱秦尤许 何吕施张

孔曹严华 金魏陶姜

戚谢邹喻 柏水窦章

……

百家姓

赵钱孙李 周吴郑王　程嵇邢滑 裴陆荣翁　曾毋沙乜 养鞠须丰
冯陈褚卫 蒋沈韩杨　荀羊於惠 甄麴家封　巢关蒯相 查后荆红
朱秦尤许 何吕施张　芮羿储靳 汲邴糜松　游竺权逯 盖益桓公
孔曹严华 金魏陶姜　井段富巫 乌焦巴弓　万俟司马 上官欧阳
戚谢邹喻 柏水窦章　牧隗山谷 车侯宓蓬　夏侯诸葛 闻人东方
云苏潘葛 奚范彭郎　全郗班仰 秋仲伊宫　赫连皇甫 尉迟公羊
鲁韦昌马 苗凤花方　宁仇栾暴 甘钭厉戎　澹台公冶 宗政濮阳
俞任袁柳 酆鲍史唐　祖武符刘 景詹束龙　淳于单于 太叔申屠
费廉岑薛 雷贺倪汤　叶幸司韶 郜黎蓟薄　公孙仲孙 轩辕令狐
滕殷罗毕 郝邬安常　印宿白怀 蒲邰从鄂　钟离宇文 长孙慕容
乐于时傅 皮卞齐康　索咸籍赖 卓蔺屠蒙　鲜于闾丘 司徒司空
伍余元卜 顾孟平黄　池乔阴郁 胥能苍双　亓官司寇 仉督子车
和穆萧尹 姚邵湛汪　闻莘党翟 谭贡劳逄　颛孙端木 巫马公西
祁毛禹狄 米贝明臧　姬申扶堵 冉宰郦雍　漆雕乐正 壤驷公良
计伏成戴 谈宋茅庞　郤璩桑桂 濮牛寿通　拓跋夹谷 宰父谷梁
熊纪舒屈 项祝董梁　边扈燕冀 郏浦尚农　晋楚闫法 汝鄢涂钦
杜阮蓝闵 席季麻强　温别庄晏 柴瞿阎充　段干百里 东郭南门
贾路娄危 江童颜郭　慕连茹习 宦艾鱼容　呼延归海 羊舌微生
梅盛林刁 钟徐邱骆　向古易慎 戈廖庚终　岳帅缑亢 况后有琴
高夏蔡田 樊胡凌霍　暨居衡步 都耿满弘　梁丘左丘 东门西门
虞万支柯 昝管卢莫　匡国文寇 广禄阙东　商牟佘佴 伯赏南宫
经房裘缪 干解应宗　殴殳沃利 蔚越夔隆　墨哈谯笪 年爱阳佟
丁宣贲邓 郁单杭洪　师巩厍聂 晁勾敖融　第五言福 百家姓终
包诸左石 崔吉钮龚　冷訾辛阚 那简饶空

（注：标有下划线的为复姓）

Zhào

赵姓起源

西周时期，有一位善于驯马和驾车的能手——造父。凭借高超的技能，造父做了周穆王的御前车夫。有一回，造父驾车载着周穆王出去打猎。但周穆王离京没多久，徐国的徐偃王就叛乱了。在这关键时刻，造父驾车日驰千里，使周穆王迅速返回了镐京，平定了叛乱。由于造父立了大功，周穆王便把赵城赐给他，自此以后，造父族就称为赵氏。

赵姓名人

赵奢：战国后期赵国名将，善用兵，曾大败秦军。

赵过：西汉著名农学家，对农耕工具以及农业政策进行了诸多改革。

赵匡胤：北宋王朝的建立者。

赵之谦：清末三大画家之一，其书、画、篆刻对后世都影响甚深。

赵树理：现代著名小说家、人民艺术家，小说多塑造农村各式人物的形象，开创了文学"山药蛋派"。

赵姓名人名句

张得贵，真好汉，跟着恒元舌头转。恒元说个"长"，得贵说"不短"；恒元说个"方"，得贵说"不圆"；恒元说"砂锅能捣蒜"，得贵就说"打不烂"；恒元说"公鸡能下蛋"，得贵就说"亲眼见"。要干啥，就能干，只要恒元嘴动弹！

——赵树理《李有才板话》

穿胡服、学骑射的赵武灵王

赵武灵王是战国时期赵国一位奋发有为的国君。他的眼光远，胆子大，总是想方设法谋求国家的兴盛。

有一天，赵武灵王对他的臣子们说："咱们东边有齐国和燕国，南边有韩国和魏国，北边有胡人。我们要不发愤图强，随时都会有灭国的危险。我觉得咱们穿的服装，长袍大褂，干活打仗，都不方便，不如胡人短衣窄袖、穿皮靴灵活得多。我打算仿照胡人的风俗，把咱们的服装改一改，你们看怎么样？"大臣们听后，多数人都表示反对。

第二天，赵武灵王穿着胡人的服装上朝。大臣们见到他短衣窄袖的穿着，都吓了一跳。他们总觉得这件事太丢脸，不愿和他一样。赵武灵王有个叔叔公子成，是赵国一个很有影响的老臣，头脑十分顽固。他听到赵武灵王要改服装，就干脆装病不上朝。赵武灵王就亲自上门找公子成，跟公子成反复地讲穿胡服、学骑射的好处。公子成终于被说服了。赵武灵王立即赏给公子成一套胡服。大臣们一见公子成也穿起胡服来了，都没话可说了，只好跟着改了。赵武灵王看到条件成熟，就正式下了一道改革服装、学习骑马射箭的命令。赵国也逐渐强大起来了。

赵祯批考卷

宋仁宗赵祯是北宋一位勤政爱民的皇帝。他知道人才是国家的栋梁，所以在选拔人才时特别细心。当时，国家选拔人才主要是通过科举考试。宋仁宗对考生的要求十分严格，考生不仅要文采出众，卷面也要保持干净，答题时如果出现错别字、涂改等，除了扣分之外，严重者甚至有可能取消录取资格。

有一年全国大考，阅卷老师一致向宋仁宗推举一位名叫赵旭的考生为这次考试的状元。谁知赵旭虽然文采出众，却在考卷上把"唯"字的"口"字旁错写成了"厶"。宋仁宗在殿试时当面向赵旭指出了这个错字。赵旭不肯认错，辩解道："这两个字的字形相似，可以通用。"

宋仁宗听了很不高兴，亲笔写了"去吉"、"吕台"、"私和"、"句勾"几个字形相似的字给赵旭看，然后问："这几个字的字形也相似，难道都可以通用吗？你总不能把'去吃饭'说成'吉吃饭'吧？总不能把'吕洞宾'说成'台洞宾'吧？总不能把'私自'说成'和自'吧？总不能把'句子'说成'勾子'吧？"赵旭被问得张口结舌，无言以对。于是，宋仁宗当即宣布，赵旭不予录取，让他回家重新读书，等不写错别字的时候再来参加考试。

钱
Qián

钱姓起源

西周时期，有一个叫彭孚的人，他在朝中负责管理钱财，于是，便有人称他为"钱孚"。彭孚的家族十分兴旺，他的后代继承了他的官职，并且也以先辈的官职为荣。久而久之，他们就将"钱"作为自己的姓氏，并世代延续下去，由此产生了钱姓。

钱姓名人

钱起：唐代大诗人，诗作具有较高的艺术水平，风格清空闲雅、流丽纤秀，尤长于写景。

钱选：宋末元初著名花鸟画家，所画花鸟设色淡雅清丽，精巧传神。他的临摹技艺也达到了以假乱真的地步。

钱德洪：明朝理学家，理学创始人王守仁的得意弟子之一。著有《平濠记》、《绪山会语》、《绪山集》。

钱谦益：明末诗坛领袖，后投降清廷，很快便告病归，参与反清活动。

钱应溥：清末军机大臣。

钱姓名人名句

善鼓云和瑟，常闻帝子灵。冯夷空自舞，楚客不堪听。苦调凄金石，清音入杳冥。苍梧来怨慕，白芷动芳馨。流水传湘浦，悲风过洞庭。曲终人不见，江上数峰青。

——钱起《省试湘灵鼓瑟》

钱镠查兵

钱镠是五代十国时期吴越国的创立者，这是我国历史上唯一的钱氏政权。钱镠生活的年代，诸侯割据，社会动荡不安，他所建立的吴越国虽小，也为其他诸侯国所虎视眈眈。在这种环境里，钱镠养成了一种保持警惕的习惯，并且对他的将士也这样要求。

每天夜里他住所的周围都有兵士值更巡逻。有一天晚上，值更的兵士坐在墙脚边打起盹来，忽然，隔墙飞来几颗铜弹子，正好掉在兵士身边，把兵士惊醒过来。兵士们后来才知道这些铜弹子是钱镠从墙里打过来的，在值更的时候，就不敢再打盹了。

又有一次，钱镠想考察守城士兵，便在夜里换上了便服，偷偷出了城。他先到了北门，在城门外高喊开门，守门的士兵不理他。钱镠就说："我是大王派出去办事的，现在急着要回城。"小吏说："夜深了，别说是大王派的人，就是大王亲自来，也不能开。"钱镠在城外绕了半个圈子，最后南门的守城士兵听说他是大王派去的，便放他进来了。第二天，钱镠把管北门的士兵找来，称赞他办事认真，并且给了他一笔赏金。

钱乙救太子

钱乙是北宋时期著名的儿科医生。他的医术非常高明，救治了很多病入膏肓的孩子。于是，他的名声越来越大。

一天，太子仪国公突然生病，请了不少名医诊治，但都毫无起色，病情越来越重，最后发展到抽搐。宋神宗非常着急，这时，有人向他推荐了钱乙。于是，钱乙被召进了宫内。

宋神宗见钱乙身材瘦小，相貌一般，有些小看他，但是既然召来，只好让他为太子诊病。钱乙从容不迫地诊视了一番后，要过纸笔，写了一帖药方。心存疑虑的宋神宗接过药方一看，见上面有一味药竟是黄土，不禁勃然大怒："你真放肆，难道黄土也能入药吗？"

钱乙不慌不忙，胸有成竹地回答："据我诊断，皇太子的病在肾，肾属北方之水，按中医五行原理，土能克水，以土制水，水平风息，所以要用黄土。"虽然钱乙说得头头是道，但是宋神宗还是很担心，犹豫不决。这时皇太子又开始抽搐，皇后在一旁催促道："钱乙诊病准确，皇上不要担忧了。"

于是，宋神宗命人从炉灶中取下一块焙烧过很久的黄土，用布包上放入药中一起煎熬。皇太子服下一剂后，抽搐症很快止住。服用数剂后，疾病竟然奇迹般痊愈了。

Sūn

孙姓起源

孙姓有多种起源。一种来源于周文王姬昌的后代。姬昌的第十世后代叫惠孙，惠孙的后代为了纪念他，便取"孙"为姓。一种来源于春秋时期楚国令尹孙叔敖的后代。孙叔敖在任令尹时，曾开发水利有功，其子孙便以"孙"为姓。还有一种来源于春秋时期的田完。田完由陈国逃到齐国，并在齐国立了功，齐王便赐他"孙"姓。

孙姓名人

孙武：春秋时期吴国著名军事家，他写的《孙子兵法》成为影响至今的军事著作。

孙权：三国时期吴国的开国皇帝。

孙思邈：唐代著名的医学家，被后人尊称为"药王"。

孙奇逢：明末清初理学大家，与黄宗羲、李颙并称"三大儒"。

孙云球：明末清初人，眼镜制造专家，著有《镜史》，另外还创制了七十多种光学仪器。

孙姓名人名句

我读公遗书，知公心最苦。乾坤值元运，民彝已无主。公等二三辈，得君为之辅。伦理未全绝，此功非小补。不陈伐宋谋，天日昭肺腑。题墓有遗言，公意有所取。众以此诮公，未免儒而腐。道行与道尊，两义各千古。

——孙奇逢《读许鲁斋集》

孙膑智胜赛马

孙膑是战国时期著名的军事家，他和齐国大将田忌既是军事上的合作伙伴，也是关系很好的朋友。

田忌很喜欢赛马。有一次，他和齐威王进行了一次比赛。他们把各自的马分成上、中、下三等。比赛的时候，上马对上马，下马对下马，中马对中马。由于田忌每个等级的马都比齐威王的弱，所以三场下来，田忌都失败了。

田忌十分扫兴，垂头丧气地要离开赛马场。这时，孙膑拦住了他，说："我刚才看了赛马，大王的马比你的马快不了多少呀。你再同大王比赛一次，我准能让你赢了他。"田忌疑惑地看着孙膑："你是说另换一匹马来？"孙膑摇摇头说："连一匹马也不需要更换。"田忌毫无信心地说："那还不是照样得输！"孙膑胸有成竹地说："你就按照我的安排办事吧。"

齐威王屡战屡胜，正在得意洋洋地夸耀自己马匹的时候，听说田忌不服气，要再比一次，他轻蔑地说："那就开始吧！"一声锣响，比赛开始了。孙膑先以下等马对齐威王的上等马，第一局输了。齐威王更加得意了。接着进行第二场比赛。孙膑拿上等马对齐威王的中等马，获胜了一局。齐威王有点心慌意乱了。第三局比赛，孙膑拿中等马对齐威王的下等马，又战胜了一局。这下，齐威王目瞪口呆了。比赛的结果是三局两胜，当然是田忌赢了齐威王。

还是同样的马匹，由于调换一下出场顺序，就得到转败为胜的结果。

李

Lǐ

李姓起源

远古时期，尧帝任命皋（gāo）陶（yáo）负责掌管刑罚和监狱，这个官职的名字叫作理官。他的子孙世袭了这个职位，便以官职名为姓，称为理氏。到了商朝末期，他的后代理征因为忠言直谏被商纣王杀害。理征的儿子理利贞被迫出逃，在路上靠吃李子才得以生还。因为"理"和"李"同音，所以自理利贞起就改姓李。现在李姓是我国第一大姓氏。

李姓名人

李耳：即老子，春秋末期著名的思想家、哲学家，道家学派的创始人。

李冰：战国时期著名的水利专家，他修建的大型水利工程都江堰至今仍发挥着重要的作用。

李世民：唐朝第二位皇帝唐太宗，他开创了历史上有名的盛世——贞观之治。

李清照：南宋著名女词人，婉约派代表人物。

李时珍：明朝著名医药学家，编著有《本草纲目》一书。

李姓名人名句

风住尘香花已尽，日晚倦梳头。物是人非事事休，欲语泪先流。
闻说双溪春尚好，也拟泛轻舟。只恐双溪舴艋舟，载不动许多愁。

——李清照《武陵春》

李斯管粮仓

李斯是秦始皇的丞相，他为秦始皇统一中国立下了汗马功劳。但他年轻的时候，只是楚国一个小小的粮仓管理员。他每天的工作就是登记仓库粮食出进的情况。那时的李斯也没有什么远大志向，对粮仓管理员这份薪水不错又很清闲的工作挺满足。

日子就这样一天天地过去了。有一天，他去粮仓外边的厕所准备解手时，惊动了厕所内的一群老鼠。这群老鼠以吃人粪为生，个个瘦小枯干，毛色灰暗，身上又脏又臭，令人讨厌。它们见了人，吓得瑟瑟发抖。有几只老鼠饿得吱吱叫，连行动都不再敏捷了。

看到这些老鼠，李斯忽然想起了自己管理的粮仓里的大老鼠。那些家伙，一个个吃得脑满肠肥，皮毛油亮，在粮仓里踱着步子，想吃便吃，想睡便睡，逍遥自在。同样是老鼠，因为所处的环境不同，竟然产生了这么大的差别。

李斯恍然大悟：人不也是这样的吗？自己在这个粮仓里工作了八年，却还如此满足，竟然不知道自己只是一只井底之蛙。于是，第二天，他辞去了工作，拜师学艺，学成以后去了秦国，寻找自己的"粮仓"。

当衣买书

李清照，宋朝著名的女词人，她是婉约派的开山鼻祖之一。李清照能有这么高的文学成就与她热爱读书是分不开的。

少女时期，有一年清明前，李清照的姨母给她做了一件漂亮的裙衫，好让她踏青时节穿。冬天在家闷得太久，望见外面春意盎然，李清照的心情也变得活泼起来。这天，她在外面闲逛，不由自主地又来到了书市。信步走到一个小摊前，那里有一位须发皆白的老者，看起来并不像书贩。李清照觉得非常有意思，便认真地翻看着老者的书，这时，她突然被一本书给吸引了，这书封皮上以篆字写着《古金石考》。真是踏破铁鞋无觅处啊，这不是正是她梦寐以求的古书吗！这部书流落民间几乎失传，她找过好多人帮着购买，都没有买到。结果，却在这个小摊子上发现了。

李清照手里紧握着书，急切地问："老伯，您这套书可是要卖的？"

老者点点头："是啊，这是家传的一部古书，按理讲绝不能卖的。也是时运不济，家遭变故，只能忍痛割爱。就算这样，我也不愿把它送到当铺去，交给那些不知道珍惜的人去糟蹋。"

李清照赶忙问老人："老伯，您需要多少钱来应急？"

老者说："唉，至少也得三十两吧。姑娘，你若是能好好保存它，就是少点也没什么。"

没等老者把话说完，李清照把自己随身带的钱全部倒出来，仔细查点也不过十两左右，她有些着急了，为难地对老者说："老伯，我今天出门仓促，没有带那么多现钱，明日，您能不能来这里？我一定多带点钱来拿书。"

老者为难地说："姑娘，不是我不答应你，我的盘缠早就用得差不多了，我和家人已经说好，今天日落，无论这书卖不卖得出去，都要和他们一起出城回家的。"

李清照一听，心里盘算着，现在就算雇车回家也未必能赶上。怎么办呢，她好着急。老人看她这样也有些不忍，就安慰她说："姑娘，你也不用太过着急，唉，就当是你和它没缘吧！也许有一天，你还能再碰上它呢。"

李清照低了头，握着衣角不说话。她可舍不得让这本书就这么白白地从手里溜走了。突然，她灵光一闪，笑着对老人说："老伯，您稍微等我一会儿，我立马就赶来，一定要等我啊！"说完转身就跑了。

一会儿后，老者见李清照只穿一件内衬的单衣，跑了回来，手里拿着银两。原来，她把自己的新衣给典当了，换了二十多两银子，连同自己原来的十几两银子，一起交到老人手中。老者看着一个年轻姑娘竟然为了一套书，不惜当街典当衣裳，十分感动。老者说什么也只要三十两，可是李清照没有让他再推辞："老伯，您给我的可是无价之宝啊，若是今日我身边再多些银两，我一定也会留给您的，您就不用推辞了。"

说完，李清照抱起那套珍贵的《古金石考》，开开心心地回家去了。

周
Zhōu

周姓起源

东周的最后一位天子是周赧王。公元前256年，秦始皇灭了东周，周赧王以及他的王族都被贬为平民，迁居到了河南临汝县西北一带。当地的人称他们为周家，于是他们就将"周"作为自己的姓氏。

周姓名人

周勃：西汉时期的开国功臣，著名军事家、政治家。

周昉：唐朝著名画家，以肖像画、佛像画最为出名，代表作有《五星真形图》《杨妃出浴图》《妃子数鹦鹉图》等。

周敦颐：北宋著名哲学家，公认的理学派开山鼻祖。他的学说对后世理学发展影响深刻。

周邦彦：北宋词人，著有《清真居士集》。

周一德：清朝最著名的儒将，历代王朝屈指可数的清政廉洁的封疆大吏，为中华民族的统一大业立下了不朽功勋。

周姓名人名句

燎沉香，消溽暑。鸟雀呼晴，侵晓窥檐语。叶上初阳干宿雨，水面清圆，一一风荷举。
故乡遥，何日去？家住吴门，久作长安旅。五月渔郎相忆否？小楫轻舟，梦入芙蓉浦。

——周邦彦《苏幕遮》

细柳阅兵扬英名

周亚夫是西汉时期一员大将。有一年，匈奴进犯北部边境，汉文帝急忙调兵镇守防御。周亚夫被派往驻守细柳，即现在的陕西咸阳一带。

为了鼓舞士气，汉文帝亲自去军队里犒劳慰问。他先到灞上，再到棘门。这两处军营的守卫见到皇帝的车马来了，没有通报，就直接放行了。所以两地的主将直到汉文帝到了才知道消息，慌慌张张地迎接皇帝，送文帝走时也是亲率全军送到军营门口

当汉文帝前往周亚夫的军营时，却被守卫拦在了军营门外。汉文帝身边的随从在门口高声喊道："皇上来犒劳慰问众将士，快快开门！"军门的守卫都尉却不理睬这位随从，说："周将军有令，军中只听将军命令，不听天子诏令。"于是汉文帝派使者拿自己的符节进去通报，周亚夫才命令打开军门迎接。守营的士兵还严肃地告诉汉文帝的随从，军营之中不许车马急驰。车夫只好控制着缰绳，不让马走得太快。劳军完毕，汉文帝感慨地说："这才是真将军

啊！那些灞上和棘门的军队，简直是儿戏一般。如果敌人来偷袭，恐怕他们的将军也要被俘虏了。"

周瑜打黄盖

周瑜是三国时期吴国的一员大将。

赤壁大战前的一天，周瑜把诸位大将召集到军帐中开会。他说："看来攻打曹操不是短时间内可以成功的，你们每个人先领三个月的粮食，准备长期作战。"周瑜本来还有话说，却被黄盖打断了，黄盖大声嚷嚷："不要说三个月，就是三十个月，我们也是打不赢的，不如干脆投降吧！"周瑜听到这种灭自己威风、长他人志气的话，勃然大怒，下令要斩了黄盖。其他将领连忙跪下求情，周瑜才免了黄盖的死罪，但还是打了黄盖五十军棍，打得他皮开肉绽。

不久，黄盖就向曹操送去了投降书。曹操知道黄盖被打的事情，相信了黄盖的投降，并与黄盖约好了投降的时间。到了约定的时间，黄盖率领几十艘大船去投降。曹操站在船头高兴地迎接黄盖。谁知，当船队接近曹军时，黄盖下令放火烧船。这十几艘"火船"借着风势快速地向曹操的船队移动。没多久，曹操的船队也相继着火。曹操这才知道上了周瑜和黄盖的当，仓皇逃走。

其实，"投降"只是周瑜和黄盖演得一出戏，为了让生性多疑的曹操相信，周瑜才狠下心痛打了黄盖。歇后语"周瑜打黄盖———一个愿打、一个愿挨"也就来源于这个故事。

吴 Wú

吴姓起源

远古时期，周部落的首领古公的儿子泰伯和仲雍在江南一带建立了吴国。传至夫差的时候，越国国王勾践灭了吴国。吴王夫差自杀身亡，吴国王族子孙也四处避难。为了不忘故国，他们就以国名"吴"为自己的姓氏。此外，吴姓中还有一支起源于舜。相传舜的后代有一支封在了虞地，因"虞"与"吴"音相近，故以吴为姓。

吴姓名人

吴广：秦末农民起义领袖，他与陈胜发起的大泽乡起义是我国第一次大规模的农民起义。

吴汉：东汉名将，因帮助汉光武帝刘秀平叛有功，在当时很有声望。

吴昌龄：元代著名戏曲作家。

吴承恩：明朝杰出小说家，我国四大名著之一《西游记》就是他写的。

吴敬梓：清朝著名小说家，著有长篇讽刺小说《儒林外史》。

吴姓名人名句

人生南北多歧路，将相神仙，也要凡人做。百代兴亡朝复暮，江风吹倒前朝树。功名富贵无凭据，费尽心情，总把流光误。浊酒三杯沉醉去，水流花谢知何处。

——吴敬梓《儒林外史》

吴起治兵

吴起是战国初期卓越的军事家、统帅、军事改革家。他做将军时，对士兵既爱护，又严厉。

有一次，一个士兵身上长了一个大脓疮，但他依然每天坚持训练。吴起知道以后亲自过来看他。这个士兵非常感动，他没有想到，自己只是一个小小的士兵，竟然能得到将军的如此厚爱。

吴起仔细地看了看那个脓疮，俯下身去亲自用嘴把脓疮里的脓血吸了出来。吸完之后，他说："把脓血吸出来就不会发炎了。"那个士兵感动得热泪盈眶，都不知道该说什么好。

吴起虽然爱护士兵，但在治军方面却是非常严格的。

有一次，吴起率领的军队和秦国军队作战，一个士兵没有接到命令就就奋勇进击，最后杀死了两个敌人。吴起知道后不但没有奖赏这个士兵，还下令立即将他斩首。负责执行斩首的官员说："将军，不能杀啊！这是一个勇敢的士兵啊！"

吴起严肃地说："即使再勇敢，不遵守长官的命令，就是违反纪律。如果饶了他，那以后如果还有人不遵守命令，我该怎么处理？是杀还是饶？"

这位官员被问得哑口无言，只好斩杀了那个士兵。

挥笔大同殿

吴道子是唐朝著名的画家，被人们称为"画圣"。

有一年，唐玄宗建了一座宫殿，名叫大同殿。宫殿虽然建好了，但宫殿的墙壁上没有装饰壁画，显得非常单调。唐玄宗很喜欢四川嘉陵江的风光，想在墙壁上看到嘉陵江的春光美景。于是，他命令吴道子去嘉陵江写生，然后回来把看到的景色画在大同殿的墙壁上。

吴道子接到命令后，就骑着马去了那里。他沿着嘉陵江欣赏完美景之后，一张草图都没有画，就回到了长安城。

唐玄宗听到吴道子回来的消息，急忙接见了他。但当他看到吴道子手里只拿了一只画笔，没有任何写生画卷时，大吃了一惊，问："吴爱卿，怎么不见你带一幅画卷，你根据什么作画呢？"吴道子拍拍自己的胸脯说："启禀圣上，三百里嘉陵江的美景都在我的心里了。"唐玄宗有些不相信。于是吴道子挽起袖子，拿起笔，在墙壁一刻不停地画。从清晨一直到太阳落山，吴道子一口气画完了三百里嘉陵江图。

Zhèng

郑姓起源

西周时期，周宣王把郑地（今陕西华夏一带）封给了他的异母兄弟姬友。姬友在郑地建立了郑国，成为郑国的第一位国君。但是四百多年以后，郑国被临近的韩国灭了。郑国的子民为了纪念故国，就将姓氏改为了"郑"。

郑姓名人

郑玄：东汉著名学者，他对儒家经典的注释长期被封建统治者作为官方教材。

郑国：战国时期水利专家，他主持开凿的灌溉渠被称为郑国渠。

郑虔：盛唐著名文学家、诗人、书画家，尤以山水画最为有名。

郑光祖：元代著名剧作家，代表作有《倩女离魂》。

郑成功：明末将领，著名的民族英雄，击败荷兰殖民者，收复了台湾，使台湾重新回到了祖国怀抱。

郑姓名人名句

咬定青山不放松，立根原来破岩中。千磨万击还坚劲，任尔东西南北风。

——郑板桥《竹石》

郑板桥画扇

相传，清朝的郑板桥在晚年时，曾在潍县当县令。秋季的一天，他穿上平民的衣服出来赶集，顺便体察民情。在集上，他见一卖扇子的老太太守着一堆无人问津的扇子发呆。郑板桥赶上去，拿起一把扇子看了看，只见扇面素白如雪，无字无画，眼下又错过了用扇子的季节，自然也就没有人肯来光顾老太太的生意。郑板桥借看扇子的时机，跟老太太闲聊，得知老太太家境贫困，他决定出手相帮。于是，郑板桥向一家卖笔墨纸砚的铺子借来了全部的家当，开始在老太太白白的扇面上挥笔泼墨。只见冉冉青竹、吐香幽兰、傲霜秋菊、落雪寒梅等都飞到扇面上，又配上诗行款式，使扇面诗画相映成趣。周围的看客，见郑板桥笔法老道，都争相购买，不一会儿工夫，一堆扇子就卖完了。

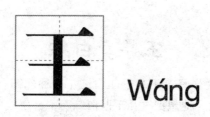

王 Wáng

王姓起源

周灵王有个儿子叫晋。晋聪明伶俐，周灵王很喜爱他，便立他为太子。后来晋因为直谏，惹得周灵王大怒，被贬为平民。他的子孙也被迫迁居到太原、琅邪一带居住。因为他们是王族的后代，所以当地的人们都称他们为"王家"。久而久之，他们就以"王"为姓。现在王姓是我国第二大姓。

王姓名人

王嫱：即王昭君，我国古代四大美女之一，她主动出塞与匈奴和亲，为维护民族团结作出了卓越贡献。

王羲之：东晋著名书法家。

王维：唐代著名诗人、画家，他的诗有"诗中有画，画中有诗"之美誉。

王安石：北宋著名政治家、思想家、文学家，"唐宋八大家"之一。

王守仁：明代最著名的思想家、哲学家、文学家和军事家，心学之集大成者。

王姓名人名句

无善无恶心之体，有善有恶意之动，知善知恶是良知，为善去恶是格物。

——王守仁

王翦要田

王翦是秦国一员大将，为秦始皇统一六国立下了汗马功劳。

这一年，秦王命令王翦率兵去消灭楚国。王翦说："大王给我六十万大军，我才能消灭楚国。"秦王有些犹豫，因为六十万差不多是秦国所有的兵力，如果全给了王翦，一旦王翦叛变，他拿什么去抵抗呢？但为了能够一统天下，秦王还是勉强答应了王翦的要求。

在大军出发的那天，秦王亲自去送行。临行前，王翦对秦王说："我为大王立了这么多功，希望大王能赏赐我一些田地、住房，这样我的子孙的生活就不用愁了。"秦王听后不由地大笑，答应了他的请求。

军队出发后不久，王翦就派人去向秦王询问赏赐的事情。等这个人回来以后，他又派了一个人去。这样一连进行了五次。第五次时，被派的人觉得王翦做得很过分，就问道："将军，大王已经答应给你田地和住房了，你为什么还要派人去向大王要呢？"王翦说："大王是一个不容易相信别人的人，现在他把几乎全国的兵力都给了我，我如果不以子孙的生活为借口，多向大王要赏赐，大王就会怀疑我的忠心，认为我有叛变的可能。"被派的人这才明白王翦的良苦用心。

王导卖白练

东晋初年，国库非常空虚，只剩下几千匹白练（一种丝绸），连给大臣发俸禄都成了问题。身为丞相的王导非常着急，他想把这几千匹白练卖了，换成白银，改善朝廷的财政情况。但市面上的白练价格特别低，就算将白练全部卖了，也换不来多少银子。

一天，王导命人用白练缝制了几身衣服，然后请来了几位在朝廷中很有声望的重臣，对他们说："几位大人劳苦功高，陛下特别赏赐你们每人两身衣服。除上朝议政以外，其他私人场合务必要穿在身上，而且不要泄露这是皇上的意思。"这几位大臣虽然觉得奇怪，但也不能违背圣旨，只好领旨。

但他们的穿着却引来了其他大臣以及乡绅的好奇，有几位便去询问原因。这几位大臣却异口同声地说："我自己喜欢穿这样的衣服。"其他大臣便认为：他们肯定是为了显示自己的尊贵身份，我也是当官的，为什么不弄一身呢？而士绅们虽没有想那么多，为了跟风，也效仿起来。于是一级一级效仿，这样的穿着竟然成了时尚。买白练的人越来越多，白练价格也开始暴涨。王导见时机已到，便命人将国库的白练拿出来出售。这样一举改善了朝廷的财政状况，稳定住了政局。

冯 Féng

冯姓起源

冯姓有两个来源，均出自河南。一支是冯简子的后代。春秋时，郑国有个大夫叫冯简子，其后代以其名为姓氏，就是冯氏。冯氏的另一支为毕公高的后代。周文王姬昌第十五子名高被封于毕，以封国名为姓氏，称为毕公高。毕公高的后裔毕万，因功被封于魏，其子孙有被封为华侯者，食采邑于冯城（今河南荥阳西），其后人便以封邑为姓氏，称冯氏。

冯姓名人

冯跋：十六国时期北燕的建立者。

冯梦龙：明代文学家，他选编的"三言"影响非常大。

冯玉祥：近代爱国将领，曾多次击败日寇，收复许多失地。

冯姓名人名句

平民生，平民活。不讲美，不求阔。只求为民，只求为国。奋斗不已，守诚守拙。此志不移，誓死抗倭。尽心尽力，我写我说。咬紧牙关，我便是我。努力努力，一点不错。

冯嫽平息乌孙动乱

冯嫽是西汉时期人，她几次被朝廷任命为正式使节，出使西域，是我国最早的女使节。

当时汉朝廷和西域的乌孙国结为联盟，共同抵抗匈奴。但不久，乌孙国国王去世，新继位的国王就被他的弟弟乌就屠杀害了，乌就屠还聚集了一批人，扬言要与匈奴合作，一同进攻汉朝。冯嫽不顾个人安危，来到乌孙国劝说乌就屠。她说："我劝你放下武器，再不要制造流血事件了。你为了争夺权位，竟不惜杀害自己的哥哥，你这样做只会让乌孙人民憎恨你。你要再不听劝告，等汉朝大军一到，你就是自取灭亡。"

乌就屠一听就害怕了，忙说："请冯夫人恕罪，我愿归附汉朝，只希望汉朝皇帝能给我一个'小王'的封号。"

冯嫽将这件事报告了汉宣帝，最后汉宣帝让冯嫽作为使者，代表皇帝，册封了乌就屠，乌孙国的动乱就这样平息了。

陈姓起源

舜帝的后代遏父的制陶技艺非常精湛，很受周文王的喜爱。所以周文王杀了商纣王，建立西周以后，就把陈地（今河南开封一带）封给遏父的儿子妫满，妫满在这里建立了陈国。但传到妫完时，陈国发生内乱，王族不得不出逃他国。为了纪念故国，他们就以"陈"为姓。

陈姓名人

陈平：西汉开国功臣，曾六出奇计帮助刘邦夺得天下。

陈琳：汉末著名文学家，"建安七子"之一。

陈寿：西晋时期历史学家，著有史书《三国志》。

陈子昂：唐代文学家，诗风朴实明朗。

陈天华：清末民主革命先驱，著有《警世钟》、《猛回头》。

陈姓名人名句

前不见古人，后不见来者。念天地之悠悠，独怆然而涕下。

——陈子昂《登幽州台歌》

陈洪绶一笔不施

陈洪绶是明末著名的画家，晚年他生活在杭州，以卖画为生。

有一年，杭州来了一位新知府。他知道陈洪绶的画十分有名，就想请他画一幅。但这位新知府是一个贪官，对百姓横征暴敛，人们都很讨厌他。所以这个知府多次邀请陈洪绶作画，都被陈洪绶拒绝了。但他不肯善罢甘休，于是找到了陈洪绶的好朋友周工亮，对他说："我非常喜欢陈洪绶的画，但每次邀请他，他总是拒绝我，还希望周兄能够帮忙，请陈洪绶给我画一幅。事成之后，我一定会好好谢谢你的。"周工亮收了新知府的钱，答应帮他的忙。

第二天，周工亮邀请陈洪绶乘船游湖，鉴赏宋元时期的名画。陈洪绶兴致勃勃地去了，但当船划到湖心的时候，始终没有看到宋元名画。陈洪绶很疑惑，问："周兄，你说是来鉴赏名画的，但上船这么久了，我还没有看到名画？"这时，头戴乌纱帽、身穿锦袍的新知府从后舱里走了出来，说："那些名画在你的笔下啊！今天终于把你这位大画家请来了。来人，快准备笔墨素绢！"。

陈洪绶看到这个场面，明白自己受骗了，不禁勃然大怒，大骂道："好无耻的狗官，想骗我到湖心来作画，今天我偏不画，看你能把我怎么样！"新知府见他这样不识抬举，还口口声声大骂不绝，就大施淫威说："哼！今天来到湖心，谅你逃不出我的手掌心！你画也要画，不画也要画，看你往哪里走？"陈洪绶一听，更是气愤，将酒杯摔倒在地，说："你这狗官，我今天一笔也不画！"说着，把上衣一脱，站在船头，准备投湖自杀。

新知府生怕弄出人命，影响自己的声誉，只好请周工亮劝说一番，然后派了一只小船，将陈洪绶送上了岸。

蒋
Jiǎng

蒋姓起源

西周初期，周公姬旦的第三个儿子伯龄被周武王姬发封在了蒋地，伯龄在那里建立了蒋国。到了春秋时期，蒋国被楚国所灭。为了纪念故国，蒋国的子民就以"蒋"为自己的姓氏。

蒋姓名人

蒋琬：三国时期蜀汉大将，诸葛亮死后辅佐刘禅，为蜀汉政权的发展作出了重要贡献。

蒋少游：北朝魏有名的建筑家、书法家、画家和雕塑家。

蒋防：唐代文学家，著有传奇小说《霍小玉传》。

蒋时行：明代画家。

蒋春霖：清代著名词人，他的词婉约多姿、抑郁悲凉，有"词史"之称。

蒋姓名人名句

燕子不曾来，小院阴阴雨。一角阑干聚落花，此是春归处。

弹泪别东风，把酒浇飞絮。化了浮萍也是愁，莫向天涯去！

——蒋春霖《卜算子》

蒋琬肚里能撑船

三国时期，刘备入蜀称雄之后，割据一方，与曹操、孙权形成三足鼎立的局面。

一天，刘备到各地去巡查。途经广都这个地方时，他发现那里的百里长蒋琬在大白天里居然喝得酩酊大醉，根本不理政事。身为地方官员竟然不理政事，刘备顿时勃然大怒，下令要将蒋琬抓来，砍头治罪，以儆效尤。诸葛亮知道蒋琬是个不可多得的人才，忙劝刘备。

刘备十分信任诸葛亮，也能够知人善任，听他这么一说，豁然开朗，就改变了刚才对蒋琬的成见，不仅没有惩罚他，反而提拔了他。后来，蒋琬果然如诸葛亮所想的那样，功绩连连，表现非常突出，被先后委任为丞相府的参军、长史等重要职务。

刘备死后，诸葛亮又向后主刘禅极力推荐蒋琬，他上表书："臣若不幸，后事宜以付琬。"诸葛亮逝世后，刘禅听从他的遗言，起用蒋琬，并封他为丞相，总管军国一切大事。当时，有一位名叫杨敏的官员，看后主如此重用蒋琬，心里很不服气，便妒忌地对人说："蒋琬做事哪里赶得上诸葛亮啊！"别人把他的话向蒋琬告状，蒋琬却谦虚地说道："他说的没有错啊。我的才干的确比不上诸葛丞相。"

没有多久，杨敏因为犯罪而坐牢了，正好这件案子需要蒋琬来办理，大家都以为蒋琬会趁机报复他，没有想到，蒋琬只是秉公办理，对杨敏量刑定罪。因此，人们就纷纷传颂蒋琬的名声，说他"宰相肚里能撑船"，度量如此之大，果然没有辜负诸葛亮对他的赏识和后主对他的重用。

沈

Shěn

沈姓起源

沈姓主要来源于两种。一种是黄帝的后代。周成王时，黄帝的后代季载因平叛有功，被封在了沈地，建立沈国。春秋时期，沈国被蔡国所灭，季载的后代逃奔楚国，其子孙便以"沈"为姓。还有一种来自周代，当时楚国贵族戍被封在了沈鹿，后戍因直谏被奸臣杀害，他的后代便以"沈"为姓。

沈姓名人

沈约：南北朝时期文学家、史学家、声律学家，著有史书《宋书》及声律书《四声谱》，今天的国语注音符号就是以《四声谱》演变而来的。

沈佺期：唐代著名诗人，与宋之问齐名，并称"沈宋"。

沈括：北宋著名科学家、改革家，著有《梦溪笔谈》。

沈和：元末著名戏曲家，当时人称"蛮子关汉卿"。

沈周：明代杰出画家，人称江南"吴门画派"的班首。

沈姓名人名句

卢家少妇郁金堂，海燕双栖玳瑁梁。九月寒砧催木叶，十年征戍忆辽阳。白狼河北音书断，丹凤城南秋夜长。谁谓含愁独不见，更教明月照流黄。

——沈佺期《独不见》

沈万三的聚宝盆

沈万三原名沈富，是元末明初一位富可敌国的大商人。

在民间常常流传着关于他发家致富的故事，说他有一个聚宝盆，不管将什么东西放入这个聚宝盆内，都会变成珍宝。事实上，沈万三确实有一个聚宝盆，但这个聚宝盆却没有人们流传得那么神奇，它只是一个普通的陶瓷酒坛。

在沈万三出生的时候，他的父亲就已经在周庄拥有良田千亩，并经营有米店、酒庄等作坊，在当地可以算得上是一户大富人家了。沈万三小的时候非常调皮，无心向学，教他的老先生也对他十分头疼。沈家的管家特别喜欢小万三，经常逗他玩，在玩的时候也常常教他算术。小万三的零花钱很多，但每次管家问他这些钱都花在哪里了，他自己也说不清楚，只是知道钱花完了，再向父亲要就是了。管家听了摇了摇头，然后取来了一个陶瓷制的空酒坛，让他把零花钱放入这个酒坛里，再建个账本，不论存取都做记录。管家还叫这个酒坛为"聚宝盆"。

小万三非常认真地按照管家说的做，他的理财意识逐渐形成了。

父亲去世以后，他接管家族的生意。借助水运的优势，他将周庄变成了一个集粮食、丝绸及多种手工业品的集散地和交易中心，他还大胆进行海外贸易。

几年以后，沈万三迅速成为"资巨万万，田产遍于天下"的江南第一豪富。无论哪，他都会带着这个聚宝盆。据说只要对着聚宝盆，他就会想出用不完的生意点子。

但聚宝盆给他带来灵感的同时，也给他招来了杀生之祸。因为他的发家致富过于迅速，民间不明就里的人就编造他的聚宝盆有神奇的功能，能变出金银财宝来。这个传言越传越广，很多人都相信了，最后竟然传到了明太祖朱元璋的耳朵里。

没过多久，朱元璋就派人去沈万三家征用聚宝盆来建南京城。沈万三颤颤悠悠地接过了圣旨，对那位宣布圣旨的太监说："这个聚宝盆是天赐之物，我要斋戒七七四十九天后，选个良辰吉日呈献给皇上，这样聚宝盆才会灵验。"送走太监以后，他的儿子不明白为什么父亲要斋戒，就问原因。沈万三回答说："聚宝盆只是一个酒坛子，如果我把这个酒坛子给皇上，皇上一定认为我是在骗他，那是死罪啊！"

第二天他就暗地里召集能工巧匠用黄金钻石打造了一个聚宝盆，四十九天以后呈交给了朱元璋，才渡过了这一关。然而沈万三的富可敌国始终是朱元璋的一块心头病，最终朱元璋还是找了一个理由治了他的罪，将他的所有家产全部充公，沈万三及其家人也都被发配远方。

韩

Hán

韩姓起源

韩姓最古老的起源是黄帝时期，黄帝的孙子韩流从黄帝氏族分离出来，建立了韩流氏族，于是该氏族的人就以"韩"为姓。还有一种起源是西周时期，周成王的弟弟被封在了韩地，在那里建立了韩国，春秋时期，韩国为晋国所灭，国人便以"韩"为姓。此外，韩姓还有一种来源于少数民族。

韩姓名人

韩非：战国末期哲学家，韩国贵族，法家学派创始人，曾建议韩王变法图强，不见用。

韩延寿：西汉名臣，深受百姓爱戴，后受人嫉妒被害。

韩滉：唐代著名画家，擅绘人物及农村风俗景物，写牛、羊、驴子等动物尤佳，传世作品有《五牛图》。

韩愈：唐代著名文学家，古文运动的倡导者，被尊为"唐宋八大家"之首。

韩世忠：南宋著名抗金将领。

韩姓名人名句

生乎吾前，其闻道也固先乎吾，吾从而师之；生乎吾后，其闻道也亦先乎吾，吾从而师之。

——韩愈《师说》

韩信画士兵

韩信是西汉开国功臣，著名的军事家，为刘邦打江山立下了汗马功劳，被后人奉为兵仙、战神。

韩信最初投奔的是项羽，但他多次给项羽献计，都被项羽拒绝。苦于报国无门的韩信无奈，只得投奔刘邦。而在刘邦门下，他只做了一个管仓库的小官。有一天，韩信违反军纪，按规定应当斩首。同案的十三个人已经被斩首了，轮到韩信的时候，韩信仰天长叹道："难道汉王不想得到天下吗？"夏侯婴听闻，觉得韩信所说不凡，便下令放了他，并将韩信推荐给刘邦，但仍未被重用。

后来韩信认识了萧何。在与韩信的多次交谈中，萧何认为韩信是一位不可多得的人才。但不管萧何如何劝说，刘邦始终都不愿意重用韩信。韩信对前途非常失望，有一天，他离开了汉营，半路上却被萧何追了回来。萧何再次举荐韩信，刘邦被磨得没办法，就赌气地说："好

吧，你叫他来，我倒要看看他有多大智谋。"韩信被请来，刘邦拿出一块五寸见方的布帛，递给韩信说："我给你一天时间，你在这上面画士兵，能画多少，就给你多少。"站在一旁的萧何心想：这块小布帛，能画几个士兵？没料到，韩信毫不迟疑地接过布帛就走。

第二天，韩信按时交了布帛，上面一个士兵都没有，只有一座城门，一只战马的马头和一面"帅"字战旗从城门口斜着伸出来。虽然一个士兵没有，但可以想象出有千军万马正从城外冲进城内的情形。看到这幅画，刘邦大吃一惊，这才相信了韩信的才干，立马让他挂了帅。

杨姓起源

西周时期，周成王将他的弟弟叔虞分封于唐邑（今山西翼城），后来叔虞的孙子伯侨又被周天子封为杨侯，是杨姓的始祖。此外，在隋朝的时候，由于皇族为杨姓，所以对于有功劳的人，皇帝也赐"杨"姓给他们。杨姓现在是我国第六大姓。

杨姓名人

杨炯：唐代诗人，与王勃、卢照邻、骆宾王并称为"初唐四杰"。

杨行密：五代十国时期吴国的开国君主。

杨业：北宋名将，在保卫北宋边界过程中立有大功，号称"无敌"，是"杨家将"之首。

杨廷和：明朝中叶著名政治家。

杨露禅：清代武术家，太极拳一代宗师，杨式太极拳奠基人。

杨姓名人名句

烽火照西京，心中自不平。牙璋辞凤阙，铁骑绕龙城。雪暗凋旗画，风多杂鼓声。宁为百夫长，胜作一书生。

——杨炯《从军行》

杨修的聪明

杨修是曹操身边的一个谋臣，非常聪明。有一天，工匠修好曹操的新花园，请曹操过来查看，曹操看后，只在门上写个"活"字。大家不懂什么意思，杨修笑道："丞相是嫌门太阔了！"原来"门"中加个"活"字是"阔"，于是工匠便把门改小了些，曹操看后很满意。

又有一次，西凉有人送了一盒酥糖来，曹操在盒上写了"一合酥"三个字，大家又不懂是什么意思。杨修笑道："'一合酥'三字如把'合'字拆开来读，就是'一人一口酥'，我们大家分了吧。"于是大家将酥分吃了。曹操知道后，虽在口头夸他聪明，心里却十分忌惮他。

曹操常怕人暗加害他，就对人说："我梦中好杀人，因此我凡睡着了，你们不要靠拢来。"一日午睡时，他的被子落在地上，侍从慌忙取起给他盖上，曹操一剑把他杀了，接着又睡。半天后起来，假装问："是谁杀了他？"众人都说："是您在睡梦中杀的。"曹操痛哭，令好好抚恤其家人。杨修对着被杀侍从叹口气道："丞相非在梦中，你才是在梦中啊！"曹操知道后，更加厌恶杨修。

这年，曹操率领大军进攻汉中，被诸葛亮连败几次，心中烦躁，恰值属下前来请示夜间口号，曹操正在吃鸡，随口说道："鸡肋。"杨修一听，就命令左右收拾行装准备回去，左右问他原因，杨修说："鸡肋上没有多少肉，吃起来无味，丢掉了可惜，所以我猜曹公要退兵了。"曹操又一次被杨修猜中心事，大怒，于是以杨修造谣搅乱军心为由，把他杀了。

杨坚罚子

隋文帝杨坚是隋朝的开国皇帝，他知道天下得来很不容易，因此特别重视对子女的教育。

杨坚的第三个儿子叫杨俊，杨俊在杨坚建立隋朝的过程中立了很大的战功，深得杨坚的喜爱，被封为秦王。但是，随着地位的上升和权力的增大，杨俊日渐腐败、荒淫起来，也越来越不把国家法令放在眼里了。他先是放高利贷，从中牟取暴利。而后又在自己的领地大兴土木，耗巨资给自己修建了一座豪华的王宫，同时还搜罗了大批歌妓美女，日夜寻欢作乐。杨坚得知以后非常生气。他起先只是派人警告杨俊，但杨俊却不知悔改。杨坚又多次派人警告他，并抓了几十个他的爪牙，可还是无济于事。杨坚勃然大怒，下令废除了杨俊的王位，并把他囚禁起来。

这件事情震惊了整个朝廷，许多大臣都站出来替杨俊说情。这其中就有大臣杨素。隋文帝严肃地对杨素说："皇家子弟和老百姓，用的应该是同一个法律。你难道是想让人带头破坏国家法令吗？"杨素被问得哑口无言。

后来，杨俊在囚禁中病死了，有人奏请为他立碑。杨坚断然不允，说："这种人还立什么碑？将来在史书上描一笔就足够了。"

朱
Zhū

朱姓起源

朱姓起源于曹姓。颛顼是五帝之一，他的后代安被大禹赐"曹"姓。到了周武王时期，安的后代被封在了邾（今山东曲阜一带），在那里建立了邾国。战国时期，邾国被楚国所灭。为了纪念故国，安的后代将姓改为"邾"，后来逐渐简化为"朱"。

朱姓名人

朱温：五代十国后梁的建立者。

朱淑真：宋代女词人，其作品艺术成就颇高，后世常把她与李清照相提并论。

朱世杰：元朝著名数学家，著有《算学启蒙》、《四元玉鉴》等作品，为我国古代数学的发展作出了巨大的贡献。

朱棣：即明成祖，朱元璋死后，发动"靖难之役"，夺得皇位。他统治时期被后世称为"永乐盛世"。

朱彝尊：清代词人，曾参与《明史》的编修。为浙西词派的创始者，诗与王士禛齐名，时称"南朱北王"。

朱姓名人名句

竹里一枝斜，映带林逾静。雨后清奇画不成，浅水横疏影。
吹彻小单于，心事思重省。拂拂风前度暗香，月色侵花冷。

——朱淑真《卜算子》

朱买臣休妻

朱买臣，汉朝人，满腹诗书，到四十岁时仍然是个落魄儒生，以砍柴为业。

朱买臣性情豁达，喜欢在挑柴下山去卖的途中吟诵诗文，砍柴的伙伴就在背后笑他是个书呆子，他的妻子跟他一起砍柴，见大家这样说自己的丈夫，就很羞惭，劝买臣不要再丢人现眼。买臣不听，依然我行我素。

不久，一场大山洪，把朱买臣家的茅屋给冲得一干二净，本来苦得要命，现在连蔽风遮雨地方都没有了。妻子觉得跟这个穷书呆子在一起过日子，再也没有出头的时候了，心里很懊恼，请求离开。买臣听后很惊讶，想了想对她说："我找瞎子算过命，我的八字命是先苦后甜，五十岁才会大富大贵，你跟我吃苦已有二十多年，现在我已四十多岁的人，再等我几年，待我富贵了，我们吃穿就不用愁了。"妻子摇摇头道："你还是放我一条生路，让我去吧！"买臣没有办法只好同意休妻。

清明节来临，春寒依旧，买臣挑柴下山，突然乌云密布，雷雨交加。买臣被雨淋了个落汤鸡，冻得浑身发抖。待到雨止天晴，又觉得饥肠辘辘，支撑不住，昏倒在地。事有凑巧，来了一男一女，前来扫墓，见有人昏睡在地上，走近一看，不是别人，正是这个女子的前夫朱买臣，慌忙将他叫醒。女子见前夫可怜，心里觉得过意不去，祭扫完毕之后，就将饭菜留给了朱买臣。

几年后，朱买臣到了长安，得到同乡推荐，有机会面见了汉武帝，武帝让朱买臣做了会稽郡（郡治在今苏州市）太守。按规矩新官上任巡城三天。吏民夹道欢迎，买臣从人群中看见前妻也站在道旁，不由地触起旧情，便令随行军士呼她过来。前妻随军士来到车前，羞愧难当，低头不语。还是买臣笑着问道："你们为何也在这儿？"前妻道："家中男人被官府派到郡城做路，我就随他而来。听说新太守巡城，我们跟着大伙来看看热闹。"买臣又叫她丈夫前来相见。见毕，把他们一起带回衙门，腾出后院房屋，叫他们夫妻同住。

前妻想想觉得懊恼，自己跟随朱买臣多年，一点儿福分没捞着享，等于平白把富贵让给了别的女人，越想越觉窝囊，趁着后夫外出做工时，一根绳子了结了性命。朱买臣听说前妻亡故后，心里也很悲痛，取出银两，令他后夫厚葬了她。

秦 Qín

秦姓起源

　　秦姓来源于秦始皇嬴政的祖先。西周时期，有一位叫非子的人善于驯马，因此被周孝王封为秦地首领。后来，非子的后代秦襄公因保护周王室有功，被封为诸侯。秦襄公东迁，正式建立秦国。到了秦始皇，秦国日益强大，最后统一了六国。但好景不长，秦王朝仅经历了两世就覆灭了。其王族子孙后来就以国名为姓，以纪念自己家族的辉煌历史。

　　在古代，罗马被称为大秦。因此，来中国定居的罗马人就以"秦"为姓，成为秦姓的又一个来源。

秦姓名人

　　秦开：战国时期燕国一员名将，曾率军打败东胡的一支，使燕国扩展领土数千里。

　　秦叔宝：唐朝名将，常于万军之中取敌将首级。在民间，他还被奉为门神。

　　秦观：北宋词人，与黄庭坚、晁补之、张耒为"苏门四学士"。

　　秦九韶：南宋著名数学家，对大衍求一术和正负开方术等进行了具有世界意义的研究。

　　秦良玉：明朝末年战功卓著的女性军事统帅、民族英雄、军事家。

秦姓名人名句

　　山抹微云，天粘衰草，画角声断谯门。暂停征棹，聊共引离尊。多少蓬莱旧事，空回首烟霭纷纷。斜阳外，寒鸦数点，流水绕孤村。

　　销魂，当此际，香囊暗解，罗带轻分。谩赢得青楼，薄幸名存。此去何时见也？襟袖上空惹啼痕。伤情处，高城望断，灯火已黄昏。

——秦观《满庭芳》

扁鹊见蔡桓公

　　扁鹊是春秋战国时期的名医，原名叫作秦越人，因为他医术高明，所以人们就用传说中上古轩辕时代的名医扁鹊的名字来称呼他。他经常出入宫廷为君王治病。

　　有一天，蔡桓公召见扁鹊。扁鹊来到宫里以后，细心端详了蔡桓公一会儿，然后说："我发现大王的皮肤纹理有点小病。您应该及时医治，以免病情加重！"蔡桓公听后觉得很好笑，说道："如果有病，我怎么一点不适感都没有呢？我一点病都没有，用不着治疗。"扁鹊本想为蔡桓公开一剂汤药，但听到蔡桓公这样说，也只好摇摇头离开了。

　　十天以后，扁鹊再次见到蔡桓公，他又端详了一会儿蔡桓公，然后说："大王，您的病已经到肌肉里面去了，再不医治，病情会加重的！"可是蔡桓公不理睬他。

又过了十天，扁鹊第三次去见蔡桓公。看到蔡桓公后，他叹了口气，说："大王，您的病已经发展到肠胃里面了，如果不赶快医治，病情就会恶化。"这一次，蔡桓公有点不耐烦了，说："医生喜欢给没病的人治病，以此显示自己的本领。"扁鹊只好走了。

又隔了十天，扁鹊第四次去见蔡桓公。但他远远地看了蔡桓公一眼，就扭头走掉了。这一次倒把蔡桓公给搞糊涂了。蔡桓公特意派人去向扁鹊询问原因，扁鹊说："皮肤的病，用汤药清洗、热敷容易治愈；肌肉的病，可以用针灸治好；胃肠的病，可以用火剂汤治好；现在，大王的病已经到骨髓里了，我就无能为力了。"

五天过后，蔡桓公浑身疼痛难忍。最后，他在痛苦中死去了。

许姓起源

许姓起源于姜姓。周武王灭商以后，大规模地分封诸侯。由于姜子牙劳苦功高，他的族人有许多都被分封了诸侯。其中有一位叫文叔的人被封在了许地，建立许国。战国时期，许国为楚国所灭，其子孙便以"许"为姓。传说尧帝时许由的后代也称许氏。

许姓名人

许慎：东汉经学家、文字学家，他写的《说文解字》是我国第一部解说文字原始形体结构、考究字源的书。

许劭：东汉末年著名的人物评论家，据说他每月都要对当时人物进行一次品评，人称为"月旦评"。曾经评价曹操为"清平之奸贼，乱世之英雄"。

许浑：唐朝著名诗人，诗作多写水。

许道宁：宋代画家，以擅写林木、平原、野水三景闻名。张士逊曾赠诗有"李成谢世范宽死，唯有长安许道宁"之句，以赞其作。

许叔微：宋代医学家，著作有《伤寒发微论》等。

许姓名人名句

一上高城万里愁，蒹葭杨柳似汀洲。溪云初起日沉阁，山雨欲来风满楼。鸟下绿芜秦苑夕，蝉鸣黄叶汉宫秋。行人莫问当年事，故国东来渭水流。

——许浑《咸阳城西楼晚眺》

许由洗耳

远古的所谓"天子"，和后世的天子有所不同，这些天子不是父子相传，而是各部落首领共同推选出来的。那时候的"天子"，实际上是部落共同选举的领头人，这种继承制度，叫

"禅让"。

尧已经七十岁了，做事觉得越来越吃力，打算挑选一位继承人。他听说有一位德才兼备的隐士叫许由，便去造访他，想请他作为自己的接班人，来管理天下。

见到许由后，尧就对他说："我听说你是位贤能的隐士，我想把天下交给你管理，怎么样？"许由一听，生气地说："你把天下治理得很好，我可不愿意坐享你的好名声。即便厨师不烧饭做菜，管祭祀的人也不能越位来代替他下厨房。"这便是"越俎代庖"的来历。尧见劝说无望，便回去了。

过了一段时间，尧又派人去请许由来当官。许由大骂道："我不求名不求利，我要天下做什么？"说完就跑到颍水河边躲了起来。他觉得听了这些话很恶心，便用河水洗起耳朵来。

一位叫巢父的放牛翁正在下游给牛饮水，这位老翁也视名利如粪土，听许由说明洗耳的原因后，竟然牵着牛到上游给牛喝水，还说许由洗耳的水污染了牛嘴。

之后，尧还多次派人来邀请许由，最后许由竟跑到深山里躲了起来。

许衡不食无主梨

许衡是著名的理学家、政治家和杰出的教育家。他所在的年代正值南宋末期，当时元军正在攻打南宋，兵荒马乱，社会秩序很不安定。

许衡的家乡也遭受到了战乱的侵袭，许衡不得不和家乡人一块逃难。经过河阳的时候，由于天气燥热，大家行走的路途又比较远，所以个个口干舌燥，渴得要命。正在这个时候，同行的人发现道路附近有一棵梨树，树上结满了大大的梨。大家都争先恐后地去摘梨来解渴，只有许衡端坐在树下，连动也不动。大家觉得很奇怪，便问："你怎么不去摘梨来吃呢？"许衡回答说："那梨树不是我的，我怎么可以随便去摘来吃呢？"那人说："现在时局这么乱，大家都各自逃难，这棵梨树，恐怕早已没有主人了，何必介意呢？"许衡说："纵然梨树没有主人，难道我的心也没有主人了吗？别人丢失的东西，即使一丝一毫，如果不合乎道义也不能接受。"

这个故事告诉我们的是：君子爱财，取之有道，不义之财不能取。

何
Hé

何姓起源

何姓起源于韩姓。西周时期，周成王的弟弟唐叔虞的一位后人被分封于韩原（今山西汾水以北），以侍奉晋国，此人世称"韩武子"。春秋末期，韩氏家族势力越来越大，最终和其他两家瓜分了晋国。秦始皇灭了韩国以后，韩姓子孙分散各地，其中有一支居于江淮一带。因为当地的方言中，"韩"和"何"发同样的音，所以那里的韩氏就逐渐变成了何氏。

何姓名人

何休：东汉杰出经学家，著有《春秋公羊传解诂》。

何承天：南北朝时期无神论思想家、天文学家。他精通历算，曾考订《元嘉历》，对后世立法变革影响深远。

何逊：南北朝时期诗人，擅长抒写离情别绪及描绘景物。

何景明：明代文学家，诗文以拟古为主。

何绍基：清代诗人、学者、书法家，尤以书法成就最高。

何姓名人名句

朝入主人门，暮入主人门，思杀主雠谢主恩。主人张镫夜开宴，千金为寿百金钱。

秋堂露下月出高，起视厩中有骏马，匣中有宝刀。拔刀跃马门前路，投主黄金去不顾。

——何景明《侠客行》

何心隐之死

何心隐是明朝著名思想家，他主张人民不拘贵贱一律平等。这种思想在等级森严的封建社会里，无疑会被视为"异端学说"，受到统治阶级的迫害。

何心隐的思想虽为当时的主流思想所不容，但他个人却非常出名。何心隐以讲学为名，结识了许多好友，其中就包括当时的御史耿定向。有一次，何心隐旅行到京城时，还住在耿御史的家中。碰巧翰林张居正来访，但何心隐一望见他就赶快躲了起来。张居正听说何心隐现在耿定向家中，就请他出来相见。何心隐称身体不舒服作辞。张居正没坐多长时间便告辞走了。

耿定向不解，便向何心隐询问不见张居正的原故，何心隐说："我害怕这个人。"

耿定向觉得很奇怪，问："你为什么要害怕他呢？"

何心隐回答说："这个人将来一定掌握天下的大权，到时候他必定杀我！"

耿定向觉得很好笑，问道："且不说他能否掌握大权，就说他为什么要杀你呢？"

何心隐叹了口气，摇了摇头，没有再说话。

后来，张居正真的做了朝廷的内阁首府，总揽朝廷大权，并以聚徒乱政的罪名，让属下把何心隐捕杀了。

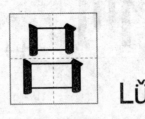

吕
Lǚ

吕姓起源

吕姓起源于姜姓。相传上古部族首领神农氏因居姜水流域，因此以姜为姓。后来姜姓部落分化为多个部族，其中一支部族的首领在夏朝时封为吕侯，吕侯在河南南阳一带建立了吕国。春秋时期，吕国被楚国所灭，其后代子孙便以"吕"为姓。此外，还有一支吕姓来自少数民族改姓。南北朝时期，北魏孝文帝迁都洛阳后实行汉化，原鲜卑族的复姓叱吕氏、叱丘氏改为汉字单姓吕氏。

吕姓名人

吕不韦：战国末年著名商人、政治家、思想家，曾帮助秦始皇的父亲登上王位，后担任秦国丞相，最后被秦始皇逼死。

吕雉：即吕后，汉高祖刘邦的皇后，性格刚毅，有抱负，有韬略，是历史上第一位有记载的女执政者。

吕布：东汉末年名将，有"飞将军"的美誉。

吕光：十六国时期后凉国的建立者。

吕留良：明末清初杰出的学者、思想家、诗人和时文评论家、出版家，雍正年间，因为文字狱被开棺戮尸。

吕姓名人名句

清风虽细难吹我，明月何尝不照人。寒冰不能断流水，枯木也会再逢春。

——吕留良《无题》

平民宰相吕蒙正

吕蒙正是北宋时期著名的宰相，也是历史上第一位平民出身的宰相、第一个书生宰相、第一个状元宰相。他为人宽厚、待人真诚，深得人们的称赞。

吕蒙正小的时候，父母就去世了，生活非常艰辛。等他长大以后，家里也没有什么起色，依旧穷得叮当响。有一年过年的时候，他仍旧饿着肚子，家中已经空无一物了。他走在十字街头，赊不得，借不得，许多内亲外戚都袖手旁观。悲伤之余，他别出心裁地创作了一副对联，即"二三四五，六七八九"，横批是"南北"。这副奇怪的春联在家门口贴出来以后，不大工夫，就围了一大群看热闹的人。大伙儿被弄得莫名其妙，纷纷猜测对联的含义。其实吕蒙正的这幅对联是在暗示自己窘迫的生活。上联缺"一"，下联少"十"，合起来就是"缺一少十"，也就是"缺衣少食"，而横批意指"没有东西"。

后来，吕蒙正考中状元，当了大官，过去那些有钱的邻居、亲戚便纷纷携带财礼前来贺喜巴结。吕蒙正见了，就又写出了这幅对联给那些人看。这些来客看罢，羞得无地自容。不一会儿，便一个个灰溜溜地走出了吕府。

吕蒙正很受重用，被宋太宗任命为宰相。但由于他出身贫寒，而且还有乞讨为生的经历，朝廷中的一些大臣非常看不起他。

有一天上朝的时候，一位大臣在朝堂帘内指着吕蒙正说："这个穷小子竟然也能上朝参政？"吕蒙正虽然听到这些挖苦的话，但却假装没有听到，径直走了过去。与吕蒙正私交很好的一位大臣为吕蒙正抱不平，下令责问那个人的官位和姓名，却被吕蒙正制止了。

这位大臣很不理解，就问原因。吕蒙正回答说："假如我知道那个骂我的人是谁，我可能一辈子都不会忘记，因此我还不如不知道，这样心里会舒坦些。所以，不去追问那个人的姓名，对我来说并没有什么损失，相反对我还是有益的。"当时在场的人无不佩服他的度量，那个骂他的人也惭愧地低下了头。

张姓起源

传说黄帝的孙子名叫挥，挥创制了弓箭，因此他的后代被赐姓"张"。此外，春秋时期，晋国有一个大夫名叫解张，被奉为张侯，之后他的子孙便以"张"为姓。还有一些张姓是由少数民族改姓而来的。现在张姓是我国第三大姓。

张姓名人

张良：东汉的开国功臣，汉高祖刘邦的重要谋臣。

张骞：东汉时期卓越的探险家、旅行家与外交家，开拓汉朝通往西域的南北道路，并从西域诸国引进了汗血马、葡萄、苜蓿、石榴、胡桃、胡麻等。

张衡：东汉著名天文学家、文学家，发明了地动仪。

张九龄：唐朝著名政治家、文学家、诗人，曾身居丞相一职，为"开元之治"作出了积极贡献。

张轨：十六国时期前凉国的创建者。

张姓名人名句

海上生明月，天涯共此时。情人怨遥夜，竟夕起相思。灭烛怜光满，披衣觉露滋。不堪盈手赠，还寝梦佳期。

——张九龄《望月怀远》

张仪玩弄楚怀王

张仪是战国时期著名的政治家、外交家和谋略家，他提出的连横策略对战国后期各国形式的变化产生了较大的影响。

张仪被秦惠王任命为宰相。当时，秦国已经是七个国家中势力最强的了。所以齐国和楚国联盟，共同对抗秦国。有一年，齐国帮助楚国攻打秦国，秦国战败，被占去了曲沃。这给秦国的东进造成了很大的阻力。秦惠王特别恼恨做帮凶的齐国，想报仇，但齐国和楚国是联盟国家，如果攻打齐国，楚国必然过来帮忙，秦国未必能胜。秦惠王向张仪询问解决办法，张仪自信满满地说道："大王不要发愁，您只需给我车马和金钱，剩下的一切全包在我的身上！"

张仪千里迢迢地来到楚国，见到楚怀王后，直奔主题："秦王最敬重的人莫过于大王您了。我们秦国非常希望能与贵国交好。只要贵国与齐国断绝联盟，我们秦王愿意献上商於方圆六百里的肥沃土地给贵国。"

楚怀王一听说天上要掉馅饼，非常高兴，没有多想就满口答应了。第二天，楚怀王就派使者前往齐国宣布跟齐国断绝邦交，还没等第一批绝交使者回来，楚王竟急着第二次派人去与齐国绝交，最后还恭恭敬敬地把张仪护送回了秦国。张仪回到秦国之后，秦王就赶紧派使者前往齐国游说，秦齐的盟约暗暗缔结成功。

没过多久，楚怀王就派出使者去秦国接受那六百里土地，而张仪竟然装病不见。楚怀王知道以后说："张仪以为我不愿诚心跟齐国断交吗？"于是楚怀王就派了一名勇士前去齐国骂齐国，这样齐国和楚国的关系更加恶化。

张仪在证实楚齐确实断交以后，才勉强出来接见楚国的使者，指着脚下的土地说："秦国赠送贵国的土地是这里到那里，方圆总共是六里。"楚国使者听后非常谅讶，说："我只听说是六百里，却没有听说是六里！"张仪赶紧巧辩说："我张仪在秦国只不过是一个微不足道的小官，怎么能说有六百里呢？"

楚国使者回国报告楚怀王以后，怀王大怒，不顾大臣的劝阻，要出兵攻打秦国。然而这时秦国和齐国已经形成联盟，结果楚国被打得大败。

两年以后，秦国想和楚国和好，楚怀王指名要张仪出访楚国，想借机捕杀张仪，以报被骗之仇。张仪当然知道其中的凶险，但他还是去了。

张仪一入楚，就被楚王绑了。但他并没害怕，因为两年前他来楚国的时候，用秦王给他的金钱贿赂了楚国的大臣靳尚。靳尚找到楚怀王的宠姬郑袖，说："听说秦国要用美人交换张仪。秦国新美人一来，夫人定然失宠，若放了张仪，大家都相安无事。"

郑袖一听，心里便着急起来，她害怕新来的美人夺取她的地位，就跑到楚王那里不依不饶地闹个没完。最后楚怀王竟然又放走了张仪。

孔 Kǒng

孔姓起源

契是商族的始祖，为子姓，历经十四代，传到汤，灭夏建商。汤名履，字天乙，是一个圣明的君主。其子孙中有一支为了纪念他的丰功伟绩，便将他的姓氏"子"和名字"乙"合在一起为新字"孔"，成为王族姓氏，称孔氏。

孔姓名人

孔光：孔子第十四世孙，西汉时期的名相。

孔稚圭：南北朝时期文学家，最著名的作品是骈文《北山移文》。

孔颖达：唐代著名经学家，与魏徵等人一起编修《隋史》，并著有《孝经义疏》。

孔三传：北宋说唱艺人，曾经首创诸宫调。

孔尚任：清初诗人、戏曲作家，代表作为《桃花扇》。

孔姓名人名句

石险天貌分，林交日容缺。阴涧落春荣，寒岩留夏雪。

——孔稚圭《游太平山》

孔子与两小儿

有一次，大教育家孔子周游列国，在前往东方某地的路上，看见两个十岁左右的小孩在为一个问题争论不休。于是孔子就停下来，走到他们跟前问："两位小朋友，你们在争论什么呢？"

其中一个小孩说："我认为早晨太阳刚出来的时候离我们近一些，中午离我们远一些。"

另一个小孩的看法正好相反，他说："我认为太阳刚升起来的时候远一些，中午时才近一些。"

先说话的那个小孩反驳说："不对，太阳刚出来时大得像车轮，到了中午，就只有盘子那么大了。远的东西看起来小，而近的东西看起来大，这不很清楚吗？"

另一个小孩也有很充足的理由，他说："太阳刚升起来时凉飕飕的，到了中午，却像火球一样热烘烘的。离火远就感觉不到有多热，离火近就感觉到很热，你难道不明白这个道理吗？"

两个小孩谁也说服不了谁，只好请博学多识的孔子来做"裁判"，判定谁是谁非。

孔子听了，也判断不出来。两个小孩不由得笑了起来，说："谁说你知识渊博、无所不知呢？你也有不懂的地方啊！"

孔子择人而礼

孔子是春秋末期的鲁国人，是历史上著名的思想家与教育家，而且是儒家思想的创始人，而儒家的思想最重"礼"与"仁"二字。

当时，楚国讨伐陈国，陈国被攻陷，城门损坏严重，于是楚国人命令投降的陈国民众去修缮城门。

孔子恰巧带着弟子经过这里，在过了城门之后，他的弟子自贡见一向注重礼仪的孔子一路上并未向任何人施礼，不禁疑惑不解，于是上前拉住马车问道："按着礼仪规定，从二个人身边过就要扶着车前的横木行礼，从三个人身边过去就应当下车行礼，刚才修城门的陈国人如此众多，夫子却为何不向他们行礼呢？"

孔子道："自己的国家就要灭亡了，却还懵懂无知，这是没有智慧；知道国家将亡，却不奋起全力保家卫国，这是没有忠心；国家已经被灭，却不能拼死抵抗为国雪耻，这是没有勇气。"

刚才我们所经之处虽然人数众多，但都是不智，不勇，不忠之人，这些人不值得尊重，所以无需行礼。

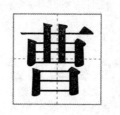

Cáo

曹姓起源

大禹治水时，安因为助禹治水有功，被赐封为曹官。曹官是看押奴隶的官，在当时的奴隶社会中，这个官职是非常大的。安的后代便以官名为姓，称曹姓。还有一支曹姓来源于周武王的弟弟叔振铎，叔振铎被封在了曹地，建立曹国。后来曹国被宋国所灭，其子孙便以国为姓。

曹姓名人

曹参：西汉开国功臣、名将，后继萧何为汉惠帝丞相，一切规章全部沿袭萧何时的，故有"萧规曹随"之说。

曹操：东汉末年杰出的政治家、军事家、文学家，建立了曹魏政权；其子曹植和曹丕的文学成就也很高。

曹仲达：南北朝时期著名画家，擅画人物、肖像、佛教图像，尤精于外国佛像。

曹彬：北宋开国名将，英勇善战，治军有方。

曹顶：明代抗倭英雄。

曹姓名人名句

东临碣石，以观沧海。水何澹澹，山岛竦峙。树木丛生，百草丰茂。秋风萧瑟，洪波涌起。日月之行，若出其中。星汉灿烂，若出其里。幸甚至哉，歌以咏志。

——曹操《观沧海》

曹不兴画苍蝇

曹不兴，是三国时期著名的画家，是有文献记载的最早的一位画家，被称为"佛画之祖"。

曹不兴画风写实，画面生动，栩栩如生，他画的龙最为生动，犹如腾云驾雾一般。

一次，孙权请曹不兴画屏风，曹不兴聚精会神地作画，正画到一篮子杨梅时，听到周围人不时发出的称赞声，一不小心将一滴墨水滴到了画面上。众人纷纷惋惜不已，但曹不兴站在屏风前端详了一会儿，泰然自若地拿起笔，将墨点画成了一只苍蝇。周围的人都被他的机敏和才能所深深折服。屏风画好后，被拿去给孙权看。孙权欣赏了半天，心里非常喜欢，忽然发现画面上的篮子边上有一只苍蝇。孙权随手一挥，那苍蝇也一动不动。旁人见了就笑着对孙权说，那不是真的苍蝇，是画上去的。孙权仔细一看，才发现那苍蝇是画上去的。孙权大笑着称赞道："曹不兴真是画坛的圣手啊！"

曹不兴的画迹虽然没有流传，也没有有关的言论和著述，但他是中国绘画发展关键时期的重要人物，他状物手法与细微描绘，影响了整个社会的审美风气，曹不兴的绘画成就对于后世的影响巨大。

曹雪芹应对骂财主

曹雪芹是清代的大文豪，是我国四大名著《红楼梦》的作者。晚年的曹雪芹生活困苦，住在香山四王府村。村里只有两眼水井，一眼在街中心，另一眼在财主张伯元家的后花园里。这张伯元是个黑心的财主，一心只想着钱，便对这两口井打开了主意。有一天，他依仗权势，硬把街中心的井给填了，人们要吃水只能到他家里去挑。让人白挑他的水？他才没这么傻呢！他在井旁放了一个破瓦罐，要挑水就得投一个铜钱。乡亲们本来生活就不容易，现在喝水又要钱，更苦了。大家心里都恨透了张伯元。

张伯元除了爱财，还喜欢附庸风雅，得意之际，就在井旁写了一句上联"丙丁壬癸何为水火"，并扬言，只要有人对出下联，他就认输，不再收水钱。曹雪芹得知后，心想，该是教训一下他的时候了，就叫人拿来纸笔，挥笔写道"甲乙庚辛什么东西"。上联丙丁为火，壬癸为水，下联甲乙属东、庚辛在西，不仅对得工整精妙，还顺便骂了张伯元。

从此，四王府村的人吃水再也不需花钱了。

Jīn

金姓起源

金姓最早出自少昊金天氏。少昊是传说中的五帝之一，他在位时期，曾订立了重视金子的制度，所以人们就叫他"金天氏"。后来，他的后代把这个称号简化为"金"，用以作姓氏。还有一支源自匈奴的金姓。西汉时期，匈奴休屠王的太子叫作金日磾，汉武帝时期，他归顺了汉室，尽心尽力侍奉汉武帝，深受汉武帝的重视。由于他曾铸铜人像（又称金人）以祭天，所以汉武帝赐他"金"姓，他的后代就统统姓了金。

金姓名人

金履祥：元代学者，著有《仁山文集》。

金幼孜：明朝官吏，曾多次随从明成祖朱棣北征，撰有《北征前录》、《北征后录》。

金农：清代著名画家，善画竹、马、佛像，"扬州八怪"之一。

金德辉：清代著名昆曲演员，曾邀集江南各地昆曲名演员成立集秀班，享誉一时。

金和：清末著名诗人，由于他的诗作具有革新精神，所以备受争议，有极力赞扬他的人，也有严酷批评他的人。

金姓名人名句

阿娘辛苦养蚕天，娇女陪娘瞋不眠。含笑许缝新袜袴，待娘五月卖丝钱。

——金和《饲蚕词》

金圣叹刑场诀别自题

金圣叹是明末清初著名文学家、文学批评家，他对《水浒传》、《西厢记》、《左传》的评说最为著名。

金圣叹幼年生活优裕，后父母早逝，家道中落。他为人狂放不羁，能文善诗，因岁试作文怪诞而被黜革，后应科试，改称金人瑞考第一，但绝意仕进，以读书著述为乐。

顺治年间，苏州府吴县新县令任维初与巡抚朱国治设计逮捕了十八名秀才，诬陷秀才们抗纳兵饷，还聚众哭庙。这其中一人便是金圣叹。

金圣叹最后被朝廷处以极刑。行刑日，金圣叹披枷戴锁，岿然立于囚车之上。刑场上，刽子手手中的鬼头刀令人毛骨悚然。眼看行刑时刻将到，金圣叹的两个儿子梨儿、莲子（小名）望着即将永诀的慈父，更加悲切，泪如泉涌。

金圣叹虽心中难过，但为了安慰儿子，他泰然自若地说："哭有何用，来，我出个对联你们来对。"于是吟出了上联"莲子心中苦"。儿子跪在地上哭得气咽喉干，哪有心思对对联。他稍思索说："起来吧，别哭了，我替你们对下联。"接着念出了下联"梨儿腹内酸"。旁听者无不为之黯然神伤。上联的"莲"与"怜"同音，意思是他看到儿子悲切恸哭之状深感可怜。下联的"梨"与"离"同音，意即自己即将离别儿子，心中感到酸楚难忍。

不久，伴着这惊天地、泣鬼神的千古绝唱，一代才华横溢的文坛巨星就这样过早地陨落了。

Wèi

魏姓起源

西周时期，周文王的第十五个儿子高被封于毕地，高在那里建立了毕国。当毕国传至毕万的时候，国家为西部少数民族西戎所灭。后来毕万逃到了晋国，成为晋国大夫，因功被封于魏地，其后代被称为魏氏。公元前445年，毕万的后代斯建立魏国。公元前225年，魏国被秦国所灭。亡国的魏国王室便以"魏"为姓。

魏姓名人

魏延：三国时期蜀汉名将。

魏收：南北朝时期北齐史学家，二十四史之一《魏书》的作者。

魏徵：唐代名臣，以直率敢谏著称。

魏良辅：明代著名戏曲家，昆腔的创立者。

魏源：清末著名思想家，我国最早放眼看世界的杰出人物之一，曾编撰《海国图志》，提出"师夷长技以制夷"的著名思想，另又积极倡导改革变法。

魏姓名人名句

暑极不生暑而生寒，寒极不生寒而生暑。屈之甚者信必烈，伏之久者飞必决（急速起飞）。故不如意之事，如意之所伏也；快意之事，忤意之所乘也。消与长聚门，祸与福同根。岂唯世事物理有然哉？学问之道，其得之不难者，失之必易，唯艰难以得之者，斯能兢业以守之。

——魏源《默觚·学篇七》

窃符救赵

长平之战中，赵国中了秦国的反间计，任用纸上谈兵的赵括为大将军，结果导致赵国打败，四十多万士兵为秦国坑杀。第二年，秦国又对赵国的都城邯郸发动了猛烈的攻击，赵国危在旦夕。

战争爆发之前，魏国和赵国曾结成联盟，只要一国有难，另外一国就要出兵相救。在赵国生死存亡的关键时刻，赵王多次写信向魏国求救，魏安釐王派将军晋鄙领兵十万前去救赵。秦昭王得到消息后，派使者威胁魏安釐王。魏安釐王惧怕强大的秦国，就派人通知晋鄙停止进军，留在邺扎营驻防，名义上为救赵，实际上是抱观望态度看形势的发展。

信陵君魏无忌是魏安釐王同父异母的弟弟，他对当时各国的形式有深刻的了解，他知道秦国的强大已对各国构成了威胁，尤其是与秦相邻的韩、赵、魏三国。若秦灭赵，秦国势力将大增，而直接受害者将是魏国和韩国。所以他多次向魏安釐王建议出兵救赵，但都被拒绝。魏无忌估计魏王已不肯出兵救赵，又不想看着赵国灭亡，于是凑齐战车一百多辆，打算带着门客前去赵国和秦军死拼。

魏无忌带着车队路过夷门时，夷门的守门人侯嬴劝说魏无忌："你这样做就如同把肥肉扔给饥饿的老虎，一点作用都没有。"并向魏无忌献计："我听说兵符放在魏王的卧室内，而如姬最受魏王的宠幸，经常进出魏王的卧室。以前如姬的父亲被人杀害，您派门客斩杀了杀害她父亲的人。您只要开口求她，她一定会答应。拿到兵符，夺过晋鄙的军权，就可以向北援救赵国，向西打退秦军。"魏无忌听从侯嬴的计谋，向如姬请求帮助，如姬果然偷出了兵符。

魏无忌到了邺，拿出兵符假传魏安釐王的命令要代替晋鄙担任将领。晋鄙虽然合了兵符，验证无误，但还是表示怀疑，不想交出兵权。魏无忌不得已，只好让他的门客朱亥杀死晋鄙，强行夺权。魏无忌假传魏王的命令，率领军队和楚国的军队会合，一举击溃秦国，解除了邯郸之围。

魏无忌知道魏安釐王必定十分气恼，于是命大部队回了魏国，自己则率门客在赵国生活。直到十年后才回到魏国。

姜 Jiāng

姜姓起源

姜姓远祖始于上古时期。传说炎帝生于姜水（今陕西岐山县西一带），其后代子孙便以"姜"为姓。姜姓还是其他许多姓氏，如谢姓、齐姓、高姓、国姓、向姓、尚姓、吕姓、许姓、浦姓、卢姓、丁姓、崔姓、纪姓等的重要起源。

姜姓名人

姜尚：即姜太公，西周的开国功臣，辅佐武王伐纣，立下了赫赫战功，后被封在齐国。他尊重当地风俗，重视农渔发展，使齐国成为西周重要封国。

姜小白：即齐桓公，在位时期以管仲为相，推行改革，使齐国迅速强盛起来，成为"春秋五霸"之一。

姜夔：南宋文学家、音乐家。

姜宸英：清初书画家、文学家，被誉为"江南三布衣"之一。

姜姓名人名句

淮左名都，竹西佳处，解鞍少驻初程。过春风十里，尽荠麦青青。自胡马窥江去后，废池乔木，犹厌言兵。渐黄昏、清角吹寒，都在空城。

杜郎俊赏，算而今重到须惊。纵豆蔻词工，青楼梦好，难赋深情。二十四桥仍在，波心荡，冷月无声。念桥边红药，年年知为谁生？

——姜夔《扬州慢》

手足之情感强盗

姜肱是东汉时期的名门望族，他和弟弟以孝而名留青史。姜肱有两个弟弟，一个叫姜仲海，另一个叫姜季江。兄弟三人的关系非常好，可以说是形影不离，一起读书，一起温习功课，一起玩耍，就连睡觉都用的是一床大棉被。直到他们长大成家立业以后，兄弟三人才不得不分开居住，但即使这样，他们也常常聚在一起讨论学问。

有一次，姜肱和三弟姜季江去京城拜访好友，不料半夜路遇强盗。这个强盗面目狰狞，手里拿着明晃晃的匕首，大喊道："交出所有财物！"姜肱和姜季江赶忙将身上所有值钱的东西交了出来。但强盗害怕他们报官，不仅要抢走他们所有的财物，还要结果了他们的性命。强盗眼里露着杀气，拿着他那锋利的匕首，一步步逼近兄弟二人。

这时，姜肱向前一步，将弟弟挡在了身后，对强盗说："我是哥哥，我弟弟还小，你要杀就杀我吧，给我弟弟一条生路。"姜季江一听哥哥要牺牲自己来救他，也向前一步，对强盗说："不！你还是杀了我吧，不要伤害我哥哥！"兄弟俩都争着让对方活命。想到兄弟就要生离死别，俩人不禁抱在一起，痛哭流涕。

强盗本不是铁石心肠的人，也是因为生活所迫才做了强盗，看到兄弟俩人争着去死，不禁感慨，于是只抢了他们的财物，并没有伤害他们的性命。但他们没有了钱物，一路上风餐雨宿。

等到了京城，兄弟二人已是面容枯黄、衣衫破烂，好友见到他们这副狼狈的样子，关切地问："你们出什么事了？"兄弟二人用种种借口搪塞了友人，不愿说出被抢的事情，因为他们相信这个强盗一定会改过自新。

后来事情传到了那个强盗的耳朵里，那个强盗非常感激，也非常后悔。于是第二天，强盗就登门拜访了姜肱兄弟，并将抢来的财物如数还给了兄弟二人。

谢 Xiè

谢姓起源

谢姓出自姜姓。商朝末年，姜姓后代伯夷与叔齐一起投奔周，后来他们反对武王伐纣，又逃到首阳山，因不食周粟而死。周成王时，封伯夷的后代为申侯，称申伯。后来，申伯的女儿嫁给了周厉王，并生下了周宣王。周宣王继位后，封申伯于谢国。春秋时期，谢国被楚国所灭，其子孙便以"谢"为姓。晋朝时，谢家的政治地位很高，出现了很多享誉至今的名人。

谢姓名人

谢尚：东晋名臣，政绩卓著，在音乐和舞蹈上也颇有建树。
谢玄：东晋名将。
谢道韫：东晋著名女诗人。
谢灵运：南北朝时期著名的诗人、画家，善以精丽之语刻画自然景物，开创了山水诗派。
谢翱：南宋爱国主义诗人和散文家，曾随文天祥抗击元军，著有《睎发集》、《天地间集》等。

谢姓名人名句

峨峨东岳高，秀极冲青天。岩中间虚宇，寂寞幽以玄。非工非复匠，云构发自然。器象尔何物，遂令我屡迁。逝将宅斯宇，可以尽天年。

——谢道韫《泰山吟》

淝水之战

东晋时期，北方的前秦苻坚先后消灭了北方各类政权，统一了黄河流域。此后，他又攻占了东晋的梁、益二州，将势力扩展到长江和汉水上游。383年，被胜利冲昏了头脑的前秦王苻坚不顾大臣的反对，率领九十万大军南下，紧逼淝水（今安徽寿县瓦埠湖一带）而布阵，对东晋虎视眈眈。

面对强敌压境，东晋王朝内外人心惶惶，许多大臣都建议投降，身为丞相的谢安怒斥了他们，决意奋起抵抗。谢安分析了一下敌我情况，向晋帝举荐了几位大将。最后晋帝任命谢安之弟谢石为征讨大都督，谢安之侄谢玄为先锋，率军八万去迎敌。

以八万对九十万，无疑是以卵击石，胜负显而易见。当时的大臣虽然嘴上不说，但他们心里非常清楚，此战必败。就连身为先锋的谢玄也忧心忡忡，临行前，专门跑去谢安那里询问制胜方法。谢安却像平时一样轻松自如地说："我会另行下达命令的，你先去吧。"

谢玄出发后不久，谢安就派使者去了苻坚军营。使者对苻坚说："您孤军深入，然而却紧逼淝水部署军阵，这是长久相持的策略，不是迅速交战的办法。如果您能移动兵阵稍微后撤，让晋朝的军队得以渡河，以决胜负，不是很好的事情吗！"

前秦众将领都说："我众敌寡，不如遏制他们，使他们不能上岸，这样可以万无一失。"苻坚却说："只带领兵众稍微后撤一点，让他们渡河渡到一半，我们再出动铁甲骑兵奋起攻杀，没有不胜的道理！"随后他便下达了撤退命令。

然而前秦军队长途跋涉，本就士气低落，接到后撤的命令，以为前方打了败仗，顿时大乱起来。与此同时，谢玄率八千骑兵，趁势抢渡淝水，向前秦军猛攻。前秦军前锋大败后退，后面的部队更加慌乱，纷纷溃逃。晋军此时已全部渡河，乘胜追击，一直到达寿阳附近的青冈。秦兵人马相踏而死的，满山遍野，充塞大河。苻坚本人也中箭负伤，逃回至洛阳时仅剩十余万人。

晋军大胜，谢石和谢玄派人送来了捷报。当时谢安正在家跟客人下棋。看完捷报后，他不露声色，随手把捷报放在旁边，照样下棋。客人知道是前方送来的战报，忍不住问谢安："战况怎样？"谢安慢吞吞地说："孩子们到底把前秦打败了。"客人听了，高兴得不想再下棋，想赶快把这个好消息告诉别人，就告别走了。谢安送走客人，回到内宅去，他的兴奋心情再也按捺不住，跨过门槛的时候，踉踉跄跄的，把脚上木屐的齿也碰断了。

邹姓起源

西周时期，颛顼帝的后代曹挟被封在了邾地，在那里建立了邾国。春秋时期，邾国成为鲁国的附属国，鲁庄公将邾国改名为邹国。后来，邹国被灭。一部分子孙便以"邾"（后来简化为"朱"）为姓，一部分子孙则以"邹"为姓。

邹姓名人

邹衍：战国末期齐国人，阴阳家的先驱。

邹阳：西汉时期很有名望的文学家。

邹韬奋：民国时期文人，我国近代出版业的先驱之一。

邹姓名人名句

臣闻明月之珠，夜光之璧，以暗投于道，众莫不按剑相眄者。何则？无因而至前也。

——邹阳《狱中上梁王书》

邹忌为相

齐国有个贤士叫邹忌，不但满腹经纶，而且琴也弹得极好。他见齐国一天天衰弱下去，心里很着急。他知道齐威王爱听琴，一天，他特地带着一把琴去求见。齐威王听说来了一位琴师，立即接见。邹忌见了齐王之后，调好弦，做出要弹的样子，但手指放在琴弦上却一动不动。齐威王感到奇怪，问道："先生为何坐而不弹？"

邹忌回答说："大王，小民不但会弹琴，而且还知道弹琴的道理。"

齐威王一愣，问道："弹琴还有什么道理吗？"

邹忌回答说："当然有了，弹琴的节奏和治国安民的道理是一样的。国王好比是琴上的大弦，要像春天一样温暖；宰相好比琴上的小弦，要像潭水一样清廉。弹琴时大弦和小弦要互相协调，和而不乱。这样，曲子才好听。治国和弹琴的道理是一样的。"

齐威王天资很高，听了这话，就和邹忌谈论起国家大事来。邹忌说："要想治理好国家，关键在于国王和宰相在执行政令时，要像四时运转一样协调。"齐威王很欣赏邹忌的见解，于是任命他为宰相，让他整顿朝政，改革政治。

邹忌和齐威王齐心合力，将齐国治理得井井有条。由于有明相辅佐，齐威王不受蒙蔽，齐国也就越来越强大了。

苏
Sū

苏姓起源

西周时期，颛顼的后代昆吾被封在了苏国。春秋时期，苏国被北方少数民族所灭，其子孙便以国号"苏"为姓。

苏姓名人

苏秦：战国时期著名纵横家，其提出的合纵策略和在齐国的间谍活动对战国时期各国的政治格局产生了重要影响。

苏绰：南北朝时期西魏大臣，曾创制计账、户籍等法。

苏颂：北宋天文学家、药物学家，编纂了药物学巨著《本草图经》。

苏轼：北宋著名文学家、书画家，与其父苏洵、其弟苏辙同被列入"唐宋八大家"，豪放派词人代表。

苏姓名人名句

十年生死两茫茫，不思量，自难忘。千里孤坟，无处话凄凉。纵使相逢应不识，尘满面，鬓如霜。

夜来幽梦忽还乡，小轩窗，正梳妆。相顾无言，唯有泪千行。料得年年肠断处，明月夜，短松冈。

——苏轼《江城子》

苏轼赴宴吟诗

苏轼二十岁的时候，去京师参加科举考试。当时同去应试的六个好事的举人听说苏轼特别有名，心里很不服气，决定备下酒菜邀请苏轼前来赴宴，然后在席间戏弄苏轼一番。

苏轼接到邀请后欣然前去。到了酒席，见桌上一共有六盘菜，苏轼刚刚入座，还未动筷子，一个举人便提议行酒令，但是酒令内容必须引用历史上的人物和事件，这样就能独吃一盘菜。另外五人纷纷表示同意。其中一个年纪长的说："姜子牙渭水钓鱼！"说罢便端走了一盘鱼。"秦叔宝长安卖马！"第二位也不甘示弱，立即端走了一盘马肉。"苏子卿贝湖牧羊！"第三位神气地拿走了一盘羊肉。"张翼德涿县卖肉！"第四个急不可待地伸手把肉端了过来。"关云长荆州刮骨！"第五个抢走了骨头。"诸葛亮隆中种菜！"第六个端起了最后的一样青菜。眼看一桌子的菜都被端走了，六个举人正兴致勃勃地准备看苏轼的笑话的时候，就见苏轼却不慌不忙地吟道："秦始皇并吞六国！"说完将六盘菜全部端到自己面前，笑着说道："诸位兄台自便啊！"六个举人瞠目结舌都愣在一边，游戏规则本是六人事先商量好的，如今反被苏轼弄得不知如何应对，六人至此才信苏轼其名不虚，都被苏轼的才学与机智所折服。

范
Fàn

范姓起源

周宣王时期，大夫杜伯无辜被杀，他的儿子隰权逃往晋国，被任命为士师（法官）。隰权的后代士会因为立有显赫的军功，被升为中军元帅，执掌朝政。士会先得到封邑随（今山西介休），后来又得到封邑范（今河南范县），所以他的后代分为士氏、随氏、范氏三支。士会被认为是范姓的始祖。

范姓名人

范蠡：春秋后期越国政治家，曾助越王勾践打败吴国。他也是一位足智多谋的生意人，著有《计然篇》、《陶朱公生意经》等。

范晔：南北朝时期的史学家、文学家，著有《后汉书》。
范缜：南北朝时期唯物主义哲学家和无神论者，著有《神灭论》。
范中立：北宋著名画家。
范成大：南宋著名诗人，以善写田园诗而闻名。

范姓名人名句

若枯即是荣，荣即是枯，应荣时凋零，枯时结实也。又荣木不应变为枯木，以荣即枯，无所复变也。荣枯是一，何不先枯后荣？要先荣后枯，何也？丝缕之义，亦同此破。

——范缜《神灭论》

近水楼台

范仲淹是北宋著名的政治家、文学家、军事家。他为官清廉，心怀黎民百姓，曾写下了"先天下之忧而忧，后天下之乐而乐"的名句。

范仲淹在杭州做知府的时候，城中的文武官员大多都得到过他的关心帮助。在他的推荐下，都发挥了自己才干，心里都很感激和崇敬他。只有一个名叫苏麟的巡检官，在杭州所属的外县工作，很少与范仲淹接近，所以一直没有被推荐和提拔，心中感到非赏遗憾。

一次，苏麟因有公事要见范仲淹，借这个机会，他写了一首诗献给范仲淹。诗中有两句是："近水楼台先得月，向阳花木易逢春。"意思是靠近水边的楼房可以最先看到月亮，朝着阳光的地方生长的花草树木容易成长开花，显现出春天的景象。苏麟用这两句诗向范仲淹诉说了自己心中的不平，巧妙地指出那些接近范仲淹的人都得到了好处，而自己至今未被重用。

范仲淹看了他的诗作后心领神会，便根据他的能力给他安排了一个合适的职务。

马 Mǎ

马姓起源

战国时期，赵国大将赵奢曾率军在瘀氏之战中大败秦军，赵惠文王因此把马服（今河北邯郸西北）一地分封给赵奢，并赐他"马服君"的称号。赵奢的后代便以"马服"为姓，后又改为单姓"马"。

马姓名人

马融：东汉时期著名的哲学家、经学家和文学家，对古代经典研究非常深刻。
马钧：三国时期著名的机械发明家，曾发明了排灌水车、指南车，改进了织布机。
马殷：五代十国时期楚国的建立者。
马远：南宋时著名画家，擅长画山水。

马致远：元代著名戏剧家，名剧有《汉宫秋》。

马姓名人名句

眼前红日又西斜，疾似下坡车。不争清镜添白雪，上床与鞋履相别。莫笑鸠巢计拙，葫芦提一向装呆。

——马致远《风入松》

水不激不跃，人不激不奋

大唐贞观年间，博州有一个名叫马周的人，自幼博览群书，胸藏济世之才，却一直很不得志。博州刺史达奚知道马周的才干后，便聘他为博州助教。马周屈居低位，郁郁寡欢，每日借酒浇愁。有一次，马周喝得酩酊大醉，正好被达奚撞见。达奚看到他这副模样，既失望又生气，于是大骂道："你这个样子，根本就不是做官的料！"听到这话，喝得烂醉的马周就像是被人泼了一头冷水，顿时清醒了起来。于是第二天，他便辞去了助教的职务，向京城出发。

当时唐太宗下诏，五品以上官员都要直言他的得失，以便改正。朝中中郎将常何不识字，无奈，只得找人代写诏书。经过好友的推荐，他找到了马周。马周不负众望，一个晚上就写成奏章二十条。唐太宗读完奏章后连连点头，便问常何："这样的见识量你也写不出来，这奏章到底是从哪里来的？"常何连忙跪下，说："臣死罪，我确实写不出来，这是门客马周所作。"唐太宗听后立马召见了马周，当天就拜他为监察御史。马周从此青云直上，不出三年，就官至吏部尚书。

达奚当年骂过马周，非常害怕马周报复。马周却对他说："'水不激不跃，人不激不奋'，没有您的责备，我哪会有今天呢？"

袁姓起源

周武王伐纣建周以后，分封舜的后代胡公满于陈国。胡公满的后代有一位叫诸，字伯爰。诸有个孙子叫涛涂，曾参加齐桓公的盟会，被赐于阳夏（今河南太康）。涛涂以祖父的字"爰"为姓。由于古代"爰、袁、辕、榬、溒、援"相通，后来逐渐归为"袁"姓。

袁姓名人

袁绍：东汉末年群雄之一。出身名门望族，自曾祖父起四代五人位居三公，自己也居三公之上，其弟袁术则称仲家皇帝，袁氏一族可谓"五世三公一帝王"。

袁宏：东晋文学家、史学家，著有《后汉纪》。

袁枢：南宋史学家，著有《通鉴纪事本末》。他所创造的纪事本末这一新的写史体例兼有纪传、编年二者优点，对后世影响极大。

　　袁江：清朝著名画家，擅于山水楼阁画。作品有《东园胜概图》、《汉宫秋月图》等。

　　袁枚：清代诗人、诗论家，著有《小仓山房集》、《随园诗话》、《随园随笔》等书。

袁姓名人名句

莫唱当年长恨歌，人间亦自有银河。石壕村里夫妻别，泪比长生殿上多！

——袁枚《马嵬驿》

袁安高卧

　　袁安是东汉时期的名臣，他不畏权贵，爱民如子，深受百姓的爱戴。

　　袁安没有做官的时候，居住在洛阳，生活虽然很贫困，却因为有贤名，深受当地人的敬仰。久而久之，他的大名传到了洛阳令的耳朵里。有一年冬天，洛阳下了一场很大的雪，有很多贫困的百姓都出去乞讨了，唯独袁安卧在家中不出。洛阳令得知后，冒雪去拜访他。由于雪下得太大了，袁安家的院子里已经积了一层厚厚的雪，洛阳令叫随从扫出一条路才进到袁安的屋里。袁安正冻得蜷缩在床上发抖。洛阳令问："你为什么不求亲戚、朋友帮助一下？"袁安回答："这样大的雪，挨饿的人很多，大家都没好日子过，我怎么好去打扰人家呢？"洛阳令听后很佩服他的贤德，便推荐他做官。

　　后来人们根据他的故事编出了"袁安高卧"这一成语，用来形容宁愿穷困守节，也不求于人、不与人争利的行为。

袁崇焕的"收银"规矩

　　袁崇焕是明末抗清名将，著名的爱国将领。

　　袁崇焕小的时候胆识过人。他的祖父在当地开了一间杉木店。有一次，大贪官徐尚书告老还乡。他回到家乡后做的第一件事情，就是整修他的府邸。他从袁崇焕祖父的店里买了很多杉木，但徐尚书虽然很有钱，却非常吝啬，还仗势欺人。当时杉木是按"条"来卖的。由于当地话中"跳"和"条"同音，徐尚书便将杉木放置成一堆一堆的，强词夺理地说："跳过一堆才算一条（跳）。"结果整个店里的杉木只作了几"条"来算。徐尚书拉走了杉木，临走时还得意地对袁崇焕的祖父说："你明天到我府上来收银子吧。"袁崇焕放学归来，见到祖父受人欺负而又一筹莫展，便说："爷爷，明天带我一起去收银，我自有办法。"

　　第二天，袁崇焕祖孙俩去了徐府，徐尚书正在观鱼。他见袁崇焕身穿绿袄蓝裤，想戏弄他一番，说道："井底虾公穿绿袄。"袁崇焕见他身穿大红官服，便反唇相讥道："落汤螃蟹着戏服。"徐尚书听了，无话可说，只好吩咐家人拿秤来称银子。这时，袁崇焕不慌不忙地从口袋里拿出了一个竹筒，说："且慢，我们店中收钱不用称，是用这个竹筒来量的，一条杉一筒银，请装银吧！"徐尚书说："哪有这样收银的？"袁崇焕理直气壮地说："有你那样计算杉木的方法，就有我这种收银的规矩！"徐尚书自知理亏，只好如数奉还杉银。

唐 Táng

唐姓起源

远古时期，尧还没有做天子的时候，最初被封于陶，后来迁到唐，所以他被称为陶唐氏。尧死后禅位于舜，舜继位后封尧的儿子丹朱为唐侯。西周时期，唐侯作乱被周成王所灭，唐国也被改封给成王的弟弟。尧的后裔则被迫迁往杜国，称唐杜氏。他们中有一支后来就改为了"唐"姓。

唐姓名人

唐休璟：唐代名臣，曾大败吐蕃。

唐慎微：宋代著名医药学家，编有《经史证类备急本草》，总结了宋以前的药物学成就，流传很广。

唐棣：元代著名画家，现存世作品有《霜浦归渔图》、《仿郭熙秋山行旅图》、《村人聚饮图》等。

唐甄：明末清初的思想家和政论家，曾对君主专制制度进行过大胆的揭露和批评。

唐英：清代戏曲作家、陶瓷艺术家，著有传奇及杂剧《转天心》、《面缸笑》、《十字坡》等十七部，合为《古柏堂传奇》。

唐姓名人名句

笑舞狂歌五十年，花中行乐月中眠。漫劳海内传名字，谁论腰间缺酒钱。

诗赋自惭称作者，众人多道我神仙。些须做得工夫处，莫损心头一寸天。

——唐寅《言怀》

唐伯虎巧猜谜

唐伯虎，即明代著名的文学家、画家、书法家唐寅。他玩世不恭而又才气横溢，在民间享有很高的知名度，与祝枝山、文徵明、徐祯卿并称"江南四大才子"。

一天，唐伯虎闲来无事，便到祝枝山家中闲坐。刚一进门，祝枝山就对一个叫梅香的女仆说道："梅香，来，泡茶!"梅香清脆地应道："晓得。"一会儿，梅香就端上两杯茶来，却都放在祝枝山面前。祝枝山笑着对唐伯虎说："唐兄，刚才我与梅香的对话，是一则谜语，要求猜七言诗一句，猜得中才有茶喝。"

唐伯虎暗想：梅香，定与春有关，茶是草、木、人……他一下记起宋代程颢的诗《春日偶成》中有"春到人间草木知"的句子，"梅香，来"，正是"春到"二字，"茶"就是"人间草木"，梅香答"晓得"，正是"知"。想到这里，他就大声地把这句诗念了出来。

祝枝山听了，大笑说："猜得好，请用茶。"说着，将茶双手奉上。

唐伯虎边饮茶，边赞道："此谜藏在言谈碎语之中，稍不留心，就难得看出破绽，你可真是煞费心机啊。"

唐顺之智擒刺客

唐顺之是明朝著名的文学家，同时他也是一位军事家。在抗击倭寇的战争中，他用兵如神，屡败敌寇。因此倭寇对唐顺之既害怕，又恨之入骨。于是倭寇的头子用重金聘请了一个刺客刺杀唐顺之。

有一天深夜，刺客潜入了唐顺之的家。当时唐顺之正在桌前秉烛挥毫，忽然见蜡烛一闪一闪，他猛一抬头，看到了那个全身黑衣、头蒙黑纱的刺客。刺客手握利剑，正一步一步向唐顺之逼近。唐顺之先是吃了一惊，随后立马镇定下来，对刺客说道："你是什么人？深夜擅闯本府有何贵干？"

刺客一脸杀气，说道："我是今晚取你性命的人！"说着说着就把剑架在了唐顺之的脖子上。唐顺之大笑道："既然这样，我也无话可说。我自知今晚难逃厄运，可能否容我把这张字写完在动手？"

刺客心想：人们都说唐顺之学问好，字也写得好，今天能亲眼看他写字也算有缘，反正他性命已在我掌握之中了。于是说道："念你是读书人，就让你多活一刻，把这张字写完了吧！"唐顺之神色自若，提笔蘸墨挥毫如飞，正当刺客看得入神、放松警惕的时候，突然，他闪电似的将笔往刺客喉间掷去，制服了刺客。

薛
Xuē

薛姓起源

相传黄帝有二十五个儿子，分别得十二个姓，其中有一个叫禹阳的，被封于任地（今山东济宁一带），得任姓。禹阳的十二世孙名叫奚仲，是大禹时期管理车辆生产的官员，后来大禹将他封在了薛国（今山东滕州东南），并封他为薛侯。他的子孙便以"薛"为姓。

薛姓名人

薛道衡：隋代诗人，且是隋代诗人中艺术成就最高的人，其诗词藻华艳，边塞诗较为雄健。

薛稷：唐代著名画家、书法家，"唐初四大家"之一。

薛涛：唐代著名女诗人，精通诗词、歌舞，著有《薛涛诗集》。

薛雪：清代医学家，他的《湿热论》是对湿热病探索研究的力作。

薛福成：清末外交家、改良主义政论家，他主张维新变法，发展工商业。

薛姓名人名句

边庭烽火惊，插羽夜征兵。少昊腾金气，文昌动将星。长驱鞮汗北，直指夫人城。绝漠三秋暮，穷阴万里生。寒夜哀笛曲，霜天断雁声。连旗下鹿塞，叠鼓向龙庭。妖云坠房阵，晕月绕胡营。左贤皆顿颡，单于已系缨。绁马登玄阙，钩鲲临北溟。当知霍骠骑，高第起西京。

——薛道衡《出塞》

白袍猛将

唐朝从唐太宗到武则天，都很注意处理好与各少数民族及周边国家的关系，既坚决打击割据势力及邻国的侵扰，又能够维护和平友好。有一年辽东地区的高句丽不断侵扰我国边境，意图占领我国辽东地区，唐太宗决定御驾亲征。

当时在山西绛州有一个人名叫薛仁贵，他天生臂力过人，从小习文练武，练就一身好武艺，但家境贫寒，常常在农忙时节给人打工，来赚取微薄的收入维持生计。

听到皇上要御驾亲征，现正在招募士兵的时候，薛仁贵的妻子柳氏就劝他说："一个人不仅要有本事，还要能抓住机会发挥自己的本领。现在皇上要御驾亲征辽东，正是需要猛将的时候，你有这一身的本事，何不从军为国立功？"

薛仁贵听到妻子的一番话，大受启发。第二天，他就告别妻子，应征入伍。

那年四月份，唐军抵达高句丽。两军对峙，高句丽的一名将士十分勇猛，一连几个唐朝战将都败在了他的手下。第二天，这名将士又来挑战。唐太宗手下竟然没人再敢应战。这时身穿白袍的薛仁贵站了出来，说道："末将愿前去应战！"

当时薛仁贵只是一个普通的士兵，唐太宗问道："你叫什么名字？"

薛仁贵回答："禀告皇上，末将叫薛仁贵。"

唐太宗又问道："你的勇气可嘉，可你知不知道那个高句丽将士异常勇猛，我们几个大将都不是他的对手？"

薛仁贵回答："那名武将功夫确实了得，但不是没有破绽。他每次交战都像不要命似的拼杀，得胜的主要原因是在气势上占了上风。"

唐太宗点了点头，又问道："你拿什么来战胜他？"

薛仁贵回答："先声夺人，先用自己的气势压倒他！"

唐太宗见这个原来不起眼的军人，居然在阵前有这样冷静的头脑，非常欣赏他，挥手让他去应战。

只见薛仁贵手持方天画戟，腰挂弓箭，像一股飓风似的拔地而起，拍马杀去。那个前来挑战的将士还没反应过来，薛仁贵已经杀到，方天画戟直刺他的咽喉，顿时一命呜呼。薛仁贵又趁势杀入敌阵，没有人能抵挡得住他。唐太宗抓住时机发动进攻，将对方杀得溃不成军。

战斗结束以后，唐太宗提拔薛仁贵为为游击将军、云泉府果毅，并赏给他两匹马、四十匹绢、十名奴仆。此后薛仁贵在收复辽东、攻打吐蕃等战斗中立下了赫赫战功，成为历史上有名的战将。

luó

罗姓起源

远古时期，在现在河南罗山一带，有一个善于结网捕猎鸟兽的部落，网即罗，因此这个部落就被叫作罗部落。周武王灭商以后，罗部归附周，罗成为周的属国。罗部落的首领被封为子爵，该部落的名字也被改为"罗子国"。春秋初期，罗子国被楚国所灭，国人便以国名"罗"为姓。

罗姓名人

罗邺：唐代著名诗人，有"诗虎"之称。在咸通、乾符年间，与罗隐、罗虬合称"三罗"。

罗隐：唐代著名诗人，笔锋犀利，其讽刺散文的成就很高，堪称古代小品文的奇葩。

罗从彦：北宋理学家，闽学奠基人之一。

罗牧：清初著名山水画家，其笔法多变，水墨清润淋漓，画风深沉粗犷，是"江西画派"的创始者。

罗聘：清代著名画家，为"扬州八怪"之一，其笔调超逸不群，别具一格。

罗姓名人名句

不论平地与山尖，无限风光尽被占。采得百花成蜜后，为谁辛苦为谁甜？

——罗隐《蜂》

菊 诗

罗西林是宋朝一位名士，学问很高。有一天，一个读书人带着他的诗稿去找罗西林请教。当他到达罗西林家门口时，看见一个小孩正横躺在门口睡觉。这个读书人叫了好几声，小孩才慢慢坐起来。读书人说："我要请你家主人指导我的作品，你给我通报一声吧。"这个小孩无端被人吵醒，心里很不高兴，就说："把你的诗先拿来给我看看。我觉得可以，才能替你通报。"

读书人听了，觉得惊奇，就说："你想看我的诗，那必定也会作诗了，你先给我吟一首绝句听听，我再给你看。"这个小孩也不谦让，就叫读书人出题。读书人说："就以你刚才醒来抓头为题吧。"

小孩思考片刻，便吟道："夜梦清鸾上碧虚，不知身世是华胥。起来搔首浑无事，啼鸟一声春雨余。"读书人十分叹服，连忙拿出诗稿给小孩看。小孩看完以后通报了罗西林。

当读书人见到罗西林时，才知道这个小孩原来是罗西林的儿子。罗西林还拿出了他儿子写的一首《菊诗》给他看："不逐春风桃李妍，秋风收拾短篱边。如何枝上金无数，不与渊明当酒钱。"这首诗虽然题为菊诗，整首诗却没有提到一个菊字，但句句都在咏菊。罗西林儿子的文采让读书人甘拜下风。

著书成痴

罗贯中是元末明初著名的小说家、戏曲家，他的著作很多，最为著名的就是被列为四大名著的《三国演义》。

罗贯中在写《三国演义》的时候常常手不离卷，闹出了不少笑话。有一天，一个乞丐来罗贯中家中讨米，求道："行行好吧，我断粮已经好几天了。"当时罗贯中正写到"群英会蒋干中计"中周郎领蒋干察看后营粮草。他听乞丐说断粮，头也没抬就连连念道："营内粮草堆积如山，即可取之！"说完又自顾写他的书去了。乞丐瞧他这副摸样，便毫无顾忌地进屋拿了些米走了。恰巧这事被附近一个小偷看到，于是小偷也跟着放心大胆地进屋，把罗贯中家的米粮全拿走了。

罗贯中的妻子回来一看粮囤，既生气又着急地说："家里没吃的，人都快饿死了，你到底管不管？"罗贯中这时刚写到"出陇上诸葛壮神"一回，听妻子说没粮食吃，他不禁大笑道："陇上麦熟，何不食之？"其时，麦子还没吐穗呢。他妻子知道说也没用，只好借些粮食回来度日。

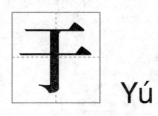

于
Yú

于姓起源

周武王灭商建周以后，大举分封诸侯，他的第二个儿子子叔被封在了邘国（今河南沁阳一带），后来，邘国的子孙就以国名"邘"为姓，"邘"姓又逐渐简化为"于"姓。

于姓名人

于公：东汉名臣，执法公正，以善于判案而成名。

于禁：三国时期曹魏名将，是曹操军营中的骨干精英。

于栗磾：南北朝时期的北魏将军，世间少有的猛将。

于慎行：明朝政治家、文学家，文学造诣颇高，著有《读史漫录》、《谷城山馆诗文集》等。

于学忠：国民党抗日爱国将领，曾参加过台儿庄战役和武汉保卫战。

于姓名人名句

谷城峰下晚霞沉，黄石楼头暮雨深。正见氤氲生远岫，旋看飒沓满平林。朝廷可下捐珠诏，田野空为种豆吟。纵获西成民已困，只应重雨栋阳金。

——于慎行《石楼新雨》

只有两袖清风

于谦是明朝名臣和民族英雄，曾在北京保卫战中打败瓦剌军。他还是我国有名的清官，深得百姓的爱戴。

明朝法律规定，每过一段时间，各地官员都要进京城向皇上汇报工作。当时宦官王振专权，肆无忌惮地招权纳贿。这些官员为了讨好王振，争相献金献银，唯独于谦，每次进京奏事，都不带任何礼品。他的一位同僚就劝他："你即使不肯送金银财宝，也至少送一些土特产过去意思一下吧。"于谦潇洒一笑，甩了甩他的两只袖子风趣地说："我只有两袖清风！"为此，他还特意写了一首《入京》以明志："手帕蘑菇与线香，本资民用反为殃。清风两袖朝天去，免得闾阎话短长！"

绢帕、蘑菇、线香都是于谦任职地方的特产。于谦在诗中说，这类东西，本是供人民享用的，只因官吏征调搜刮，反而成了百姓的祸殃了。同时，他在诗中也表明自己的态度：我进京什么也不带，只有两袖清风朝天，免得被人说长道短。诗中的"闾阎"是民间、老百姓的意思。成语"两袖清风"就来自于这首诗。这首诗写成以后，立刻远近传诵，成为一时佳话。

于谦如此刚正不阿，自然引起了王振等一些奸臣的极度不满。他们纷纷在皇帝面前诬陷于谦。皇帝听信谗言，将于谦押入了大牢。于谦在牢里写下了著名的《石灰吟》："千锤万凿出深山，烈火焚烧若等闲。粉骨碎身浑不怕，要留清白在人间。"他用石灰自喻，道出了自己的坚强不屈和洁身自好，并表示要同恶势力斗争到底。

Fù

傅姓起源

相传商朝高宗武丁想振兴国家，但苦于没有得力的大臣。一天晚上，武丁在梦中见到了一位圣人。醒来以后，他便将梦中的圣人画了出来，命人按照画像寻找这个圣人。后来，手下在傅岩（今山西平陆东部）找到了一个叫说的奴隶，这名奴隶果然是一位理政能手，在说的帮助下，武丁将国家治理得井井有条。因为说来自傅岩，于是武丁便赐他为"傅"姓，是为傅姓始祖。

傅姓名人

傅玄：西晋著名哲学家、文学家。

傅奕：唐代学者、自然科学家和无神论者。

傅友德：明朝开国功臣，在明对西南的统一中立下了汗马功劳。

傅以渐：清朝开国状元、一代名相，同时也是一位知名的史学家，曾参与纂修《明史》、傅善祥：太平天国时期的女状元，也是我国历史上第一位女状元，是东王杨秀清政务上的得力助手。

傅姓名人名句

青青河边草，悠悠万里道。草生在春时，远道还有期。春至草不生，期尽叹无声。感物怀思心，梦想发中情。梦君如鸳鸯，比翼云间翔。既觉寂无见，旷如参与商。河洛自用固，不如中岳安。回流不及反，浮云往自还。悲风动思心，悠悠谁知者。悬景无停居，忽如驰驷马。倾耳怀音响，转目泪双堕。生存无会期，要君黄泉下。

——傅玄《饮马长城窟行》

吸引麻雀的画

傅山是明末清初的大学问家，精通文学、佛学、医学，兼工诗文、书画、金石。

有一年，傅山路经朔县，听说县城里有一个家财万贯的李财主，为了显耀门庭，从江南请来了一位著名画家。这个画家花了整整四十天，画出了一幅巨作，竟然都能把麻雀引来。这件事情在朔县一时被传为佳话，人们都说："江南的画家就是技艺绝妙，画出画来能哄了飞禽。"傅山本是一个谦虚好学的人，听到大家这样说，便去拜访李财主，希望能从这幅画中学到一些长处。

李财主虽然不认识傅山，但从外貌举止上看出他气度不凡。李财主便得意地把画挂在院子里，让傅山观看。不一会儿，果然飞来了几只麻雀。傅山看完后笑着说道："这张画只能哄来麻雀，不足为奇！"

傅山这样说，李财主很不高兴，便说道："看来你是个内行的人，何不露一手，让大家开开眼界？"

傅山说道："如不嫌弃，请拿笔墨来！"

李财主立即命人取出笔墨。只见傅山左手托着砚台，右手握着毛笔，不慌不忙地来到大门对面的照壁前，举笔就在照壁上画了起来。只用寥寥数笔，傅山就勾出一块白布帘，布帘的左下角向外稍卷，好像有微风吹过一样，露出一半字来，布帘的下边也露出少半个字。眨眼工夫，这幅画就作成了。

李财主不解其意，认为傅山没有什么本事，只是在胡乱画写，便说道："你这画的是什么呀，弄污了我的照壁，你立马给我洗干净！"

傅山根本就不理他，李财主开始大吵大闹，惊动了左邻右舍。人们跑来看得究竟。有几个识字的人看见照壁上挂着一块白布帘，布帘没遮住的地方，露出一些龙飞凤舞的字迹，就想揭起布帘看看照壁上究竟写着什么文字。好几个人争先用手去揭，可揭来揭去总是揭不起来，还互相埋怨笨。后来他们才明白，原来这只是一幅画。

李财主这才如梦初醒，赶忙找傅山赔礼道歉，可傅山乘人们吵闹的时候，早就扬长而去了。

原来李财主的那幅画上画的是一串葡萄，由于画家着色鲜艳，那些贪嘴的麻雀以为是真的葡萄，便飞过来啄食。

黄
Huáng

黄姓起源

远古时期，在我国东部地区有一支以鸟为图腾的部落名叫东夷，东夷部落的首领叫作伯益。伯益因助大禹治水有功被赐为嬴姓，他的后代分成十四个分支，其中有一支叫作黄夷。春秋时期，黄夷建立了黄国（今河南潢川一带）。后黄国为楚国所灭，其子孙便以国名"黄"为姓。黄姓现在是我国第八大姓。

黄姓名人

黄歇：即楚国春申君，"战国四公子"之一，著名政治家、军事家。

黄巢：唐末农民起义领袖。

黄筌：五代时期著名画家，存世作品有《写生珍禽图》、《雪竹文禽图》等。

黄宗羲：明末清初著名的思想家、文学家、史学家，与孙奇逢、李颙并称"三大儒"。

黄炎培：我国近代著名的爱国主义者和民主主义教育家，我国近代职业教育的创始人和理论家。

黄姓名人名句

待到秋来九月八，我花开后百花杀。冲天香阵透长安，满城尽带黄金甲。

——黄巢《不第后赋菊》

黄巢与红灯笼

唐朝末期，黄巢带领起义军北上，攻打浑城。围城三天攻不下来，黄巢气坏了，指着城楼大骂，扬言攻破城池，定杀个鸡犬不留。

这时，已经快过年了，下了一场大雪，天很冷，士兵大多还没有换上冬服，黄巢知道硬攻要受损失，只好先把队伍拉到山里，等过了年再说。

新年很快过去了，家家都在推米磨面，做汤圆，欢庆上元佳节。黄巢想，兵书说："知己知彼，百战不殆。"我何不乘人们过节的时候，进城摸摸敌军的虚实，再定攻城之策。想到这里，他马上召集众家兄弟商量了一下，把义军交给师弟，自己挑上汤圆挑子出了大营，直向浑城走去。

黄巢进了城门，一直奔西街。走不多远，见十字街前有一伙人正指指划划地看什么。刚好，这时对面来了个卖醋的老人，穿一身破棉袄棉裤，手里不住地敲着梆子。黄巢上前施礼说："请问老人家，前面出了什么事？"

老人打量一下黄巢，左右望望，把他拉到路边，低声说："前两天黄巢带兵攻城不下，到山里去了，过几天还要来的。官家贴出告示，要百姓出人出粮，唉！要打大仗了。"

两个人正说话，忽听一阵马蹄响，黄巢抬头一看，一队人马飞驰而来，当兵的边跑边嚷道："众家百姓听着，黄巢进城了，现已四门紧闭，跑不了啦，有发现卖汤圆的马上报告。知情不报者诛灭九族！"

黄巢知道军中出了叛徒，走漏了消息，便扔下挑子往东跑，急急忙忙地钻进一个巷子里。进了一家院子，隐在门后。等马队过去，这才出来往北跑。没跑多远，又听见马蹄响，知道马队又回来了，他一转身钻进一个小院。

黄巢插上门正要进屋，见一个老人从屋里走出来，正是十字街头跟自己说话的那个老人，急忙走过去说："老人家行行好，把我藏起来吧。"

老人见了黄巢先是一愣，接着点点头答应了。

这时，街上传来一阵急促的马蹄声，接着有人拍门。老头着急了，话都顾不得说，急忙把黄巢领到后院，来到醋缸跟前，掀开缸盖让他钻进去，说："客官，先委屈一下吧！"老人拿把扫帚刚要扫地，大门撞开了，十几个官兵闯进来，把老头围住。

官兵头目说："大白天，为啥插门？"

老人说："我怕小偷进来偷东西。"

头目追问："有个大汉，你把他藏在哪？"

老人说："我家大门插着，没人进来！"

一头目骂道："胡说！他明明钻到这儿来了。你不想活了！"

老人说："官爷，你不信，就请搜吧。"

头目下令搜查，十几个官兵马上进屋，翻箱倒柜，乒乒一阵乱响，东西砸破了不少，醋缸也打破了两口，醋流满了院子，幸亏他们没接着翻。

官兵走了，黄巢从缸里爬出来，见满院子都是碎缸片，老人心疼地在缸前落泪。他忙走过去安慰说："老人家不要哭了，过两天我赔你几口就是了。"

老人站起来说："客官，你快走吧，他们前边去了，找不到人还会回来的。"

黄巢问："老人家，现在天还不黑，到处都是官兵，我从哪里出城呢？"

老人说："你出了这条巷子，钻进对面院子，从后面出去便是天齐庙，你先在庙里藏着。天黑后，顺着城墙往南走，走出两丈多地有个豁口，你就从那儿出去吧。"

黄巢见老人厚道诚实，便进一步打听说："老人家，这座城有何妙处，黄巢十万大军攻了三天竟然攻不破？"

老人说："客官有所不知，这城建在始皇时期，城墙又高又厚，上有滚木，两厢藏有弓箭手。"

黄巢问："那就没法了吗？"

老人说："要攻城，不能从城门进，得从天齐庙的豁口进。"

黄巢听了很高兴，转身要走，又回过身来问："老人家，你知道我是谁吗？"

老人犹豫了一下，说："你是黄大将军。"

黄巢说："唐兵骂我杀人如麻，吃人不吐骨头，你不怕我吗？"

老人说："那是官家说的，官家能有好话吗？我们穷百姓正盼着你来呢。"

黄巢听了很感动，想不到老百姓对自己这么敬重，就说："老人家，你家有红纸吗？"

老人说："现成的没有，店铺里能买到的。"

黄巢说："你买几张红纸，扎个灯笼，正月十五挂在房檐上。"

黄巢走后，老人把消息传给邻居，一传十，十传百，不久全城穷百姓都知道了，家家买红纸扎灯笼。

黄巢回到大营，马上召集将士商量，到了正月十五晚上，带着五千精兵，摸过护城河，按老人所指的路悄悄入城，一声号炮，内外夹攻，很快攻破城门，起义军进城了！

这时，穷人家门口都挂起了红灯笼，全城灯火通明。凡是挂红灯笼的的大门，起义军一律不入；不挂红灯笼的，起义军冲进去抓贪官污吏。第二天，黄巢开仓分粮，还派人给那位老人送去二百两银子。

自那以后，每到正月十五，家家户户都挂起了红灯笼。这个习俗便流传下来。

萧 Xiāo

萧姓起源

春秋时期，宋国内乱，宋国公子纷纷逃往萧邑（今安徽萧县）。萧邑大夫是宋国始祖微子启的后裔，名叫大心。他把这些公族子弟及他们的随从聚合起来组成一支军队，平息了内乱。后来宋桓公即位，就封大心为萧叔，之后他的子孙便以"萧"为姓。

萧姓名人

萧道成：南北朝时期齐国建立者，史称齐高帝。

萧衍：南北朝时期梁国建立者，史称梁武帝。他的政治、军事才能在当时堪称翘楚，他在学术研究和文学创作上也成就非凡。

萧统：南北朝时期著名的文学家，萧衍之子，编有我国最早的诗文总集《文选》。

萧云从：明末清初著名画家，姑苏画派的创始人。

萧朝贵：太平天国核心领导人之一，被封为西王。

萧姓名人名句

亭亭山上柏，悠悠远行客。行客行路遥，故乡日迢迢。迢迢不可见，长望涕如霰。如霰独留连，长路邈绵绵。胡马爱北风，越燕见日喜。蕴此望乡情，沈忧不能止，有朋西南来，投我用木李。并有一札书，行止风云起。扣封披书札，书札竟何有。前言节所爱，后言别离久。

——萧统《饮马长城窟行》

自毁名节求善终

萧何是著名的政治家，秦末随刘邦起义。他知人善任，在刘邦建立汉朝的过程中起了重要作用。汉朝建立以后，刘邦封萧何为相国。

有一年秋天，英布谋反，刘邦亲自率兵征讨，而将朝中大事交由萧何管理。刘邦虽然如此安排，但还是害怕萧何有什么异常举动。所以每次萧何派人给刘邦输送军粮的时候，刘邦都要问使者："萧相国在长安做什么？"使者回答："萧相国爱民如子，除办军需以外，无非是做些安抚、体恤百姓的事。"刘邦听后，总是默不作声。使者回来报告萧何，萧何猜到汉高祖对他有所怀疑，所以他更加努力工作，安抚百姓，稳定政治局面，还将自家的钱粮充为军资送到前线，希望能通过自己的忠诚来化解刘邦的猜疑。

萧何的一位门客知道后，急忙劝萧何："您不久就要遭受满门抄斩之祸了！"

萧何大为吃惊，问道："我对圣上如此忠心，圣上何故要对我这样？"

那位门客接着说："您现在已经做了相国，身居百官之首，圣上还能封赏你什么？您当初入关中的时候，就深得民心，到现在十几年了，您的威望越来越高，老百姓都信服您，愿意跟您亲近！您还在想尽方法为民办事，安抚百姓。皇上之所以总询问您的情况，就是害怕您借助关中的民望有什么不轨行动啊！试想，一旦您乘虚号召，闭关自守，岂非将皇上置于进不能战、退无可归的境地？"

萧何听后吓出了一声冷汗，忙问道："我该怎么办？"

门客建议道："您何不贱价强买民间田宅，故意让百姓骂您、怨恨您，制造些坏名声，这样皇上一看您不得民心了，才会对您放心。"

萧何仰天长叹道："我也只能对不起老百姓了！"萧何心里明白，对于一般的小官吏，刘邦并不怕他们有野心。所以一有贪赃枉法行为，必遭严惩。而对于他这样的大臣，刘邦主要是防止他们有野心，对于贪赃枉法那些小事，反不足为重了。为了消除刘邦的疑忌，萧何不得已违心地做些侵夺民间财物的坏事来自污名节。

不久，萧何的所作所为就被人密报给了刘邦。果然，刘邦听后，像什么事也没发生一样，并不查问。当他从前线凯旋归来时，百姓拦路上书，控告萧相国的违法行为。回到宫中，刘邦召见了萧何，将百姓的上书交给萧何，意味深长地说："你身为相国，竟然也和百姓争利！你就是这样'利民'的吗？你自己向百姓谢罪去吧！"刘邦虽然表面上让萧何去认错，其实内心里却暗自高兴，对萧何的怀疑也逐渐消失了。

宋
Sòng

宋姓起源

周武王建周以后，以仁德治天下，不但没有对前朝的王室赶尽杀绝，反而把一大片土地分封给商纣王的儿子武庚，其爵位也是当时最尊贵的。周武王死后，武庚作乱，被周公平息，武庚被杀。周公把武庚的封地给了商纣王的哥哥微子启，微子启在那里建立了宋国。战国时期，宋国被齐国所灭，其子孙遂以"宋"为姓。

宋姓名人

宋璟：唐朝贤相，对造就"开元盛世"贡献颇多。

宋祁：北宋史学家、文学家，因有"红杏枝头春意闹"的佳句，得"红杏尚书"的美称。

宋慈：南宋杰出的法医学家，著有《洗冤集录》，被誉为"法医学之父"。

宋应星：明代著名科学家，所著的《天工开物》是我国古代手工业和农业生产技术综合性的科学巨著，在国际上也影响甚巨。

宋琬：清初著名诗人，著有《安雅堂全集》。

宋姓名人名句

秋水芦花一片明，难同鹰隼共功名。墙边饭饱垂头睡，也似英雄髀肉生。

——宋琬《舟中见猎犬有感而作》

空穴来风

宋玉是战国时期楚国文学家、辞赋家，屈原的学生。当时忠贞爱国的屈原受到奸佞小人的诬告，被楚王放逐他乡，宋玉对此非常生气，但又无能为力。有一天，楚王邀他去兰台宫游玩。虽说是邀请，其实就是命令，所以即便宋玉有千万个不愿意，也只能硬着头皮前往。

楚王和宋玉一前一后登上兰台，这时，忽然吹来一阵凉爽的风，楚王觉得很惬意，不禁感叹道："这风真凉爽啊！这是我和楚国百姓共有共享的风！"楚王本来就是一个昏庸的君主，听信小人谗言，残害忠良，在这里却大谈百姓疾苦。这令宋玉很反感，他灵机一动，借题发挥，说道："这凉爽的风是大王您独有的。"楚王听后非常惊奇，就问："天上吹下来的风难道也有高低贵贱之分吗？"宋玉回答说："我的老师屈原曾经说过，'枳句来巢，空穴来风'。树分杈的地方，常有鸟来做窝；有空隙的地方，就容易引来风吹。在皇宫里，风是清净、凉爽的，所以是吹给贵族的；而百姓住的斗室陋巷内，风是潮湿、腥臭的。"

其实宋玉这样说并不是讨好楚王，相反，他是讽刺楚王不顾民情，只顾自己享乐。但昏庸的楚王根本没听懂宋玉的话中刺，竟然还连连夸他会说话。

宋湘闯书房

宋湘是清代著名的诗人、书法家和教育家。他小的时候家里贫穷，曾一度以卖毛笔为生。有一天，他路过一家私塾，便走了进去想推销他的毛笔。但私塾中空无一人，就在他准备出去的时候，看到书桌上有一叠学生文卷。他很好奇，就拿起文卷看了起来。正在这个时候，私塾的老先生回来了，见到这个情景气得脸色发青，用戒尺往宋湘脸上一指，大声呵斥道："哪来的顽童，竟然敢闯入我的书房中？"宋湘忙上前施礼道："小生姓宋名湘，今天卖毛笔路过这里，偶然读到贵弟子的文章，觉得文字欠佳，就斗胆批改起来，希望先生恕罪。"老先生听后更加生气，说道："你这个穷小子，竟然在我这里逞才！今天我出一个对子，你对得上，我便放你走，如果对不上，就把你的毛笔全部留下！"宋湘欣然答应。

那位先生念道："有水便是'湘'，无水也是'相'，除却'湘'边水，加雨变成'霜'，各人自扫门前雪，莫管他人瓦上霜。"宋湘只凝思一会，便不慌不忙地说："有月便是'期'，无月也是'其'，除去'期'边月，加欠变成'欺'，龙游浅水遭虾戏，虎落平阳被犬欺。"宋湘对得工整，老先生无话可说，只好让宋湘离开了。

董
Dǒng

董姓起源

董姓最古老的起源是舜帝时期。当时有一个叫董父的人，他为舜帝教龙。在董父的精心驯养下，许多龙学会了表演各种舞蹈，舜帝很是喜欢，便赐他"董"姓。董姓还有一个起源是西周时期，当时周大夫辛有两个儿子在晋国做董督，即管理史书典册的官，后来他们的子孙便以官名"董"为姓。

董姓名人

董仲舒：西汉文学家，今文经学大师。

董宣：东汉名臣，以秉公执法、廉洁奉公著称于世。

董庭兰：盛唐著名琴师，高适《别董大》中的"莫愁前路无知己，天下谁人不识君"句，说的就是他。

董源：五代时期著名画家，山水画尤为出名，对后世影响深远。

董邦达：清代著名画家。

董姓名人名句

病眼看花愁思深，幽窗独坐抚瑶琴。黄鹂亦似知人意，柳外时时弄好音。

——董小宛《绿窗偶成》

王允除董卓

东汉末年，黄巾军大起义，宫廷动乱中，董卓废掉少帝，拥立献帝。因为拥戴有功，董卓竟然要汉献帝尊称他为"尚父"。

当时，朝廷里的大臣们人人自保，对董卓敢怒而不敢言。董卓见危险解除，也就大胆地寻欢作乐起来。他在离长安200多里的地方，建筑了一个城堡，称作坞。坞的城墙修得又高又厚，他搜刮得来的金银财宝和粮食都贮藏在内，单说粮食，30年吃不完。

坞筑成以后，董卓得意地对人说："如果大事能成，天下就是我的；如果大事不成，我就在这里安安稳稳度晚年，谁也打不进来。"

董卓有一个心腹，名叫吕布，勇力过人。董卓把吕布收作干儿子，叫吕布随身保护他。他走到哪里，吕布就跟到哪里。吕布的力气特别大，射箭骑马的武艺，十分高强。那些想刺杀董卓的人，因为害怕吕布的勇猛，就不敢动手了。

司徒王允想除掉董卓。他知道要除掉董卓，必须先打吕布的主意。于是，他就常常请吕布到家里，一起喝酒聊天。日子久了，吕布觉得王允待他好，也就把他跟董卓的事情向王允透露一些。

　　原来，董卓性格暴躁，稍不如他的意，就不顾父子关系，向吕布发火。有一次，吕布无意中冲撞了他，董卓竟将身边的戟朝吕布掷去。幸亏吕布眼疾手快，侧身躲过了飞来的戟，没被刺着。为此，吕布心里很不痛快。王允听了吕布的话，心里挺高兴，就把自己想杀董卓的打算也告诉了吕布。吕布答应跟王允一起谋反。

　　公元192年，汉献帝生了一场病，身体痊愈后，在未央宫接见大臣。董卓得到通报从坞到长安去。为了提防有人刺杀他，他在朝服里面穿上铁甲，在乘车进宫的大路两旁，派卫兵密密麻麻地排成一条夹道护卫。他还叫吕布带着长矛在身后保护他。他认为经过这样安排，就万无一失了。孰不知，王允和吕布早已设好计策来刺杀他。吕布在夹道护卫中安插好了几个自己的心腹勇士在宫门口等候。董卓的坐车刚一进宫门，就有人拿起戟向董卓的胸口刺去。但是戟扎在董卓胸前的铁甲上，刺不进去。

　　吕布见此情景，立即举起长矛，一下子戳穿了董卓的喉头。随即，吕布从怀里拿出诏书向大家宣布："皇上有令，只杀董卓，别的人一概不追究。"将士们听了，都高兴地呼喊万岁。长安的百姓听到奸贼董卓死了，欢声雷动，举杯相庆。

梁 Liáng

梁姓起源

　　东周初年，秦仲讨伐西戎有功，周平王便将梁地（今山西韩城一带）分封给秦仲的二儿子康，康在那里建立了梁国。春秋时期，秦穆公派兵攻灭梁国，改称梁国为少梁。梁国的子孙便以故国名"梁"为姓。另外还有以封邑名作姓氏的一支梁氏。春秋时期，晋国有解梁城、高梁、曲梁等地，这些地方的后代就用封地"梁"作为自己的姓氏。到了北魏时，少数民族的拔列兰氏也改姓梁，于是梁姓的家族又多了一支。

梁姓名人

　　梁令瓒：唐代天文学家，发明了黄道游仪、水运浑天仪。

　　梁肃：唐代散文家。

　　梁楷：南宋画家，擅画人物、山水、道释和花鸟。

　　梁辰鱼：明代戏曲家，创作了以昆腔演唱的《浣纱记》，对昆腔的发展和传播有很大影响。

　　梁启超：近代政治家、文学家，维新变法的倡导者。

梁姓名人名句

　　少年智则国智，少年富则国富，少年强则国强，少年独立则国独立，少年自由则国自由，少年进步则国进步，少年胜于欧洲，则国胜于欧洲，少年雄于地球，则国雄于地球。

击鼓退金兵

梁红玉是南宋名将韩世忠的妻子,我国古代杰出的女军事家,在抗金斗争中,多次立功。

有一年,金将完颜宗弼率领十万金兵南下,企图一举消灭南宋。金军长驱直入,没有受到什么大的阻拦就攻入了江浙一带。宋高宗被追得逃到了海上。金兵大多不习水性,始终没能抓住宋高宗。这时金军孤军深入已经五个多月了,江南各地纷纷起来反抗。完颜宗弼被迫撤兵,但撤兵之前他还怂恿部下大抢了一顿,才带着金银珠宝班师回朝。

当时,韩世忠和梁红玉奉命镇守京口,而完颜宗弼北撤必定会过京口,所以韩世忠决定在这里截击金军。但他的手里只有八千士兵,与完颜宗弼的十万士兵、数百艘战舰相比可谓是天壤之别。为了想出制胜方法,他带着夫人梁红玉来到金山察看地形,寻找埋伏的地点。韩世忠望着白茫茫的江面说:"夫人,你看江面如此宽阔,敌众我寡,不易坚守,不如把人马撤到下江,等待增援的将士到了后再战。"梁红玉扫视江面以后,说道:"将军,你看那里!"韩世忠顺着梁红玉手指的方向望去,立马明白了妻子的意思。原来那里是一望无际的芦苇荡,是个埋伏的好地方,只要把金兵骗到这里,定会打他个措手不及。

过了几天,金兵来了。韩世忠亲率水军作战。梁红玉则登上金山山顶,这里地势高,山下的情形看得一清二楚。梁红玉身穿红袍,站在那里敲鼓挥旗,指挥军队。第一次战鼓响,韩世忠立即指挥水军,扯帆驶出芦苇荡,迎战金军。第二次战鼓响,韩世忠佯装失利,且战且退,转眼间隐进了茫茫芦苇荡。完颜宗弼以为这次的宋军与以前遇到的宋军一样贪生怕死、不堪一击,于是命令士兵追赶。这一追赶,就上了韩世忠和梁红玉的当,进了埋伏圈。梁红玉随即第三次敲响了战鼓。随着震天动地的鼓声,埋伏在芦荡里的战船脱掉伪装,嗖地飞向敌军。不识水性的金兵被这阵势吓了一跳,顿时大乱,溃不成军。韩世忠乘胜追击,一直将金兵追到了黄天荡。

贾
Jiǎ

贾姓起源

西周时期,晋国开国君主唐叔虞的小儿子公明被周天子封在了贾地(今山西襄汾县),公明在那里建立了贾国,号贾伯。春秋时期,贾国被晋国所灭,晋国国君将贾国原有的土地分封给晋国大夫狐偃的儿子射姑为封邑。此后,贾国原来的王族以及射姑的后代均以"贾"为姓。

贾姓名人

贾谊:西汉政治家、文学家,时称"贾生",著有政论《过秦论》、《陈政事疏》等。

贾逵:东汉初期经学家、天文学家。

贾思勰:南北朝时期农学家,所著的《齐民要术》是世界农学史上最早的专著之一。

贾岛：唐代诗人，喜写荒凉枯寂之境，注重词句锤炼，刻苦求工，"推敲"的典故即由其斟酌诗句"僧推（敲）月下门"而来。

贾仲明：明代杂剧作家，著有《云水遗音》等。

贾姓名人名句

然秦以区区之地，致万乘之势，序八州而朝同列，百有余年矣；然后以六合为家，崤函为宫；一夫作难而七庙隳，身死人手，为天下笑者，何也？仁义不施而攻守之势异也。

——贾谊《过秦论》

两追曹军

贾诩是东汉末年著名的战术家。东汉末年，朝政衰败，各地诸侯纷纷独霸一方，并伺机吞并他人，扩大势力。

有一年，势力渐起的曹操将吞并目光移向了南阳的张绣。当时贾诩在张绣门下任谋士。就在两军对峙并频繁交战数次都未能分出胜负的时候，曹操突然撤军。张绣从探子那里得知了曹操撤军的消息，认为是个好时机，要趁乱追杀曹军。旁边的贾诩劝道："不能追杀啊！如果追杀，必败无疑！"

张绣自认为实力雄厚，自大地说："今天不追曹军，岂不是白白丧失千载难逢的良机？"贾诩竭力劝告无果。

张绣率军追赶了十余里，终于赶上曹操后卫。两军接战，曹军十分奋勇，张绣难以抵挡，大败而回。

张绣面有愧色，懊悔不迭地对贾诩道："没有采纳你的劝告，果然失败了。"

贾诩笑道："请主公赶快催促部队再追上去，再交战一定胜利。"

张绣大为惊诧，说："刚才追杀失败，怎么又去追杀？"

贾诩严肃地说："这次追去定获大胜。如果不胜，请砍杀我的头颅！"

张绣相信了贾诩的话，领军前去追赶曹操，经过一番激战，果然得胜回来，缴获曹操军马辎重无数。

得胜归来的张绣对此非常奇怪，忍不住问贾诩："我先前用精兵追击，你却说一定失败；回来后再用战败了的士卒追击，而你又说一定能打败他们。两次结果都让你说中了，这是什么道理啊，特向先生请教。"

贾诩说："这很容易明白。将军虽然善于用兵，但并非曹操对手。曹操精通兵法，他虽然撤军，但为了防止追军必定部署精兵强将殿后。第一次追击，我军虽然精锐，却不能抵挡他的劲旅，所以我知道必败。曹操这次攻打将军并没有失策的地方，兵力没有消耗完却主动撤退，也没有乘胜追击，一定是因为国内发生了变故。他们打败了将军头一次的追兵之后，一定轻车简从，火速回军，不再作防止第二次追杀的准备，我军乘其不备再次追击，所以必定能取得胜利啊。"

事后经秘探回报，事实正如贾诩所料，袁绍乘曹操出兵攻打张绣的时候，侵犯曹操的许都，弄得许都危机重重。曹操知道后，才急忙传令全军即日回师。

张绣听了佩服得五体投地。

郭
Guō

郭姓起源

　　西周时期，周武王封他的叔叔虢叔于东虢（今河南荥阳东北），建立虢国。春秋时期，虢国为郑国所灭。周平王便将虢叔的后裔序封在了曲阳（今山西太原北），重建虢国。后来虢国又为晋国所灭，由于古代"虢"与"郭"同音，所以虢国的后代便以"郭"为姓。

郭姓名人

　　郭象：西晋学者、玄学大师，所撰的《庄子注》对后世影响很大。

　　郭震：唐朝将领、文学家。

　　郭威：五代时期后周的建立者。

　　郭守敬：元朝著名文学家、水利学家、天文学家、数学家，他主持编制的《授时历》施行达三百六十年之久，为我国历史上施行最久的历法。

　　郭嵩焘：清末外交家，是我国第一位驻英大使。

郭姓名人名句

　　君不见昆吾铁冶飞炎烟，红光紫气俱赫然。良工锻炼凡几年，铸得宝剑名龙泉。龙泉颜色如霜雪，良工咨嗟叹奇绝。琉璃玉匣吐莲花，错镂金环映明月。正逢天下无风尘，幸得周防君子身。精光黯黯青蛇色，文章片片绿龟鳞。非直结交游侠子，亦曾亲近英雄人。何言中路遭弃捐，零落飘沦古狱边。虽复沉埋无所用，犹能夜夜气冲天.

——郭震《古剑篇》

"世之奇士"郭嘉

　　郭嘉是三国时期曹操麾下的重要的谋士，为曹操一统北方立下了重要的功绩。

　　年少的郭嘉就展露出其过人的智慧，并十分有远见。弱冠之时就觉得天下会大乱，因此隐居起来，不与世俗交往。隐居之前，郭嘉曾去投靠过袁绍，但是没有几天，他见袁绍决策不果断，而且没有辨识贤才的能力，觉得袁绍难以成就霸业，就离开了袁绍，隐居起来。郭嘉二十七岁时，曹操的谋士戏志才死了，荀彧向曹操举荐了郭嘉。郭嘉与曹操论天下大势，曹操特别高兴地说郭嘉就是辅佐他成就大业的人，而郭嘉也表示曹操才是真正值得他辅佐的人。

　　郭嘉出仕后，袁绍曾来信挑衅、羞辱曹操，这时郭嘉向曹操提出了十胜十败论，分析对比了曹、袁两方的优胜劣败，鼓舞了曹操的士气。之后郭嘉又进一步提出应该先扫平吕布，再谋取天下。曹操听取了郭嘉的建议，攻打吕布。但是战争持续了大半年，久攻不下。曹操的士兵都越显疲态，曹操也打算放弃，但是郭嘉和荀彧却看到了胜机，劝说曹操急攻。曹操听从郭嘉的计策，终于攻下吕布。

之后郭嘉为曹操出谋划策，使曹操打败袁绍。可惜郭嘉在随同曹操征讨乌桓时，因为身染重病，加上水土不服，最终英年早逝。后来曹操赤壁之战大败时，曾感慨道："郭奉孝在，不使孤至此。"也说明了曹操对郭嘉的重视。史书评价郭嘉为"才策谋略，世之奇士"。

林 Lín

林姓起源

商末，商纣王荒淫无道，嗜杀成性，大臣比干冒死进谏，却被商纣王剖心而死。比干的妻子当时正有身孕，为躲避官兵追杀，逃难于树林之中，并生下了坚。后来周武王灭商建周，就将他们母子从树林中接了出来，并赐坚为"林"姓。

林姓名人

林禄：东晋著名政治家，曾尽心辅佐过五位晋帝。

林慎思：唐代政治家，是福建历史上第一位状元，也是福建历史上第一位思想家。他是福建文化发展史上的一个重要标志，后人称其为"吾闽千古不朽之高士"。

林逋：北宋初年著名隐逸诗人、书法家。

林则徐：清末著名爱国将领和民族英雄，因主张严禁鸦片、抵抗西方的侵略、坚持维护中国主权和民族利益而深受全世界中国人的敬仰。

林语堂：近代著名作家、学者，著有长篇小说《京华烟云》。

林姓名人名句

众芳摇落独暄妍，占尽风情向小园。疏影横斜水清浅，暗香浮动月黄昏。霜禽欲下先偷眼，粉蝶如知合断魂。幸有微吟可相狎，不须檀板共金樽。

——林逋《山园小梅》

妈祖的传说

妈祖是人们对海上女神的亲昵称呼，是保护远航之人能够安全回家的女神。

妈祖的本名叫林默娘，是北宋年间福建地区仕宦之家的女儿。相传默娘出生的时候红光绕室，香气弥漫。因为默娘从出生到满月都没有啼哭一声，因此取名为"默娘"。默娘自小聪明过人、心地善良，不仅通晓海上各种天气变化，还能呼风唤雨，在波涛汹涌的大海中挽救摇摇欲坠的船只。大家都称她为"神姑"、"龙女"。

在默娘二十八岁这一年，默娘在海上奋不顾身地抢救遇难渔民时，身陷激流，被海浪卷走不见踪影。人们都不愿意相信默娘因海难而死，都认为她是被龙王接走成仙了。

于是人们就在沿海地区建造了很多妈祖庙，用来纪念、供奉默娘，希望她能够继续保护出航的船只平安回航。在闽南方言中，"妈"表示对女性长者或德高望重者的最高尊称。因此后来人们尊称林默娘为妈祖，也是表达对默娘的尊敬和爱戴。

妈祖无私奉献的高尚品德和英雄事迹，体现了中华民族的传统美德，妈祖精神也成为中华民族的优秀文化遗产之一。

徐 Xú

徐姓起源

伯益因为帮助大禹治水有功，所以他的儿子若木就被大禹封在了徐国（今安徽泗县一带）。徐国历经了夏、商、周三个朝代，都是作为诸侯而存在的。春秋时期，徐国被楚国打败，国力从此日渐消退。到了春秋后期，徐国被吴国所灭，徐国的后裔就自称为徐氏，以国为姓，代代相传。

徐姓名人

徐伯：西汉水利家，曾主持漕渠开凿工程。

徐世勣：唐代政治家、军事家。

徐祯卿：明代文学家，与唐伯虎、祝枝山、文徵明并称为"江南四大才子"。

徐霞客：明代伟大的地理学家、旅行家、探险家，后人据根据他的日记整理成了富有地理学价值和文学价值的《徐霞客游记》。

徐悲鸿：现代画家、美术教育家，所画花鸟、风景、走兽简练明快，富有生气，尤以画马驰誉中外，代表作有《奔马图》。

徐姓名人名句

风霜独卧闲中病，时节偏催壑口蛇。篱下落英秋半掬，灯前新梦鬓双华。文章江左家家玉，烟月扬州树树花。会待此心销灭尽，好持斋钵礼毗耶。

——徐祯卿《文章烟月》

深山曲路见桃花，马上匆匆日又斜。可奈王鞭留不住，又衔春恨到天涯。

——徐祯卿《偶见》

一言不发的徐庶

东汉末年，曹操的势力很大，在扫平了北方袁绍后，他打算继续南下，直接夺取刘表驻守的荆州。

但是要夺取荆州，首先就得先攻破新野这个小县城，当时的新野是由刘备驻守的。刘备没有多少人马，但是在军师徐庶的协助下，刘备还是能够牢牢地守住新野。曹操大军经过多次苦战，仍然没有攻破新野城，反而被刘备的人马夺去了很多粮草。过了不久，他们又被刘备趁机夺取了守备空虚的樊城。这让曹操心里很是郁闷。他不住地在军营里来回地踱步，对这个结果百思不得其解。

这时，他身边的谋士程昱看出了曹操的心思，就上前说道：“主公，其实刘备也没有多少势力，他之所以能顺利地固守新野，夺取樊城，就是因为有人为他出谋划策。我已经派人调查过了，那个人名叫徐庶。他是颍川人，从小就很喜欢学习，也很聪明，成年之后遍访名师，对古今的事情都很通晓，是当世不可多得的奇才啊，也正是有了他的帮助，刘备的实力才增强了不少！如果徐庶能够为主公所用，一定能助主公一臂之力，到时候统一天下也就不难了。”

曹操一听，高兴极了，于是迫不及待地问有没有什么良策可以把徐庶挖过来，让他辅佐自己。

程昱想了想，回答道：“徐庶从小就没有了父亲，与母亲相依为命，因此他对自己的母亲很孝顺。现在，他自己去辅佐刘备，随刘备在战场上出生入死，想来家中老母一定是无人照看，丞相可以派人把他的母亲接到许昌来，给她好房子住好衣服穿，好好地对待她，然后让她写信给自己的儿子，邀其前来，想必事情就可以办成了。”

曹操采纳了程昱的计策。谁知道，徐母深明大义，不愿意就范，对曹操也是破口大骂。曹操没有办法，只好让谋士程昱模仿徐母的笔迹给徐庶写信，就说自己病了，请他赶紧回来。徐庶接到信后，知道自己的母亲在曹操手中，不得已只能告别了刘备，北上到曹操那里去了。

临行前，徐庶哭着对刘备说：“我本想跟随主公驰骋天下，帮助主公建功立业，没有想到曹贼竟然用这种办法逼我就范，我实在是没有办法啊，现在不得已只能告别主公。但是我今后在曹营之中，无论曹操如何待我，我决意终身不为他出一谋、划一策，以报答主公知遇之恩啊！”

徐庶来到曹营之后，才知道自己上当了，他的母亲也极为生气，认为徐庶不忠，在晚上上吊自杀了。徐庶心灰意冷，虽然一直身处曹营，但是终身都没有为曹操真心实意地打过江山，也从来没有为曹操出过计策。

高
Gāo

高姓起源

姜子牙因为辅助周武王伐纣有功，被分在了齐地，建立了齐国。他的第六十孙为齐文公姜赤，姜赤将他的次子封在了高邑，称公子高。按照当时的贵族礼仪，公子高的儿子以“高”为姓。此外，高姓还有一支源于少数名族改姓。

高姓名人

高仙芝：唐代高丽族名将，精于骑射，屡立军功。

高适：唐代著名边塞诗人。

高斗魁：清代医学家，以医术精湛名噪一时，著有《医学心法》、《四明医案》等医学著作。

高士奇：清代文学家、历史学家，著作颇多。

高翔：清代画家，"扬州八怪"之一，擅长山水画。

高姓名人名句

我本渔樵孟诸野，一生自是悠悠者。乍可狂歌草泽中，宁堪作吏风尘下？只言小邑无所为，公门百事皆有期。拜迎长官心欲碎，鞭挞黎庶令人悲。悲来向家问妻子，举家尽笑今如此。生事应须南亩田，世情尽付东流水。梦想旧山安在哉，为衔君命日迟回。乃知梅福徒为尔，转忆陶潜归去来。

——高适《封丘作》

快刀斩乱麻

南北朝时期，东魏有一丞相叫高欢。他有很多儿子，在政权频繁更替的乱世，他深知自己一时的权势显赫和万贯家财不一定能给后代带来福禄，甚至这一切能不能传给后代都值得忧虑。为了了解儿子们的才能，有一天，他把儿子们召集在一起，给了他们一人一把乱麻，要求他们以最快的速度把它整理好。

儿子们拿着麻各自到一旁去整理。由于麻有很多地方打结了，都连在一块儿，抽这根带那根，越理越乱，一个个急得满头大汗。然而，一个名叫高洋的孩子接过麻后，一语不发，转身拿来自己的腰刀，几刀就把那纷乱如丝的乱麻斩断，然后再理，很快就把麻理顺了，第一个完成了任务。

高欢惊讶地问："你为什么这样理，这样麻不都变短了吗？"高洋回答说："父亲您只说要理顺，并未提及长短，所以就'乱者必斩'"。高欢看到儿子的精明、果断，非常欣慰。

后来，高洋成了北齐王朝的文宣帝。他不负父亲的期望，成就了自己的帝王绩业，"快刀斩乱麻"则成了传颂他聪明才智的故事，比喻做事干脆利落，能够在纷繁复杂的事物中，抓住要害，迅速地解决问题。

胡

Hú

胡姓起源

周武王伐纣建周以后，分封舜的后代胡公满于陈国。胡公满死后，为了纪念他，他的后代中就有人以"胡"为姓。此外，胡姓还有两支源于古代的国名。西周时期，有两个胡子国，春秋时期，这两个国家为楚国所灭。它们的子孙便以"胡"为姓。胡姓中，外族改姓胡的也为数不少。汉代以后，进入中原的外族，纷纷改姓胡氏，为汉族胡氏添加了新的成分，使得后来胡姓的繁衍，又多了一支世系。

胡姓名人

胡安：秦汉教育家，曾在白鹿山聚徒受经，司马相如便是他的得意门生之一。

胡曾：唐代诗人，著有《咏史诗》三卷。

胡瑗：北宋教育家，曾提出"致天下之治者在人才，成天下之才者在教化，教化之所本者在学校"的主张。

胡宗宪：明朝政治家、军事家，以设计除倭寇闻名。

胡正言：明代末年书画家、出版家。

胡姓名人名句

千里长河一旦开，亡隋波浪九天来。锦帆未落干戈起，惆怅龙舟更不回。

——胡曾《汴水》

胡瑗培养"致天下之治"的人才

胡瑗，字翼之，中国北宋学者、理学先驱、思想家和教育家。因世居陕西路安定堡，世称"安定先生"。

胡瑗自幼聪颖好学，七岁善属文，十三岁通五经，被左右乡邻视为奇才。胡瑗读书勤奋，好学上进，且志向远大，常以圣贤自任，但因家境衰微，早年并未受过良好教育。直至二十多年后才得以到山东泰山栖真观求学深造。此间心志远大，十年不归，潜心研习圣贤经典。他为了不让心志受到干扰，每当拆开家书，见有"平安"二字即投入山涧不再展读。在此期间，他"食不甘味，宿不安枕"，刻苦钻研学问，为以后从事教育打下坚实基础。四十岁时在泰州城办起了一所书院，并以祖籍安定立名，称"安定书院"。

胡瑗对教育事业作出了很大贡献，他的教育思想和教学方法，很有特色和首创精神，不愧为一代宗师。他的教育理论和教育实践成就，经受了千年历史检验，依然熠熠生辉。他从"致天下之治"的政治目的出发，揭示了人才、教化、学校之间的内在联系，提出了自己的独到见解，认为培养真正的人才对社会的长治久安有着现实意义。

胡瑗不仅是著名的古代教育家，而且是杰出的思想家。他独特的教育理论和丰富的社会实践皆源于其学术思想的深厚造诣。

邓

Dèng

邓姓起源

夏朝时，夏王仲康有一个儿子被封在了邓国（今河南邓州一带），他的子孙便以"邓"为姓。此外，商朝时，商王武丁分封他的叔父曼季于邓国（今河南孟县一带）。春秋时期，邓国

是周朝南方较为重要的一个异姓侯国，但因与楚为敌，被楚国灭掉。邓国子孙为纪念故国，便纷纷改姓"邓"。

邓姓名人

邓析：春秋末法家先驱、名家，他"操两可之说，设无穷之词"，对后世的辩者颇有影响。

邓牧：宋元之际思想家，主张君民相安，一律平等，各司其职，安居乐业，著有《伯牙琴》一书。

邓子龙：明代抗倭名将。

邓世昌：清朝末年海军名将、爱国将领，在1894年的黄海战役中，奋勇作战，壮烈殉国。

邓姓名人名句

气苍霭余润，昏凝暖已晦。明景匿霞曜，孤光得萤熊。练色远如界，秋影倒将坠。月黑四山隐，江平一舟駃。语寂觉浪喧，墙敧知风汇。乘流妙低昂，瞻衡失向背。行泊苟任天，去来复何碍。

——邓辅纶《湘江晚行作》

邓攸弃子

邓攸是西晋末年、东晋初年人，他的弟弟很早便过世了，不久之后，他弟弟的妻子也去世了，只留下一个年幼的孩子绥。当时社会动乱，北方的胡人入侵，抢夺牲口，邓攸只得驾着马车，带着妻子以及自己的儿子和弟弟的儿子逃往他乡。途中又遇到强盗，抢走了他们的车马和钱物，他们只好步行继续逃亡。

但他们身上的食物已经不多了，而且胡人再次逼近，邓攸估计不能同时保全儿子和侄子，便对妻子说："现在如果我们带着两个小孩子逃命，大家都会死。我弟弟去世早，只有这一个儿子，不能使他断绝后代，只能舍弃咱们自己的儿子。"妻子听后泪如雨下。邓攸安慰她说："不要哭了，我们还年轻，日后还会有孩子的。"妻子心里虽然十分不愿意，但也知道这是没有办法的办法，只好含泪依了丈夫的话。第二天早晨，邓攸扔掉了他的儿子。

后来，邓攸他们终于逃了出来，但之后他的妻子一直都没有再怀孕，而他的侄子邓绥却对他像对自己的父亲一般。邓攸也因他的义举深受众人的敬佩，后来做了大官，为百姓做了很多好事。后来邓攸死了，邓绥替伯父服了三年丧。

刘

Liú

刘姓起源

远古时期，尧的后代祁氏受封于刘国，祁氏的子孙便以"刘"为姓。此外，东周时期，周匡王姬班封其小儿子到刘邑建立刘国，号称刘康公，其后代遂以国为姓。刘姓是我国历史上登基为帝人数最多的一个姓氏。现在，刘姓为我国第四大姓。

刘姓名人

刘邦：即汉高祖，西汉开国皇帝。

刘彻：即汉武帝，建立了西汉王朝最辉煌的功业，他的雄才大略、文治武功使西汉成为当时世界上最强大的国家之一。

刘备：三国时期蜀汉政权的建立者。

刘禹锡：唐代著名文学家、哲学家、诗人，著有《天论》等。

刘铭传：清末抗法抗日民族英雄，台湾首任巡抚，台湾近代化的奠基人。

刘姓名人名句

朱雀桥边野草花，乌衣巷口夕阳斜。旧时王谢堂前燕，飞入寻常百姓家。

——刘禹锡《乌衣巷》

刘伶好酒

魏晋竹林七贤中，有一个人叫刘伶，他好喝酒是出了名的。《世说新语》中记载了三个他好喝酒的小故事。

平时不管是公事私事，刘伶总爱坐着鹿车出门，车上总是带着许多酒。这家伙常常一边赶鹿前行，一边手不离壶地大口喝酒。他的车后往往跟着一名童子，这童子肩上扛着一把铁锹，为什么会这样呢？原来，刘伶告诉这名童子，说："如果我喝死了，你就随便找个地方，挖个坑把我埋了吧！"

刘伶有一次又喝醉了，当街跟过路的一个行人吵了起来，不一会儿，矛盾激化了，那行人，气得一蹦老高，撸上袖子就要揍他。刘伶知道自己瘦小干瘪，打架不是对手，便赶紧替自己打圆场说："你看，我这身子骨跟鸡肋差不多，哪还有地儿安放你那尊贵的拳头呢？"对方一听，又好气又好笑，数落了刘伶一顿就走了。

这次，刘伶化险为夷，可是，他不知吸取教训，酒性仍不改。有一天，刘伶酒瘾又上来了，便向夫人要酒。夫人见他总是这样喝很生气，就赌气把桌上的酒倒在地上，还把酒壶也摔碎，哭着劝刘伶道："你喝酒太多，不是养生之道，实在对身体不利，你替家人想想，下决心把酒戒了吧。"刘伶很认真地说："对，你说的有道理，只是看来靠我自己是戒不了了，我还是求求神仙帮忙吧，这样吧，你准备点酒肉当供品，我马上在神仙面前祷告发誓戒酒。"

夫人听了非常高兴，赶紧准备了酒菜，放在神案上，请刘伶来祷告。刘伶遂跪在神案前，突然大声说道："老天生了我刘伶，因为爱酒出了名，一次要喝一斛，五斗哪里够用！妇道人家的话，可千万不能听啊！"说罢，拿起酒肉，一阵猛吃猛喝，随即烂醉如泥。

 Sīmǎ

司马姓起源

西周周宣王时期，有一个人叫休父。休父在朝廷中担任司马一职，即管辖军政和征战的官职，因他屡次征战有功，而被赐姓为司马，为"司马"姓的始祖。

司马姓名人

司马相如：西汉大辞赋家，其作品词藻富丽，结构宏大，被后人称之为赋圣，著有《子虚赋》、《上林赋》、《大人赋》等名篇。

司马迁：西汉著名史学家、文学家，其所著的《史记》是我国史学界的一部巨著，被鲁迅先生誉为"史家之绝唱，无韵之离骚"。

司马昭：三国时曹魏著名军事家、政治家、权臣。

司马炎：西晋开国皇帝。

司马光：北宋时期著名政治家、史学家，所著《资治通鉴》为我国最大的一部编年体通史。

司马姓名人名句

风兮风兮归故乡，遨游四海求其凰。时未遇兮无所将，何悟今兮升斯堂！有艳淑女在闺房，室迩人遐毒我肠。何缘交颈为鸳鸯，胡颉颃兮共翱翔！凰兮凰兮从我栖，得托孳尾永为妃。交情通意心和谐，中夜相从知者谁？双翼俱起翻高飞，无感我思使余悲。

——司马相如《凤求凰》

不懂装懂破八阵

蜀魏交战时，诸葛亮用计智败曹军，气死了曹真。魏王便命大将司马懿带兵四十余万与诸葛亮在渭河对阵。渭河是一片平原旷野，是一块作战的好地方，所以两军刚一相遇，就摆开架势，打算决一死战。大战之前，两军将领必然会有一番口舌之争，以动摇对方军心。

司马懿从魏阵中出马劝诸葛亮赶快收兵，以免损失惨重。可诸葛亮却一点也不以为然，他摇着蒲扇，一副悠然自得的样子，笑着说："那也得等到收复了中原才能收兵啊！"司马懿听了大怒道："那我们就在此决一决胜负吧。"诸葛亮问司马懿："我们是斗将、斗兵，还是斗阵法？"司马懿说是要先斗阵法，并命人摆开阵，叫诸葛亮说是什么阵，诸葛亮笑着说道："这是'混元一气阵'。在我们蜀国三岁的孩子都会。"

然后轮到诸葛亮摆阵，诸葛亮决定给司马懿一点颜色看看，就布了一个"八卦阵"，问道："你知道这是什么阵？"

"这种阵法，我怎能不认识！"司马懿虽然不知道，但是怕丢面子，所以还是爽快地说认识。诸葛亮讥讽道："认识有什么用，敢不敢打啊？"司马懿很生气，说道："怎么，瞧不起我，认识就敢打！"于是叫手下的三个将领带领兵士从正门"生门"杀入，往西南"休门"杀出，再从正北"开门"杀入，以为这样就可以破此阵。

三个将领得令，各带了三十名精兵杀入生门，可阵中门户重重迭迭，方向难辨，三个将领首尾不能相顾，只管乱冲乱撞。一会儿，四面喊声大响，魏军筋疲力尽，一个个都被活捉了。诸葛亮不杀他们，反而让部下脱下这些被虏兵士的衣服，涂黑他们的脸，然后放出阵去。

司马懿一看，气得咬牙切齿，立即指挥三军奋勇攻阵，心想不破此阵誓不为人。诸葛亮熟读兵书，哪能那么轻易就被司马懿打败？他知道司马懿行事莽撞，所以就在两军刚刚交锋时，早就派了两队士兵分别从后面和侧面偷袭魏军。结果魏军三面受敌，司马懿大惊，急忙退兵，但为时已晚，蜀军紧随其后，将魏军打得落花流水。回去之后，司马懿悔恨自己不该不懂装懂。于是就有了"司马懿破八阵——不懂装懂"的歇后语。

欧阳姓起源

夏朝时期，夏王少康封他的儿子于会稽，建立越国。春秋时期，越国为吴国所灭。越王勾践卧薪尝胆，十九年后，灭了吴国，恢复了越国。到了战国时期，越国又被楚国所灭。越王的次子受封于乌程欧余山之阳（即山的南边）做亭侯，故称欧阳亭侯。他的后代便以"欧阳"为姓。

欧阳姓名人

欧阳建：西晋哲学家。

欧阳询：隋唐时期著名书法家，"楷书四大家"之一，对书法有其独到的见解，有书法"八诀"。

欧阳詹：唐代文学家、教育家，一生没有离开国子监四门助教这个官职，著有《欧阳行周文集》。

欧阳玄：清代文学家。

欧阳渐：近代著名佛学家，一生著述甚丰，晚年自编所存著作为《竟无内外学》。

欧阳姓名人名句

庭院深深深几许，杨柳堆烟，帘幕无重数。玉勒雕鞍游冶处，楼高不见章台路。

雨横风狂三月暮，门掩黄昏，无计留春住。泪眼问花花不语，乱红飞过秋千去。

——欧阳修《蝶恋花》

虚心求教

欧阳修是唐宋八大家之一。宋庆历五年（公元1045年），欧阳修被贬为滁州太守。在任期间，处理完政务，他就闲游山水，并与附近琅琊寺的智仙和尚结为好友。为了方便闲游，智仙和尚带人在山腰盖了座亭子。亭子建成那天，欧阳修前去祝贺，为这座亭子取名为"醉翁亭"，并写下了千古传诵的散文名篇《醉翁亭记》。文章写成后，欧阳修张贴于城门，征求修改意见。开始大家只是赞扬，后来，有位樵夫说开头太啰嗦，叫欧阳修到琅琊山南门上去看山。欧阳看了山后，便恍然大悟，于是提笔将开头"环滁四面皆山，东有乌龙山，西有大丰山，南有花山，北有白米山，其西南诸山，林壑尤美"一串文字改为"环滁皆山也"五个字。如此一改，则文字精练，含义倍增。

行文简洁

欧阳修在翰林院任职时，一次，与同院三个下属出游，见路旁有匹飞驰的马踩死了一只狗。欧阳修提议："请你们分别记叙一下此事。"只见一人率先说道："有黄犬卧于道，马惊，奔逸而来，蹄而死之"，另一人接着说："有黄犬卧于通衢，逸马蹄而杀之"，最后第三人说："有犬卧于通衢，卧犬遭马蹄而毙"。欧阳修听后笑道："像你们这样修史，一万卷也写不完。"那三人于是连忙请教："那你如何说呢？"欧阳修道："'逸马杀犬于道'，六字足矣！"三人听后脸红地相互笑了起来，比照自己的冗赘，深为欧阳修为文的简洁所折服。

诸葛 Zhūgě

诸葛姓起源

相传，伯夷的后裔葛伯的封国灭亡后，原居于琅邪郡诸县（今山东诸城）的葛氏有一支迁徙至阳都，因为阳都已有葛姓，所以后迁来的葛姓就被称为"诸葛"姓。

春秋时齐国有熊氏之后有复姓詹葛，后改为诸葛氏。

秦末陈胜吴广起义时，有大将葛婴屡立战功，却被陈胜听信谗言杀害。西汉文帝封葛婴的孙子为诸县侯，其后代遂以"诸葛"为姓，称诸葛氏。

诸葛姓名人

诸葛瑾：三国时期吴国大臣，诸葛亮的哥哥。

诸葛亮：三国时期蜀汉著名的丞相、军事家、政治家，《出师表》为其名篇。

诸葛瞻：三国时期蜀汉大臣，诸葛亮之子。

诸葛高：宋代制笔专家，擅制"散卓笔"，极为时人所重，得到很多名人赞颂。

诸葛姓名人名句

　　夫君子之行，静以修身，俭以养德，非澹（淡）泊无以明志，非宁静无以致远。夫学须静也，才须学也，非学无以广才，非志无以成学。淫慢则不能励精，险躁则不能冶性。年与时驰，意与日去，遂成枯落，多不接世，悲守穷庐，将复何及！

——诸葛亮《诫子书》

死诸葛吓跑活仲达

　　诸葛亮是三国时期蜀国足智多谋的一个人，他的智谋在当时是出了名的，就连临死之前出的计谋，在死后也能将魏军吓得个半死。

　　有一年，诸葛亮率领大军和魏军在五丈原交战。当时的诸葛亮已病得很重了，他自知死期不远，所以一心要将司马懿（字仲达）打败，了却自己这一桩心愿，但无论蜀军如何挑战，司马懿就是不上当，他想用缓兵之计让蜀军自己退却。无奈诸葛亮只好在他死前想出了一个绝妙的计谋，他悄悄地嘱咐手下姜维、杨仪等人说："在我死之后，你们不要发丧，军队依次地退兵以保持实力。"接着又告诉杨仪领兵带着他的假灵柩先走，让大将姜维断后，众将士知道了都很感动，都决定按照诸葛亮的计谋进行。

　　不久之后，诸葛亮就死了，蜀军按诸葛亮临终前所说的计谋悄然撤退，先不发丧。一直坚守不出的司马懿得知诸葛亮已死，觉得心里安定了不少，但他转念一想，诸葛亮是个老谋深算的人，怕是诈死，所以就派人去五丈原探听虚实。探子回报说蜀兵营中已经没有一个人了，车辆都不见了，粮草等军用物品扔得到处都是。司马懿听了很欢喜，急忙命自己的儿子司马师、司马昭等调兵遣将，自己先带了一部分亲兵去追赶蜀军。追了好久，等追到一座山下时，他看到蜀军就在前面，司马懿正想带军追杀，就在这时，忽然听见山后一声巨响，接着到处鼓声喧天，蜀军从四面八方蜂拥而至。只见前面的林中忽然飘出了一面大旗，上面写着"汉丞相武乡侯诸葛亮"一行大字。司马懿一见，脸都吓白了，他再仔细一看，只见蜀军的阵中走出十员大将，最后出来的是一辆四轮马车，车上一人摇着蒲扇，正是蜀国的丞相诸葛亮。

　　司马懿一看便认为自己一定是又中了诸葛亮的计谋，心里悔恨不已。这时候，蜀将姜维站在车前对司马懿大喝道："我家丞相在此，你还是快快投降吧。"司马懿见状，调转马头回身便跑，魏军众将士见元帅都逃跑了，一个个都吓得魂飞魄散，各自逃命，这样一来，人马互相践踏，死伤无数。司马懿拼命地打马，就这样跑出了五十里后，才停下马来，用手摸摸头惊慌地说："我还有头吗？"紧随其后的两名部将走上来告诉他说蜀军已撤退了，让司马懿不要再担心。司马懿听后才慢慢地放慢马速，带领着残兵沿着小路回到了自己的军营。

百里姓起源

　　西周时期，周公的第二个儿子虞仲被封在了虞国（在今山西平陆县北）。春秋时，虞仲有个后人叫奚，因住在百里乡，又称百里奚。百里奚后来被秦穆公任命为秦国大夫，政绩卓越。百里奚的后代子孙就以他的名字"百里"为姓。

百里姓名人

百里奚：春秋时期秦国著名政治家。

百里嵩：东汉徐州刺史，为官清正廉洁，深得百姓爱戴。

百里奚认妻

百里奚是春秋战国时期著名的政治家。他生于虞国，经过不断地奋斗，当上了虞国的大夫，后来，虞国被晋国灭亡，百里奚被俘，就成了晋献公的奴隶。晋献公知道百里奚是个有才能的人，想让他辅佐自己，但百里奚拒绝了。晋献公无奈，就让他作为女儿陪嫁的奴仆，去了秦国。百里奚不愿受辱，中途逃往楚国，为楚王放马。秦穆公是个有雄心大略的政治家，他爱才如珍，知人善任。当他打听到百里奚是个难得的奇才后，就派人用五张公羊皮换回了百里奚，封百里奚为丞相，从此，百里奚过上安稳富庶的生活。

百里奚有个妻子叫杜氏，她是百里奚四十多岁时娶进家门的。这个妻子出生在大户人家，识文断字，能弹会唱。夫妻两人很是恩爱。

有一年，百里奚在妻子的鼓励下，决定离家远行，去干出一番大事业。临别，妻子想做顿好饭为丈夫饯行，可是家里穷得很，只剩下一只母鸡了，杜氏毫不犹豫地把鸡杀了；又因为家里的柴火也烧光了，杜氏只好将篱笆门拆了当柴烧。

百里奚离家不久，家里就发生了大旱，生活无着落，杜氏只好带着年幼的儿子流落他乡。后来几经辗转也来到了秦国，靠给人缝缝补补浆洗衣服维持母子生活。

而这时百里奚已是秦国的丞相，很快成为全国性新闻，杜氏听说之后，就去相府里谋了个洗衣的差事，希望有机会见见当今声名显赫的丞相，确认一下是不是自己的丈夫。

这天，相府宴请宾客，门庭若市，又弹又唱。杜氏主动找到乐工的头儿，毛遂自荐，说自己琴弹得如何好，歌唱得如何棒。乐工的头儿就让杜氏弹唱了一回，觉得确实不错，于是就让杜氏也上台表演。

杜氏上台从容自若，起奏后感情十分投入，边弹边唱，如泣如诉。她唱道：

百里奚，五羊皮，忆别时，烹伏雌，舂黄阁，炊扊扅。今日富贵忘我为？百里奚，五羊皮，父粱肉，子啼饥，夫文绣，妻浣衣，嗟乎！富贵忘我为？

歌词的大意是：百里奚，不要忘记你是秦国国君用五张公羊皮换回来的人。回想夫妇分别时，杀了家里唯一一只老母鸡，煮了一锅新春的小米饭。没有柴禾，就把篱笆拆了当柴禾烧。你现在富贵了，为什么忘记了我？百里奚，你这个秦国国君用五张公羊皮换回来的人，你吃鱼吃肉，儿子却啼饥号寒，你穿绫罗绸缎，妻子却为人洗衣谋生。你富贵了，为什么忘记我？

一旁的乐工头儿听了，吓得魂飞魄散，急忙冲上前制止杜氏，却被百里奚厉声喝住了。他忙从座位上起身，大步来到堂下，仔细一看，面前坐着的竟真是自己的结发妻子杜氏。

原来，百里奚并非无情，他发达之后，曾回家找过妻儿，只是妻儿音讯杳杳，他以为他们早死了。

百里奚什么都顾不上了，大步冲上前一把揽过杜氏放声大哭，离别之苦化作今日的相聚泪。

千字文

天地玄黄　宇宙洪荒

日月盈昃　辰宿列张

寒来暑往　秋收冬藏

闰余成岁　律吕调阳

云腾致雨　露结为霜

千字文

天地玄黄　宇宙洪荒
日月盈昃　辰宿列张
寒来暑往　秋收冬藏
闰余成岁　律吕调阳
云腾致雨　露结为霜
金生丽水　玉出昆冈
剑号巨阙　珠称夜光
果珍李奈　菜重芥姜
海咸河淡　鳞潜羽翔
龙师火帝　鸟官人皇
始制文字　乃服衣裳
推位让国　有虞陶唐
吊民伐罪　周发殷汤
坐朝问道　垂拱平章
爱育黎首　臣伏戎羌
遐迩一体　率宾归王
鸣凤在竹　白驹食场
化被草木　赖及万方
盖此身发　四大五常
恭惟鞠养　岂敢毁伤
女慕贞洁　男效才良
知过必改　得能莫忘
罔谈彼短　靡恃己长
信使可覆　器欲难量
墨悲丝染　诗赞羔羊
景行维贤　克念作圣
德建名立　形端表正
空谷传声　虚堂习听
祸因恶积　福缘善庆

尺璧非宝　寸阴是竞
资父事君　曰严与敬
孝当竭力　忠则尽命
临深履薄　夙兴温凊
似兰斯馨　如松之盛
川流不息　渊澄取映
容止若思　言辞安定
笃初诚美　慎终宜令
荣业所基　籍甚无竟
学优登仕　摄职从政
存以甘棠　去而益咏
乐殊贵贱　礼别尊卑
上和下睦　夫唱妇随
外受傅训　入奉母仪
诸姑伯叔　犹子比儿
孔怀兄弟　同气连枝
交友投分　切磨箴规
仁慈隐恻　造次弗离
节义廉退　颠沛匪亏
性静情逸　心动神疲
守真志满　逐物意移
坚持雅操　好爵自縻
都邑华夏　东西二京
背邙面洛　浮渭据泾
宫殿盘郁　楼观飞惊
图写禽兽　画彩仙灵
丙舍傍启　甲帐对楹
肆筵设席　鼓瑟吹笙
升阶纳陛　弁转疑星

右通广内　左达承明
既集坟典　亦聚群英
杜稿钟隶　漆书壁经
府罗将相　路侠槐卿
户封八县　家给千兵
高冠陪辇　驱毂振缨
世禄侈富　车驾肥轻
策功茂实　勒碑刻铭
磻溪伊尹　佐时阿衡
奄宅曲阜　微旦孰营
桓公匡合　济弱扶倾
绮回汉惠　说感武丁
俊乂密勿　多士寔宁
晋楚更霸　赵魏困横
假途灭虢　践土会盟
何遵约法　韩弊烦刑
起翦颇牧　用军最精
宣威沙漠　驰誉丹青
九州禹迹　百郡秦并
岳宗泰岱　禅主云亭
雁门紫塞　鸡田赤城
昆池碣石　巨野洞庭
旷远绵邈　岩岫杳冥
治本于农　务兹稼穑
俶载南亩　我艺黍稷
税熟贡新　劝赏黜陟
孟轲敦素　史鱼秉直
庶几中庸　劳谦谨敕
聆音察理　鉴貌辨色

贻厥嘉猷　勉其祗植
省躬讥诫　宠增抗极
殆辱近耻　林皋幸即
两疏见机　解组谁逼
索居闲处　沉默寂寥
求古寻论　散虑逍遥
欣奏累遣　戚谢欢招
渠荷的历　园莽抽条
枇杷晚翠　梧桐蚤凋
陈根委翳　落叶飘摇
游鹍独运　凌摩绛霄
耽读玩市　寓目囊箱
易𬨎攸畏　属耳垣墙

具膳餐饭　适口充肠
饱饫烹宰　饥厌糟糠
亲戚故旧　老少异粮
妾御绩纺　侍巾帷房
纨扇圆洁　银烛炜煌
昼眠夕寐　蓝笋象床
弦歌酒宴　接杯举觞
矫手顿足　悦豫且康
嫡后嗣续　祭祀烝尝
稽颡再拜　悚惧恐惶
笺牒简要　顾答审详
骸垢想浴　执热愿凉
驴骡犊特　骇跃超骧

诛斩贼盗　捕获叛亡
布射僚丸　嵇琴阮啸
恬笔伦纸　钧巧任钓
释纷利俗　并皆佳妙
毛施淑姿　工颦妍笑
年矢每催　曦晖朗曜
璇玑悬斡　晦魄环照
指薪修祜　永绥吉劭
矩步引领　俯仰廊庙
束带矜庄　徘徊瞻眺
孤陋寡闻　愚蒙等诮
谓语助者　焉哉乎也

千字文

天地玄黄，宇宙洪荒。
日月盈昃，辰宿列张。

【注释】玄：黑色。盈：月圆。昃：太阳偏西。辰宿：星辰。列张：排列布满。

【译文】世界在刚刚形成的时候，天空是黑色的，大地是黄色的，天地万物都处在一种蒙昧混沌的状态之中。太阳有升有落，月亮有缺有圆，星辰布满天空。

女娲泥塑造人

传说女娲是人首蛇身的女神。有一天，她来到人间，经过黄河河畔时，被盘古开天辟地创造的山川河流、飞禽走兽所深深吸引。但她总觉得这个世界还缺少点什么，一时又想不起来到底是什么。正当她低头沉思时，看到了黄河水里自己的倒影，顿时恍然大悟：原来世界上还缺少像她这样的人类。于是女娲就参照自己的模样，将黄河的泥土捏成了人形。但捏泥人是一件既累人又费时的事情，没过多久，女娲就又累又饿了。于是她就将一根绳子扔进泥土里滚动了几下，把满是泥土的绳子一甩，落下的泥点也变成了泥人。然后女娲将这些泥人放入窑里烧。由于女娲第一次造人经验不足，第一批泥人烧过了头，第二批泥人又没有烧透，等到第三批时，女娲已经掌握了火候，烧出来的泥人刚刚好。最后，女娲施加法力，泥人就变成了人类。

那些由女娲捏出来的泥人最后变成了富人，甩出来的泥人变成了穷人，烧过头的泥人变成了黑种人，烧不透的泥人变成了白种人，烧得刚刚好的泥人变成了黄种人。此外，女娲还建立了婚姻制度，使青年男女相互婚配，繁衍后代，因此被传为婚姻女神。

寒来暑往，秋收冬藏。
闰余成岁，律吕调阳。

【注释】闰：闰月、闰年。岁：一年。律吕：本指古人用来调节音调、音节的设备，后作为音律的统称。阳：节气。

【译文】一年有春夏秋冬四季，寒暑循环变换；秋季是收割的季节，冬季是储藏的季节。人们设置闰月、闰年，来调和农历与地球公转时间的差；人们还用音律来确定一年当中的二十四节气。

谷雨的传说

相传在四千多年前，轩辕黄帝急需一位掌管史料的官员史官。一天，黄帝发现了德才出众的仓颉，任命仓颉做了史官。他以结绳记事，国家大事记得清清楚楚，很受黄帝赏识。后来结绳记事也出现了局限性，不能很好地把所有的事物记得清清楚楚。仓颉很着急，希望能找到一种全新的记事方式。

这天，仓颉随一个猎人外出狩猎，猎人指着地上留下的各种野兽的踪迹讲述野兽的去向。仓颉深受启发："一个足印代表一种事物！那是不是一种事物都可以用一种符号来表示呢？"受此启发，他决定打点行装外出考访。仓颉爬山涉水，不耻下问，把看到的各种事物都按其特征表示出来。依类象形，始创文字。因他制字有功，感动了天帝，天帝决定重奖仓颉，仓颉却只说想要五谷丰登，让天下的老百姓都有饭吃。

天帝同意了，只见满天向下落谷粒。那谷粒下得比雨点还密，足足下了半个时辰，那谷粒铺遍了整个村子，铺满了山川平地。乡亲们惊喜万分，个个人都往家里搅谷子。

于是，轩辕黄帝为了表彰仓颉的功劳，把下谷子雨这一天做为一个节日，叫做谷雨节。从此，谷雨就作为二十四节气之一被延续了下来。

【注释】腾：上升。丽水：即丽江，又名金沙江，出产黄金。昆冈：即昆仑山。

【译文】水蒸气向上升腾，随着温度的逐渐下降，就慢慢变成了雨水；到了晚上，气温降低，水蒸气就会凝结形成霜。金子产自丽江，玉石产自昆仑山。

宁为玉碎不为瓦全

550年，东魏的孝静帝被迫退位，将帝位让给专横不可一世的丞相高洋。从此，北齐代替了东魏。高洋心狠手辣，次年，毒死了孝静帝及其三个儿子，斩草除根，不留后患。

高洋稳坐皇位十年，第十一年，天空出现了日食。他担心这是一个不祥之兆，于是，把一个亲信召来问道："西汉末年王莽夺了刘家的天下，为什么后来刘秀又能把天下夺回来？"

那亲信说不清这是什么道理，就随口说："陛下，这要怪王莽自己了。因为他没有把刘氏宗室人员斩尽杀绝。"

残忍的高洋竟相信了那亲信的话，大开杀戒：把东魏宗室近亲44家共700多人全部处死，连婴儿也不放过。

消息传开后，东魏宗室的远房宗族也非常恐慌，生怕什么时候高洋的屠刀会砍到他们头上。他们赶紧聚集起来商量对策。有个名叫元景安的县令说，眼下要保命的唯一办法，是请求高洋准许他们脱离元氏，改姓高氏。

元景安的堂兄景皓，坚决反对这种做法。他气愤地说："怎么能用抛弃本宗、改为他姓的办法来保命呢？大丈夫宁可做玉器被打碎，不愿做陶器得保全。我宁愿死而保持气节，不愿为了活命而忍受屈辱！"

元景安为了保全自己的性命，暗地里向高洋举报了景皓。高洋立即逮捕了景皓，并将他处死。元景安因告密有功，高洋赐他姓高，并且升了官。

三个月后，高洋因病死去。18年后，北齐王朝宣告灭亡。

剑号巨阙，珠称夜光。
果珍李柰，菜重芥姜。

【注释】夜光：即夜明珠，夜晚能发光。柰：苹果的一种。

【译文】最有名的宝剑叫"巨阙"，最贵重的珍珠叫"夜光"。水果中最珍贵的是李子和柰，蔬菜中最看重的是芥菜和生姜。

勾践得巨阙

春秋战国时期，越国有一位著名的铸剑大师叫欧冶子，他平生铸了五把最有名的宝剑，其中三把是长剑，两把是短剑。长剑的第一把叫巨阙剑，第二把叫纯钩剑，第三把叫湛卢剑。两把短剑叫胜邪剑和鱼肠剑。三长两短这五把剑都锋利无比，其中以巨阙剑最为锋利。巨阙剑刃长三尺三，柄长七寸，刃宽约五寸，重约五斤，挥动时剑气纵横，具有王者霸气。所以巨阙剑铸成后没多久，欧冶子便将它进献给了越王勾践。

勾践对巨阙剑爱不释手，随身携带。传说有一天，勾践正坐在露台上休息，忽然看见宫中有一辆马车失去控制，横冲直撞，惊吓了宫中饲养的白鹿。勾践见状，就从腰间拔出巨阙剑，指向失控的马车，想要命令手下上前制止。但就在他拔剑一指的瞬间，马车已经成为两节，并被抛向了天空。勾践这才意识到，是巨阙剑的剑气将马车砍成两节的。于是他又命人取来一个大铁锅，想试一试这把剑。结果他用巨阙剑轻轻刺了一下锅底，便将铁锅刺出了一个大缺口来。

传说欧冶子在造巨阙剑时剩下了一块锻造所用的神铁，于是他用这块神铁造就了一把匕首"龙鳞"。这把匕首太过锋利，所以朝廷就用它来做古代最残忍的凌迟之刑的刑具。

隋侯之珠

隋侯珠与和氏璧是我国珠宝玉石文化中最重要的代表作，古代就有"得隋侯之珠与和氏璧者富可敌国"的说法。关于隋侯珠的来历还有一个传奇故事。

春秋战国时期，有一天，隋侯例行出巡封地。一路游山玩水，突然隋侯发现山坡上有一条巨蛇，被困在沙滩上打滚，头部也受伤流了很多血。由于伤势严重，巨蛇已经奄奄一息了，但它两只明亮的眼睛依然神采奕奕。隋侯顿生怜悯之心，将它带回家中，为它包扎伤口、精心饲养照料。几天以后，巨蛇的伤口愈合，渐渐恢复了健康。隋侯便将它放生。巨蛇绕隋侯的马车转了三圈后，含着感激的泪水离开了。

一晃几个月过去了，隋侯出使齐国，半路中遇到一个小孩。小孩拦住隋侯的马车，从口袋中取出一枚硕大晶亮的珍珠，要敬献给隋侯。隋侯觉得很奇怪，就问原因。小孩却执意不肯说。无功不受禄，隋侯坚持不肯收下这枚珍珠。

又过了几个月，隋侯再次例行出巡封地。一天中午，他在山间一家驿站休息。睡梦中，他又遇见了那个小孩，小孩跪倒在隋侯面前，含泪说："我就是去年您救的那条蛇，为了感谢您的救命之恩，我要将这枚世上最珍贵的珍珠送给您。"隋侯猛然惊醒，果然发现床头多了一枚光彩夺目的珍珠。据说隋侯得到宝珠的消息传出后，立即引起了各国诸侯的垂涎，经过一番较量，隋侯珠不久落入楚武王的手里。后来，楚国被秦国所灭，隋侯珠又被秦始皇占有。秦灭亡后，天下大乱，隋侯珠从此不知去向。

海咸河淡，鳞潜羽翔。
龙师火帝，鸟官人皇。

【注释】鳞：鱼类。羽：鸟类。龙师：上古时期"三皇"之一的伏羲氏。火帝：上古时期"三皇"之一的燧人氏。鸟官：上古时期"五帝"之一的少昊氏。人皇：上古时期"三皇"之一的人皇氏。

【译文】海水是咸的，河水是淡的；鱼儿在水中潜游，鸟儿在空中飞翔。龙师、火帝、鸟官、人皇都是上古时代的帝王。

燧人氏钻木取火

传说，最早的原始人还不知道利用火，夜晚没有照明设施，一片漆黑，东西也都是生吃的。他们不仅生吃植物果实，就是打来的野兽，也是生吞活剥、连毛带血地吃了，致使吃坏肚子得病的人很多。天上的神燧人氏看到这样的情景，很同情人们的处境，于是用神力在山林中降下了一场雷雨。随着"咔"的一声，雷电劈在树木上，树木燃烧起来，很快就变成了熊熊大火。人们被雷电和大火吓得四处逃散。不久，雷雨停了，夜幕降临，雨后的大地更加湿冷。逃散的人们又聚到了一起，他们惊恐地看着燃烧的树木。然而令他们感到惊喜的是，这看似很凶猛的大火却带来了光明和温暖，更重要的是，还带来了被烧死的、发出阵阵香味的野兽。人们感到了火的可贵，于是拣来树枝，将火种保留了起来。但是由于人们的疏忽，火种最后熄灭了。人们又重新陷入了黑暗和寒冷之中，痛苦极了。

这时，燧人氏就从天上来到了人间，将天上的秘密——钻木取火的方法教给了人们，同时，他还教会人们如何用火烹饪。人们大获其利，从此告别了茹毛饮血的野蛮生活。

始制文字，乃服衣裳。

【注释】制：制造、发明。服：穿衣服。衣裳：在古代，上身穿的衣服叫衣，下身穿的裙子叫裳。

【译文】仓颉创造了文字，嫘祖教人养蚕取丝，人们因此穿上了遮身盖体的衣裳。

嫘祖造丝

嫘祖是黄帝的妃子。相传黄帝战胜蚩尤后，建立了部落联盟。黄帝被推选为部落联盟首领，带领大家发展生产。嫘祖则带领妇女上山摘野果、剥树皮、织麻网，还把男人们猎获的各种野兽的皮毛剥下来做衣服。

有一天，嫘祖照例带领妇女上山，突然在一片桑树林里发现好多白色的小果。妇女们以为是鲜果，就摘了下来带回了部落。回到部落后，人们纷纷"品尝"小果，但不论怎么咬就是咬不动。人们以为小果是"生"的，才咬不动，就把这些小果都倒进锅里，加上水用火煮，并用木棍搅拌。搅了一阵子，把木棒往外一拉，木棒上缠着很多像发丝般细的白线。没多久，煮在锅里的白色小果全部变成了雪白的细丝线，看上去晶莹夺目，柔软异常，但还是咬不动。

其他的妇女对此不以为然，但嫘祖却是个有心人，她用手摸了摸那些细丝线，发现这些细丝线不仅结实还很光滑。聪明的嫘祖顿生用这些细丝线来编织衣服的想法。从此，在嫘祖的倡导下，人们开始了栽桑养蚕的历史，从而结束了穿树叶、披兽皮的生活方式。

推位让国，有虞陶唐。
吊民伐罪，周发殷汤。

【注释】有虞：远古部落名，舜是它的首领。陶唐：远古部落名，尧是它的首领。吊：安慰、安抚。周发：西周开国君主武王姬发。殷汤：商朝开国君主成汤，也叫商汤。

【译文】尧、舜英明无私，主动把君位禅让给功臣贤人。安抚百姓，讨伐暴君，周武王姬发和商君成汤是最早这样做的。

尧舜禅让

尧是我国上古时期著名领袖。他晚年时，知道自己不久于人世，想从民间选出一位有能力的人来继位。很多部落首领都推荐了舜。舜很小时，母亲就去世了，父亲续娶，并有了第二个儿子。舜的继母蛮横恶毒，弟弟也傲慢无理，这母子俩常常串通起来欺负舜，然而舜对待他们却很好。舜一个人做了家里全部的活儿。不仅如此，当他知道继母和弟弟想要加害自己时，就躲得远远的，等过一段时间再回来，继续干活。二十岁时，舜就以孝道闻名天下了。

尧听说舜的事情以后，决定亲自来考察一下他。这一天，舜正在外面耕地，犁前驾着一头黑牛和一头黄牛。奇怪的是，他从来不用鞭子鞭打牛，而是在犁辕上挂一个簸箕，隔一会儿，敲一下簸箕，吆喝一声。尧看见了，就上前询问原因。舜回答说："牛为人耕田，出力流汗很辛苦，再用鞭子打，实在于心不忍。我敲打簸箕，黑牛以为我在打黄牛，黄牛以为我在打黑牛，就都卖力拉犁了。"尧听后，觉得舜有智慧，又有善心，对牛能如此，对百姓就更有仁爱之心了。

　　尧决定再试一试舜，他将两个女儿娥皇和女英嫁给舜，来观察舜的德性。舜让两个妻子在家中，尽心侍奉公婆，恪守孝道。尧又派舜接待四方朝见的部族酋长和使者，舜的态度严肃和睦，处事得当，受到了使者的敬佩。经过多次考验，尧终于放心地将王位交给了舜。舜也不负众望，在尧后将整个国家治理得井井有条。

坐朝问道，垂拱平章。

爱育黎首，臣伏戎羌。

遐迩一体，率宾归王。

　　【注释】垂拱：垂衣拱手。章：彰显。黎首：平民百姓。戎羌：古代少数民族。遐迩：远近。率：全部。

　　【译文】贤明的君主坐在朝廷上面，向大臣们询问治理国家的道理，垂衣拱手之间，毫不费力就能让天下获得太平，从而彰显自己的功绩。他们爱抚、体恤老百姓，四面八方的少数民族都心悦诚服地俯首称臣。这样，天下成为一个统一的整体，所有老百姓都心甘情愿地归顺于贤明的君王。

唐太宗仁政立国

　　唐太宗是中国历史上著名的贤君，在位期间，他虚心纳谏，事事节俭，百姓安居乐业，休养生息。国家一直保持国泰民安的局面，历史上称之为"贞观之治"。唐太宗之所以是一个杰出的古代帝王，表现之一就是对少数民族采取了开明宽容，安抚怀柔的措施。

　　他认为，"非我族类，其心必异"的说法是谬论，对少数民族的人民不可妄加猜忌，应该多给他们关怀与恩惠，于是对边疆少数民族就采取了"全其部落，顺其土俗"的政策。并且设立与内地不相同的行政措施，由当地人担任长官，并且职务可以世袭，唐朝政府轻易不会干涉其内部政务，这种以特殊的方法统治边远民族的地方行政制度叫"羁縻州"。

　　尤其，唐太宗不杀亡国之君，颉利可汗是东突厥部落的首领，唐朝初年，突厥连年进犯，甚至一度逼近长安城，强迫唐太宗与其签订城下之盟。但是唐太宗以德报怨，当后来擒获了颉利可汗之时，他并没有采取以往那种将亡国之君灭族或流放为奴的做法，而是将颉利与他的家眷安置在太仆寺，极为厚待，随后又将他任命为右卫大将军（禁军的高级武官），并且赏赐了大量田宅。

　　此外，唐太宗还允许与外族通婚。公元640年，贞观年间，松赞干布多次向唐朝求婚，请求公主下嫁，唐太宗答应把宗室文成公主嫁给松赞干布，次年文成公主入藏，带去了唐朝优良的农作物种子、工艺品、药材、茶叶以及诗文农艺的书籍。

　　唐太宗的这种宽厚的仁政，很大程度上加强了内地与周边少数民族之间的民族融合，并且也促进了双方在经济、文化上的联系，大大提高了唐朝朝廷的威望。这种成效极为显著，东突厥灭亡之后，东北地区的奚、室韦等十几个部和西域的各小国纷纷要求归属，逃至高昌的突厥人，当听说唐朝对待归降部落的种种优厚待遇，又重新投降唐朝。西域与北部边疆各族的君长一起来到长安，请尊奉唐太宗为各部共同的"天可汗"。

在用人上，唐太宗也毫不避讳，唯才是举，无论是什么民族只要有真才实学，他都会委以重任。唐朝宰相共有369人，其中少数民族人士为24人，占6%，这在历代汉人王朝中是极为罕见的。

公元649年，唐太宗驾崩，当时，正在朝廷做官和来朝贡的少数民族首领共有几百人，听闻噩耗一起悲恸大哭，有的甚至剪去头发，用刀划破面孔，割去耳朵，自毁容颜以示心中的悲伤，更有甚者，还请求杀身殉葬。连松赞干布也上书效忠致哀道："先皇晏驾，天子新立，臣子有不忠的，我将率兵赴难。"

从这些事例中完全可以看出，唐太宗的民族政策大得人心而且很成功。

鸣凤在竹，白驹食场。
化被草木，赖及万方。

【注释】驹：小马。化：教化。赖：有利于。万方：四面八方的百姓。

【译文】凤凰在竹林中欢鸣，白马在草场上觅食。贤明君主的仁德教化惠及大自然的一草一木，恩及四面八方的百姓。

约法三章

秦朝末年，秦二世昏庸无道，致使怨声载道，各地人民纷纷揭竿而起，反抗秦朝的暴政。当时各地诸侯约定，谁先进入关中，谁就可以称王。结果刘邦最先到达关中，他将军队先驻扎在离秦都咸阳只有几十里路的霸上。

看大势已去，仅做了四十六天秦王的子婴拿着皇帝的御玺和符节向刘邦投降。刘邦的部将有的说应该杀掉子婴，刘邦却说："当初楚怀王派我攻关中，就是认为我能宽厚容人，再说人家已经投降了，又杀掉人家，这么做不吉利。"

第二天，刘邦率军来到了咸阳。为了取得民心，他下令封闭王宫，并留下少数士兵保护王宫和藏有大量财宝的库房。他还召集各县的父老和有才德有名望的人，对他们说："父老们苦于秦朝的苛虐法令已经很久了，批评朝政得失的要灭族，相聚谈话的要处以死刑。这些严刑苛法把众位害苦了，应该全部废除。我到这里来，就是要为父老们除害，不会对你们有任何侵害，请不要害怕！现在我和父老们约定，法律只有三条：杀人者处死刑，伤人者要依法治罪，盗窃者也要判罪。"

随即刘邦还派人和秦朝的官吏一起到各乡各县去宣传约法三章，向民众讲明情况。秦地的百姓都非常喜悦，争着送来牛羊酒食，慰劳士兵。刘邦推让不肯接受，说："仓库里的粮食不少，并不缺乏，不想让大家破费。"人们更加高兴。

由于坚决执行约法三章，刘邦得到了百姓的信任、拥护和支持，最后取得天下，建立了西汉王朝。

盖此身发，四大五常。
恭惟鞠养，岂敢毁伤。

【注释】盖：句首发语词，没有实际意义。四大：指地、水、火、风。五常：指仁、义、礼、智、信。惟：顺从。鞠养：抚养、养育。

【译文】我们的身体由地、水、火、风四种基本物质构成，上天还赋予我们仁、义、礼、智、信五种基本的品德。身体发肤都是父母给与我们的，应该小心谨慎地去爱护它、保护它，怎么能够轻易地去损害它、毁坏它呢？

伤指念母恩

古人认为，身体、头发、皮肤都是父母给的，不能随便改变或伤害，否则就是不孝。

西晋的时候，有个很有名的学问家叫范宣。他小的时候聪明乖巧，尤其孝顺，特别听父母的话。八岁的时候，有一天，他在花园里玩，不小心碰伤了手指头，还流出了鲜血。虽然伤口不是很大，但他还是嚎啕大哭起来。小伙伴见状，认为范宣很娇气，就嘲笑他说："你真娇气。破了那么一个小口子，就大哭起来，有那么疼吗？"

他擦了擦眼泪，悲伤地说："我不是因为手疼才哭的，而是因为身体发肤受之父母，不能随随便便毁伤。如今我因为贪玩而伤了手指，让父母担心，实在是不孝，真是不应该啊！我因为惭愧，所以才痛哭的。"

小伙伴们听后都羞愧地低下了头，决定以后玩耍的时候不去危险的地方，也不做危险的游戏，不让辛苦养育他们的父母担心。

女慕贞洁，男效才良。
知过必改，得能莫忘。

【注释】才良：才能卓越，品德高尚。得：德行。能：能力，知识。

【译文】女子要倾慕、崇尚有贞洁的人，做一个有操守的人；男子要效仿那些德才兼备的人。认识到自己的过错，就一定要改正；适合自己干的事，就一定不要放弃。

313

当仁不让

王述是东晋时期一位备受人尊敬的官员。他每次接受新的职位，从不虚伪地谦让推诿；而一旦他要推辞的职务，就一定不会接受。

有一年，因为政绩卓越，王述被调任尚书令。在东晋，尚书令是一个很高的官职，握有国家大权，权比宰相。朝廷的命令一到，王述就立即收拾行李，赶赴上任。他的儿子王坦之知道以后，就劝父亲，说："按照老惯例，您还应当谦让一番，把职位让给他人。"王述反问儿子："你认为我能够胜任尚书令吗？"王坦之赶紧回答："您当然能胜任，您非常合适。"王述又问："既然我能胜任，为什么还要让给别人呢？"王坦之说："但是能谦让一下总还是好些吧，至少在礼俗上也应该谦让一下呀！"王述摇着头，不无感慨地说："你既然认为我能够胜任尚书令一职，为什么又要我谦让呢？别人都说你将来会胜过我，我看你到底还是不如我啊！"

谦让是中华民族的美德，但谦让也要分事情、分时间、分场合，不应事事谦让、时时谦让，适合自己做的事情、应该自己做的事情，就一定不能谦让、放弃。

罔谈彼短，靡恃己长。
信使可复，器欲难量。

【注释】罔：不要。靡：不要。恃：依赖、仰仗。复：反复。器：气度、气量。

【译文】不要去谈论别人的短处，也不要依仗自己的长处就不思进取。诚实的话要能经受住时间的考验，心胸气量要宽大，大到让人难以估计。

恃胜失备

古时候，逸名山一带常有强盗出没，人们对他毫无办法，据说，这个强盗有绝招。有一天，某人运气不好，碰上了这个强盗，躲，已经是没办法躲了，便舍了性命要和他搏斗。这个过路人是有些力气的，两人刀锋来来往往了好大一会儿，眼看过路人占了上风，就要把强盗制服。说时迟，那时快，只见强盗口中突然喷出一股水，直接喷到这过路人的脸上。这人一愣，就在这一愣怔的瞬间，强盗已将刀扎进了过路人的胸口。这过路人不但没能消灭强盗，自己反而丧了命。

后来又有个壮汉遇到这个强盗，他早已从别人那儿已经知道了强盗会喷水的花招了。强盗又用同样的方法，可壮汉心里早有准备，就在强盗又要故伎重演，朝他喷水时，壮汉摆头闪过，回手便用长枪刺穿了他的脖子。

墨悲丝染，诗赞羔羊。景行维贤，克念作圣。

【注释】墨：指墨子。诗：指《诗经》。景行：崇高的德行。

【译文】墨子悲叹白色的丝绸被染上了颜色而不能复原，《诗经》赞扬羔羊始终保持洁白无瑕的毛色。一个人只有具有崇高的德行，才能成为贤人，只有克制住了私欲，才能成为圣人。

墨子悲丝

春秋战国时期，有一个著名的思想家、政治家和军事家，他被人称为墨子，是墨家学派的创始人。

有一天，墨子到外面去游学，路过一家染坊。他看见雪白的生丝在各种颜色的染缸里面浸泡以后，就会被染上不同的颜色。这些被染了色的生丝，即使使劲地去漂白和清洗，都再也恢复不到原来的白色。见到此情此景，墨子感叹地说："将白色的生丝放在青色中染就成青色，在黄色中染就成黄色。所放入的颜色变了，生丝的颜色也就变了。所以染丝不能不慎重啊。"

墨子进一步联想到了人的本性，难过得哭了起来。他悲伤地说："人的本性原来就像这雪白的生丝一样洁白无瑕，但一旦受到了外界环境的不良影响变得不好以后，就像这被染了颜色的生丝一样，想要恢复到原来纯洁善良的本性，已经不可能了。"

由此可见，在一个人的成长过程中，外界环境对我们品德的影响是十分巨大的。所谓"近朱者赤、近墨者黑"说的就是这个道理。

德建名立，形端表正。空谷传声，虚堂习听。

【注释】表：仪表。虚堂：空荡的厅堂。习：重复。

【译文】当美好的德行建立起来以后，人的声望名气也会自然而然地树立起来；当人的行为举止端正了，仪表自然也会端正。空旷的山谷中，声音会传播得很远；空荡的厅堂中，因为能听到反复的回声，所以说话声音显得非常清晰。

李勉葬银

唐朝的时候，有一个叫李勉的人，少时家境贫寒。

有一年，李勉进京赶考，途中在一家旅馆借宿。正巧另外一位进京赶考的书生也借宿在这家旅馆里。俩人一见如故，经常一起讨论学问，很快便成了无话不谈的好朋友。有一天，这位书生突然生病，卧床不起。李勉急忙为他请来郎中诊治，每天给他煎药、喂药，细心照顾他的起居饮食等日常生活。可是，书生的病不但没有好转，反而一天比一天恶化。看着日渐虚弱的朋友，李勉非常着急，经常到附近百姓家里去寻找民间药方，还常常一个人跑到山上去采药店里买不到的药。

一天傍晚，书生的脸色稍微好了一些，于是把日夜照顾自己的李勉叫到床头，对他说："这些日子，多亏你无微不至的照顾。但我清楚自己的时日不多了，临终前我有一事拜托你。"说完，书生拿起床头的一个包袱说："这是一百两银子，本来是我赴京赶考用的盘缠，现在我用不着了。我死了以后，麻烦你用其中的一些银子给我买了棺材，将我安葬，其余的就送给你，算我对你的一点心意，请你千万要收下，不然的话我到九泉之下也不会安宁的。"为了让书生安心，李勉答应了他的请求。

第二天早晨，书生去世了。李勉按照他的遗愿，买来棺材，静心料理他的后世。剩下了许多银子，李勉一点也没有动，而是细心地把它包好，悄悄地埋在了棺木下面。不久，书生的家属接到李勉报丧的书信后赶到客栈。他们移出棺木后，发现了银子，才知道李勉葬银的始末，都为他的诚实守信和不贪财而感动。后来李勉在朝廷做了大官，他仍然廉洁自律，诚信自守，深受百姓爱戴，在文武百官中也是德高望重。

祸因恶积，福缘善庆。尺璧非宝，寸阴是竞。

【注释】积：积累。庆：回报、奖赏。璧：中心有孔的圆形玉。竞：争。

【译文】人所遭遇的祸害是平时作恶多端所积累的恶果，人所获得的幸福是平时乐善好施所积累的回报。直径一尺的宝玉算不上是真正的宝贝，只有稍纵即逝的时光才是最为珍贵的。

不计前嫌

战国时期，魏国魏昭王时，魏中大夫须贾手下有一个叫范雎的人。一次范雎随须贾访问齐国，齐王很赏识范雎并赐他酒，虽然范雎没有接受，却引起了须贾的怀疑，回魏国后，他就向魏太子报告了这件事。魏太子叫人对范雎施以酷刑，范雎始终没有承认自己私通齐国，背叛魏国。最后，范雎被打得昏死过去，被人丢进了厕所。幸亏，他命好，遇人搭救逃到秦国，后改名张禄。改名后的范雎凭借自己的才华，最后在秦国做了相国，名震诸侯。

公元前266年，秦欲攻韩、魏两国，魏王闻之非常害怕，于是派须贾去和秦国建立良好的关系。须贾到了秦国，范雎便穿起破衣服去求见他，须贾吃惊于范雎的生还，觉得他现在的样子很可怜，便留下他吃饭，并赏他一件衣服。范雎问起须贾此行的目的，须贾叹了口气说："唉，魏国的命运都掌握在张相国手里了，不知何时可以见到他！"范雎假说他的主人认识张禄相国，他也因此颇熟，愿为引见。须贾还告诉他自己的马病了，见张相国可得高车驷马，范雎就赶来一辆极华丽的车子，假说是他向主人借的，并亲自为须贾驾车。

到了相府，范雎假说进去通报，下了车就走了进去。须贾见相府的人对范雎都很恭敬，却不说话，他有些纳闷，却没有细想。谁知等了很久范雎都不出来，就对相府守门人说："范叔（范雎字叔）怎么这么长时间还不出来呢？"

守门人问："什么范叔？"

须贾说："就是刚才那个赶车人呀！"

守门人说："那是我们的张相国！"

须贾吓坏了，赶紧哀求守门人引见，要向范雎认罪道歉。等见到范雎后，须贾赶紧施礼，说："我须贾有眼无珠，想不到您自己发奋图强，有了今天，位居青云之上！"

范雎原本打算要报当年之仇，要不是须贾一念慈悲，请他吃了饭，还送了衣服，让他不计前嫌。不然，须贾是不可能活着回魏国去了。

后来，在范雎的劝说下，秦王打消了攻打魏国的念头。

资父事君，曰严与敬。

孝当竭力，忠则尽命。

临深履薄，夙兴温凊。

【注释】资：供养。事：侍奉。夙：早晨。履：踩踏。凊：凉。

【译文】供养父亲，待奉国君，要做到认真、谨慎、恭敬。孝顺父母要尽心竭力；忠于君主和国家要不惜献出生命。侍奉君主要像"如临深渊，如履薄冰"那样小心谨慎；侍候父母时要早起晚睡，让父母冬暖夏凉。

弦高救国

春秋时期，有一年，郑国国君去世。一心想要扩张领地的秦国决定利用郑国国丧的机会，消灭郑国。于是秦穆公任命孟明视为大将，率军偷偷去攻打郑国。秦国和郑国之间相距一千五百余里，秦军要经数道雄关险塞才能到达郑国。

有一天，秦国大军到达滑国（今河南偃师东南）。这时，郑国商人弦高赶着一群牛到洛阳贩卖，也到了滑国。他看见驻扎休息的秦军，感到奇怪，就询问其中的一个士兵，才知道秦军要偷袭郑国。弦高知道大事不好，郑国没有做任何准备，如果交战必败无疑。但如果他现在掉转头回国告密，一定会引起秦军的怀疑，非但救不了国家，还会自身难保。弦高左右为难，不知道该怎么办，这时他看到了他的那一群牛，突然想到了一个绝妙的主意。

他对一个士兵说："我是郑国派来的使者，要见你们的将军。"士兵一听是郑国使者，急忙禀告了孟明视。孟明视大吃了一惊，亲自接见了弦高，询问他前来的目的。弦高说："我们的国君听到将军要到郑国来，特地派我送上一份微薄的礼物，慰劳贵军将士，表示我们的一点心意。"接着，他献上四张熟牛皮和十二头肥牛。

孟明视原以为偷袭的事情郑国完全不知道，但现在郑国都派使者来了，说明郑国早已做了准备，现在贸然去攻打，胜负很难定。于是孟明视只好恭敬地送走了弦高，放弃了偷袭郑国的计划。

　　弦高也因他的机智挽救了自己的国家，因而被载入了史册。

似兰斯馨，如松之盛。
川流不息，渊澄取映。

【注释】兰：兰草。馨：香气。渊：静止的深水潭。澄：清澈。

【译文】一个人应该让自己的德行像兰草那样馨香，像松柏一样四季常青。高尚的德行会像河流一样川流不息，会像清澈见底的潭水一样，映照世人，为后人所借鉴。

公仪休嗜鱼

　　古时候，有个叫公仪休的人非常爱吃鱼。他做鲁国的宰相时，国中有一个人知道了他这个爱好，便给他送去许多鲜鱼，没想到他却拒而不收。他的弟弟很奇怪，就问他："你这个人真怪，你那样喜欢吃鱼，为什么不留下呢？"

　　公仪休回答说："正是因为我非常喜欢吃鱼，所以才不能接受别人的馈赠。假如我因接受别人馈赠而被罢免了官职，那我以后就再也难以吃到鱼了；我现在拒绝接受馈赠而保留官职，靠着大王的赏赐，就会长期有鱼吃，而且心安理得。因为这是我自己应得的。"

　　听了公仪休的话，人们说："这是真正懂得怎样才能使自己吃到鱼的人啊！"

容止若思，言辞安定。
笃初诚美，慎终宜令。
荣业所基，籍甚无竟。

【注释】笃：忠实、诚信。令：美好。籍：凭借。竟：结束、完毕。

【译文】一个人的仪容和举止要沉稳安详，就像在思考反省一样；言语措辞要安定稳重，显得从容沉静。无论任何事情，重视开头固然重要，若能善始善终、坚持到底，就更加难能可贵了。这是一个人成就荣誉和事业的根基，凭借这个根基，他的发展才会永无止境。

善始善终

唐朝郭子仪，一生戎马战功赫赫，曾经平定安史之乱，光复唐朝的江山，被封为汾阳郡王，郭子仪被封王之后权倾朝野，甚至有了功高盖主之嫌。古往今来，君王对待这样的臣子，都是采用"狡兔死，走狗烹，鸟飞尽，良弓藏"的政策，是以这样功绩显赫的臣子大多难逃一死，只有郭子仪是个例外，他做到了"权倾天下而朝不忌，功盖一代而主不疑"，安然无恙地寿享八十四岁的高龄，子孙满堂富贵一生。

郭子仪能得善终，皆是拜他的个性所赐，他一生小心谨慎随和谦恭，从来不会自以为是，以能者自居。当时，李光弼和郭子仪同为唐朝大将，又曾经同在朔方镇当过将军，但是两人却关系冷淡，全无同僚的情谊。安史之乱初始，唐玄宗升任郭子仪任朔方节度使，此官位在李光弼的官职之上。

李光弼因素来与郭子仪不合，心中惧怕郭子仪会想法为难他，就打算躲开这个是非之地，请调离开。此时，恰巧朝廷命郭子仪挑选一位得力的大将，去平定河北。郭子仪深知李光弼的才干，当即毫无私心地保举了他。

消息传到李光弼耳中，他却以己之心度人之心，认定郭子仪假公济私，借此机会要自己的性命，但是身为臣子又不能违抗君命。无奈之下李光弼于临行之际凄楚地对郭子仪相求道："我已经甘心赴死，你就不要再加害我的妻儿了。"

郭子仪听完始知李光弼对自己误会至此，不由得双目垂泪道："如今国家危难，你我同为人臣，当挺身而出共赴国难，我心中器重将军的才能，是以一力保举，希望能与将军共处荆棘，同赴疆场，我是将自己的性命与将军共系一处，将军怎么能以私愤之心想我呢？"

李光弼听完大为惭愧，感动之下与郭子仪相对跪拜，前嫌尽释。

郭子仪身为有功之臣，又与皇家联姻，但是依旧是谦和有礼，毫不跋扈，在他七十大寿之际，全家上下齐来拜寿，只有他的六儿媳升平公主姗姗来迟，他的六子郭暧因感觉颜面无光一怒之下打了公主，并斥责道："你以为身为公主就可以不尽儿媳的孝道吗？"郭子仪知道此事后大惊，当即绑子亲自去向皇帝请罪

唐代宗听后笑道："儿女闺房琐事，何必计较，老大人权作耳聋，当没听见这回事算了。"郭子仪谢过皇恩，但是回家后把儿子痛打一顿，教训一番。郭子仪正是凭借自己谨慎谦让，善始善终的态度与对手冰释前嫌，消除了皇帝对自己的猜忌，使自己平安无事地度过了一生。

学优登仕，摄职从政。
存以甘棠，去而益咏。

【注释】摄：获得。甘棠：果树名，这里指召公的美政。益：更加。

【译文】学习优秀的人应该去做官，参与国家的政事，为国家、为百姓贡献力量。一个人做了官，就应该像召公那样尽心尽力，留下美好的德行和政绩，这样即使他死后，依然会受到

人们的怀念和歌颂。

清官海瑞

明朝嘉靖年间，社会风气腐败。达官贵人经州过县，除了酒肉招待之外，还要送上厚礼。那礼帖上写的是"白米多少石""黄米多少石"。但其实，这"白米""黄米"都是隐语，指的是白银多少两，黄金多少两。这样的风气蔓延开来，连一些公子衙内路过，地方也要隆重接待。

一天，总督胡宗宪的儿子，带着一队人马来到淳安。驿站官员不知道来者是谁，接待上有些怠慢，惹得胡公子大怒，当场命令家丁，把驿吏五花大绑，吊在树上，用皮鞭狠狠抽打。淳安知县海瑞听说后，马上赶到驿站，见光天化日之下竟有如此无法无天行为，顿时气得怒发冲冠。他大喝一声："住手！"当即命令给驿吏松绑。胡公子的手下见"半路杀出了个程咬金"，呼啦一下把海瑞团团围住。胡公子趾高气扬，挥着马鞭，说："你知道大爷是谁吗？"

海瑞理直气壮指斥道："不管你是谁，都不准在我管辖的地方胡作非为！"

胡公子手下的家丁威吓说："狗官，你瞎了眼！这是胡总督胡大人的公子！"

海瑞一听，心中早已有谱。他冷冷一笑，说："哼，以往胡大人来此巡查，命令所有地方一律不得铺张。今天看你们如此胡作非为，必然不是什么胡大人的公子，来人，将这个冒牌货给我拿下！"海瑞身边的手下，听海瑞这样说，顿时气焰高涨，三五大汉出手就将胡公子和他的家丁制服了，并把他们沿途勒索的金银财物统统充公。

事后，海瑞马上给胡宗宪写了一封书信，一本正经地禀告说："有人自称胡家公子沿途仗势欺民。海瑞想胡公必无此子，显系假冒。为免其败坏总督清名，我已没收其金银，并将之驱逐出境。"

胡宗宪是一代抗倭名将，他收到信后并没有怪罪海瑞。就这样，海瑞巧妙地制服了胡公子的巧取豪夺。

海瑞一生刚正不阿，在老百姓当中流传着这样一段称颂他的歌谣：海刚峰，不怕死，不要钱，不吐刚茹柔，真是铮铮一汉子！"不吐刚茹柔"，意思是不吐出硬的、吃下软的。它高度评价了海瑞不吃软怕硬的硬骨头精神。

乐殊贵贱，礼别尊卑。
上和下睦，夫唱妇随。

【注释】乐：音乐。古代的乐器形制有很多种，使用上有严格的贵贱等级区别。殊：区别。

【译文】奏乐要根据人们身份的贵贱而有所不同，礼仪和礼节也要根据人们地位的高低而有所区别。长辈和晚辈之间要和睦相处，夫妻之间要步调一致。

恭敬不如从命

有一位刚过门的媳妇，知书达理，聪慧能干，总是不声不响地替婆婆分担繁忙的家务。然而婆婆却从来没有说过一句夸赞她的话。这到底是怎么一回事呢，她心中暗自琢磨。细细想后，终于明白，自己与婆婆交往的这一段时间里，只是闷头干活，不声不响，这样怎么行呢？光做不说，功劳全没。于是，媳妇改变了策略。干完家务活后，常陪在婆婆身边说说笑笑，逗她老人家开心。

功夫不负有心人，婆婆的脸色也日渐由阴转晴。

有一年腊月，一家人都忙着准备过年，婆婆对新媳妇说："我真想马上喝到新鲜的竹笋汤。"新媳妇感到有点意外，却爽快地说："好吧，我尽快给您煮去。"

另一位儿媳妇一听着了急，把新媳妇拉到一边问她："你不是开玩笑吧，现在可是数九寒天，连一片绿叶都找不到，你从哪儿去找新鲜竹笋啊？"

新媳妇两手一摊，无可奈何地叹了口气，说："我之所以答应她老人家，是为了宽宽老人家的心，恭敬不如从命呀，我这不也正在犯愁到哪能找到新鲜的竹笋呢。"

新媳妇的话很快传到了婆婆的耳朵里，这位老人家想到媳妇的为难，心里很过意不去。于是对新媳妇的好感更增添了几分。她把新媳妇找来，对她说自己不是真的想吃鲜笋，只是随口说说而已，看各位儿媳们是什么表现，结果发现她最孝顺。

新媳妇听了婆婆的话，开心地笑了。

这件事很快流传开来，紧接着就流行起这样的一句话："恭敬不如从命，受训莫如从顺。"

外受傅训，入奉母仪。诸姑伯叔，犹子比儿。

【注释】傅：师傅、老师。母仪：家庭的礼仪、规范。诸：众多。

【译文】一个人在家庭之外，要接受老师的教导和训诲；在家庭之内，要遵从家庭的礼仪和规范。对待姑姑、伯伯、叔叔等长辈，要如同对待自己的父母一样；对待他们的儿子和女儿，也要像对待自己的儿子和女儿一样。

歧路亡羊

战国时期，有个著名的思想家，名叫杨朱。他的学识渊博，思想深刻，天下皆知。许多年轻人恭恭敬敬地拜他做老师，学习他的哲学思想。

有一天，他的邻居跑失了一只羊，那家人全都出去寻找，找了半天也没有找到。邻居们知道了，都来帮忙，可是最终还是没有找到。那家主人觉得寻找的人还是太少，来跟杨朱商量，请他的童仆也帮帮忙，跟大家一块找。杨朱问道："只是跑了一只羊，需要这么多人去寻找吗？"邻居叹了一口气说："唉，你不知道，岔路实在太多了。"

他的童仆也跟着去了，到了天黑才回来。杨朱问邻居："羊找到了吗？"邻居失落地说："羊还是没有寻到。"杨朱不解地问："这么多的人去找一只羊，竟然还找不到？"邻居说："岔路里有岔路，找过去还有岔路，我们不知道这头该死的羊是从哪条岔路跑掉的，怎么也找不到，实在没办法，只好回来了。"

杨朱听了，半晌没说一句话。他整天在思考这个问题，脸上也是满脸惆怅。

杨朱的学生觉得很奇怪，问杨朱道："一只羊不值什么钱，再说也不是您自己的，您整天闷闷不乐，这到底是为什么？"杨朱看了看学生，依旧默不作声。

另一个学者心都子听说了这件事，知道杨朱的心思，对杨朱的学生说："因为岔路太多，所以羊跑失才没有找回来。求学之路也是一样的，由于学习的方法很多，我们也会在学习中误入歧途。再往大了说，人生也是这样的，我们可选择的道路太多，一旦误入歧路，则会误了一生啊！所以你们要多听听老师、父母等长辈的教导。他们经历的事情比你们多，在你们不知如何选择时，可以给你们很好的建议。"

孔怀兄弟，同气连枝。
交友投分，切磨箴规。

【注释】孔：很、非常。投分：意气相投。箴：劝告、劝诫。④规：劝勉、建议。

【译文】兄弟之间要相互关爱，因为兄弟同是父母所生，就好比同一棵大树上的不同枝条一样。朋友之间应该意气相投，要能在学习上相互切磋琢磨，品行上相互告勉。

荀巨伯看望友人

荀巨伯是个极重情义的人。有一年，他去看望一位患病的朋友，赶到那个城市时，恰巧遇到胡人正在攻击郡城。朋友病得很厉害，似乎喘气也很困难了，对荀巨伯说："我是快要死的人了，你就不要管我了，趁着胡人还没完全打进来，你还是赶快逃命去吧。"

荀巨伯望着朋友，摇摇头，说："我大老远来看你，是想给你带来安慰，盼着你尽快好起来，你却让我离去，这种不顾惜朋友的行为，岂是我荀巨伯能做出来的？"

胡人攻进了城，来到了朋友府上，见到荀巨伯，大声喝问："我大军一到，整个郡城的人都跑光了，你是什么人，胆敢留在这里？"

巨伯说："我的朋友病得很重，我不能丢下他不管，我愿意拿我的命来保证朋友平安。"

胡人听了这番话，惊讶莫名，互相议论："荀巨伯真是个重情义的人，我们攻城掠地是不义行为，在这个国家有这么重情义的臣民，恐怕无法取胜。"

因为荀巨伯的义，胡人撤兵了，整个郡城的生命财产无一损失。

【注释】隐恻：同情、怜悯。造次：紧要关头。颠沛：穷困、受挫折。④匪亏：不丢弃。

【译文】仁义、慈爱以及对人的同情、怜悯之心，即使在最危急的情况下也不能抛离。气节、正义、廉洁、谦让的美德，即使在最穷困潦倒的时候也不可丢弃。

"仁"字皇帝第一人

历史上的皇帝大都是凶巴巴的，虽然仁慈的皇帝也有，但为数不多。所以在我国历史上，封"仁"的皇帝很少，宋仁宗赵祯是第一个。他可以说是我国历史上最仁慈的一个皇帝。

有一天，仁宗处理国务到了废寝忘食的地步，等他好不容易把工作干完，已经到了深夜了。他又累又饿，特别想喝一碗热腾腾的羊肉汤来暖暖身子，但是他还是忍着饥饿没有说出来。

第二天，他把自己昨夜馋嘴的"遭遇"说给皇后听，皇后听后十分心疼，就劝他说："陛下日夜操劳，千万要保重身体，想吃羊肉汤，吩咐御厨做就是了，怎么能忍饥，使陛下龙体受亏呢？"

仁宗笑了笑，说："宫中一时随便索取，会让外面看成惯例。朕昨夜如果喝了羊肉汤，厨子就会把它当成惯例，以后会夜夜为我宰杀。一年下来，就要几百只羊啊，长此以往，宰杀数量更难以计算。为了一碗羊肉汤，伤生害物，朕实在于心不忍。因此我甘愿忍一时的饥饿。"

有一年初秋，蛤蜊刚在京城新鲜上市，便被献到了御宴上，仁宗好奇地问："这时节就有这东西了？价钱是多少啊？"侍者如实禀报："每枚一千钱，共献有二十八枚。"仁宗不无心疼地说："我时常告诫你们要戒奢靡，今天我一动筷子，'二十八千钱'就没了，这么贵的东西，我受用不起！"说完硬是没动一筷子。

仁宗对自己苛刻，对别人却很宽宏。四川有个老秀才，因对现实不满，弄出一首歪诗，煽动人民造反。当地太守便把这个老秀才绑起来，押去京城交给仁宗处置。仁宗不忍杀他，看了看那首诗，说道："不会吧？我看他是想官想疯了才写下反诗，泄泄愤而已。既然这样，倒不如成全了他，让他过把官瘾如何？"最后，这个老秀才真因祸得福，被仁宗授了个司户参军。

性静情逸，心动神疲。
守真志满，逐物意移。
坚持雅操，好爵自縻。

【注释】逸：安逸、闲适。真：本性。志：心志、意志。逐物：追逐物欲。縻：拴住、系住。

【译文】保持内心的清静淡泊，那么心情也就会安逸舒适；相反，如果内心浮躁妄动，那么精神也会疲惫困倦。保持自己善良的本性，内心就会很充实；而一心追逐物质享受，意志就会动摇，善良的本性也会被改变。坚持高尚的情操，好运自然而然就会降临到自己的身上。

玩物丧国

春秋时期，卫懿公爱好养鹤，如醉如痴，不理朝政。他下令，只要给他进献仙鹤的人都会有重赏。一时间，许多人投其所好，纷纷进献仙鹤。最后不论是园林还是宫廷，到处都有仙鹤昂首阔步。

有了这么多仙鹤，就得给它们安排住处。于是卫懿公又下令给他心爱的仙鹤建造豪华的窝笼，请名厨给鹤做精食细料，请名医为鹤治病防疫，招来宫女为鹤梳毛理羽，派专人训练鹤鸣叫和跳舞，给每只鹤都取了一个雅号：仙马、神乘、玉女、银童、黑龙、丹凤、大元帅、二将军等。此外，他还给每一只鹤都封了官，养鹤训鹤的人也都加官进爵，得到很高的酬劳。每逢出游，他的鹤也跟随着，前呼后拥，有的鹤还乘坐豪华的马车。为了养鹤，朝廷每年要耗费大量的资财，一旦入不敷出，便向老百姓加派粮款。民众饥寒交迫，怨声载道。

有一年，胡人侵犯卫国，直逼首都。卫懿公正载着他的仙鹤出游，听到敌军压境的消息，急忙下令招兵抵抗。可是老百姓纷纷躲藏起来，不肯参军。

大臣们说："君主启用一种东西，就足以抵抗胡人，哪里用得着我们！"

卫懿公问："什么东西？"

众人齐声说到："鹤。"

卫懿公说："鹤怎么能打仗御敌呢？"

众人说："鹤既然不能打仗，没有什么用处，为什么君主还要给鹤封官，而不顾老百姓的死活呢？"

卫懿公悔恨交加命令把鹤都赶散，这才有一些人聚集到招兵旗下。卫懿公亲自披挂，带领将士北上迎敌，发誓不战胜胡人，绝不回国都。

尽管卫懿公的决心十分可佳，可是一切都已经太晚了，卫国的军队遭到惨败，卫懿公也被杀害了。

都邑华夏，东西二京。
背邙面洛，浮渭据泾。

【注释】邑：国都。二京：指东京洛阳和西京长安（今陕西西安）。邙：即邙山，在今河南省境内。

【译文】古代的都城华美壮观，最古老的两座是东京洛阳和西京长安。洛阳北靠邙山，南临洛水；长安左跨渭河，右依泾水。

洛阳纸贵

左思是西晋时期著名的文学家。左思小的时候一点也不聪明，念书念不好，学琴也学不会，连说话都有点儿口吃，显出一副痴痴呆呆的样子。他的父亲对他非常失望，有时竟然当着众人的面责骂他笨。左思非常难过，于是下定决心，一定要刻苦学习。

后来，因为他的妹妹被选入宫中，全家迁居京城洛阳，他被任命为著书郎。从这时起，他开始计划写一篇关于三国时期的文章，题目为《三都赋》。三都指魏、蜀、吴三国的都城。为了写好《三都赋》，他每天都认真思索，苦心构思这篇文章的思想内容和艺术境界。为了能及时把自己突发的灵感记录下来。他无论是在饭桌上，还是在庭院中散步，都准备着纸和笔，一想到什么好的句子，就赶快记下来。

就在左思勤奋写作的时候，大名鼎鼎的文学家陆机也来到了洛阳，他也准备写《三都赋》，听说左思正在写，心里暗暗好笑。他还给他的弟弟陆云写信说："洛阳有个凡夫俗子居然要写《三都赋》，我看他写成的东西只配给我用来盖酒坛子！"左思听了这话，不但没有泄气，反而更加激发了他写好《三都赋》的决心。经过十年的不懈努力，左思终于完成了旷世名篇《三都赋》。

这篇文章写得非常优美，是一篇难得的佳作，连以前讥笑左思的陆机听说后，也细细阅读一番，他点头说："写得太好了，真想不到。"他断定若自己再写《三都赋》绝不会超过左思，便停笔不写了。《三都赋》很快就风靡了京城。人们竞相传抄。传抄的人太多了，以至于洛阳的纸张都突然变得供不应求，价格涨了许多。这件事情也成了当时的一大奇观。

后来，人们就用"洛阳纸贵"这个成语来比喻著作有价值，流传广。

【注释】图写：画。丙舍：古代王宫中正殿两旁的偏殿、配殿。傍：通"旁"。④甲帐：用珠宝、美玉装饰的床帐。⑤楹：宫殿里最前面的一排柱子。

【译文】宫殿盘旋曲折，重重迭迭；楼台宫阙凌空欲飞，使人心惊胆战。宫殿里画有飞禽走兽，彩绘有天仙神灵。正殿两百年的配殿从侧面开启，用珠宝、美玉装饰的床帐对着高高的楹柱。

文成公主与布达拉宫

在青藏高原，有一座雄伟的建筑，它就是布达拉宫。这是藏王松藏干布为迎娶唐朝文成公主而建的。

636年，年轻的松赞干布统一了西藏高原，他向往大唐的制度和繁华，为了与唐朝建立友好关系，引进中原先进技术和文化，松赞干布决定向唐朝公主求婚。求婚使臣禄东赞带着礼物到了唐朝国都长安，也就是今天的西安，才知道唐朝周边几个国家也派出使臣，向才貌双全的文成公主求婚。唐太宗决定让各国使臣比试智慧，他出了三道题，全部答对的才能娶到公主。

考试开始了。唐太宗命人在使臣们面前摆了一块小方翠玉，玉的中间有个弯弯曲曲的小孔，唐太宗要求使臣们把一根细丝线穿过这个弯弯曲曲的小孔。众使臣用丝线穿了半天，怎么也穿不过去。禄东赞虽然很聪明，可也觉得这道题难办。正在他低头苦思的时候，一只蚂蚁从他的脚边爬过。禄东赞灵机一动，将丝线拴在蚂蚁的腰上，放到孔眼的一头，又在另一头放了些蜜糖。只见小蚂蚁嗅着蜜糖的味道，沿着小孔爬了过去，丝线就这样穿过了小孔。

唐太宗紧接着又出了第二道题：他命令侍卫们扛来一百根木头，这些木头非常光滑，两头被削得一样粗细，唐太宗要求使臣们指出哪边是根，哪边是梢。使臣们摸着这些木头看来看去，半天也没能指出哪边是根，哪边是梢。机智的禄东赞笑眯眯地抱起一根木头，把它放到水池中，看了一眼，就立刻向唐太宗说道："浮出水面的靠近梢，沉到水里的靠近根。理由是树根里的水分多，所以要比树梢重。"唐太宗听后微笑着捋须点头。

最后，唐太宗吩咐侍卫赶来一百只羊羔和一百只母羊，让使臣辨别这些羊羔分别是哪只母羊生的。有的使臣按毛色分辨，有的则干脆坐在一边叹气。禄东赞向唐太宗行礼道："请给我一天时间，明天一早我就交答案。我还有个小小的要求，就是把羊羔与母羊分开关。"唐太宗答应了他。

第二天大清早，禄东赞就把关着母羊和羊羔的圈门打开，只见饿了一天的羊羔都冲到自己的妈妈那儿去吃奶，答案此时一目了然。

唐太宗一看禄东赞都答对了，又加出一道题，就是使臣必须在五百名用面纱蒙头的宫女中挑出文成公主。使臣们谁都没见过文成公主，这题太难了。但是禄东赞已经了解到文成公主喜欢用一种独特的香，蜜蜂很喜欢这种香味。辨认公主那天，禄东赞偷偷地带了一些蜜蜂在身边，他将蜜蜂一放，蜜蜂便飞向有独特香味的文成公主。禄东赞又一次赢了。

唐太宗心想，吐蕃大臣都如此聪明，能用这样大臣的国王肯定也很英明，于是将文成公主许配给松赞干布。

松赞干布喜出望外，下令修建有999间殿堂的宫殿迎娶文成公主，也就是现今的布达拉宫。

肆筵设席，鼓瑟吹笙。
升阶纳陛，弁转疑星。
右通广内，左达承明。

【注释】肆：陈列、摆设。筵：古代坐具，单个叫席，多个叫筵。陛：宫殿的台阶。弁：古代的官帽。

【译文】宫殿里摆着酒席，人们弹着琴、吹着笙，一片歌舞升平的景象。文武百官们登上宫廷的台阶，官帽簇拥，像满天的星星一样多。宫殿里，右边通向收藏图书典籍的广内殿，左边到达皇帝会见文武大臣的承明殿。

滥竽充数

战国时期，齐国有一位非常喜欢听人吹竽的国君叫齐宣王。有一年，齐宣王下令要召集一个三百人的吹竽乐队。消息很快传播开来，齐国的百姓纷纷前来报名参加。

其中有个叫作南郭先生的，他根本就不会吹竽，但听说后，也拿着一支竽来应征。他向招募的官员吹嘘自己吹竽的本领是如何高超，绝对能让齐王满意。招募的官员被他的吹嘘糊弄了，竟然没有考查，就接受了他。

齐宣王喜欢听合奏，每当演奏时，南郭先生总是站在中间，学着身边其他人的样子，装模作样，好像真能吹出美妙的音乐来。由于南郭先生遮掩得十分好，他在乐队中混了很久，居然一直没有被人发现。齐宣王见他吹竽十分卖力，以为他很擅长吹竽，就赏赐给他很多金银珠宝，对他十分优待。

可是好景不长，过了几年，齐宣王就死了，他的儿子齐湣王即位。虽然湣王也像他父亲那样十分爱听吹竽，但他却不喜欢听合奏，恰恰相反的是，他喜欢听独奏。于是，他每次听竽，都会叫演奏者一个个单独地吹给他听。

听到这个消息后，南郭先生吓得心惊胆战，暗自叫苦：这可怎么办呢？我原本对吹竽一窍不通，本想借这个大好机会，在皇宫里滥竽充数，过着舒服日子，可没想到齐湣王居然喜欢独奏，我还是趁早溜吧，要是被湣王知道自己根本就不会吹竽，那可是欺君的大罪，是要被杀头的啊!南郭先生越想越害怕。

于是，当天晚上，就趁着其他人都睡着的时候，一个人悄悄地出了王宫，逃得远远的，再也不敢回来了。

后来，人们就用"滥竽充数"来比喻没有真正的才干，而在行家里充数的人，或拿不好的东西混在好的东西里面充数。

既集坟典，亦聚群英。
杜稿钟隶，漆书壁经。
府罗将相，路侠槐卿。

【注释】坟典：《三坟》、《五典》的简称，泛指群书。杜：即杜度，东汉时期书法家，擅长草书。稿：草书。钟：即钟繇，三国时期书法家。侠：通"夹"。

【译文】宫殿里收藏了很多的典籍名著，也汇集了成群的文武英才。这里既有杜度的草书手稿，也有钟繇的隶书真迹，还有古代的用漆写就的古简书和孔庙墙壁内发现的古文经书。在官殿内，文武大臣依次排列；在官殿外，文武大臣则分列道路两旁。

楷书鼻祖钟繇

钟繇是三国时期著名的书法家，楷书的开山鼻祖。

钟繇练习书法非常刻苦，不分白天黑夜，不论场合地点，有空就写，有机会就练。与人坐在一起谈天时，他就一边聊天，一边在周围地上练习。见到花草树木、虫鱼鸟兽等自然景物，就会与笔法联系起来，有时在厕所中，竟然想书法想得入了神而忘了出来。

钟繇不但是位杰出的书法家，还是一位深明大义的将才。他是曹操手下的一员大将，有一年，匈奴作乱，钟繇率军前往平乱。当时钟繇有个外甥叫郭援，是河东太守。郭援头脑简单，受人怂恿后不经思考，就想带兵渡过汾水去支援匈奴，与曹操作对。手下劝阻他，可是郭援根本就听不进去，执意率兵渡河。可还没渡到一半，钟繇就率军猛烈攻击，郭援大败。结果，郭援被钟繇的开路先锋庞德给斩杀了。过后，庞德才知道郭援竟是钟繇的外甥，急忙向钟繇道歉。钟繇大哭道："郭援虽然是我的外甥，但首先是国贼啊！你又何必道歉呢？"

户封八县，家给千兵。
高冠陪辇，驱毂振缨。
世禄侈富，车驾肥轻。
策功茂实，勒碑刻铭。

【注释】辇：帝王与后妃专用的车子。毂：原指车轮中心的轴孔，这里泛指车。缨：套马用的革带，供驾车用。肥轻：形容富贵奢华的生活。勒：刻。

【译文】朝廷内的公卿将相每家都有八县以上的封地、八千以上的护卫士兵。他们戴着高高的帽子，陪侍着帝王的车马出游。他们的子子孙孙享受着丰厚的俸禄，过着富裕奢侈的生活，车子华丽，骏马肥壮。这些文武百官中，有些人为帝王出谋划策，立下了卓越的功勋，他们的丰功伟绩都被铭刻在石碑上，流芳百世。

矮车座与高门槛

古代的贵族出门都坐马车，高头大马在前面拉着车子，华丽而又气派。

春秋时期，楚国上下官员、乡绅以及有身份的人，都喜欢坐矮车。楚庄王认为矮车不便于驾马，而且也显不出气派，所以想颁布一个法令，把全国的矮车统一改高。于是他找来大臣孙叔敖来商量这件事情。孙叔敖听后，说："这样做实在不妥，如果因为这件事颁布一道政令，

会招致老百姓的反感。如果大王一定想把车改高，不如先把街巷两头的门槛加高。"

楚庄王很是不解，就问："我是想加高车座，这和门槛有什么关系？"孙叔敖微微一笑，说："在臣说明问题之前，想先问大王一个问题：在我们国家，能坐得起马车的都是些什么人呢？"楚庄王不假思索地说："不是王公贵族，至少也是有身份的人吧。"孙叔敖说："大王所言极是。正因为乘车的人都是些有身份的人，他们不能为过门槛频繁下车而有失身份。所以，臣建议加高门槛，这样一来，他们自然就会把车的底座造高了。"楚庄王听后大喜，说道："你的方法真是巧妙啊！"

之后，楚庄王就下令，让人们把自家的门槛都加高。这样过了半年，那些乘车的人也因为极不方便，都自动地加高了车座。

磻溪伊尹，佐时阿衡。
奄宅曲阜，微旦孰营。

【注释】磻溪：位于今陕西省宝鸡市东南，姜子牙晚年曾经居住在磻溪。伊尹：商朝开国功臣。阿衡：商朝官名，相当于宰相。奄宅：地名，即曲阜一带。微：没有。旦：即周公。

【译文】姜子牙辅佐周武王伐纣建周，伊尹辅佐商汤推翻夏桀建立商朝，他们都是平定天下的功臣。在曲阜建国立业，除了周公以外，谁还会有资格呢？

姜子牙怀才不遇

姜子牙年轻的时候，很穷很落魄，最后连老婆也不跟他过了。无奈之下，他就去投靠老朋友。他的这位老友热情地接待了他，管吃管住，一年就这样晃悠悠地过去了。

这天，姜子牙的老友派人把姜子牙找来，跟他说："总这么养活你也不是长久的办法，你能干点什么，跟我说说？"

姜子牙说："我能贩卖羊。"

朋友说："好，我给你本钱你就干吧。"

姜子牙便买了羊到异地去卖，到异地时，城门不开，全城戒严三天，他的羊全都饿死了，赔了一笔。

回家后，他老友见他两手空空，没多问，又说："你还能做什么买卖？"

姜子牙说："我能卖面粉。"

他老友说："我给你本钱。"

姜子牙又去批发了面粉去卖，刚打开口袋封口，只见漫天狂风卷着黄沙直奔他而来，当他反应过来时，面粉里全都刮进了黄沙，不能吃了。

他无奈，哭丧着脸回去了。

他的朋友还是没说什么，又问："你还能做什么？"

姜子牙说："我还能算卦。"

他朋友便给他支了个摊。三天也没开张，第四天快到中午时分，来了一个打柴的楞小子，挑一担柴禾走过来说："你就是姜子牙吧，我听说你干啥啥不行。依我说，你不如跟我一起去打柴呢。来来来，你不是会算卦吗，先给我算一下，这担柴禾能卖多少钱？"

姜子牙听了小伙子的挑衅，也没有不高兴，只是说："你挑着柴禾往南走，城南树下有一老叟。东家会赏你银两钱，外带四个菜外加一壶酒。"

楞小伙听了，大嚷："胡说，我从没卖过两钱银子的柴，最多才一钱半银子。"

姜子牙说："去吧去吧，老夫没有戏言。"

楞小伙子说："如果不准，回头我再找你算账。"

他挑起柴禾就往城南走，出城门不远处路边树下果有一老汉坐在那儿，楞小伙心想，我偏不与他答言，径直往前走，当走过老汉时，老汉招招手，说："小伙子，你这柴禾我要了。"楞小伙随老汉到家，进院一看，院子里横七竖八的都是柴草，他顺手就给收拾起来，收拾好了后，又把这担柴给摆放得整整齐齐。这时，只见老汉拿出二钱银子给他，小伙摆手不要这么多，老汉说你把院子拾掇得这么干净整齐，哪有不赏之理，并说，今天是我小孙子过周岁生日，路过的都要进屋吃酒，小伙子无语，进门一看，四个菜和一壶酒已摆好，楞小伙匆匆吃完，便往城里跑，边跑边喊：出神仙了，出神仙了！"快到姜子牙面前时，一手拽一个人说："快算命，谁要不算我打谁。"

从那天起，姜子牙的名气越来越大。

桓公匡合，济弱扶倾。

【注释】匡：纠正、端正。济：帮助、救济。倾：倾覆，这里指快要倾覆的周朝。

【译文】齐桓公匡正天下，九次会合诸侯，帮助和救济弱小的国家，扶持和维护日渐衰弱的周朝。

小白装死

春秋时期，齐国内乱，最后齐襄公被大臣所杀。一时间，齐国没有了君主，一片混乱。襄公没有儿子，只有两个同父异母的兄弟：公子纠和公子小白。

当初为避皇室权力之争，公子纠逃到鲁国，而公子小白则逃到了莒国。两个流亡在外的公子听说齐国此时的政局，都想抢先回国，抢袭王位。莒国离齐国较近，这对公子纠很不利。于是纠的老师管仲急忙率三十名精兵快马先行，想为公子纠抢得先机，不料在半路上与公子小白的队伍不期而遇。

管仲见到小白忽然心中有了主意，遂上前施礼说："公子一向可好？这是要到哪里去呀？"小白说："我回齐国为长兄奔丧。"管仲又说："丧事应由兄长主持，公子不该颠倒长幼之序，做兄长做的事情。"此时小白的老师鲍叔牙驳斥管仲说："我们各为其主，你不必多言。"管仲见小白人多势众，便佯装告退，没走几步，突然转身搭箭瞄准小白，利箭射出，公子小白吐血倒地。

鲍叔牙没有想到管仲会这么做，一下怔住了。待回过神时，管仲早已骑着马不见了踪影。谁知小白命不该绝，管仲一箭射中他的铜制衣带勾上，他又急中生智咬舌吐血倒地装死。此后，公子小白与鲍叔牙更加警惕，飞速向齐国挺进。

管仲并不知道小白诈死，回报公子纠说："小白已被我一箭射死，国君之位非公子莫属。"于是公子纠和谋士酌酒庆贺，而不急于启程回国。可是六天后，当纠到达齐国时，小白已经即位，就是历史上著名的齐桓公。

绮回汉惠，说感武丁。

【注释】绮：即绮里季，西汉时期的隐士。说：即傅说，商代贤臣。

【译文】汉惠帝做太子时，依靠绮里季才幸免废黜，商君武丁因为梦境的感应，才得到贤相傅说的辅佐。

四皓助太子

刘邦建立汉朝以后，立长子刘盈为太子。刘盈性格文静，外表也没有刘邦那样英武的帝王之气，所以刘邦不大喜欢他。刘邦宠爱戚夫人，戚夫人生的儿子刘如意也被封为赵王。刘如意聪明伶俐，才学出众。相比之下，刘邦更觉得刘盈懦弱、平庸，怕他将来干不了大事，倒是如意说话做事很像自己。于是刘邦想把刘盈废掉，立如意做太子。大臣们都极力劝阻，刘邦只好作罢。尽管如此，刘盈太子的地位还是时刻受到威胁。吕后知道以后，非常着急，便遵照开国大臣张良的主意，聘请"商山四皓"。

商山四皓是秦末汉初四位著名的学者：东园公、夏黄公、绮里季、甪里先生。他们不愿意当官，长期隐藏在商山，当时个个都已八十高龄，头发、胡须都以已花白。刘邦久闻商山四皓的大名，曾请他们出山为官，而被拒绝。他们宁愿过清贫安乐的生活，还写了一首《紫芝歌》以明志向："莫莫高山，深谷逶迤。晔晔紫芝，可以疗饥。唐虞世远，吾将何归？驷马高盖，其忧甚大。富贵之畏人兮，不如贫贱之肆志。"但这次商山四皓竟然答应了吕后的请求，辅佐刘盈。

有一次，刘邦在平定英布的叛乱中受了重伤，他自知命不长久，便又动了更换太子的念头，左右大臣苦苦相劝，都没有改变他的想法。在一次宴会时，商山四皓陪同着太子刘盈入席，这使刘邦很惊讶。四皓对刘邦说："我们听说太子是个仁人志士，又有孝心，礼贤下士，我们就一齐来作太子的宾客。"刘邦觉得太子已经成熟了，再重立太子恐怕会导致政局混乱，便彻底打消了这个想法。此后，刘盈的太子地位基本稳定了。不久，刘邦病死，刘盈顺利地继承了皇位。

俊乂密勿，多士寔宁。
晋楚更霸，赵魏困横。

【注释】俊乂：合指人才。在古代，千里挑一为俊，百里挑一为乂。密勿：勤勉、努力。寔：此、这样。横：即连横，战国时期张仪提出的拆散六国联合、使六国一个个服从于秦国的策略。

【译文】才能出众的人都勤勉努力，正是依靠这些能人志士，国家才得以富强安宁。春秋时期，晋文公和楚庄王依靠自己的德政先后称霸；战国时期，赵国和魏国先后受困于连横策略。

一鸣惊人

楚庄王是"春秋五霸"之一。但他即位的头三年，整天打猎、喝酒，什么国家大事，全不放在心上。他知道大臣们对他的作为很不满意，还下了一道命令：谁要是敢劝谏，就杀了谁。

有个名叫伍举的大臣，实在看不过去，决心去见楚庄王。当时庄王手中正端着酒杯，口中嚼着鹿肉，醉醺醺地在观赏歌舞。他眯着眼睛问道："你来这里是想喝酒呢，还是要看歌舞？"伍举说："有人让我猜一个谜语，我猜不出，特此来向您请教。"楚庄王一面喝酒，一边问："什么谜语，这么难猜？你说说看。"伍举说："楚国山上有一只大鸟，身披五彩，样子挺神气，可是一停三年，不飞也不叫。您说这究竟是只什么鸟？"楚庄王听了，心中明白伍举这是在说自己，便笑着说："这可不是只普通的鸟。这只鸟三年不飞，一飞冲天；三年不鸣，一鸣惊人。"伍举见楚王明白了自己的意思，便退了出来。

但一晃几个月过去了，楚庄王一点也没改变，依旧沉迷于声色之中。另一个大臣苏从忍受不住了，便来见庄王。他才进宫门，便大哭起来。楚庄王说："你哭什么啊？"苏从答道："我为自己就要死了伤心，还为楚国即将灭亡伤心。"楚庄王很吃惊，便问："你怎么能死呢？楚国又怎么能灭亡呢？"苏从说："我想劝告您不要再荒废朝政，您有命在先，肯定是要杀我，所以我离死不远了。您整天观赏歌舞，游玩打猎，不管朝政，楚国的灭亡不是就在眼前了吗？"楚庄王听完大怒，斥责苏从："你是想死吗？我早已说过，谁来劝谏，我便杀谁。如今你明知故犯，真是愚蠢之极！"苏从十分痛切地说："我是很愚蠢，可您比我更愚蠢。倘若您将我杀了，我死后将得到忠臣的美名。您若是再这样下去，楚国迟早是要灭亡的。您就当了亡国之君。您不是比我还要愚蠢吗？我的话说完了，您要杀便杀吧。"

楚庄王忽然站起来，动情地说："你是真心为了国家好，我哪会不明白呢？"随即传令解散了乐队，打发了舞女，专心处理朝政，使楚国逐渐强盛起来，最后称霸中原。

其实，在这三年，楚庄王并不是真的不思朝政。因为他即位的时候，楚国一些有权势的人有了篡位的心，想取而代之，掌握楚国的政权。楚庄王用这三年时间让他们充分暴露，然后找机会一举歼灭。

假途灭虢，践土会盟。
何遵约法，韩弊烦刑。

【注释】假途：借道。践土：古地名，位于今天河南原阳一带。何：指萧何，西汉开国功臣。④韩：指韩信，战国时期韩国公子，法家代表人物。

【译文】晋国向虞国借道消灭了虢国，在回来的路上又把虞国消灭了；晋文公在践土与诸侯一起结成同盟。萧何遵循汉高祖刘邦简约刑法的精神制定九律；韩非最终死在了自己制定的繁琐苛刻的刑罚之下。

唇亡齿寒

春秋时期，晋国的南面有两个小国家，一个叫虞国，一个虢国。虞国和虢国相邻，而且他们的国军也是同姓，所以两国之间关系非常密切。

虢国的国君狂妄自大，经常袭扰晋国边境。晋献公想好好教训一下虢国，于是找来大夫荀息商量说："现在可以对付虢国吗？"荀息说："不行。现在虞、虢两国关系很好，要是攻打虢国，虞国一定来援助。咱们双拳对付他们四脚，我看恐怕没有把握获胜。"献公说："照你这么说，只好眼看着咱们被虢国欺负？"荀息说："臣听说虢公喜欢玩乐，我们送些美女去，让他不理政事，尽情享乐，我们就可以乘机去攻打了。"献公依计而行。虢公见了晋国送的美女，果然什么都不干了，整日吃喝玩乐，花天酒地。晋献公又问荀息："现在可以攻打虢国了吧？"荀息说："不行。要是去攻打虢国，就不能让虞国来援救它，所以我们必须要离间他们，使他们互不支持。虞国的国君贪得无厌，我们正可以投其所好。"他建议晋献公拿出心爱的两件宝物：屈产良马和垂棘之璧，送给虞公，而且还答应虞公，等灭了虢国，缴获的所有宝物都给他，只希望虞公答应晋国借道攻打虢国，而且不出兵援助虢国。献公哪里舍得，荀息说："大王放心，只不过让他暂时保管罢了，等灭了虞国，一切不都又回到你的手中了吗？"献公依计而行。虞公得到良马美璧，高兴得嘴都合不拢，立马答应了晋国的请求。

虞国的大夫宫之奇劝谏虞公说："虢、虞两国好比嘴唇和牙齿，俗话说'唇亡齿寒'，如果没了嘴唇，牙齿就会受冻。虢国灭了，咱们虞国还能够生存吗？"虞公说："晋国连这么贵重的宝贝都送给我了，咱们连条道都舍不得借给他，未免太说不过去了。而且晋国比虢国强大十倍，就算失去虢国，交上了更强大的晋国做朋友，有什么不好呢？"宫之奇还想再劝谏虞公，被大夫百里奚劝住。百里奚说到："帮糊涂人出主意，就像把珍珠扔在道路上，终究是于事无补的，如继续劝谏下去，说不定您还会有性命之忧呢。"宫之奇料到虞国一定会灭亡，便带着全家老小一起悄悄地跑掉了。

最后，晋献公派荀息率兵去讨伐虢国。当晋军经过虞国的时候。虞公对荀息说："我为了报答贵国，情愿率兵助战。"荀息说："您若要派兵助战。还不如将下阳关献给我们。"虞公百思不解地说："下阳是虢国的地方，我哪有办法献给你呢？"荀息说："我听说虢公在和犬戎交战，未定胜负，您装作前去助战，他们一定把您放进去。您将兵车都装上我们晋兵，他们只要一开城门。下阳关不就是我们的了吗！"

虞公百依百顺，果然帮助晋军踢开了下阳关。晋军乘胜前进，灭了虢国。晋军回来将抢来的财宝和俘获的歌女分了一些给虞公，虞公十分高兴，更是放松了警惕。哪想到没过多久晋军就翻脸了，突袭了虞国，将虞国灭掉，并且捉住了虞公。连当年献给虞公的宝马良驹和无瑕美玉也被晋文公收回了。虞公贪图眼前的一点小利，而看不出晋国的用心，最后不但便宜没有占到，自己的国家也被灭了，唇亡齿寒的典故也由此而来。

起翦颇牧，用军最精。
宣威沙漠，驰誉丹青。

【注释】起：指战国时期秦国大将白起。翦：指战国时期秦国大将王翦。颇：指战国时期赵国大将廉颇。牧：指战国时期赵国大将李牧。沙漠：指边远的少数民族地区。丹青：指史籍。

【译文】秦将白起、王翦和赵将廉颇、李牧，用兵作战最为精通。他们的威名远扬，载入史册。

王翦破楚

在秦始皇统一六国的过程中,楚国是六国中最后一个被灭的国家。当时秦王嬴政命大将王翦率六十万大军来攻打楚国。楚国知道后,命大将项燕调集全国所有的兵力去对抗。

王翦多年征战,很有打仗的经验。他率军到了楚国边境,并不急于进攻,而是出人意料地向部将下达了命令:就地扎营,高筑营垒,精修工事,只作防御准备。在秦军营内,士兵们除了例行操练以外,就是吃喝玩睡。他还特意让军需部门从后方调运了大批牛羊到军中,宰杀给官兵们享用。有些士兵没事干,竟然玩起了投石游戏。有时候王翦也会参与其中,和士兵们一块玩。与此相反,项燕求战心切,一日数次地派兵到秦军营前叫阵挑衅。可是,秦军高悬免战牌数月,就是不予理睬。这使得楚军人人疲惫,士气低落。

转眼间几个月过去了,王翦闭门不战的消息传到了京城,于是有人就到秦始皇面前告王翦的黑状,说他胆怯畏敌。秦始皇对王翦非常信任,对告状的人说:"不要瞎猜想,王将军自有破敌良策。"果然不久后,前线就传来了捷报。秦军与楚军交战大获全胜,秦军还杀死了楚国名将项燕。

原来,王翦使用的是以逸待劳的策略。他闭门休战,养兵休整,士气十分旺盛。而楚军长时间暴露在秦军营垒之外,日子一久,一个个精疲力竭,疲惫不堪,不用说交战,就是不交战也已坚持不下去了。楚军将领被拖得无可奈何,只得率军撤退。而这正是王翦所期待的。一见楚军后撤,王翦即令秦军全线进攻。健壮骁勇的秦兵锐不可当,顷刻间便把楚军打得大败,一举灭了楚国。

九州禹迹,百郡秦并。
岳宗泰岱,禅主云亭。

【注释】九州:泛指中华大地。禹:即大禹。宗:尊。禅:封禅。古代将祭天的仪式叫作"封",封在泰山顶举行;把祭地的仪式叫作"禅",禅在泰山脚下的云山和亭山举行。

【译文】中华大地到处都留下了大禹治水的痕迹;秦国统一天下以后,全国各郡也都归于统一。五岳之中,泰山的地位是最高的,历代帝王登基的时候都要在泰山举行祭天地的封禅大典。

泰山封禅

我国历史上第一个举行封禅大典的君王是秦始皇,秦始皇一统天下之后,认为自己受命于天,此时应当祭天地以告知。

于是很快便带着七十余儒生博士,来到泰山举行封禅典仪,上山之时,随王伴驾的儒生与博士纷纷进言道:"以往的天子在来泰山进行封禅大典之时,为了避免车马伤及山上的草木土石,会在祭拜之时先将地清扫干净,并且还要铺上草席,甚至连将天子所坐车子的车轮都会用蒲草缠裹好。"这些人所考据的封禅典仪各不相同,所以众说纷纭,互相争论不休。

秦始皇不禁大怒，将这帮儒生博士全部斥退，他当即整山修道，自订礼仪，随后乘车登上泰山，并且在山上刻下为自己歌功颂德的石碑。在泰山上举行完封禅大典礼毕之后，他又自泰山的北边下来，来到梁父山行了祭地之礼，秦始皇这次使用的封禅礼仪，是在原有的战国礼仪的基础上改造与完善而成，他将祭天地的祭文视作自己与天地间的私语，是以下令密不可传。

到了西汉时期，汉武帝精于治国之道，将国家治理的国富民强，四夷宾服，他封禅时的礼仪更为完善，祭天时盖了一座三层的祭坛，祭坛的四周又设有青、赤、白、黑、黄五帝坛，将白鹿、猪、白牦牛等牲畜做为祭品，又将四处搜寻而来的奇珍异兽放在山上，以示吉祥，随后汉武帝身穿黄衣，在礼乐声中虔诚跪拜祭天地。

进行泰山封禅这个礼仪的最后的一位皇帝是宋真宗，当时，他为了假借"天意"之说震慑外敌，竟编演了"天降天书"的闹剧。南宋之后，我国长江以北被金人所占，泰山封禅无法进行，于是后来君王在北京南北各造一个祭坛，南边祭坛祭天是为天坛，北边祭坛祭地是为地坛。

雁门紫塞，鸡田赤城。

昆池碣石，巨野洞庭。

旷远绵邈，岩岫杳冥。

【注释】紫塞：指长城。鸡田：古驿站名，位于今宁夏灵武一带。赤城：山名，浙江天台山主峰之一。昆池：即滇池。碣石：古代山名，位于今天河北乐亭县东。绵邈：连绵遥远。岩岫：山洞。

【译文】名关有北疆雁门关，要塞有万里长城，驿站有边地鸡田，奇山有天台赤城。昆明有滇池，河北有碣石山，山东有巨野湖，湖南有洞庭湖。中国幅员辽阔，名山奇谷幽深秀丽，气象万千。

匈奴难渡雁门关

战国时期，赵国的边境与匈奴接壤，赵国常常遭到匈奴的入侵，抢掠去不少人员和财物。于是赵王起用大将李牧驻守雁门关，抵御匈奴入侵。

李牧到了雁门关，加紧训练士兵的作战技能，每天还会宰杀几头牛犒赏士兵。同时，他还完善了边疆防线的烽火台，派精兵严加守卫。此外，他还派出了很多人到匈奴地区打探情报。全军将士得到李牧的厚遇，人人奋勇争先，愿为国家出力效劳。但出人意料的是，李牧竟然下令：如果匈奴侵入边境掠夺物资，士兵们要赶快把物资收拾起来，退入城堡内防守，如果有人擅自出战捕杀匈奴者，斩首示众。

这样，每次匈奴入侵，军队都迅速收拾物资退入城堡，从不出战。几年以后，赵国在边境上既没有人员伤亡，也没有损失过物资。即便如此，人们还是不能理解李牧为什么要这样做。

匈奴认为李牧胆小怯战，就连李牧手下将士也都这样认为。最后李牧不肯出战的消息传到了赵王那里，赵王一怒之下，撤了李牧的职，派另外一个将领去替代他。新将领一到任，每逢匈奴入侵，就下令军队出战，几次都失利，人员伤亡很大，而且由于边境不安全，百姓也没有办法耕种和放牧。于是，赵王只好再次起用李牧去驻守雁门关。李牧到任，还是拒不出战。

这样又过了几年，赵国的士兵们每天都受到最好的待遇，但却有劲用不上，大家都愿意与匈奴人决一死战。李牧见时机已经成熟，这才决定与匈奴决一死战。

他首先故意让老百姓在边境耕作、放牧。匈奴知道后果然率军来抢掠。李牧派一支小队前去迎敌，假装败退，将匈奴军队引进事先设好的埋伏圈，最后一举歼灭了匈奴十万大军。以后十余年内，匈奴再也不敢接近赵国的边城了。

巨野之会

巨野是很有名气的一个地方，历史上，那里出现过不少知名的人物，彭越就是其中之一。

秦朝末年的统治非常黑暗，人们怨声载道，苦不堪言，有不少人纷纷起来反抗。有一次，在巨野边上，有一百多个年轻人自发组织起来，要反抗秦朝，彭越就在其中。这天，他们一致推荐彭越为头领。彭越看到大家对自己那么信任，感到责任在身，义不容辞，于是就勇敢地当起了大家的头领。为了使队伍更加壮大起来，彭越与大家约定：明天日出时聚会，商量招兵买马的事情，迟到者斩！

尽管有约定在先，可是到了第二天，还是有十几个人迟到了。他们懒懒散散，根本没把头天的约定当回事，最晚的一个甚至到了中午才来。

看到这种情况，彭越作为头领非常生气，他责问最后来的那个人："你怎们才来？"

那个晚来的人说："玩一会儿有啥关系？"

听到这种话，彭越更加生气了，大声说道："这事不比捕鱼，可早可晚。迟到者不能都杀了，杀最后一个，以示军法！"说完，彭越就命人将最后那个人拖出去斩了。

最后，再也没有人敢违反纪律了，队伍很快就强大起来，并成为反抗秦朝黑暗统治最强有力的一支。

治本于农，务兹稼穑。

【注释】务：从事。稼穑：种植和收割，泛指农业生产的整个过程。

【译文】治理国家的根本在于大力发展农业，这就要求一定要做好农作物的播种和收割等事情。

文种还粮

吴国和越国是春秋末期江南一带的两个国家，两国相邻，有着很深的积怨。有一年，吴王夫差率兵攻打越国，越国大败，越王勾践也被吴王俘虏，成为吴王的车夫，备受羞辱。后来越国大臣范蠡和文种将美女西施以及大量金银财宝献给吴王，并且答应越国做吴国的附属国家，吴王这才放了越王。但吴王收下越国送来的礼物后，就越来越骄纵起来，一味地贪图享乐。

越王回国后，发誓一定要报仇。他整顿内务，努力发展农业生产，国力日渐强盛起来，但还不是吴国的对手。于是越王就故意在吴王面前示弱。有一年，越王派文种出使吴国，文种对吴王说："越国今年收成不好，闹了饥荒，想向吴国借一万石粮食，第二年就归还。"吴王想都没想就答应了。

第二年，越国丰收，文种亲自把一万石粮食送还给吴国。

吴王见越国十分守信用，非常高兴。他把越国的粮食拿来一看，粒粒饱满，就下令说："越国的粮食颗粒比我们的大，就把这一万石粮食卖给百姓做种子吧。"

于是，吴国就把这些粮食分给了农民，命令大家去种。到了春天，种子种了下去，等了十几天，都还没有抽芽。大家想，好种子也许出得慢一点，就耐心地等着。他们哪里知道，这是文种的计策：还给吴国的一万石粮食是蒸熟了又晒干的粮食，怎么还能抽芽呢？结果这一年，吴国闹了饥荒。

就这样，吴国的国势很快地衰落下去，而越国却越来越强，最后灭掉了吴国。

民以食为天

"民以食为天"这句话出自汉代班固所著的《汉书·郦食其传》，是说百姓把粮食看作赖以生存的基础，说明粮食对于民众的重要性。农业是国家强盛的基础，所以，自古至今，人们都很重视农业。

秦朝灭亡以后，刘邦和项羽为了争夺天下，又展开了战争。在彭城战役中，刘邦军队惨遭失败，退至荥阳、成皋，以守为攻。但时间一长，刘邦军队的军粮就渐渐不足了。荥阳西北的敖山有一座小城，城内有许多储粮仓库，所以被称为敖仓。敖仓是当时关东最大的粮仓，自然成了刘邦和项羽争夺的要地。

项羽猛攻荥阳，汉军形势岌岌可危，在敌强我弱的情况下，刘邦打算割让成皋以东的地方（包含敖仓）给项羽，退守巩、洛一带，以便重新组织力量，再与楚军决战。

刘邦的谋士郦食其知道了后，反对说："做帝王的人要依靠人民作为他的后盾，民以食为天，敖仓是藏粮丰富的要地，而您却要放弃它，失去了这么有利的粮仓，对军队将造成极大的不利啊！"

刘邦经过一番思考，觉得郦食其言之有理，忙问："那么按照先生的高见，我应该怎么做呢？"

郦食其说："在这种情况下，千万不可退兵，大王只有组织力量，坚守荥阳，保住敖仓，丰粮足食才能振奋士兵的精神。"

刘邦采纳了郦食其的建议，最终取得了这场战役的胜利。

俶载南亩，我艺黍稷。
税熟贡新，劝赏黜陟。

【注释】俶：开始。载：从事。南亩：田地，古人田地多向南开辟，故称。艺：种植。黜：贬职。陟：晋升、奖励。

【译文】致力于农业，就要在田间从事耕作，种上农作物。粮食成熟后要向官府缴纳税粮，国家会根据缴纳粮食的多少给予农民和相关官员奖励或惩罚。

先耕耘而后收获

有一次，长梧的地方官遇见孔子的学生子牢。他早听说过孔子的大名，知道孔子是一个明白治国安邦道理的人，今日见到子牢，得知他是孔子的弟子，就想借此机会，和他探讨一下。他向子牢询问怎样才能更好地治理长梧，子牢告诉地方官要根据当地的实际因地制宜。

他们两人谈论得十分投机，慢慢地从为政之道谈到了种田之理。地方官说自己出生平民，在他没有做官之前曾经种过地。那时，总是马马虎虎地耕地，锄草时也粗心大意，经常把庄稼当作杂草给除掉了，不怎么用心，庄稼长得一点也不好，等到秋收的时候，就没有得到什么果实，收成很低。

听了他的话后，子牢很好奇地打听他后来的情况。地方官告诉子牢，他看见别人家都有好的收成，就开始反省自己的行为，吸取教训，总结以前的经验，决心要一心一意地种地。

第二年便开始深耕细作，精心护理庄稼，每一个环节都一定按时按质完成，终于获得了可贵的收成，生活也开始富足了。

子牢说，您在失败中吸取教训，得知办事必须用心，认真对待，终于也有了可喜的回报。读书、为政也一样，都要全身心地投入到其中，不能三心二意，这样才能够做出一番大事业。

地方官明白要做好一件事，就得付出自己的努力，脚踏实地地对待。在他出任地方官后，一直坚守着这个原则，精心治理长梧，得到了一方人民的肯定。

孟轲敦素，史鱼秉直。

【注释】孟轲：即孟子，在儒家的地位仅次于孔子。敦：崇尚。史鱼：春秋时期卫国的史官，以正值敢谏著名。

【译文】孟子崇尚朴素，史鱼秉性刚直。

陈尸劝谏

鳅子鱼是春秋时期卫国的史官，所以人们也称他为史鱼。当时卫灵公宠信奸臣弥子瑕，常常任由他为所欲为，闹得朝野上下乌烟瘴气，怨声载道。史鱼多次冒死劝谏，请求对弥子瑕加以管束，启用贤才蘧伯玉，但灵公却始终不愿听从。

眼看劝谏无功，史鱼感到心灰意冷。他在临死的时候把儿子叫到身边，悲伤地说："我死了以后，你们先不要在正堂为我办理丧事，要把我的尸体和棺材放在窗户下面陈设几天再作处置。"史鱼死后，他的儿子就依照他的遗言，将尸体放在了窗户的下面。

卫灵公在听说史鱼死后十分悲痛，便匆匆前去吊唁。当他到史鱼家里时，看到了史鱼的尸体摆在窗户下面，便责怪史鱼的儿子，说："你怎么可以这样不孝，竟然将自己父亲的尸体摆在这里！"

史鱼的儿子回答说："我父亲临死前一再叮嘱我说，让我告诉您，他活着的时候没有能够匡扶君主、除暴安良，死了以后就没有理由按照礼制安葬。所以让我把他的尸体放在窗户下以示惩罚。"

卫灵公听后，顿时醒悟，领会了史鱼的良苦用心，连忙命令史鱼的儿子将尸体移到正堂，按照礼制办理丧事，之后便悲痛地离开了。

此后，卫灵公果然疏远了弥子瑕，重用了贤才蘧伯玉。

【注释】庶几：差不多。敕：告诫。音：言语、言论。色：脸色。

【译文】一个人为人处世要尽量做到不偏不倚，保持中庸，还要勤奋、谦逊、谨慎，懂得规劝告诫自己。听人说话要分清其中的道理和是非，与人交往要注意察言观色。

棘刺刻猴

春秋时期，燕王有收藏各种精巧玩物的嗜好。有时他为了追求一件新奇的东西，甚至不惜挥霍重金。"燕王好珍玩"的名声不胫而走。

有一天，一个卫国人到燕都求见燕王。他见到燕王后说："我听说君王喜爱珍玩，所以特来为您在棘刺的顶尖上刻猕猴。"燕王一听非常高兴。虽然王宫内有金盘银盏、牙雕玉器、钻石珠宝、古玩真迹，可是从来还没有听说过棘刺尖上可以刻猕猴。因此，燕王当即赐给那个人极其丰厚的待遇，供养在身边。

随后，燕王对卫人说："我想马上看一看你在棘刺上刻的猴。"卫人说："棘刺上的猕猴不是一件凡物，有诚心的人才能看得见。如果君王在半年内不入后宫、不饮酒食肉，并且赶上一个雨过日出的天气，抢在阴晴转换的那一瞬间才能看到我在棘刺尖儿上雕刻的猴子。"燕王一听这些条件，没法照办，只能继续用锦衣玉食把这个卫国人供养在内宫，却始终没有机会欣赏到他刻制的珍品。

郑国地方有个铁匠听说了这件事以后，觉得其中有诈，于是去给燕王出了一个主意。这匠人对燕王说："我是专门打制刀具的。谁都知道，再小的刻制品也要用刻刀才能雕削出来，所以，雕刻的东西一定要比刻刀的刀刃大。如果棘刺的尖儿细到容不下最小的刀刃，那就没法在上面雕刻。如果那卫人真有鬼斧神工，必定有一把绝妙的刻刀。请国王检查一下那位工匠的刻刀，就可以知道他说的话是真是假了。"

于是燕王把那卫人召来问道："你在棘刺上刻猴用的是什么工具？"卫人说："用的是刻刀。"燕王说："我一时看不到你刻的小猴，想先看一看你的刻刀。"卫人一听知道自己的谎言露馅了，急中生智，说："请君王稍等一下，我到住处取来便是。"燕王和在场的人等了约一个时辰，还不见那卫人回来。原来他早已溜出了宫门，不知跑到哪里去了。

这个故事告诉我们的是：牛皮、谎言编得再巧妙，也经不住认真的考察、仔细的分析。

千字文

339

贻厥嘉猷，勉其祗植。
省躬讥诫，宠增抗极。

【注释】贻：遗留。厥：代词。猷：谋划、谋略。祗：恭敬。植：树立、确立。省：反省。

【译文】要给后人留下正确高明的忠告或建议，勉励别人谨慎小心地处世立身。听到被人的讥讽告诫，要好好反省自身；即使是备受恩宠，也不要得意忘形，走向极端。

拒子入门

子发是战国时期楚国的一位大将军。

一次，他带兵与秦国作战，前线断了粮草，他派人向楚王告急。使者顺道去看望子发的老母。

老人问使者："兵士都好吗？"

使者回答："吃的不够，但还有点豆子，能一粒一粒分着吃。"

老人想到士兵的处境，很难受，她又问："你们将军呢？"

使者回答道："将军每餐都能吃到肉和米饭，身体很好。"

老人听了没说话。

子发得胜归来，母亲紧闭大门不让他进家，并派人去告诉子发："你让士兵饿着肚子打仗，自己却有吃有喝，这样做将军，打了胜仗也不是你的功劳。"

母亲又说："越王勾践伐吴的时候，有人献给他一罐酒，越王让人把酒倒在江的上游，叫士兵们一起饮下游的水。虽然大家没尝到酒味，却鼓舞了全军的士气，提高了战斗力。现在你却只顾自己不顾士兵，你不是我的儿子，你不要进我的门。"

子发听了母亲的批评，向母亲认了错，决心改正，才得进家门。

殆辱近耻，林皋幸即。
两疏见机，解组谁逼。

【注释】殆：将要、快要。皋：水边的高地或江岸，这里指隐居的地方。即：去。两疏：指西汉疏广、疏受叔侄俩人。解组：辞官。

【译文】如果知道有危险耻辱的事快要发生时，要懂得隐退。西汉时期的疏广和疏受叔侄俩就是预见到危患才辞官的，谁也没有逼迫他们那样做。

两疏散金

西汉时期，有个人叫疏广，他的学问非常高。他的哥哥有个儿子，叫作疏受，为人贤良，待人接物恭敬有礼。疏广和疏受叔侄俩都是太子的老师，很受重视，曾多次得到皇帝的赏赐。这在当时被传为美谈。

五年以后，太子已经十二岁了，通晓《论语》、《孝经》。疏广就对疏受说："一个人知道满足，就不会遭到屈辱；知道适可而止，就不会遇到危险。人的事业正如太阳、月亮，日中而偏，后来居上。现在我们每年俸禄有两千石谷，可谓功成名就，再不辞去官职，将来恐怕后悔莫及了。不如我们告老还乡，以终天年，这样不是很好吗？"疏受听后，十分赞同叔父的意见。于是，两人同时以年老多病为由，请求皇帝同意他们辞官回乡，颐养天年。宣帝见疏家叔侄确实年事已高，且长期为太子学习殚精竭虑，不仅恩准了两人的请求，还赏赐他们黄金二十斤。在他们走的那天，太子又赠送他们五十斤黄金。

回到家乡以后，他们用皇帝和太子赏赐的黄金广设学堂，亲自教学，从不收取分文学费。乡亲邻居遇到困难了，他们也都慷慨解囊。疏广的管家看不下去了，就劝说："您家中人口众多，子孙满堂，何不给子孙们多购置些良田家业，使后世免受衣食无着之困？"

疏广听后说："古人说'人不为己天诛地灭'，我却不这么认为。在我有生之年，多为别人做些有益的事情，我死而无憾。而且要使后代荣昌发达，不是靠给他们留下多少家业，而是应该教给他们如何做人、如何生存。教他们做人的道理远胜于留给他们金钱啊！"管家听后，更加佩服疏广和疏受了。

在办学期间，疏广和疏受白天兢兢业业授教，夜间辛辛苦苦挑灯备案，乡邻无不称赞。

索居闲处，沈默寂寥。
求古寻论，散虑逍遥。
欣奏累遣，戚谢欢招。

【注释】散虑：排解忧愁。奏：送上、奉上。戚：忧愁。

【译文】那些隐退山林的隐士们，一个个过着悠闲自在的生活，他们心无杂念，生活清净而平淡。在古书中寻找人生的哲理，可以排除心中的疑虑和忧愁。轻松喜悦的事情增加了，心中的烦恼和牵绊也就慢慢消除了；心中的烦恼和牵绊消除了，那么快乐自然也就随之而来了。

陋巷圣贤

孔子有七十二门徒，每个徒弟都有自己鲜明的个性。但孔子心里最佩服的人还是颜回。

颜回第一次见孔子时，不过是个十岁多的小孩，他个头矮小，衣衫简陋，面黄肌瘦，但他的额头却出奇的高，向前凸着，双眼深凹，炯炯有神，透着机智、聪慧。颜回向孔子三拜磕了仨头，就算成了孔门弟子了。

刚开始时，孔子并没有十分留意颜回。后来，他才渐渐发现，在弟子之中读书最用功的就是颜回，而且很少提问，只是瞪着一双大眼像贪食般的听孔子讲经授业。

放学了，弟子们都回家吃饭了，颜回总是最后一个走，饭后又第一个来到学堂，然后就捧卷诵读。时间长了，孔子就觉得奇怪了，颜回回家吃饭怎么这么快？

这一天，孔子派人偷偷跟随颜回，看个究竟。

原来，颜回家住东关的贫民区。平时，颜回的父亲在城外种地，不回家吃饭；颜回的母亲又在外给人帮工，也不回家吃饭。这样，颜母每天走时给儿子做一锅菜汤。颜回回到家也不管凉热，拿起竹筒做成的饭碗，舀出菜汤就津津有味地吃起来，有时菜汤喝不饱，他就跑到井边，用水瓢舀几瓢水喝，然后拍拍胀起的肚皮，乐滋滋地拿上包，往学堂跑去。

孔子派人观察了几天，天天如此。孔子知道情况后非常怜悯，又十分叹服。于是说了收在《论语》上的这段话："一箪食，一瓢饮，在陋巷，人不堪其忧，回也不改其乐，贤哉，回也。"这意思就是说一碗饭，一瓢水，居住在简陋的家里，别人早就忧愁死了，但颜回却没觉得有什么，反而很快乐。

渠荷的历，园莽抽条。
枇杷晚翠，梧桐蚤凋。

【注释】的历：鲜艳夺目的样子。莽：草。蚤：通"早"。

【译文】池塘里的荷花开得那么鲜艳夺目，园林里的青草长出了嫩芽。枇杷树到了冬天依旧翠绿；梧桐树一到秋天，叶子就早早凋谢了。

此枇杷非彼琵琶

明朝有一个文人叫沈石田，有一天，他收到友人送来的一盒礼物，并附有一封便笺。便笺中说："敬奉琵琶，望祈笑纳。"他打开盒子一看，却是一盒新鲜的水果——枇杷。沈石田不禁哑然失笑，立即回信给友人说："承惠琵琶，开盒视之：听之无声，食之有味。"

友人见了信后，十分羞愧，就作了一首打油诗来回应他，诗是这样写的："枇杷不是此琵琶，只怨当年识字差。若是琵琶能结果，满城箫管尽开花。"

枇杷、琵琶同音不同义，一种是水果，一种是乐器，沈石田的友人张冠李戴，闹了个大笑话。

陈根委翳，落叶飘摇。
游鹍独运，凌摩绛霄。
耽读玩市，寓目囊箱。

【注释】委翳：同逶迤，曲折延伸。鹍：鲲鹏，古代传说中的一种大鸟，喜独居，性孤傲。摩：接触。耽：沉溺。寓目：过目。

【译文】老树根蜿蜒曲折，落叶在秋风里四处飘荡。鲲鹏独自在天空中翱翔，飞入紫红色的云霄中。东汉时期的王充即使在热闹的集市和游玩的场所，眼睛所注视的也全是装书的袋子和箱子。

书铺站读

王充是东汉时期杰出的思想家、哲学家。他小的时候，非常好学，喜欢一个人看书，不喜欢和小朋友们一起玩耍。他的父亲很疑惑，就问他："你看别人家的孩子都在一起玩，多热闹啊！你怎么不跟大家在一起玩呢？"

王充低着头说："他们总是上树逮鸟，我不喜欢。"

父亲又问："那你喜欢干什么？"

"我喜欢看书写字!"王充回答。父亲听了非常高兴。

王充学习进步快，十五岁的时候，被送到当时位于都城洛阳的太学——全国最高的学校学习。日子久了，他把太学里收藏的书几乎都读遍了，可是，还是满足不了他的学习需要。去买书吧，家里实在困难，怎么办呢？

有一天，他来到洛阳的街市。街道上人来人往，非常嘈杂，但王充一眼看到的却是书铺。他走进书铺，被书铺里的书所深深吸引，如痴如醉地读了起来。不知不觉，天色已经黑了。书铺老板要关门了，就拍了拍王充的肩膀，说："我们要关门了。"

王充这才抬起头，依依不舍地放下了书。书铺老板见王充很喜欢那本书，但并没有买下来，就询问原因。王充告诉了他自己的情况，书铺老板很同情他，说："你以后尽管来这里读书好了，随便读多久都行。"王充感激的不知说什么好。

以后，王充每天都来书铺读书。不管是酷暑严寒，还是刮风下雨，他每天都早早地来到书铺，先是帮书铺老板干点零活儿，然后就自己读书。他专心致志，不知疲倦，有时在书铺里一站就是一整天，吃饭、休息，全都忘了。

易輶攸畏，属耳垣墙。

【注释】辎：古代一种轻便的车，这里指轻视。攸畏：有所畏惧。属：连接、关联。

【译文】换乘轻便小巧的车子要注意危险，不要疏忽一些琐碎的事情；说话要谨慎小心，不能旁若无人，毫无禁忌，以防隔墙有耳。

该来的没来

从前，有一个人在家中设宴，招待四位朋友。到了约定的那一天，三个朋友都到了，只有最后一位，左等右等都没到。主人是一个爱念叨的人，他在席间不停地唔叹："唉，该来的没来！"朋友们一听，面面相觑，心中都不太痛快。然而主人没有注意到他们的脸色，还在一旁念叨个没完。终于，有一个性急的朋友耐不住了，他哼了一声："那我就是不该来的喽！"说完，转身就走了。

主人追赶不及，返过身来，又在席间一遍遍唔叹："唉，不该走的走了！"另外一个朋友这下也有点儿受不了了，他心想，主人的言外之意就是说自己才是该走的人，于是拔腿朝门外走去。主人赶紧追出去，怎么留也留不住，只能望着他的背影长叹道："我说的又不是你们……"话音刚落，最后一位朋友也坐不住了：其他人都走了，看来主人说的该走的人是自己了。

最后，主人只得自己一个人闷闷地吃完了一桌酒席。直到这时，他都不明白朋友们为什么会一个接一个地走掉。

具膳餐饭，适口充肠。
饱饫烹宰，饥厌糟糠。
亲戚故旧，老少异粮。

【注释】具：准备、安排。饫：饱。厌：通"餍"，满足。亲戚：古人将父亲这一系的人称亲，母亲和妻子这一系的人称戚。

【译文】安排一日三餐，只要适合口味，能够吃饱就行了。饱的时候，即使是大鱼大肉，也不想再吃了；饿的时候，即使是粗茶淡饭，也会觉得很可口。亲戚朋友来了，要盛情地款待他们，老人和孩子的食物应该有所区别，以合乎他们的年龄因素。

安步当车

战国时期，齐国有位隐士名叫颜斶。齐宣王听说他很有名，就召见了他。

颜斶进宫后，齐宣王傲慢地说："颜斶，你过来！"

颜斶不卑不亢地对齐宣王说："大王，你过来！"

齐宣王很不高兴，旁边的大臣也都责怪颜斶。

颜斶便说："如果我走到大王面前去，说明我羡慕他的权势；如果大王走过来，说明他礼贤下士。与其让我羡慕大王的权势，还不如让大王礼贤下士为好。"

齐宣王恼怒地问他："到底是大王尊贵，还是士人尊贵？"

颜斶说："当然是士人尊贵！从前秦国进攻齐国的时候，秦王下令：谁敢在贤士柳下惠的坟墓五十步以内的地方砍柴，格杀勿论！另外还悬赏：谁能砍下齐王的脑袋，就封他为万户侯，赏金两万两。由此可见，一个活着的大王的头，还抵不上一个死去的贤士坟墓呢。"

齐宣王觉得自己理亏了，便请求做颜斶的学生，并说："您和我在一起，食有美味，出必乘车，妻子儿女可以穿上华美的服装。"

颜斶毫不动心，坚决辞谢："我还是希望让我回去，每天晚点儿吃饭，也像吃肉那样香；慢慢地走路，就当是坐车一样；不犯罪过，就是保持自己的尊贵。清静无为，纯正自守，乐在其中啊！"

颜斶说完，拜别齐宣王就走了。

妾御绩纺，侍巾帷房。
纨扇圆絜，银烛炜煌。
昼眠夕寐，蓝笋象床。

【注释】御：从事。纨扇：古代女孩子用的用绢制成的白而圆的扇子。炜煌：明亮辉煌的样子。蓝笋：竹子，这里指竹席。

【译文】妇女们要管理好自己的家务事，尽心服侍公婆、丈夫和孩子。纨扇像满月一样又白又圆、洁白素雅，银色的烛台上烛火辉煌。白天躺在竹席上午休，晚上在象牙床上就寝。

才女谢道韫

谢道韫是东晋时期的女诗人，出生于高门望族。唐诗"旧时王谢堂前燕，飞入寻常百姓家"，说的就是以王羲之为代表的王家和以谢安为代表的谢家是当时的两大门阀。谢道韫是宰相谢安的侄女，王羲之的二儿媳，王凝之的妻子。

在谢家众多的儿女中，"谢家风范"，在谢道韫身上表现得最为突出。因此，谢道韫很得叔父的疼爱和宠爱。

等到谢道韫长到十三四岁时，谢安就开始给侄女物色才华相配的丈夫。时下人们都知道王家子弟个个才华出众，谢安自然也想在王家子弟中挑选一个。他最初的意思是想将侄女许配给王羲之的第五子王徽之，不久得知王徽之办事随心所欲，不能始终如一，就退而求其次，选择了他的哥哥，王羲之的次子王凝之做他的侄女婿。

谢道韫嫁到王家后，恪尽妇道，受到王家老少的一致好评，都认为她是一位难得的好媳妇。

晋代清谈之风盛行，文人雅士，经常围坐在一起，一杯茶，一壶酒，天南地北，无所不谈。连大家闺秀也常常参与其中，发表各种高见，不过女子参加其中的讨论，则先要设置好布幔，然后，端坐其中，使那些与之对谈的男性士人只闻其声，不见其人。

有一次，王凝之的弟弟献之与友人讨论诗文，正被友人说得理屈词穷，窘迫得不行，恰好此时，嫂嫂谢道韫经过此地，为了给小叔子解围，谢道韫二话没说，参加了讨论，引经据典，驳得友人哑口无言，只好甘拜下风。

王家不缺才子，可是王凝之相比于他的兄弟们则逊色得多。一次，谢安问回家省亲的侄女：“凝之这孩子，我看还可以，你怎么就看不上眼呢？”

谢道韫回答说：“我们一家子，随便说一个，哪个不比王郎强很多？”

谢安无言以对，很后悔为侄女选错了夫婿。

尽管对夫婿不满意，谢道韫还是勤勤恳恳地尽妻子和母亲的责任和义务，直到终老。

弦歌酒宴，接杯举觞。
矫手顿足，悦豫且康。

【注释】觞：古代的一种饮酒器皿。矫：举起。悦豫：喜悦。康：安乐。

【译文】在盛大的宴会上，人们伴随着动听的音乐和歌曲，接过酒杯，高高举起，开怀畅饮。随着音乐的节拍，人们情不自禁地手舞足蹈，无论是身体还是心灵，都感到十分喜悦和安乐。

杜康酿酒

传说在黄帝的时候，有一个叫作杜康人，专门负责管理粮食。当时，随着农耕的发展，粮食每年都获得大丰收。于是，杜康就将这些粮食储存在山洞里。但是，他没有想到，由于山洞潮湿，时间一久，粮食全部腐烂了。有什么好办法可以使粮食不腐烂呢？杜康一连几天都在苦苦思索。有一天，杜康来到树林里散步，发现几棵大树枯死了，树冠、树枝荡然无存，只剩下粗大的树干。杜康走近仔细一瞧：树干里面全是空的。他由此想到：把粮食储存在树干里不是很好吗？树干里干燥，粮食肯定不会腐烂。于是，杜康就把储存的粮食全部装进了树干里。

过了很长一段时间，杜康再去树林中查看粮食。他惊奇地发现：储存粮食的枯树前，横七竖八地躺着一些野猪、山羊和兔子，一动不动，好像死了一样。杜康连忙走过去看个究竟：原来盛粮食的树干已经裂开了几条缝，由里向外不断地渗水。看来，这些动物是舔吃了这水才躺倒的。这究竟是什么水呢？杜康凑过去，用鼻子一闻，只觉得一股清香扑面而来，他不禁尝了几口，顿时觉得精神饱满，可是过了一会就头晕目眩，身不由己地倒下睡着了。

也不知过了多久，杜康醒来了。他把从树洞里渗出的水装起来，带回家，请大家品尝。大家你一口，我一口，都说好味道。有人提议给这种水起个名字，就请来造字的仓颉。仓颉脱口而出：“这水香而醇，饮而得神，就叫它‘酒’吧！”从此，酿酒技术发展了起来，杜康也被尊为“酒神”。

嫡后嗣续，祭祀烝尝。
稽颡再拜，悚惧恐惶。

【注释】烝尝：一年四季的祭祀活动。稽颡：指屈膝下跪、额头碰地的一种跪拜礼。悚：害怕。

【译文】正妻所生的儿子继承先祖的基业，主持一年四季的祭祀活动。祭拜时，要屈膝下跪，额头碰地，一拜再拜，而且内心要虔诚恭敬。

七步诗

在我国古代，王位的继承遵从嫡长子继承制，即正妻所生的大儿子继承王位。但至高无上的权力有太大的诱惑，所以即使有这样的继承制度，关于王位的争夺也从来没有消停过，手足相残的事情时常发生。

三国时期，曹植是曹操的小儿子，从小就才华出众，很受父亲的疼爱。曹操死后，他的哥哥曹丕当上了魏国的皇帝。曹丕是一个忌妒心很重的人，他担心弟弟会威胁自己的皇位，就想害死他。

于是，他就找人诬告曹植，说曹植经常酒后骂他，还招兵买马，图谋不轨。有了这个诬告，曹丕就派人把曹植抓了起来，准备杀了他。这时，他的一个心腹对他说："您只是凭一面之词而没有实实在在的证据，就定了曹植的死罪，恐怕这样很难服众啊！"曹丕想了想，觉得心腹说的对，就放了曹植。但他一心想杀死弟弟，于是又想出了另外一个办法。

有一天，他将曹植召进宫内。曹植知道哥哥对他心存芥蒂，但君命难违，还是进了宫。果然不出所料，曹植一进宫，曹丕就用剑指着他的胸口，说："人们都说你文思敏捷，出口成章，今天我就试试你。你要在七步之内做出一首诗，否则我就杀了你！"说着说着，曹丕的剑就抵着曹植的胸口，曹植被迫后退了一步。

曹植知道哥哥存心要害死他，很伤心，就在他后退第二步时，他开始吟诵："煮豆持作羹，漉菽以为汁。萁在釜下燃，豆在釜中泣。本自同根生，相煎何太急？"等他念完最后一句话时，刚好后退了七步。

曹丕听后，内心既感十分愧疚，又无话可说，只好收剑，放走了曹植。曹植凭借自己的才华，方使自己化险为夷。

笺牒简要，顾答审详。
骸垢想浴，执热愿凉。

【注释】笺牒：书信。顾答：回答问题。骸：身体。执：捧。

【译文】给别人写信要简明扼要，回答别人问题要详细周全。身上有了污垢，就想把它洗掉，手上拿着烫的东西就希望有风把它吹凉。

扪虱而谈

公元354年，东晋大将桓温率军北伐，一路节节胜利，驻军灞上（今西安市东），关中父老争相以牛肉、美酒犒劳。

有一个读书人，叫王猛，听到这个消息，身穿麻布短衣，径直来到桓温大营求见。桓温很客气地接待了王猛，并请王猛谈谈对时局的看法，王猛在大庭广众之下，一面把手伸进衣服里掏摸虱子，一面纵谈天下大事，讲得头头是道，有理有据。桓温见此情景，心中暗暗称奇，不禁说出了这些天来自己的困惑，他说："我奉天子的命令，统率十万精兵讨伐逆贼，老百姓热烈地欢迎我，但关中豪杰却没有一个人到我这里来效劳，这是什么缘故呢？"

王猛听了，直言不讳地说："您不远千里跑到这儿来讨伐逆贼，长安城就在眼前了，而您却不渡过灞水把它拿下，大家摸不透您的心思，所以不来。"

桓温的心思是什么呢？他盘算的是：自己恢复了关中，只能得个虚名，而地盘却要归还给朝廷；与其白白消耗自己的军队实力，不如留敌自重。王猛暗带机关的话，触及了他的心病，他沉默良久，无言以对。过了好半天，桓温才抬起头来慢慢说道："江东没有一个人能比得上您的才干！"

桓温后来退军，临行前邀请王猛一起南下，王猛拒绝了。若干年后，王猛做了前秦苻坚的宰相，为他出谋划策。王猛临死前，曾对苻坚说："晋朝是正统之室，得到人民拥护，请您千万不要去攻打啊。"苻坚不听，结果惨败于淝水之战，前秦从此土崩瓦解。

驴骡犊特，骇跃超骧。

诛斩贼盗，捕获叛亡。

【注释】犊：小牛。特：公牛。骧：奔跑。

【译文】驴子、骡子、小牛、公牛等牲畜一旦受到惊吓，就会狂奔乱跑。对强盗、小偷、叛乱分子和亡命之徒要严厉惩罚，该抓的抓，该杀的杀。

杀鸡吓猴

从前有一个耍猴人，新买了一只猴子。这猴子很机灵，它一听到鼓声就会跳舞，一听到锣声就会翻筋斗，可是，它有时不听主人指挥。耍猴人使劲打鼓，使劲敲锣，猴子要是犯了懒，就只眨眨眼睛，一动也不动。耍猴人也拿它没办法。

有一个老者给耍猴人指点了一个办法。这耍猴人就按照老者说的来办。这天，耍猴人从集市上买来一只公鸡，他用带子将公鸡的一条腿绑在树下，然后，他对着公鸡又打鼓，又敲锣。公鸡吓得扑棱棱直飞，不断围着大树打圈儿。这一切，猴子都看在眼里。这时，耍猴人拿起一把刀，把公鸡宰了。又对猴子比划了一下刀子，做出"杀"的动作。猴子吓得吱吱乱叫。之后，耍猴人一打鼓，猴子就连忙跳舞，一敲锣，他就连忙翻筋斗，一点儿也不含糊。后来，人们用"杀鸡吓猴"来表示惩罚一小撮人，给另一部分犯错、犯法的人敲响警钟。

【注释】布：指三国时期大将吕布。僚：指战国时期楚国宜僚。嵇：指西晋名士嵇康。阮：指三国时期曹魏诗人阮籍。恬：指秦始皇时期名将蒙恬。伦：指东汉造纸术的发明者蔡伦。钧：指三国时期发明家马钧。任：指传说中善于捕鱼的任公子。

【译文】吕布擅长射箭，宜僚善玩弹丸，嵇康善于弹琴，阮籍能吹长啸。蒙恬制造了毛笔，蔡伦发明了造纸，马钧是技艺巧妙的发明家，任公子善于钓鱼。这些技术和发明创造，有的解人纠纷，有的方便群众，都高明巧妙，为人称道。

蒙恬造笔

蒙恬是秦始皇时期的著名将领，同时也是传说中毛笔的制造者。

有一年，蒙恬带兵在外作战，战争打得非常激烈。为了能让秦王及时了解战场上的情况，蒙恬必须定期写战况报告递送给秦王。当时，人们用竹签蘸墨，然后将字写在丝做的绢布上。这种笔硬邦邦的，既不方便，书写速度也很慢。墨水蘸少了，写不了几个字就得停下来再蘸；墨水蘸多了，直往下滴，又会把非常贵重的绢给弄脏了。这让蒙恬很苦恼，怎样才能既快又方便地写出战事报告呢？

战争的间隙中，蒙恬喜欢到野外去打猎。有一天，他打了几只野兔回军营。由于打到的兔子多，拎在手里沉沉的，一只兔子尾巴贴在地上，血水在地上拖出了弯弯曲曲的痕迹。蒙恬见了，心中不由来了灵感：如果用兔尾代替普通的笔来写字，不是更好吗？

回到营房之后，蒙恬立刻剪下一些兔尾毛，插在一根竹管上，试着用它来写字。可是兔毛油光光的，不吸墨，在绢上写出来的字断断续续的。蒙恬又试了几次，还是不行，好端端的一块绢也给浪费了。一气之下，他把那支"兔毛笔"扔进了门前的石坑里。就这样几天过去了，有一天，他无意中又看到了石坑里那支被自己扔掉的"兔毛笔"，兔毛变得更白了。出于好奇，蒙恬捡起了它，用手指捏了捏兔毛，发现兔毛湿漉漉的。他将"兔毛笔"往墨盘里一蘸，兔尾竟变得非常"听话"，写起字来也非常流畅。原来，石坑里的水含有石灰质，石灰质是一种碱性物质，可以使兔毛的油脂去掉。这样兔毛就柔顺起来，使劲地吸墨了。

毛施淑姿，工颦妍笑。
年矢每催，曦晖朗曜。
璇玑悬斡，晦魄环照。

【注释】毛：指春秋时期越国美女毛嫱。施：春秋时期越国美女西施。矢：箭。璇玑：北斗七星中的天璇星和天玑星。晦魄：指月亮。

【译文】毛嫱、西施年轻美貌，哪怕皱着眉头都俏丽无比，笑起来更是格外动人。时光像射出的箭一样飞快流逝，岁月匆匆催人渐老，只有太阳的光辉永远朗照。高悬的北斗随着四季变换自己的位置，明亮的月光洒遍人间每个角落。

东施效颦

西施是春秋时期越国的一位美女，无论举止谈吐，还是音容笑貌，都十分惹人喜欢。只要她经过，路边的人都会目不转睛地看着她，同乡的人都夸她长得好看。在西施的乡村中还有一名叫东施的女子，相貌一般，平时动作粗俗，说话的时候也总是大声大气。可她总以为自己长得很漂亮，整天做着美女的美梦。

西施的身体不太好，患有心口疼的毛病。有一天，在洗完衣服回家的路上，她的心口突然又疼了起来，她就用手捂着胸口，双眉皱起，流露出一副极不舒服的样子，同时也散发着一种娇媚柔弱之美。乡里的人从她旁边经过，都夸她的这副表情十分动人，非常美丽。东施见状，也模仿起西施的样子，用手捂住胸口，紧皱眉头，以为这样就有人夸赞她。她在村里来来回回地走动，想让别人夸她好看。哪知她装模作样的使她变得更难看了。结果，她从别人家门前路过时，人们马上把门紧关了；路上的行人遇见她，马上拉着老婆孩子远远地就避开了。人们见了这个矫揉造作的"西施"，对她的印象更加不好了。

东施只知西施捂住胸口、紧皱眉头的样子很好看，却不知究竟美在何处，就去简单模仿她的样子，本身又没有那种美的内涵，反被人讥笑。她应该去寻找藏在自己身上的那种属于自己的美，而不是去盲目地效仿别人。

指薪修祜，永绥吉劭。矩步引领，俯仰廊庙。束带矜庄，徘徊瞻眺。

【注释】 指薪：即脂薪，古人烧之用以照明。祜：福。绥：安宁、平和。劭：高尚、美好。庙：这里指祭祀祖先的宗祠。

【译文】 一个人要像不熄灭的火种一样不断地积善修德，才能永远幸福吉祥。走路要昂首阔步，一举一动要像在宗祠里一样庄重严肃。衣冠要整洁端庄，为人处世既要谨慎小心，又能高瞻远瞩。

宋清卖药

唐代长安城里有一位人人皆知的药商，叫宋清。宋清待人宽厚，药的价格合理，质量也高，所以来他这儿买药的人很多。他配的药又从没有出过一点儿差错，人们都很信任他。如果对方一时无钱付账，还可以赊账。宋清总是说："治病救人要紧。钱什么时候有，再送来就是了。"人们因此十分赞赏他的人品。有的人家药费拖了一年，仍无钱付账，宋清也从不上门讨账，每到年底，宋清总是烧掉一些还不起钱的欠条。

有人对此颇不理解，说："宋清这人一定是脑袋有问题，否则，怎么会办那样的傻事？"

宋清却说："我并不觉得自己傻，我卖药挣钱不过是为了供养家人的生活所需，我现在生活得很好不就行了？卖药四十多年，我总共烧掉别人的欠据数不清了，这些人并非是为了赖账，有的人后来当了官，发了财，没有欠据，他照样不忘当初，会加倍地送钱来还我的，真正不能还的毕竟是少数。如果像有些商人，对欠账的人不依不饶，怎么会有这么多的买主上门求药？人品是最好的宣传，人们对你信任，有事才会来找你，而不找别人，这是多少钱都买不来的友情。"

宋清就是这样以德取信于民，赢得了众人的敬重，他的生意也随之越做越大，成了当地有名的富商。

孤陋寡闻，愚蒙等诮。谓语助者，焉哉乎也。

【注释】等诮：同样受人嘲笑。语助：语气助词。

【译文】孤陋寡闻、见识短浅的人，与那些愚昧无知的人一样都会被人嘲笑。最后说一说古书中的语气助词，那就是"焉、哉、乎、也"。

白衣里一个大仁

明代有个尚书叫徐仁，他不是进士出身，而是从一个普通的小官开始，勤勤恳恳，一直当到了兵部尚书。他虽然很有才干，但常被那些科举出身的同僚和士子们笑话。

有一次，各位同僚在学宫里办点事，有个进士看徐仁也来了，就想戏弄一下他。于是，指着孔子的牌位说："徐大人，请问这位老先生是谁呀？"意思是讽刺徐仁没进过学堂，不是孔子的"学生"。徐仁当然明白这位进士的意思，就回答说："还好，认得！听说这位先生不是由科甲出身的。"同僚们听了哭笑不得，想这一次是他好运气，被他躲过，心里还是不服气。

又有一次，几位同行与徐仁去城外，路上又想嘲笑他没有"文凭"。徐仁见他们三番五次戏弄，有些生气，说："我倒要领教一下各位进士的才学，我们来对对联吧。"

这些人想，我们读书这么多年，什么都没干，就是联句成诗，比试对联那还不是手到擒来的事。于是就爽口答应了。

徐仁说："劈破石榴，红门中许多酸子。"

这是讽刺他们这些黉（读"红"音）门中出来的文人，都是酸溜溜的。这些平日里夸夸其谈的进士们听了这个上联，当然知道徐仁是在讽刺他们，想出个下联回复一下，但是想来想去，想不出来，很是难堪。

徐仁看到这些不可一世的进士们也有今天，又笑了一笑，给他们道出下联："咬开银杏，白衣里一个大仁。"他用"白衣"比喻不是科甲出身的人，而"大仁"又是"大人"的谐音，说我这个"大人"就不计你们这些"小人"的过了。

从此以后，他们再也不敢说徐仁一句嘲笑的话了。